Le Polonais

Collection Sans Peine

par Barbara KUSZMIDER

Illustrations de J.-L. GOUSSÉ

ASSiMiL
Le don des langues

B.P. 25
94431 Chennevières-sur-Marne Cedex
FRANCE

ISBN 978-2-7005-0683-9

Sommaire

Avant-propos

Par rapport à l'édition précédente, *Le Polonais*, collection "Sans Peine" apporte plusieurs changements destinés à rendre votre apprentissage plus facile. Nous avons simplifié la présentation des règles grammaticales, limité le vocabulaire aux termes les plus couramment utilisés, tout en intégrant les évolutions récentes de la langue liées aux changements économiques et aux innovations technologiques. Nous avons aussi tenu à vous faire connaître les transformations de la société, de nombreuses notes culturelles vous familiariseront avec la vie quotidienne des 40 millions de Polonais vivant en Pologne… sans oublier toutes celles et ceux qui résident à l'étranger !

Vous rencontrerez dans *Le Polonais*, collection "Sans Peine" des personnes évoluant dans de nombreuses situations de la vie courante : sur la route, en visite touristique, chez le médecin, au spectacle, avec des collègues de travail ou des proches. Ces différents contextes vous feront côtoyer plusieurs générations et toutes sortes de milieux, et vous emmèneront dans les principales villes ou régions de Pologne – Varsovie, Cracovie, Gdansk, la Mazurie, les Tatras, etc. Vous découvrirez ainsi, jour après jour, la richesse de la langue, la variété des us et coutumes, les traditions et les nouveautés, en un mot l'âme de ce peuple qui fait désormais partie de la grande famille européenne.

À travers ce voyage, nous vous souhaitons un bon apprentissage. Et surtout n'hésitez pas à vous sentir chez vous, car il n'y a pas, répétons-le, de gens plus hospitaliers que les Polonais !

Introduction

Bienvenue dans *Le Polonais*, collection "Sans Peine" ! Nous sommes très heureux de vous accueillir au seuil de cet ouvrage, simple et convivial, qui va vous permettre en peu de temps d'acquérir les bases de la langue polonaise, de comprendre ce qui se dit autour de vous et de vous exprimer avec aisance, bref, d'aller à la rencontre d'un peuple traditionnellement hospitalier et attaché à la culture française.

Le Polonais collection "Sans Peine" mode d'emploi

La méthode Assimil se fonde sur la capacité d'acquérir une langue de manière intuitive par une pratique progressive et régulière qui, petit à petit, conduit à son assimilation. C'est cette démarche que nous vous proposons de suivre. De jour en jour, vous avancerez sans même vous en apercevoir. Après seulement quelques semaines, vous serez surpris des progrès accomplis et, parvenu au terme de la méthode, vous pourrez vous enorgueillir de parler réellement le polonais.

Pour atteindre ce résultat, il vous faudra toutefois vous conformer à un certain nombre de règles, qui ont déjà largement fait leurs preuves et constituent l'originalité de la méthode Assimil. La première d'entre elles – la plus importante –, c'est la régularité. Chaque jour, vous devrez consacrer un peu de temps à votre apprentissage. En général, une demi-heure par jour suffit. Mais il vous faudra, en revanche, veiller à ne pas manquer un seul de vos rendez-vous, car vous risqueriez d'interrompre le travail d'imprégnation de la langue, qui s'effectue, de façon presque inconsciente, dans votre esprit. Inversement, ne cédez pas à la tentation d'en faire trop à la fois, ce qui vous conduirait à surcharger votre mémoire d'informations qu'elle ne peut enregistrer efficacement. Bref, restez modeste et régulier et suivez à la lettre les quelques autres règles rappelées ci-après.

La première vague

Elle correspond à la phase dite "passive" de votre apprentissage et nécessite de procéder de la façon suivante :

Écoutez d'abord attentivement le dialogue, en essayant de percevoir la musique de la langue, ses intonations, son accent. Pour ce faire, le meilleur moyen est d'écouter les enregistrements ou de faire appel à un locuteur polonais qui lira les textes pour vous.

Lisez ensuite lentement le dialogue, phrase après phrase, en vous aidant de la transcription pour bien prononcer les mots, et de la traduction pour bien comprendre. Afin de vous faciliter cette compréhension, nous avons indiqué le mot à mot entre parenthèses et ajouté entre crochets les mots absents du texte polonais mais qui rendent la formulation française plus correcte.

Répétez les phrases après les avoir lues et entendues. Faites-le de préférence à haute voix, en cherchant à vous rapprocher le plus possible de la prononciation et de l'intonation originales. Servez-vous, pour cela, de la prononciation figurée qui accompagne chaque leçon. (Il s'agit d'une phonétique simplifiée "à la française".) N'hésitez pas non plus à vous mettre en situation, à "jouer" les scènes présentées dans les dialogues, sans crainte du ridicule. Plus vous vivrez le texte, plus votre progression sera rapide et agréable !

Lisez aussi soigneusement les notes qui suivent chaque dialogue. Conçues de manière simple et pratique, elles vous aideront à progresser dans la connaissance du vocabulaire et la structure de la langue, à comprendre des points essentiels de grammaire, à intégrer des expressions courantes.

Ne faites surtout pas l'impasse sur les exercices. Prenez le temps qu'il faut, car ils sont là pour renforcer votre apprentissage et consolider vos acquis issus des dialogues de la leçon en cours ou des précédentes.

Toutes les sept leçons, vous trouverez une leçon de révision. Vous devez la travailler avec le même sérieux que les autres, en lisant et répétant le dialogue à haute voix. Mais vous pourrez surtout y faire le point sur l'état de vos connaissances, grâce à des informations complémentaires – de vocabulaire ou de grammaire – présentées de manière plus systématique.

La deuxième vague

Après la quarante-neuvième leçon, vous entrerez dans une deuxième phase de votre apprentissage, dite "active". Après avoir vu la cinquantième leçon, vous reprendrez la première, en revoyant également les notes et les exercices. Puis, en cachant le texte polonais, vous traduirez le dialogue à partir du français. Vous le ferez d'abord oralement, puis, si vous le souhaitez, par écrit. Et vous procéderez ainsi à chaque nouvelle leçon : la cinquante et unième avec la seconde, la cinquante-deuxième avec la troisième, et ainsi de suite. Grâce à cette deuxième vague, vous constaterez tout le chemin parcouru depuis le début, en vous étonnant des progrès réalisés. Par cette révision quotidienne et le travail sur les nouvelles leçons, vous consoliderez vos connaissances et parlerez chaque jour un peu plus de manière naturelle et fluide.

Les enregistrements

Bien que la méthode Assimil puisse être étudiée à l'aide du seul manuel que vous tenez entre vos mains, nous vous conseillons vivement d'utiliser les enregistrements des dialogues et exercices qui ont été réalisés par des locuteurs natifs et professionnels. Grâce à ces enregistrements, vous n'aurez aucune hésitation sur la prononciation ou l'intonation, vous pourrez mieux vous imprégner du rythme de la langue, et aurez tout le loisir, une fois la leçon faite, de la réentendre autant de fois que vous le souhaitez. Dans les quatorze premières leçons, les textes sont répétés deux fois et à un rythme très lent.

Alphabet et prononciation

La langue polonaise a la mauvaise réputation d'être imprononçable ! En effet, il faut bien reconnaître qu'elle contient – malheureusement – des sons difficiles à articuler pour un étranger, quelle que soit sa langue maternelle. C'est pourquoi vous trouverez ci-après toute une série d'indications qui vous permettront de vous repérer dans l'écriture, l'intonation et la prononciation du polonais.

1 Différences entre l'alphabet polonais et l'alphabet français

Certaines lettres polonaises comportent des signes particuliers, nommés “diacritiques”, qui les distinguent des autres lettres de l'alphabet latin.

Ces signes sont :
– un accent ou un point au-dessus de certaines lettres, comme dans **ć**, **ń**, **ó**, **ś**, **ź**, **ż** ;
– une cédille dans le cas des deux voyelles nasales **ą** et **ę** ;
– une barre transversale pour **ł**.
Par ailleurs, pour noter certains sons, on emploie parfois deux lettres dont l'une peut comporter un accent ou un point : **dz**, **dź**, **dż**.

2 L'intonation

L'accent porte normalement sur l'avant-dernière syllabe, sauf dans certains mots d'origine étrangère, par exemple **Ameryka**, **muzyka**, **biblioteka**, et dans les formes passées des verbes (1re et 2e personnes du pluriel) : **byliśmy**, *nous étions*, **pisaliście**, *vous écriviez*).

3 La prononciation

Voici toutes les lettres ou groupes de lettres qui se prononcent autrement qu'en français.

Lettre	transcription Assimil	mot exemple et traduction	Prononciation et exemple
ą	*on*	**są**[1], *ils sont*	comme dans *son*
ą	*o'm, o'n*	**kąpiel**[2], **stąd**[2], *bain, d'ici*	comme dans *comme*, *tonne*
c	*ts*	**noc**, *nuit*	comme dans *tsé-tsé*
ch	*H*	**chleb**, *pain*	*h* aspiré comme en anglais ***House***
ć, **ci**	ts^i	**nić**, **cień**, *fil, ombre*	comme dans *ciao* (c'est un son "mouillé", c'est-à-dire accompagné d'un *i*)
cz	*tch*	**czek**, *chèque*	comme dans *tchèque*
dz	*dz*	**dzwon**, *cloche*	*ts* sonore comme dans *pizza*
dź	dz^i	**dźwig**, *grue*	c'est un *dz* mouillé, comme dans ***Luiggi***

dż	*dj*	**dżem**, *confiture*	comme dans *Djerba*
ę	*in*	**mięso**[1], *viande*	comme dans *mien*
ę	*èn/èm*	**ręce**, **tępy**[2], *mains*, *obtus*	comme dans *Rennes* et *thème*
ę	*è*	**idę**[3], *je vais*	comme *è*
g	*g*	**galeria**, *galerie*	toujours comme *g* + *a*, *o*, *u*
h	*H*	**herbata**, *thé*	*h* aspiré, pratiquement identique à *ch* comme dans ***House***
j	*y*	**ja**, *moi*	comme *y* dans *il y a*
ł	*w*	**łapa**, *patte*	comme dans *watt*
ń, **ni**	*gn*	**koń**, **nie**, *cheval*, *non*	comme *gn* dans *cogne*
ó	*ou*	**góra**, *montagne*	comme *ou*
rz	*j*	**rzeka**, *rivière*	comme *j* dans *jour*
ś, **si**	*si*	**ślad**, **siedem**, *trace*, *sept*	un peu comme dans *chien*, mais encore plus mouillé
sz	*ch*	**szafa**, *armoire*	comme dans *chat*
u	*ou*	**uwaga**, *attention*	toujours comme *ou*, le son "u" n'existant pas
w	*v*	**walizka**, *valise*	comme *v*
y	*é*	**ty**, *toi*	entre *é* dans *thé* et un *i* en plus dur comme dans ***very***
ź, **zi**	*zi*	**źle**, **zima**, *mal*, *hiver*	comme *gi* dans *magie* mais plus mouillé
ż	*j*	**żaba**, *grenouille*	identique à **rz** (comme dans *jour*)

En outre, il faut savoir que toutes les lettres se prononcent, mais que certains sons subissent des modifications :

1 Chaque consonne sonore devient automatiquement sourde à la fin du mot, c'est-à-dire que **b** se prononce *[p]*, **d** se prononce *[t]*, etc. (Pour prononcer une consonne sonore, les cordes vocales vibrent, ce qui n'est pas le cas pour une sourde.) En voici quelques exemples :

chleb	*hlè**p***	*pain*
ogród	*ogrou**t***	*jardin*
jedz	*yè**ts***	*mange*
idź	***its***^{i}	*vas-y*
róg	*rou**k***	*coin*
malarz	*mala**che***	*peintre*
rów	*rou**f***	*ravin*
zakaz	*zaka**s***	*interdiction*
weź	*vè**s***^{i}	*prends*
garaż	*gara**che***	*garage*

2 Par la loi d'assimilation, les consonnes sonores deviennent sourdes devant ou après les sourdes : **twój** *[tfouille]*, *ton*, **łyżka** *[**ouéch**ka]*, *cuiller.*

3 De même, la consonne sourde, au contact d'une sonore, s'assimile à cette dernière : **także** *[**tag**jè]*, *aussi*, **prośba** *[**proz**^{i}ba]*, *requête.*

4 Quelquefois, l'une des consonnes devient muette et la prononciation est simplifiée : **jabłko** *[**iap**ko]*, *pomme.*

5 Toutes les voyelles se prononcent et leur prononciation est la même, où qu'elles se trouvent dans le mot. Les voyelles doubles se prononcent séparément : **auto** *[**a'ou**to]*, **Europa** *[èou**ro**pa].*

Avant de commencer, il est absolument nécessaire de lire l'introduction qui précède, même si vous êtes faux-débutant. Vous y trouverez toutes les explications préliminaires indispensables à un apprentissage efficace.

1 Lekcja pierwsza *[lektsya pierfcha]*

Miło mi ①

1 – Dzień **do**bry. ②
2 Na**zy**wam ③ się ④ **Ma**rek **No**wak.

Prononciation

mi**wo mi* ***1 *dz'ègn* ***do**bré* ***2*** *na**zé**va'm s'è* ***ma**rek* ***no**vak*

Remarques de prononciation

Voici quelques remarques de prononciation sur certains mots du dialogue. Elles vous guideront, surtout si vous ne disposez pas d'enregistrement. En assimilant progressivement ces quelques principes généraux, vous verrez qu'en dépit des apparences et contrairement à sa réputation, la prononciation polonaise obéit à quelques règles très simples.

D'abord, n'oubliez pas de toujours accentuer l'avant-dernière syllabe, indiquée en gras, et non pas la dernière, comme en français.

Titre, 3 Remarquez que la lettre **ł** se prononce comme le premier son des mots *whisky* ou *week-end*. Pensez-y quand vous verrez soit *[w]*, soit *[ou]* dans la transcription phonétique.

Notes

① Pour dire *enchanté*, on emploie en polonais la formule **miło mi** (litt. "agréablement à moi"). Il s'agit d'une version abrégée, mais qui est en même temps la plus usuelle. C'est une bonne chose, non ?

② Remarquez que dans **dzień dobry**, litt. "jour bon", l'ordre des mots est inversé par rapport au français.

Les leçons 1 à 13 ont été enregistrées deux fois : la première fois en continu, la deuxième fois avec des temps de silence pour permettre la répétition.

Première leçon 1

Enchanté

Pour vous aider à mieux repérer la traduction des mots polonais, nous vous indiquons, entre parenthèses et en caractères italiques, les traductions littérales qui nous semblent nécessaires. Les mots entre crochets [ ] n'apparaissent pas en polonais mais sont nécessaires en français.

1 – Bonjour *(Jour bon)*.
2 [Je] m'appelle *(appelle me)* Marek Nowak.

1 Le son correspondant à la lettre **y** est proche du *[i]* mais en plus sourd, car il est articulé dans la partie postérieure du palais. Pour vous éviter des erreurs, nous utilisons la lettre *[é]* qui, prononcée de manière très fermée, permet d'obtenir un son comparable.
1, 2 Les consonnes suivies d'un **i** ou surmontées d'un accent correspondent à un son (inexistant en français) dit "mouillé", c'est-à-dire dont l'articulation, assez molle, s'accompagne d'un léger *[i]*. Pour le transcrire, et surtout ne pas le confondre avec les sons "durs", nous avons adopté le symbole *[*^{i}*]*.

③ Voici une information qui vous intéressera sûrement, car il s'agit d'une simplification non négligeable : habituellement, on n'utilise pas de pronoms personnels sujets (*je*, *tu*, *il*, etc.) devant les verbes. C'est une question d'économie, car les terminaisons verbales suffisent pour identifier la personne.

④ Encore une bonne nouvelle : **się** est la forme unique pour tous les pronoms *me*, *te*, *se*, etc. De plus, sa place est libre : il peut se mettre, comme ici, après le verbe, mais il peut également, tout comme en français, le précéder.

1 **3** – **Mi**ło mi. **A**n**na** Ko**wal**ska.
4 – **Pa**ni ⑤ tu **sa**ma? ⑥
5 – Tak, a pan?
6 – **Ja** też.

3 mi*wo mi* ***a'n****na ko****val****ska* ***4 pa****gni tou* ***sa****ma* ***5*** *tak a pa'n*
6 ya *tèch*

Notes

⑤ L'équivalent de la forme de politesse *vous* est en polonais **pani**, *madame*, pour le féminin, et **pan**, *monsieur*, pour le masculin (prononcé comme dans *panne*) suivi du verbe à la 3e personne du singulier.

⑥ Vous avez là une nouvelle simplification : le verbe *être* est souvent omis, surtout dans les phrases à la 3e personne du singulier. Ne trouvez-vous pas qu'il y a en polonais beaucoup de choses qui rendent la vie plus facile ?

***

Ćwiczenie pierwsze – Proszę przetłumaczyć
Exercice 1 – Traduisez

❶ Nazywam się Marek Nowak. ❷ Miło mi. ❸ Dzień dobry. ❹ Ja też.

***

Ćwiczenie drugie –Wpisać brakujące słowa
Exercice 2 - Complétez

(Chaque point correspond à une lettre.)

❶ Bonjour.
Dzień . . . . . .

❷ Enchanté(e).
. . . . mi.

3 – Enchantée *(Agréablement à-moi)*. Anna Kowalska.
4 – Vous êtes seule ici *(Madame ici seule)* ?
5 – Oui, et vous *(et monsieur)* ?
6 – Moi *(Je)* aussi.

***

Corrigé de l'exercice 1

❶ Je m'appelle Marek Nowak. ❷ Enchanté. ❸ Bonjour. ❹ Moi aussi.

***

❸ Je m'appelle Kowalska.
Nazywam . . . Kowalska.

❹ Moi aussi.
. . też.

Corrigé de l'exercice 2

❶ – dobry ❷ Miło – ❸ – się – ❹ Ja –

2 Lekcja druga *[lèktsya drouga]*

Smacznego!

1 – Co **po**dać? ①
2 **Ma**my **zu**py ②, schab…
3 – A jest ③ **bi**gos?
4 – Tak. A co do **pi**cia?
5 – **Pro**szę ④ **pi**wo.
6 – **Pro**szę. **Bi**gos i **Ży**wiec ⑤.
7 Smacz**ne**go!
8 – Dzię**ku**ję. □

Prononciation
*smatch**nè**go **1** tso **po**dats' **2** **ma**mé **zou**pé sHap **3** a yest **bi**gos **4** tak a tso do **pi**ts'a **5** **pro**chè **pi**vo **6** **pro**chè **bi**gos i **jé**vyèts **7** smatch**ne**go **8** dz'in**kou**yè*

Remarques de prononciation
2 Pour prononcer le **ch** polonais (que nous transcrivons à l'aide d'un *[H]* majuscule), faites comme si vous vouliez chasser fortement l'air de votre bouche. Imaginez, par exemple, que

Notes

① Pour formuler une question du type **Co podać?**, *Que puis-je vous servir ?*, vous avez à votre disposition un procédé très économique qui évite le recours à la forme personnelle du verbe. Il suffit d'ajouter l'infinitif (que l'on reconnaît à la terminaison **-ć**) au mot interrogatif **co**, *que*, *quoi*. De fait, le verbe à la 1re personne du singulier, correspondant à *je peux* ou *je dois*, est sous-entendu. N'est-ce pas une façon astucieuse de se simplifier la tâche pour demander ce qu'on peut ou ce qu'on doit faire ?

② Vous pouvez constater que le polonais ne connaît ni l'article défini ni l'article indéfini. Tous les noms s'emploient donc ▸

Bon appétit !

1 – Que [puis-je vous] servir ?
2 [Nous] avons [des] soupes, [du] filet de porc pané…
3 – Et y a-t-il *(est)* [de la] choucroute polonaise ?
4 – Oui. Et comme boisson *(quoi à boire)* ?
5 – S'il vous plaît, [une] bière.
6 – Je vous en prie. [Une] choucroute polonaise et [une] Żywiec.
7 Bon appétit !
8 – Merci.

vous venez de fournir un effort physique et que vous avez envie de pousser un soupir de soulagement. L'articulation du **b** final obéit au principe du moindre effort et correspond à un son sourd *[p]*.
5, 6, 8 La lettre **ę** correspond à un son nasal comparable à celui qu'on a dans *vin* ou *pain*. Toutefois, placé à la fin d'un mot, **ę** se prononce généralement comme s'il s'agissait d'un *[e]*. Celui-ci est toujours ouvert en polonais et se dit donc comme dans *lait* ou *prêt*.

seuls sauf, bien sûr, s'ils sont accompagnés d'un adjectif. Dans **zupy**, *soupes*, la terminaison **-y** indique le pluriel. Le singulier est **zupa** : c'est un nom féminin que l'on reconnaît à la terminaison **-a**.

③ **jest** (3e personne du singulier du verbe *être*) correspond, selon le contexte, à *est* ou à *il y a*.

④ Le mot **proszę**, 1re personne du verbe **prosić**, *prier*, *demander*, est en fait une expression figée, très utile en toutes circonstances pour répondre à une demande ou pour s'adresser à quelqu'un de manière polie. Il correspond à *je vous en prie* ou à *s'il vous plaît*.

⑤ **Żywiec** est une marque de bière blonde très appréciée.

2

Ćwiczenie pierwsze – Proszę przetłumaczyć
Exercice 1 – Traduisez

❶ Co podać do picia? ❷ Proszę piwo i bigos. ❸ Jest też schab. ❹ Dziękuję. ❺ Smacznego!

***

Ćwiczenie drugie – Wpisać brakujące słowa
Exercice 2 - Complétez

❶ S'il vous plaît, une bière.
Proszę . . . . .

❷ Nous avons aussi des soupes.
. . . . też . . . . .

❸ Qu'y a-t-il à boire ?
Co . . . . do . . . . . ?

❹ *(Puis-je vous)* servir [de la] choucroute polonaise ?
. . . . . bigos?

❺ Je vous en prie et bon appétit !
. . . . . . i . . . . !

***

Il faut savoir que les Polonais, à la fin d'un repas au restaurant, remercient toujours les compagnons de table pour leur présence. Ne l'oubliez pas, car ce **dziękuję** *surprend toujours au début.*
Les Polonais aiment beaucoup les soupes. On en sert toute l'année, comme entrée ou comme plat principal, car elles sont souvent consistantes et épaisses, cuisinées avec de la crème fraîche, des morceaux de légumes, de viande, etc. Il y a une autre véritable "institution" culinaire polonaise : c'est le fameux **bigos**, *mélange de choucroute, de viandes diverses et de saucisses. Vous devez absolument goûter cette spécialité. Selon les recettes, on y ajoute des champignons ou des pruneaux secs. Cuisiné pendant plusieurs*

Corrigé de l'exercice 1

❶ Que [puis-je vous] servir à boire ? ❷ Une bière et une choucroute polonaise, s'il vous plaît. ❸ Il y a aussi du filet de porc pané. ❹ Merci. ❺ Bon appétit !

***

Corrigé de l'exercice 2

❶ – piwo ❷ Mamy – zupy ❸ – jest – picia ❹ Podać – ❺ Proszę – smacznego

***

heures, il est encore meilleur le lendemain ! Enfin, côté boisson, il n'y a pas que la traditionnelle vodka ! Vous trouverez de très bonnes bières – dont la **Żywiec** *– qui est fabriquée dans une petite ville du même nom, dans le Sud de la Pologne.*

Peut-être cette leçon vous a-t-elle laissé sur votre faim ? Ne vous en faites pas. On sait bien qu'apprendre la langue d'un pays, c'est comme apprendre ses mœurs, sa façon de vivre, sa gastronomie... Cela se fait peu à peu.

3 Lekcja trzecia *[lèktsya t'chètsia]*

Jutro

1 – Przepraszam ①, pan z Warszawy ②?
2 – Nie. **Jes**tem u ro**dzi**ny ③.
3 – Na **dłu**go pan jest? ④
4 – Na **ty**dzień.

Prononciation

*youtro **1** pchè**pra**cha'm pa'n s var**cha**vé **2** gnè **yès**tèm ou rodz'iné **3** na **dwou**go pa'n yest **4** na **té**dz'ègn*

Remarques de prononciation

1 Sous l'effet de l'entourage, certaines lettres ou certains groupes de lettres se prononcent différemment. Ainsi, **rz**, normalement prononcé comme *[j]* sonore devient *[ch]* sourd à cause de la

Notes

① Voici la forme qui permet de s'excuser ou de demander pardon. Nous avons affaire ici à la 1re personne du singulier du verbe **przepraszać**, *s'excuser*, dont vous aurez remarqué la terminaison **-am**, la même que nous avons vue dans **nazywam się**, *je m'appelle.*

② Parlons un peu de la forme des noms. Contrairement au français, les noms polonais se déclinent : ils changent de terminaison suivant la fonction qu'ils occupent dans la phrase. Ces différentes fonctions sont appelées les "cas". Prenons un exemple. Comme vous le savez peut-être, la capitale de la Pologne se dit en polonais **Warszawa**. Il s'agit de la forme de base qu'on trouve dans le dictionnaire et qui correspond au cas sujet appelé nominatif. La forme que nous avons ici, avec la terminaison **-y**, correspond au cas nommé génitif que l'on ▸

Demain

1 – Excusez-moi, vous *(monsieur)* [êtes] de Varsovie ?
2 – Non. [Je] suis chez [ma] famille.
3 – Vous êtes [ici] pour longtemps *(Pour longtemps monsieur est)* ?
4 – Pour [une] semaine.

proximité de **p**. De même **w**, normalement *[v]*, se transforme en *[f]*. Notez bien que cette règle d'assimilation n'est pas du tout faite pour vous embêter mais, au contraire, pour que vous ayez plus de facilité à parler en fournissant moins d'effort. Pratique, non ?
2, 6 Une petite astuce : pour prononcer le **e** de **nie**, nous vous suggérons de le dire comme dans *niais* plutôt que comme dans *nier*.

utilise lorsqu'un nom correspond à un complément (d'objet, circonstanciel, etc.). Sachez aussi que les cas sont souvent employés après les prépositions, comme ici après **z**, *de*, qui indique la provenance.

③ Vous avez sans doute deviné que **rodziny** est le génitif obtenu par la transformation du nominatif **rodzina**, *famille*.

④ Pour poser une question, on peut, comme dans cette phrase, conserver l'ordre sujet-verbe tout en utilisant l'intonation interrogative. Mais on peut aussi inverser cet ordre, ce qui donne : **jest pan?** Notez également que la place des mots interrogatifs n'est pas fixe. Ils peuvent se mettre au début de la phrase, comme dans notre dialogue, ou à la fin. Dans ce cas, on aurait : **Pan jest na długo?**

5 – Doskon**a**le, to do **ju**tra ⑤?
6 – Nie, **ju**tro wy**jeż**dżam. □

*5 doskon**a**lè to do **you**tra* **6** *gnè **you**tro véy**èj**dja'm*

Note

⑤ Avec **jutra**, vous avez affaire au génitif de **jutro**, *demain*. Comme vous le voyez, nous sommes en présence d'une autre terminaison que dans le cas de **Warszawy** ou de **rodziny** ; c'est parce qu'il s'agit ici d'un mot du genre neutre. Eh oui, c'est assez compliqué ! Mais surtout ne vous inquiétez pas ! Vous vous y habituerez au fur et à mesure, avec l'usage.

***

Ćwiczenie pierwsze – Proszę przetłumaczyć

❶ Jestem z Warszawy. ❷ Przepraszam, wyjeżdżam jutro. ❸ Pan tu na długo? ❹ Ja też na tydzień. ❺ Jest pani sama?

***

Ćwiczenie drugie – Wpisać brakujące słowa

❶ Bonjour, je suis seule.
Dzień . . . . . , jestem . . . . .

❷ [Êtes]-vous *(madame)* ici pour longtemps ?
Pani . . na . . . . . ?

❸ Oui, pour une semaine.
. . . . , na . . . .

5 – Parfait*(ement)*. Alors à demain ?
6 – Non, je pars demain *(demain pars)*.

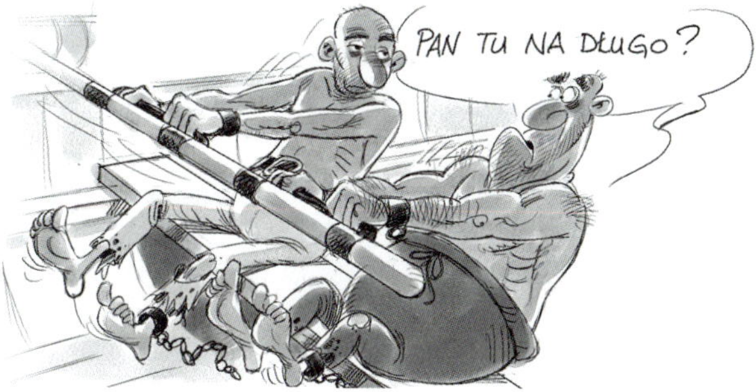

***

Corrigé de l'exercice 1

❶ Je suis de Varsovie. ❷ Excusez-moi, je pars demain. ❸ Êtes-vous ici *(Monsieur ici)* pour longtemps ? ❹ Moi aussi pour une semaine. ❺ Êtes-vous *(Est madame)* seule ?

***

❹ Excusez-moi, je pars de Varsovie.
. . . . , wyjeżdżam . Warszawy.

❺ Merci, moi aussi.
. . . . , ja . . . .

Corrigé de l'exercice 2

❶ – dobry – sama ❷ – tu – długo ❸ Tak – tydzień ❹ Przepraszam – z – ❺ Dziękuję – też

4 Lekcja czwarta *[lèktsya tchfarta]*

Bank

1 – **Pro**szę **pa**na ①,
2 jest tu gdzieś ②, bank ③?
3 – Bank jest już zamk**nię**ty,
4 **a**le **kan**tor **jesz**cze nie ④.
5 – To ⑤ **świet**nie.

Prononciation

*ba'nk **1 pro**chè **pa**na **2** yest tou gdz'es' ba'nk **3** ba'nk yest iouch za'mk**gnèn**té **4 a**lè **ka'n**tor **yèch**tchè gnè **5** to **s'fiet**gnè*

Remarques de prononciation

Titre, 2 Ne vous laissez pas tromper par la ressemblance du mot **bank** avec son équivalent français *banque* : séparez bien les sons *[a]* et *[n]*.

Notes

① Revoilà le mot **proszę**, *s'il vous plaît*, *je vous en prie*, qui sert ici à aborder quelqu'un (en l'occurrence un homme) de façon courtoise. S'il s'agissait d'une femme, on aurait **proszę pani**. La forme **pana** correspond au cas dit accusatif de **pan**, *monsieur*. Pour l'instant, sachez seulement qu'on l'emploie d'habitude pour indiquer la fonction de complément d'objet direct, c'est-à-dire après un verbe sans préposition. Dans notre exemple, il s'agit de la construction "prier quelqu'un".

② En ajoutant simplement la terminaison **-ś** au mot relatif à un lieu **gdzie**, *où*, on obtient un indéfini **gdzieś**, *quelque part*. De même, à partir de **co**, *quoi*, on dérive **coś**, *quelque chose*, etc. N'est-ce pas un procédé très économique pour élargir votre vocabulaire ?

Quand un mot polonais est traduit par deux mots en français, nous ajoutons un trait d'union entre les deux mots français afin de faire correspondre le nombre de mots en français et en polonais.

[La] banque

1 – S'il vous plaît, monsieur,
2 y a-t-il *(ici quelque-part)* [une] banque par ici ?
3 – [La] banque est déjà fermée,
4 mais [le] bureau de change pas encore *(encore non)*.
5 – C'[est] formidable*(ment)*.

4 Cette accumulation de consonnes n'est pas si effrayante que ça. De fait, on a deux sons *[ch]* et *[tch]* qui existent bel et bien en français, mais rarement à la suite, il faut bien l'avouer. Un exemple quand même pour voir ce que ça donne. Dites : "une hache tchèque". Vous voyez que ce n'est pas sorcier !

③ Étant donné l'absence d'articles, ce sont les terminaisons des noms qui indiquent leur genre. Vous savez déjà que la majorité des noms féminins finissent en **-a**. En revanche, les noms masculins se terminent généralement par une consonne. Ainsi **bank**, *banque*, est masculin.

④ **nie** exprime la négation. Lorsqu'il est employé seul, il équivaut à *non* ou *pas* et s'il précède un verbe, à *ne... pas*. Vous verrez plus tard qu'il peut aussi apparaître au début d'un mot (nom, adjectif ou adverbe) pour former le contraire de celui-ci.

⑤ Vous connaissez déjà **to** comme équivalent de *alors* (voir leçon 3). Ici, vous avez un autre de ses emplois, en tant que démonstratif neutre : *ce* dans l'expression "c'est…". Remarquez encore une fois l'omission du verbe *être*.

6 – Tam jest też ban**ko**mat.
7 – Dzię**ku**ję, **bar**dzo pan **mi**ły ⑥.

6 *ta'm yest tech ba'n**ko**mat* ***7*** *dz'in**kou**yè **bar**dzo pa'n **mi**wé*

Note

⑥ Vous rappelez-vous comment on dit *enchanté* ? C'est bien sûr **miło mi**. Comme vous l'avez sans doute deviné, avec **miły**, *gentil*, *agréable*, nous avons affaire à la même famille de mots.

***

Ćwiczenie pierwsze – Proszę przetłumaczyć

❶ Co to jest? ❷ To jest bankomat. ❸ Kantor jest zamknięty. ❹ Tam jest bank. ❺ Gdzie jest Warszawa?

***

Ćwiczenie drugie – Wpisać brakujące słowa

❶ Qu'y a-t-il là-bas ?
Co . . . jest?

❷ C'est une banque.
To . . . . bank.

❸ Où est la bière ?
. . . . . jest . . . . ?

❹ Je suis ici pour très longtemps.
. . . . . . tu . . . . . . długo.

❺ Moi, pas encore.
. . jeszcze . . . .

6 – Là-bas, il y a aussi [un] distributeur de billets.
7 – Merci, vous êtes très gentil *(très monsieur gentil)*.

Corrigé de l'exercice 1

❶ Qu'est-ce que c'est ? ❷ C'est un distributeur de billets. ❸ Le bureau de change est fermé. ❹ Là-bas, il y a une banque. ❺ Où est Varsovie ?

***

Corrigé de l'exercice 2

❶ – tam – ❷ – jest – ❸ Gdzie – piwo ❹ Jestem – bardzo – ❺ Ja – nie

L'utilisation des cartes de crédit est de plus en plus répandue. On les accepte dans de nombreux magasins, restaurants et hôtels. De ce fait, les distributeurs de billets se font de plus en plus nombreux, et on a même vu apparaître un nouveau mot dans le vocabulaire polonais : **bankomat**. *Il s'agit d'un néologisme formé de* **bank** + **automat**.

5 Lekcja piąta *[lèktsya pio'nta]*

Pomyłka

1 – **Ha**lo. **Słu**cham ①.
2 – **Do**bry **wie**czór ②. Jest **A**dam?
3 – Nie roz**u**miem. Kto?
4 – Czy tu **miesz**ka **A**dam **Wol**ski? ③
5 – Nie, to **chy**ba po**mył**ka.
6 – Prze**pra**szam **bar**dzo ④.
7 – Nic ⑤ nie **szko**dzi. Do wi**dze**nia. □

Prononciation
*po**méou**ka **1 Ha**lo **swou**Ha'm **2 do**bré **vyè**tchour yest **a**da'm **3** gnè ro**zou**myèm, kto **4** tché tou **myèch**ka **a**da'm **vol**ski **5** gnè to **Hé**ba po**méou**ka **6** pche**pra**cha'm **bar**dzo **7** nits gnè **chko**dz'i do vi**dzè**gna*

Notes

① Vous connaissez maintenant plusieurs verbes qui, comme **słucham**, *j'écoute*, prennent la terminaison **-am** à la 1re personne du singulier : **nazywam się**, *je m'appelle*, **przepraszam**, *je m'excuse*, **wyjeżdżam**, *je pars*.

② Avez-vous remarqué que dans **dobry wieczór**, l'ordre des mots est identique à son équivalent français *bonsoir* ? Souvenez-vous que pour **dzień dobry**, *bonjour*, c'est l'inverse.

③ Pour poser une question fermée, c'est-à-dire une question à laquelle on répond simplement par "oui" ou par "non", on peut utiliser en polonais le mot **czy**, *est-ce que*. Il se trouve en début de phrase, comme en français, mais l'ordre sujet-verbe n'est pas obligatoire. Pour résumer, il y a donc plusieurs variantes pour ce genre de questions. En tenant compte des formes que vous connaissez déjà (intonation interrogative ou inversion de l'ordre sujet-verbe), cela donne : **Adam jest?**, **Jest Adam?**, **Czy Adam jest?**, **Czy jest Adam?** À vous de choisir… ▸

[Une] erreur

1 – Allô. [J']écoute.
2 – Bonsoir. Adam est là *(Est Adam)* ?
3 – [Je] ne comprends [pas]. Qui ?
4 – Est-ce que *(ici habite)* Adam Wolski habite ici ?
5 – Non, c'[est] probablement [une] erreur.
6 – Excusez-moi *(beaucoup)*.
7 – Cela ne fait rien *(Rien ne fait-tort)*. Au revoir.

Remarque de prononciation

1, 5 Rappelez-vous que le son *[H]*, qui est toujours aspiré – c'est-à-dire prononcé avec un souffle – correspond à deux orthographes : **h** et **ch**. Ne faites pas l'erreur de prononcer ces deux dernières lettres à la française.

④ **bardzo**, qui équivaut à *très*, *beaucoup*, peut accompagner un adjectif, un adverbe ou, comme ici, un verbe. Ce mot s'utilise très fréquemment, par exemple, avec **proszę**, *s'il vous plaît*, *je vous en prie*, sans rendre l'expression obséquieuse pour autant.

⑤ La place de **nic**, *rien*, est relativement libre. Si l'on veut insister sur ce mot, on le met au début. Ainsi **nic nie rozumiem**, *je ne comprends rien*, sera légèrement plus fort que **nie rozumiem nic**.

Ćwiczenie pierwsze – Proszę przetłumaczyć

❶ Dobry wieczór. ❷ Gdzie mieszka Marek? ❸ To chyba tam. ❹ Czy jest bigos? ❺ To nic nie szkodzi.

***

Ćwiczenie drugie – Wpisać brakujące słowa

❶ Est-ce que vous êtes seule ?
. . . pani . . . . ?

❷ Cela ne fait rien.
To . . . nie . . . .

❸ Où habitez-vous ?
. . . . . pan . . . . ?

---

6 Lekcja szósta *[lèktsya chousta]*

Dokąd ① pani jedzie ②?

1 – Prze**pra**szam, to **miej**sce jest **wol**ne ③?
2 – Tak, **pro**szę.
3 – **Do**kąd **pa**ni **je**dzie?

Prononciation
***do**ko'nt **pa**gni **yè**dz'è 1 pchè**pra**cha'm to **myèys**tsè yest **vol**nè 2 tak **pro**chè 3 **do**ko'nt **pa**gni **yè**dz'è*

Notes

① Deux mots correspondent en polonais à *où* : **gdzie**, que vous connaissez déjà (voir leçon 4) et **dokąd**. Le premier indique l'emplacement, un lieu où vous vous trouvez, le second, le lieu de destination.

Corrigé de l'exercice 1

❶ Bonsoir. ❷ Où habite Marek ? ❸ C'est probablement là-bas. ❹ Est-ce qu'il y a du bigos ? ❺ Cela ne fait rien.

***

❹ Excusez-moi, mais je ne comprends pas.
. . . ., ale . . . .

❺ C'est une erreur.
To . . . .

Corrigé de l'exercice 2

❶ Czy – jest sama ❷ – nic – szkodzi ❸ Gdzie – mieszka ❹ Przepraszam – nie rozumiem ❺ – pomyłka

---

Sixième leçon 6

Où allez-vous *(madame va)* ?

1 – Excusez-moi, cette place est[-elle] libre ?
2 – Oui, je vous en prie.
3 – Où allez-vous *(madame va)* ?

▸ ② Le verbe *aller* a deux équivalents en polonais, selon qu'il s'agit d'un déplacement à l'aide d'un moyen de locomotion ou à pied. Dans le premier cas (comme ici pour le voyage en train ou en car), on utilise **jedzie** à la 3e personne du singulier. Son homologue pour la marche à pied est **idzie**.

③ Vous savez déjà qu'un nom terminé en **-o** comme **jutro**, *demain*, est du genre neutre. Dans **miejsce**, *place*, vous avez une autre terminaison possible : **-e**, que l'on retrouve par ailleurs à la fin des adjectifs neutres, comme dans **wolne**, *libre*.

4 – Do ④ Kra**ko**wa, a pan?
5 – Ja do Zakopa**ne**go ⑤.
6 – To wa**ka**cje?
7 – Nies**te**ty nie. Konfe**ren**cja.
8 – Mam na**dzie**ję ⑥, że **bę**dzie cie**ka**wa. □

*__4__ do kra**ko**va a pa'n __5__ ya do zakopa**nè**go __6__ to va**ka**tsyè __7__ gnès**tè**té gnè ko'nfe**rèn**tsya __8__ ma'm na**dziè**yè jè **bèg**ndz'è ts'è**ka**va*

Notes

④ La préposition **do**, *à*, *pour*, qui sert à indiquer entre autres le lieu où l'on va, est toujours suivie du génitif.

⑤ C'est encore d'un génitif dont il s'agit, mais cette fois, la forme – dérivée de **Zakopane** –, correspond au génitif singulier des adjectifs neutres et masculins, car le nom de la ville signifie en fait *enfoui*, *enterré*. ▸

***

Ćwiczenie pierwsze – Proszę przetłumaczyć

❶ Czy lekcja jest ciekawa? ❷ Mam nadzieję, że tak. ❸ Świetnie, że jedzie pan do Warszawy. ❹ Proszę, tu jest wolne miejsce. ❺ Przepraszam, gdzie jest konferencja?

***

Ćwiczenie drugie – Wpisać brakujące słowa

❶ Cette place est encore libre.
To . . . . jest jeszcze . . . . . .

❷ Kowalski sera là demain.
Kowalski . . . . . . tu . . . . . .

❸ J'espère qu'il est gentil.
. . . nadzieję, . . jest . . . . .

4 – À Cracovie, et vous *(monsieur)* ?
5 – Moi *(Je)* à Zakopane.
6 – C'[est les] vacances ?
7 – Malheureusement non. [Une] conférence.
8 – J'espère *(Ai espoir)* qu'[elle] sera intéressante.

▸ ⑥ Le verbe *avoir* (ici à la 1re personne du singulier **mam**) est suivi du complément d'objet direct, d'où l'apparition de l'accusatif **nadzieję**, dérivé du nom féminin **nadzieja**, *espoir*.

***

Corrigé de l'exercice 1

❶ Est-ce que la leçon est intéressante ? ❷ J'espère que oui. ❸ [C'est] parfait que vous alliez *(monsieur va)* à Varsovie. ❹ Je vous en prie, ici il y a une place de libre *(libre place)*. ❺ Excusez-moi, où est la conférence ?

***

❹ Malheureusement, c'est une erreur.
. . . . to . . . .

❺ La leçon est très intéressante.
Lekcja . . . . bardzo . . . .

Corrigé de l'exercice 2

❶ – miejsce – wolne ❷ – będzie – jutro ❸ Mam – że – miły ❹ Niestety – pomyłka ❺ – jest – ciekawa

7 *Que diriez-vous d'un petit voyage en Pologne ? Si vous êtes amateur de tourisme culturel, vous apprécierez tout particulièrement le Sud, une des régions sans doute les plus riches en histoire et traditions populaires. Vous serez émerveillé par la ville de* Cracovie *(***Kraków***) heureusement épargnée pendant la Seconde Guerre mondiale – et qui fut la capitale de la Pologne jusqu'en 1596. À 100 km de là, vers le sud, vous découvrirez, dans la chaîne de montagnes les Tatras, la petite ville de Zakopane, qui est à la fois un*

7 Lekcja siódma *[**lèk**tsya **s'oud**ma]*

Powtórka – Révision

Faisons un petit arrêt pour voir ce que vous avez appris au cours de ces six premières leçons. Vous serez agréablement surpris de ce que vous savez déjà.
Désormais, nous vous proposerons ainsi, après chaque nouvelle série de six leçons, de revoir les principaux points qui ont été abordés. Surtout, ne cherchez pas à tout apprendre par cœur. Lisez simplement, et vous verrez que vous retiendrez les choses petit à petit, de manière tout à fait étonnante.
D'abord, quelques remarques sur la prononciation.

1 La prononciation

1.1 L'accent

Vous avez pu constater que tous les mots polonais sont accentués sur l'avant-dernière syllabe. Comme nous savons tous qu'il est difficile de se défaire des habitudes prises dans sa propre langue, essayez de vous entraîner sur des mots faciles : **Kowalski**, **Nowak**, **telefon**, **radio**, etc.

1.2 Les sons "mouillés"

Certaines consonnes (**c**, **n**, **s**, **z**) surmontées d'un accent ou suivies d'un **-i** s'articulent en avançant la langue vers la partie dure du palais. Afin de comprendre cette particularité phonétique, comparez la prononciation d'un *[n]* dur comme dans **nowa** *[nova]*, *nouvelle* et d'un *[n]* mouillé correspondant grosso modo au son *[gn]* dans *Pologne* : **dzień** *[dzièg n]*, *jour* ; **nie** *[gnè]*, *non.*

lieu de villégiature prisé et une célèbre station de ski. On l'appelle "la capitale d'hiver de la Pologne". La région aux alentours est célèbre pour ses danses et ses chants, ses chalets pittoresques, ses artistes populaires qui fabriquent de superbes objets en bois et en cuir. Au-delà du simple folklore, vous trouverez chez ces **górale**, montagnards, *la chaleur et l'hospitalité légendaires des Polonais. Il ne nous reste plus qu'à vous souhaiter bon voyage !*

Septième leçon 7

Vous rappelez-vous la prononciation (et la signification) des mots suivants :
– **ćwiczenie**, **dziękuję**, **świetnie**, **tydzień**,
– *[ts'fit**chè**gnè]*, *exercice*, *[dz'in**kou**yè]*, *merci*, *[**s'fièt**gnè]*, *parfait*, *[**té**dz'ègn]*, *semaine* ?
Enfin, nous attirons votre attention sur des lettres ou groupes de lettres dont la prononciation est différente de celle du français. Soyez particulièrement vigilant et reportez-vous à la prononciation figurée ou aux enregistrements si vous en disposez.
Voyons maintenant ce que vous avez appris en grammaire.

2 Les cas

C'est sans doute une des principales difficultés du polonais. La forme des noms ainsi que celle des adjectifs et des pronoms que vous trouvez dans le dictionnaire, correspond au cas nommé nominatif. Cependant, dans le discours, on est souvent obligé de recourir à d'autres cas suivant la construction des verbes ou la nature de la préposition, s'il y en a une. Ces différents cas (sept au total) se différencient par leur terminaison, elle-même en fonction du genre et du nombre. C'est donc un apprentissage de longue haleine que suppose la maîtrise des cas, mais rassurez-vous, l'expérience montre que la pratique quotidienne permet d'acquérir très vite des automatismes sans passer par un effort de mémorisation long et fastidieux.
Voici une petite révision des cas que vous avez déjà rencontrés.

2.1 Le nominatif

C'est la forme de base. On l'appelle cas sujet, car il correspond à cette fonction dans les phrases :
Bank jest zamknięty, *La banque est fermée.*
Gdzie mieszka Kowalski?, *Où habite Kowalski ?*

2.2 Le génitif

Vous avez vu qu'on l'employait après certaines prépositions :
do, *à*, *pour* ; **z**, *de* :
Jadę do Krakowa, *Je vais à Cracovie.*
Jestem z Warszawy, *Je suis de Varsovie.*

2.3 L'accusatif

C'est le cas qui indique l'objet direct. Il n'est donc pas étonnant de le trouver à la suite des verbes qui se construisent sans préposition. Nous l'avons rencontré après les verbes *prier* et *avoir* :
Proszę pana, *S'il vous plaît, monsieur.* (litt. "[Je] prie monsieur").
Mam nadzieję, *J'espère* (litt. "[J']ai [l']espoir").

***

Dialog-powtórka – Dialogue de révision *(Traduisez)*

1 – Dzień dobry. Proszę.
2 – Tu jest wolne miejsce.
3 – Dziękuję bardzo.
4 – Co podać?
5 – Piwo proszę.
6 – Przepraszam, pan z Krakowa?
7 – Tak. Nazywam się Kowalski.
8 – Miło mi. Anna Nowak.

Ne vous inquiétez pas, nous reviendrons sur tout ce que vous venez de voir dans cette leçon et vous l'assimilerez progressivement. Il ne vous reste qu'à continuer à lire et à répéter sans chercher à tout savoir tout de suite !

3 Le genre

Outre le masculin et le féminin, le polonais connaît le genre neutre. Sachez que l'appartenance d'un nom, pronom ou adjectif à l'un des trois genres n'est justifiée, du fait de la différenciation sexuelle, que pour les êtres animés : personnes et animaux. Toutefois les petits (humains ou animaux) sont du genre neutre. Pour tous les autres noms, le genre est fondamentalement arbitraire et ne correspond d'ailleurs que partiellement d'une langue à l'autre. Ainsi **bank** est du genre masculin en polonais. À l'inverse, **grupa** est féminin en polonais et masculin en français.
On peut facilement reconnaître le genre d'un nom grâce à sa terminaison. Ainsi les noms masculins se terminent généralement par une consonne : **pan**, *monsieur*, **bank**, *banque*, **bigos**, *choucroute*, **kantor**, *bureau de change* ; les noms féminins, par **-a** ou **-i** : **konferencja**, *conférence*, **zupa**, *soupe*, **pani**, *madame* ; les noms neutres, par **-o** ou **-e** : **jutro**, *demain*, **miejsce**, *lieu*. Nous verrons plus tard d'autres terminaisons possibles.

***

Traduction

1 Bonjour. Je vous en prie. **2** Ici il y a une place de libre *(libre place)*. **3** Merci beaucoup. **4** Que [puis-je vous] servir ? **5** [Une] bière, s'il vous plaît. **6** Excusez-moi, vous *(monsieur)* [êtes] de Cracovie ? **7** Oui. [Je] m'appelle *(appelle me)* Kowalski. **8** Enchanté[e]. Anna Nowak.

8 Lekcja ósma *[lektsya ousma]*

Zdjęcia z wakacji

1 – Co tam masz ①?
2 – **Zdję**cia ② z wa**ka**cji.
3 – **Mo**gę zobaczyć?
4 – **Ja**sne ③, **pro**szę.
5 – Kto to jest?
6 – To **mo**ja **ma**ma ④.
7 – **Ta**ka ⑤ **mło**da? A to twój **ta**ta ⑥?
8 – Nie, to mój brat.

Prononciation

*zdyèn'ts'a z vakatsi **1** tso ta'm mach **2 zdyèn**'ts'a z va**ka**tsi **3 mo**guè zobatchéts' **4 yas**nè **pro**chè **5** kto to iest **6** to **mo**ya **ma**ma **7 ta**ka **mouo**da a to tfouille **ta**ta **8** gnè to mouille brat*

Remarques de prononciation

Titre, 2 Dans certaines positions, notamment devant **c**, la lettre **ę** perd sa résonance nasale et se prononce comme s'il s'agissait

Notes

① Vous connaissez déjà deux formes du verbe *avoir* : **mam**, 1re personne du singulier et **mamy**, 1re personne du pluriel. Voici la 2e personne du singulier : **masz**, *tu as*. Retenez bien la terminaison **-sz**, qui vous permettra de reconnaître les verbes employés pour tutoyer quelqu'un. Précisons qu'en polonais, on tutoie ses proches, ses amis ou ses collègues selon les mêmes règles qu'en français.

② Le singulier de **zdjęcia**, *photos*, est **zdjęcie**. C'est un nom du genre neutre, comme l'indique sa terminaison **-e**. Sachez qu'au pluriel, les noms neutres se terminent presque toujours en **-a**.

③ **jasne** est un terme courant pour exprimer son consentement ou confirmer quelque chose de façon très nette. Il fait partie de ces mots qui, à l'origine, sont des adjectifs du genre neutre, ▸

Photos de vacances

1 – Qu'est-ce que [tu] as là *(là as)* ?
2 – [Les] photos de vacances.
3 – [Je] peux voir ?
4 – Évidemment *(Clair)*, je t'en prie.
5 – Qui est-ce *(c'est)* ?
6 – C'[est] ma maman.
7 – Si jeune ? Et [lui], c'[est] ton papa ?
8 – Non, c'[est] mon frère.

d'un **e** suivi d'un **n**. De plus, comme vous le voyez, nous avons ici un **c** "mouillé", car il est suivi d'un **i**. Ainsi, par assimilation, le **n** se transforme, lui aussi en un son mouillé *[n^i]*.
7 Vous avez là un autre exemple d'assimilation. Il concerne la prononciation de la lettre **w**. Lorsqu'elle est placée après un son sourd, comme c'est ici le cas du **t**, elle devient également sourde et se prononce *[f]*.

▸ mais qui s'emploient aussi seuls, en tant qu'adverbes placés en début de phrase, pour donner son avis.

④ Dans **moja mama**, *ma maman*, remarquez la terminaison **-a**, caractéristique du genre féminin. On la retrouve dans la majorité des noms singuliers, mais aussi dans tous les adjectifs féminins au nominatif singulier.

⑤ **taka**, dont vous aurez reconnu le genre féminin, est un mot très utile, car polyvalent. Ici, il sert à intensifier la qualité d'un adjectif et se traduit par *si*, *tellement*. Il s'emploie également comme adjectif ou pronom et correspond alors à *telle* ou *pareille*. Ses équivalents masculin et neutre sont **taki** et **takie**.

⑥ Malgré les apparences, le mot **tata** n'est pas féminin. C'est l'homologue du diminutif français *papa* et non pas, comme on pourrait le penser, de *tante* !

Ćwiczenie pierwsze – Proszę przetłumaczyć

❶ Mam zdjęcia z wakacji. ❷ To moja rodzina. ❸ Proszę zobaczyć. ❹ To twój brat? ❺ Pani jest taka młoda!

***

Ćwiczenie drugie –Wpisać brakujące słowa

❶ Je peux voir les photos ?
. . . . zobaczyć . . . . ?

❷ Ma maman est jeune.
. . . . mama jest . . . . . .

❸ Où est ton papa ?
. . . . . jest twój . . . . ?

❹ Mon frère n'habite pas ici.
. . . brat . . nie . . . .

❺ Qui est-ce ?
. . . to . . . . ?

9 Lekcja dziewiąta *[lektsya dzievio'nta]*

Oczywiście

1 – Wie pan, gdzie jest **u**lica **Jas**na ①?

Prononciation
otchévis'ts'è ***1*** *vyè pa'n gdziè iest oulitsa* ***yas****na*

Note

① Avez-vous reconnu, dans le mot **jasna**, *claire*, l'équivalent féminin de l'adjectif **jasne** de la leçon précédente ?

Corrigé de l'exercice 1

❶ J'ai des photos de vacances. ❷ C'est ma famille. ❸ Regardez, s'il vous plaît. ❹ C'est ton frère ? ❺ Vous êtes *(Madame est)* si jeune !

***

Corrigé de l'exercice 2

❶ Mogę – zdjęcia ❷ Moja – młoda ❸ Gdzie – tata ❹ Mój – tu – mieszka ❺ Kto – jest

Neuvième leçon 9

Bien sûr

1 – Savez-vous *(Sait monsieur)* où est [la] rue Claire ?

Remarque de prononciation

Titre, 8 C'est un mot très utile… alors cela vaut vraiment la peine d'apprendre à le prononcer. Faites surtout attention aux deux sons mouillés à la fin. Ils sont transcrits, comme vous le voyez, de deux manières : avec un accent pour le **ś** et avec la lettre **i** après le **c**. N'oubliez pas non plus la prononciation de **cz** qui fait *[tch]*, ainsi que celle du **e** final, toujours ouvert.

2 – To **tu**taj ②. **Ja**ki **nu**mer?
3 – Dwa.
4 – Ja tam **właś**nie **miesz**kam.
5 Do **ko**go ③ pan **i**dzie?
6 – Do ko**le**gi ④, **Tom**ka No**wa**ka ⑤.
7 Zna go pan?
8 – Oczy**wiś**cie, to mój syn.

2 *to **tou**taille **ia**ki **nou**mèr* ***3*** *dva* ***4*** *ia ta'm **vouas**ʲnie **mièch**kam* ***5*** *do **ko**go pa'n **i**dziè* ***6*** *do ko**le**gui **tom**ka no**va**ka* ***7*** *zna go pa'n* ***8*** *otché**vis**ʲtsʲè to mouille sén*

Notes

② **tutaj**, *ici* et **tu**, que vous connaissez déjà, sont synonymes.

③ Ne vous inquiétez pas de trouver ici une nouvelle traduction de la préposition **do**, dont vous connaissez l'équivalent *à*. Dans le contexte présent, il équivaut à *chez* car il est question d'une personne. Par ailleurs, comme vous le savez, **do** entraîne systématiquement l'emploi du génitif et les pronoms polonais, malheureusement, n'échappent pas à la déclinaison. Cela explique la présence de la forme **kogo**, dérivée du nominatif **kto**, *qui*.

④ Le génitif **kolegi** vient de **kolega**, *ami*. Encore une fois, comme pour **tata**, *papa*, ce n'est pas un nom féminin, mais bien masculin. Rassurez-vous, leur forme est exceptionnelle, même s'il ▸

***

Ćwiczenie pierwsze – Proszę przetłumaczyć

❶ Zna pan numer? ❷ Oczywiście, to moja ulica. ❸ Dokąd pan idzie? ❹ Gdzie mieszka twój kolega? ❺ To właśnie tutaj.

2 – C'[est] ici. Quel numéro ?
3 – Deux.
4 – J'y habite justement *(justement habite)*.
5 Chez qui allez-vous *(monsieur va)* ?
6 – Chez [mon] ami, Tomek Wolski.
7 Vous le connaissez *(Connaît le monsieur)* ?
8 – Bien sûr, c'est mon fils.

s'agit de mots très courants. En revanche, il ne faut pas oublier que ces mots fonctionnent comme des féminins, d'où la terminaison **-i** au génitif singulier.

⑤ Eh oui, les prénoms et les noms de famille polonais doivent aussi être déclinés ! Le nominatif **Tomek Nowak** prend ainsi au génitif la terminaison **-a**. Ce n'est pas la première fois que nous la voyons. Rappelez-vous la tournure **do Krakowa**, *à Cracovie*, dans la leçon 6.

***

Corrigé de l'exercice 1

❶ Connaissez-vous le numéro ? ❷ Bien sûr, c'est ma rue. ❸ Où allez-vous ? ❹ Où habite ton ami ? ❺ C'est justement ici.

Ćwiczenie drugie – Wpisać brakujące słowa

❶ C'est mon ami.
To . . . kolega.

❷ Savez-vous quel numéro ?
. . . pan . . . . ?

❸ Je n'habite pas ici.
Nie . . . .

***

Voici quelques remarques sur les prénoms polonais. Nous espérons qu'en lisant ces lignes, vous serez moins surpris par leur étonnante variété. Ce n'est pas qu'ils soient plus nombreux que dans d'autres langues, mais ils ont en général plusieurs versions. En effet, plutôt que d'utiliser la forme officielle, correspondant au nom du saint du calendrier, on préfère employer des diminutifs. Ainsi, le **Tomek** *de notre dialogue est la forme usuelle de* **Tomasz**. *Ce n'est d'ailleurs pas la seule, car, suivant le degré de familiarité avec la personne, surtout si c'est un enfant, on peut aussi employer* **Tomuś**

---

10 Lekcja dziesiąta *[lektsya dziesio'nta]*

Szukam gazety

1 – Co **ro**bisz?
2 – **Szu**kam ga**ze**ty. ①

Prononciation
*chouka'm gazeté **1** tso **ro**bichi **2** **chou**ka'm ga**ze**té*

❹ C'est ma rue.
.. moja ......

❺ Bien sûr, c'est ici.
.........., to ......

Corrigé de l'exercice 2

❶ – mój – ❷ Wie – jaki numer ❸ – mieszkam tutaj ❹ To – ulica ❺ Oczywiście – tutaj

***

ou **Tomeczek**. *Voyons donc un petit échantillon de ces diminutifs, très coutumiers :* **Anna-Ania**, **Barbara-Basia**, **Maria-Marysia**, **Jan-Janek**, **Edward-Edek**, **Roman-Romek**.
Notez aussi que les mots **pan**, monsieur, *et* **pani**, madame, *peuvent être suivis du seul prénom :* **pan Adam**, **pani Ewa**. *Cet usage est beaucoup plus répandu en Pologne qu'en France et correspond plus ou moins à une forme intermédiaire entre le vouvoiement et le tutoiement. On s'en sert entre personnes qui se connaissent bien tout en souhaitant garder une certaine distance.*

Dixième leçon 10

[Je] cherche [le] journal

1 – Qu'est-ce que [tu] fais ?
2 – [Je] cherche [le] journal.

Note

① Vous connaissez l'emploi du génitif après les prépositions **do**, *à*, *chez*, et **z**, *de*. Sachez que ce cas est utilisé aussi à la suite de certains verbes, dont **szukam**, *je cherche*. Le nominatif **gazeta**, *journal* (nom féminin), devient ainsi **gazety** au génitif singulier.

3 – **Może** ② jest na **biur**ku ③?
4 – Nie ma. ④
5 – To **mo**że na fo**te**lu ⑤?
6 – Też nie.
7 – A na **sto**le ⑥?
8 – Nie **wi**dzę. (…) O, jest.
9 Na**praw**dę, **trze**ba tu pos**prz**ą**tać!** □

***3 mo**jè iest na **biour**kou **4** gnè ma **5** to **mo**jè na fo**te**lou **6** tech gnè **7** a na **sto**le **8** gnè **vi**dzè o iest **9** na**prav**dè **tche**ba tou pos**pcho'n**tats^i^*

Remarque de prononciation
9 On dit souvent que la langue polonaise est imprononçable à cause de ces fameuses suites de consonnes. Nous pouvons vous

Notes

② **może**, *peut-être*, est également la 3e personne du singulier du verbe *pouvoir*.

③ La préposition **na**, *sur*, exige l'utilisation d'un autre cas de déclinaison : le locatif. Il a la particularité d'être toujours précédé d'une préposition, et, dans la plupart de ses emplois, il sert à marquer l'emplacement. Notez sa terminaison **-u** pour le nom du genre neutre **biurko**, *bureau*.

④ Lorsque **jest**, 3e personne du singulier du verbe *être*, signifie *il y a*, *se trouve*, sa forme négative est **nie ma**.

⑤ Comme vous le voyez, le mot masculin **fotel**, *fauteuil*, prend également la terminaison **-u** au locatif singulier. ▶

***

Ćwiczenie pierwsze – Proszę przetłumaczyć

❶ To moja gazeta. ❷ Szukam kolegi. ❸ Naprawdę, nie widzę. ❹ Też nie ma. ❺ Może jest na fotelu?

3 – Peut-être est[-il] sur le bureau ?
4 – [Il] n'[y] est pas.
5 – Alors, peut-être, sur le fauteuil ?
6 – Non plus *(Aussi non)*.
7 – Et sur [la] table ?
8 – [Je] ne [le] vois pas. (…) Ah, [il] est [là].
9 Vraiment, il faut faire le ménage ici *(ici faire-le-ménage)* !

assurer qu'il n'en est rien. Selon la règle très largement appliquée de la "loi du moindre effort", deux consonnes se trouvant en contact phonétique s'assimilent l'une à l'autre à l'intérieur du mot. En général, c'est la consonne sonore, c'est-à-dire entraînant la vibration des cordes vocales, qui perd sa sonorité et devient sourde. Tel est le cas ici de **posprzątać**, où le **rz**, normalement prononcé *[j]*, se transforme en *[ch]*.

⑥ Comparons la tournure **na fotelu**, que l'on vient de voir, avec **na stole**, *sur [la] table*, issue du nominatif **stół**. Vous aurez remarqué qu'on est face à une autre terminaison du locatif singulier. Pourtant dans la seconde construction, il s'agit aussi d'un nom de genre masculin en polonais. Les choses ne sont donc pas si simples. En fait, l'utilisation de l'une ou l'autre de ces terminaisons est fonction de la consonne finale. Il va de soi que l'étude détaillée de toutes ces conditions d'emploi est beaucoup trop précoce à ce stade de votre apprentissage. Il vous suffit donc, pour l'instant, de retenir les exemples que vous rencontrez. C'est bien plus efficace !

***

Corrigé de l'exercice 1

❶ C'est mon journal. ❷ Je cherche [mon] ami. ❸ Vraiment, je ne vois pas. ❹ Il n'y est pas non plus. ❺ Peut-être est-il sur le fauteuil ?

Ćwiczenie drugie – Wpisać brakujące słowa

❶ Où est mon journal ?
Gdzie . . . . moja . . . . ?

❷ La photo est sur le bureau.
Zdjęcie . . . . na . . . .

❸ La bière est sur la table.
. . . . jest . . stole.

❹ Adam est là ? – Il n'est pas là.
. . . . Adam? – . . . .

❺ Je ne vois pas quel est le numéro.
Nie . . . . . , jaki . . . .

11 Lekcja jedenasta *[**lek**tsya ièdè**nas**ta]*

Mówisz jak moja mama!

1 – **Ha**lo!
2 – Cześć, to ja ①. Co **ro**bisz **dzi**siaj?

Prononciation
*mouvich yak moya mama **1 Ha**lo **2** tches'ts' to ja **ro**bich **dz'is'**aille*

Remarques de prononciation
1 Relisez nos conseils de prononciation dans la leçon 3, car ils valent aussi pour ce petit mot de salutation très usité.

Corrigé de l'exercice 2

❶ – jest – gazeta ❷ – jest – biurku ❸ Piwo – na – ❹ Jest – Nie ma ❺ – widzę – numer

Onzième leçon 11

[Tu] parles comme ma mère *(maman)* !

1 – Allô !
2 – Salut, c'[est] moi. Qu'est-ce que [tu] fais aujourd'hui ?

Note

① Le français, comme vous le savez, fait la distinction entre les pronoms personnels utilisés avec les verbes (*je*, *tu*, etc.) et ceux que l'on peut employer seuls (*moi*, *toi*, etc.). En polonais, il n'y a qu'une seule forme, par exemple **ja**, pour la 1re personne du singulier. Rappelons que les pronoms sont généralement omis dans les formes personnelles des verbes, et qu'on ne les utilise que pour insister sur le sujet ou pour l'opposer à un autre.

3 – Nic specjal**ne**go ②, a ty?
4 – Nie wiem **je**szcze.
5 – To co ③, **idzie**my do **ki**na?
6 – **Do**brze ④, już się u**bie**ram.
7 – **Jesz**cze nie **jes**teś ⑤, go**to**wy?
8 – Wiesz co, **mó**wisz jak **mo**ja **ma**ma!

***3** gnits spètsyal**nè**go a té **4** gnè vyèm **yèch**tchè **5** to tso **idz'iè**mé do **ki**na **6** **dob**jè youch s'è ou**byè**ra'm **7** **yèch**tchè gnè **yès**tes' go**to**vé **8** vièch tso **mou**vich yak **mo**ya **ma**ma*

Notes

② Vous souvenez-vous de la terminaison du génitif **-ego** ? Nous l'avons vue dans la leçon 6 en parlant de la ville de Zakopane, dont le nom est en réalité un adjectif neutre. C'est également le cas ici pour **specjalnego**, dérivé du nominatif **specjalny**. Retenez bien cette terminaison, car on la retrouvera systématiquement pour tous les adjectifs masculins et neutres.

③ Revoilà le mot **to** en tant qu'équivalent de *alors*. Il apparaît dans une expression très courante qui, sous l'effet de **co**, *que*, *quoi*, traduit une certaine insistance. N'oubliez pas que **to** s'emploie aussi comme pronom démonstratif neutre.

④ Comme en français, la plupart des adverbes polonais sont formés à partir d'adjectifs : **dobrze**, *bien*, est issu de **dobry**, *bon*. Il arrive, comme c'est le cas ici, que le changement de terminaison s'accompagne au passage d'une légère modification du radical du mot : certaines consonnes ou voyelles sont remplacées par d'autres. C'est, en l'occurrence, ce qui se passe pour ▸

***

Ćwiczenie pierwsze – Proszę przetłumaczyć

❶ Jesteś gotowy? ❷ Nie wiem co mówisz. ❸ Adam idzie do kina. ❹ Co robisz tutaj? ❺ Nie idę jeszcze.

3 – Rien [de] spécial. Et toi ?
4 – [Je] ne sais pas encore.
5 – Alors *(Quoi)*, on va *(allons)* au cinéma ?
6 – Bien, je m'habille tout de suite *(déjà m'habille)*.
7 – Tu n'es pas encore prêt *(Encore n'es prêt)* ?
8 – [Tu] sais *(quoi)*, [tu] parles comme ma mère *(maman)*!

3 Pour ne pas prononcer ce mot "à la française", il faut bien insister sur l'articulation du **c**, que l'on doit entendre *[ts]*. On a la même configuration dans **lekcja**.

le **r** qui devient **rz**. Nous reviendrons progressivement sur ces transformations, appelées alternances, qui sont un peu compliquées, mais reviennent malheureusement assez souvent.

⑤ Remarquez que la terminaison de la 2e personne du singulier du verbe *être* n'est pas **-sz**, comme partout ailleurs, mais **-ś**. Rassurez-vous, c'est la seule et unique fois qu'on la trouve !

***

Corrigé de l'exercice 1

❶ Tu es prêt ? ❷ Je ne sais pas ce que tu dis. ❸ Adam va au cinéma. ❹ Que fais-tu ici ? ❺ Je n'[y] vais pas encore.

Ćwiczenie drugie – Wpisać brakujące słowa

❶ Adam est prêt.
. . . . jest . . . .

❷ Je ne sais pas ce que tu fais.
Nie . . . . , co . . . .

❸ Je vais au cinéma.
. . . do . . . . .

12 Lekcja dwunasta *[**lek**tsya dvou**na**sta]*

Imieniny

1 – A, **To**mek, cześć.
2 – Cześć **Jo**la. Nie przesz**ka**dzam?
3 – Nie, **do**brze, że **jes**teś.
4 – Tak? Dla**cze**go?
5 – Są ① **cias**tka i **do**bre **wi**no ②.
6 – To **ja**kaś ③ spec**jal**na o**ka**zja?

Prononciation
*imyè**n**'iné* **1** *a **to**mek tchès'ts'* **2** *tchès'ts' **yo**la gnè pchèch**ka**dza'm* **3** *gnè **dob**jè jè **ies**tes* **4** *tak dla**tchè**go* **5** *son **ts'ast**ka i **do**brè **vi**no* **6** *to **ia**kas' spets**yal**na o**ka**zya*

Notes

① Avez-vous remarqué que les verbes **są** et *sont* s'entendent de la même façon dans les deux langues ? En revanche, sur le plan du sens, **są**, tout comme son homologue singulier **jest**, s'emploie dans le sens d'*il y a*.

② Connaître le genre d'un nom permet beaucoup de choses en polonais : choisir la bonne forme d'un éventuel adjectif ou pronom, savoir décliner, etc. Jouons donc à une petite devinette. ▸

❹ Bien, on [y] va aujourd'hui.
...... idziemy ....

❺ Qu'est-ce que tu dis ?
Co ...... ?

Corrigé de l'exercice 2

❶ Adam – gotowy ❷ wiem – robisz ❸ Idę – kina ❹ Dobrze – dzisiaj ❺ – mówisz

Douzième leçon 12

[La] fête

1 – Ah, Tomek, salut.
2 – Salut Jola. [Je] ne [te] dérange pas ?
3 – Non, [c'est] bien que [tu] sois *(es)* [là].
4 – Oui ? Pourquoi ?
5 – Il y a [des] gâteaux et [du] bon vin.
6 – C'[est une] occasion spéciale *(spéciale occasion)* ?

▸ Quel est le genre du mot **wino**, *vin* ? C'est, bien sûr, un nom neutre. L'adjectif qui l'accompagne finit, lui, en **-e**. Vous comprendrez que si nous insistons tant, c'est qu'en absence d'article, seule la terminaison peut vous renseigner sur le genre. Continuez donc à vous entraîner à ce petit jeu, très utile.

③ Nous retrouvons la terminaison **-ś** qui, ajoutée à l'adjectif **jaka**, *quelle*, permet d'en faire un indéfini : *une, une quelconque.*

7 – To **mo**je ④ imie**ni**ny ⑤. Za**pra**szam.
8 – Wszyst**kie**go najlep**sze**go ⑥.

7 to ***mo****yè imyèn'iné za****pra****cha'm* ***8*** *fchést****kye****go naillep****che****go*

Remarque de prononciation
8 Pour prononcer **wszystkiego**, n'oubliez pas notre petite règle d'assimilation. Le **w** se transforme en *[f]* car il est placé devant un **sz** qui correspond à un son sourd *[ch]*.

Notes

④ Vous avez déjà appris deux possessifs à la 1re personne du singulier : **mój**, *mon*, et **moja**, *ma*. En voici un troisième, **moje**. Dans notre exemple, il est au pluriel, car il se réfère au mot **imieniny** (voir note 5). Nous n'avons certainement pas besoin de vous signaler que la même forme est utilisée pour le genre neutre. Vous l'aurez facilement deviné à sa terminaison **-e**.

⑤ Le mot **imieniny** s'emploie pour célébrer la fête du saint dont on porte le nom. Vous trouverez en fin de leçon quelques ▸

***

Ćwiczenie pierwsze – Proszę przetłumaczyć

❶ Może przeszkadzam? ❷ Cześć, mam ciastka. ❸ Wino jest na stole. ❹ Dlaczego to robisz? ❺ Dzisiaj są moje imieniny.

***

Ćwiczenie drugie – Wpisać brakujące słowa

❶ Salut, j'ai du vin.
. . . . . , mam . . . . .

❷ Où sont les gâteaux ?
. . . . . są . . . . ?

❸ Savez-vous pourquoi ?
. . . pan . . . . ?

7 – C'[est] ma fête. [Je t']invite.
8 – Meilleurs vœux *(Tout meilleur)*.

remarques à ce sujet. Notez que le mot **imieniny** n'existe qu'au pluriel. Un certain nombre de mots français, tels que *fiançailles* ou *funérailles*, présentent d'ailleurs la même particularité.

⑥ Bravo si, dans cette formule de vœux, vous avez reconnu la terminaison du génitif singulier des adjectifs masculins : **-ego** ! Sinon, retenez-la telle quelle ; elle est vraiment passe-partout.

***

Corrigé de l'exercice 1

❶ Je dérange, peut-être ? ❷ Salut, j'ai des gâteaux. ❸ Le vin est sur la table. ❹ Pourquoi fais-tu cela ? ❺ Aujourd'hui, c'est *(il y a)* ma fête.

***

❹ Demain, c'est *(il y a)* ma fête.
Jutro . . moje . . . .

❺ Je sais que je ne dérange pas.
Wiem, . . nie . . . .

Corrigé de l'exercice 2

❶ Cześć – wino ❷ Gdzie – ciastka ❸ Wie – dlaczego ❹ – są – imieniny ❺ – że – przeszkadzam

Il faut que vous sachiez qu'en Pologne, il n'est pas d'usage de fêter les anniversaires. En revanche, longue tradition catholique oblige : on fête le saint dont on porte le nom. Il existe tout de même une exception : l'anniversaire des 18 ans, qui marque le passage à l'âge adulte. Il n'est pas interdit, bien sûr, de souhaiter à quelqu'un son anniversaire, mais préparez-vous plutôt à dire ou à entendre **Wszystkiego najlepszego** *à l'occasion de* **imieniny**. *Pour le choix*

13 Lekcja trzynasta *[lektsya tchénasta]*

Pani mówi bardzo dobrze po polsku!

1 – Czy **pa**ni **mó**wi po **pol**sku ①?
2 – **Tro**chę **rozu**miem, **a**le **mó**wię ② **sła**bo ③.
3 – Skąd ④ **pa**ni jest?
4 – Z Montre**a**lu.
5 – To zna **pa**ni fran**cu**ski ⑤?
6 – Tak, i an**giel**ski.

Prononciation

pa**ni **mou**vi **bar**dzo **dob**jè po **pol**skou* ***1 *tché **pa**ni **mou**vi po **pol**skou* ***2*** ***tro**Hè **rozou**mye'm **a**lè **mou**vyè **swa**bo* ***3*** *sko'nt **pa**ni iest* ***4*** *z montrè**a**lou* ***5*** *to zna **pa**ni fra'n**tsou**ski* ***6*** *tak i a'n**guyèl**ski*

Notes

① Voici la construction utilisée pour indiquer la langue étrangère qu'on parle : **po** + adjectif (voir note 5) avec la finale en **-u** : **po polsku**, *en polonais*.

② Remarquez la terminaison **-ę** du verbe *parler* à la 1re personne du singulier : **mówię**. Profitons de cette occasion pour vous rappeler d'autres verbes, déjà appris, qui comportent cette terminaison : **proszę**, *je prie*, **dziękuję**, *je remercie*, **widzę**, *je vois*.

③ L'adverbe **słabo**, est issu de l'adjectif **słaby**, *faible*.

④ Vous avez dû remarquer qu'il y avait, entre certains mots, un étonnant air de famille. Prenons ainsi **skąd**, *d'où*, et ▸

du cadeau, il n'y a pas vraiment de règle. Comme en France, on peut offrir un bon vin, des chocolats ou un livre, sauf si on a une idée plus personnelle. Sachez aussi que si vous avez décidé d'offrir des fleurs – ce qui est très apprécié des Polonaises –, la tradition veut que l'on enlève l'emballage en cellophane avant de les remettre à l'heureuse destinataire ! 13

Treizième leçon 13

Vous parlez *(Madame parle)* très bien *(en)* polonais !

1 – Est-ce que vous parlez *(madame parle en)* polonais ?
2 – [Je] comprends un peu *(Un-peu comprends)*, mais [je] parle mal *(faiblement)*.
3 – D'où êtes-vous ? *(madame est)* ?
4 – De Montréal.
5 – Alors, vous connaissez *(connaît madame)* [le] français ?
6 – Oui, et [l']anglais.

▸ comparons-le à **dokąd**, *où*, déjà rencontré. Dans le second, on reconnaît facilement la préposition **do**, *à*, indiquant la destination. Le premier devrait donc tout naturellement comporter le contraire de celle-ci, c'est-à-dire **z**, *de*, marquant la provenance. C'est effectivement le cas : on la retrouve, mais transformée en version sourde, **s**, pour rendre compte de sa prononciation.

⑤ L'adjectif masculin relatif à un pays indique en même temps la langue qu'on y parle : **polski**, *polonais*, **francuski**, *français*, **angielski**, *anglais*. Nous vous signalons toutefois que ces adjectifs ne s'emploient pas, comme en français, pour les habitants du pays, qui sont désignés par des noms spécifiques.

7 – To **do**brze. Poz**wo**li **pa**ni, to **mo**ja **żo**na.
8 **O**na **mó**wi po fran**cu**sku.
9 – **Mi**ło mi. **Pa**ni **mó**wi **bar**dzo **do**brze po **pol**sku!

*7 to **dob**je poz**vo**li **pa**ni to **mo**ya **jo**na **8 o**na **mou**vi po fra'n**tsous**kou **9 mi**wo mi **pa**ni **mou**vi **bar**dzo **dob**jè po **pols**kou*

***

Ćwiczenie pierwsze – Proszę przetłumaczyć

❶ Mówię trochę po francusku. ❷ Pan nie mówi po polsku? ❸ Skąd jesteś? ❹ Kto zna francuski? ❺ Rozumiem bardzo dobrze angielski.

***

Ćwiczenie drugie – Wpisać brakujące słowa

❶ D'où êtes-vous, monsieur ?
. . . . pan . . . . ?

❷ Connaissez-vous l'anglais ?
. . . pan . . . . ?

❸ Je comprends bien le français.
. . . . dobrze . . . .

❹ Je parle un peu polonais.
. . . . . trochę . . . .

❺ Ma femme parle anglais.
Moja . . . . mówi . . . .

7 – C'[est] bien. Permettez, madame, c'est ma femme.
8 Elle parle *(en)* français.
9 – Enchantée. Vous parlez *(Madame parle)* très bien *(en)* polonais !

***

Corrigé de l'exercice 1

❶ Je parle un peu français. ❷ Vous ne parlez pas polonais ? ❸ D'où es-tu ? ❹ Qui connaît le français ? ❺ Je comprends très bien l'anglais.

***

Corrigé de l'exercice 2

❶ Skąd – jest ❷ Zna – angielski ❸ Rozumiem – francuski ❹ Mówię – po polsku ❺ – żona – po angielsku

14 Lekcja czternasta *[lektsia tchternasta]*

Powtórka – Révision

Comme d'habitude, nous vous proposons maintenant de récapituler vos acquis. Comme il est encore trop tôt pour vous accabler de règles, il suffit que nous observions tout simplement, ensemble, l'état de vos connaissances.

1 Les cas

1.1 Le génitif

Ce cas est omniprésent en polonais. Vous connaissez maintenant bien son usage après la préposition **do**, *à*, *chez* : **do kolegi**, *chez un ami*, **do Tomka Nowaka**, *chez* **Tomka Nowaka**, et **z**, *de* : **z Montrealu**, *de Montréal*. Nous l'avons également rencontré à la suite d'un verbe, dans **szukam gazety**, *je cherche le journal*. Remarquez que les terminaisons rencontrées sont :
-y et **-i** pour les noms féminins (ou déclinés comme tels pour **kolega** qui a pour génitif **kolegi**) ;
-a et **-u** pour les noms masculins.

1.2 Le locatif

Ce nouveau cas de déclinaison porte bien son nom car son principal usage est d'indiquer l'emplacement. C'est dans ce type d'emploi que nous l'avons rencontré. Il apparaissait, souvenez-vous, après la préposition **na**, *sur* : **na biurku**, *sur le bureau*, **na fotelu**, *sur le fauteuil*, **na stole**, *sur la table*.

2 Les verbes

Vous comprendrez que nous n'en sommes pas encore à la conjugaison systématique. Cela dit, vous avez déjà un bagage considérable, surtout en ce qui concerne la 1re personne du singulier. On peut donc, dès à présent, dégager trois groupes, suivant la terminaison :
• verbes finissant en **-ę** : **idę**, *je vais*, **mogę**, *je peux*, **mówię**, *je parle*, **proszę**, *je prie*, **dziękuję**, *je remercie*, **widzę**, *je vois* ;
• verbes finissant en **-am** : **mam**, *j'ai*, **nazywam się**, *je m'appelle*, **mieszkam**, *j'habite*, **szukam**, *je cherche* ;
• verbes finissant en **-em** : **jestem**, *je suis*, **wiem**, *je sais*, **rozumiem**, *je comprends*.

Quatorzième leçon 14

Avec ces trois groupes de verbes, vous faites un premier pas vers une systématisation qui viendra en son temps.
À la 2e personne du singulier, vous avez aussi appris que tous les verbes, sauf *être* qui fait **jesteś**, prennent la terminaison **-sz** : **robisz**, *tu fais*, **wiesz**, *tu sais*, **mówisz**, *tu parles*.
À la 3e personne du singulier, vous devez savoir que tous les verbes se caractérisent par l’absence de terminaison et finissent donc par une voyelle : **idzie**, *il va*, **mieszka**, *il habite*, **ma**, *il a*, **wie**, *il sait*, **zna**, *il connaît*. Le verbe *être* est de nouveau une exception, avec sa forme **jest**.
Pour finir, vous avez vu pour l’instant un seul verbe à la 3e personne du pluriel : **są**, *ils sont*. L’avantage, c’est qu’il est facile à retenir, n’est-ce pas ?

Assez d’explications pour le moment. Lisez maintenant le dialogue de révision pour vous rappeler ce que vous avez appris et ensuite nous continuerons nos leçons.

Dialog-powtórka

1 – Cześć, co robisz?
2 – Idę do kolegi.
3 – Ja też mogę?
4 – Oczywiście.
5 – Dzień dobry, nie przeszkadzam?
6 – Nie, proszę. (…) To moja mama.
7 – Pozwoli pani, to mój brat.
8 On mówi trochę po polsku.
9 – Dzisiaj są moje imieniny.
10 – Wszystkiego najlepszego!

Traduction

1 Salut, qu’est-ce que [tu] fais ? **2** [Je] vais chez [un] ami. **3** Moi aussi [je] peux ? **4** Bien sûr. **5** Bonjour. [Je] ne [te] dérange pas ? **6** Non, je t’en prie. (…) C’[est] ma mère *(maman)*. **7** Permettez, madame, c’est mon frère. **8** [Il] parle un peu *(en)* polonais. **9** Aujourd’hui, [c’cst] *(il y a)* ma fête. **10** Meilleurs vœux *(Tout meilleur)* !

15 Lekcja piętnasta *[lèktsya pyèntnasta]*

Prezent

1 – Chcę **ku**pić **pre**zent dla ko**le**gi ①.
2 Czy **mo**że mi ② **pa**ni po**ra**dzić?
3 – **Mo**że zapal**ni**czkę ③?
4 – On nie **pa**li.
5 – A ④ ko**szu**lę?
6 – Nie wiem, **ja**ki **roz**miar.
7 – To **mo**że ten **bu**dzik?
8 – Dosko**na**ły ⑤ **po**mysł! A jak on **dzia**ła?

Prononciation

*prèzènt **1** Htsè **kou**pits' **prè**zènt dla ko**lè**gui **2** tché **mo**jè mi **pa**gni po**ra**dz'its' **3** **mo**jè zapal**gni**tchkè **4** o'n gnè **pa**li **5** a ko**chou**lè **6** gnè vyèm **ya**ki **roz**miar **7** to **mo**jè te'n **bou**dz'ik **8** dosko**na**oué **po**més[ou] a yak o'n **dz'a**oua*

Notes

① Les prépositions exigent l'emploi de différents cas. Beaucoup sont suivies du génitif, comme **do**, *à* ou **z**, *de*. C'est maintenant le tour de **dla**, *pour*.

② Les pronoms polonais se déclinent comme les noms et les adjectifs. Certains suivent le modèle des adjectifs, d'autres ont une déclinaison propre. Mais comme il est encore trop tôt pour aborder cette question de front, contentez-vous de noter que **mi** est le datif de **ja**, *je*. Avant de revenir plus en détail sur ce nouveau cas, sachez que c'est ici le verbe **poradzić**, *conseiller*, qui entraîne l'emploi du datif.

③ **zapalniczkę** est l'accusatif de **zapalniczka**, *briquet*. Il faut donc en déduire que ce mot assure la fonction de complément d'objet direct dans la phrase, rôle qu'il assure en général. ▸

[Un] cadeau

1 – [Je] veux acheter [un] cadeau pour [un] ami.
2 Est-ce que vous pouvez me *(peut me madame)* conseiller ?
3 – Peut-être [un] briquet ?
4 – Il ne fume pas.
5 – Et [une] chemise ?
6 – [Je] ne sais pas quelle taille [il fait].
7 – Alors, peut-être ce réveil ?
8 – Excellente idée ! Et comment il fonctionne ?

Remarques de prononciation

Titre, 1 Avec les mots qui semblent familiers, on court toujours le risque de vouloir les prononcer comme on le fait dans sa propre langue. Ne faites pas cette erreur : dans **prezent**, par exemple, les trois dernières lettres correspondent à trois sons distincts *[è-n-t]*.
8 Lorsque **ł** se trouve à la fin d'un mot, après une consonne, son articulation est très atténuée et ressemble à un léger *[ou]*.

▸ Comme vous le voyez, même en l'absence du verbe – qui n'est que sous-entendu –, la seule terminaison du complément peut donner beaucoup d'indications sur la construction de la phrase.

④ Le polonais possède deux conjonctions **i** et **a** qui correspondent toutes les deux à *et*. Toutefois, tandis que la première permet simplement d'ajouter un élément à une énumération, la seconde contient, dans certains contextes, une idée d'opposition ou de contraste par rapport à ce qui précède.

⑤ Dans cette expression, la place de l'adjectif **doskonały**, *excellent*, coïncide dans les deux langues. Cette situation est plutôt exceptionnelle car à l'inverse de la plupart des adjectifs français, les adjectifs polonais précèdent généralement les noms.

9 – Nie wiem. Ja tu nie pra**cu**ję.
10 Zastę**pu**ję kole**żan**kę ⑥.

9 *gnè vyèm ya tou gnè pra**tsou**yè* ***10*** *zastèm**pou**yè kole**ja'n**kè*

10 Voici un exemple où la lettre **ę** ne correspond pas à un son nasal. Dans cette configuration, c'est-à-dire devant un **p**, elle se prononce toujours comme un *[è]* suivi d'un *[m]*.

Note

⑥ Vous vous demandez peut-être pourquoi le masculin **kolega**, *ami*, et le féminin **koleżanka**, *amie* au nominatif, sont si différents. En réalité, lorsqu'un mot apparaît sous une autre forme, le changement **g/ż** se produit très fréquemment. Vous avez déjà pu le constater avec le verbe *pouvoir*, qui fait **mogę** à la 1re personne du singulier et **może** à la 3e. Quant à la terminaison **-ka**, elle est typique de beaucoup de noms féminins dérivés des masculins.

***

Ćwiczenie pierwsze – Proszę przetłumaczyć

❶ Chcę kupić koszulę. ❷ To prezent dla kolegi. ❸ Jutro nie pracuję. ❹ Nie wiem, jak on działa. ❺ Mój brat nie pali.

***

Ćwiczenie drugie –Wpisać brakujące słowa

❶ Je veux acheter un réveil.
. . . . kupić . . . .

❷ Ma mère *(maman)* ne fume pas.
Moja . . . . nie . . . . .

❸ Aujourd'hui, je travaille longtemps.
Dzisiaj . . . . długo.

9 – [Je] ne sais pas. Je ne travaille pas ici *(Je ici ne travaille)*.

10 [Je] remplace [une] amie.

***

Corrigé de l'exercice 1

❶ Je veux acheter une chemise. ❷ C'est un cadeau pour un ami. ❸ Demain, je ne travaille pas. ❹ Je ne sais pas comment il fonctionne. ❺ Mon frère ne fume pas.

***

❹ J'ai un cadeau pour un ami.
Mam . . . . dla . . . .

❺ Savez-vous comment il fonctionne ?
. . . pan, . . . on . . . . . . ?

Corrigé de l'exercice 2

❶ Chcę – budzik ❷ – mama – pali ❸ – pracuję – ❹ – prezent – kolegi ❺ Wie – jak – działa

Vous pourrez acheter en Pologne de nombreux souvenirs, le plus souvent à un prix très abordable. Nous vous recommandons tout particulièrement les magasins Cepelia, chaîne de boutiques d'artisanat qui regroupe les produits des différentes régions. Vous y trouverez une grande quantité d'articles de bonne qualité et pour tous les goûts : objets en bois sculpté et en osier, poupées en costume folklorique, tapis et couvertures tissés à la main, linge brodé, céramiques, figurines et babioles en tous genres. N'oubliez pas les

16 Lekcja szesnasta *[lèktsya chesnasta]*

Kawiarnia

1 – Dzień **do**bry. Co **pań**stwo ① **bio**rą?
2 – Dla mnie ② her**ba**ta z cy**try**ną ③.
3 – **Pro**szę. A dla **pa**na?
4 – Dla mnie **lo**dy.
5 – **Ja**kie? Czekola**do**we, owo**co**we ④…?

Prononciation

*kav**yar**gna **1** dziègn **do**bré tso **pagn**stfo **byo**ron **2** dla mgnè Her**ba**ta s tsé**tré**non **3** **pro**chè a dla **pa**na **4** dla mgnè **lo**dé **5** **ya**kyè tchèkola**do**vè ovo**tso**vè*

Notes

① Voici, à côté de **pan**, *monsieur*, et **pani**, *madame*, un autre équivalent du *vous* de politesse. Cette fois-ci, il s'agit du pluriel, marqué à l'aide du nom **państwo**, *messieurs dames*. Comme l'indique la phrase du dialogue, lorsque **państwo** est le sujet, le verbe se met à la 3e personne du pluriel. Notez bien cette petite bizarrerie : c'est un accord, appelé "logique" en grammaire, qui se fait indépendamment de la forme du mot, ici singulier.

② Le pronom personnel **ja**, *je*, devient **mnie** au génitif. ▸

bursztyn, bijoux en ambre. *On en trouve de très jolis un peu partout, mais surtout dans les régions proches de la mer Baltique. Si vous êtes intéressé par l'art, vous pourrez faire un tour dans les magasins Desa. Ils sont spécialisés dans les antiquités, les bibelots de valeur, l'argenterie ancienne et les objets d'art contemporain. Enfin, il y a de très belles affiches et* **plakaty**, posters, *les Polonais étant depuis toujours passés maîtres en la matière.*

Seizième leçon 16

[Un] café

1 – Bonjour. Que prenez-vous, messieurs dames *(messieurs-dames prennent)* ?
2 – Pour moi, [un] thé avec [du] citron.
3 – Je vous en prie. Et pour monsieur ?
4 – Pour moi, [de la] *(des)* glace*(s)*.
5 – [Laquelle] *(Lesquelles)* ? Au chocolat, aux fruits… ?

Remarque de prononciation
2 N'oubliez pas que, selon la lettre qui suit, la préposition **z** se prononce de manière sonore *[z]* ou sourde *[s]*.

▸ ③ La préposition **z** signifie ici *avec* et elle est suivie de l'instrumental. Vous n'aurez aucun mal à vous en souvenir, car le nom de ce cas est bien choisi : il indique le plus souvent le moyen ou la manière de faire quelque chose.

④ Dans cet usage, le mot **lody**, *glaces*, s'emploie toujours au pluriel. Pour désigner les différents parfums, on utilise des adjectifs, comme ici **czekoladowe**, **owocowe**. On les forme par l'ajout de **-owe** au radical des noms correspondants : **czekolada**, *chocolat*, **owoc**, *fruit*. Vous verrez d'ailleurs que pour traduire ce type d'adjectifs, on se sert très souvent des compléments de nom : *au chocolat*, *aux fruits*.

6 – Owo**co**we. Z **bi**tą śmie**ta**ną ⑤.
7 – To **wszyst**ko?
8 – Nie, **pro**szę też **ka**wę ⑥.
9 – Ze śmie**tan**ką ⑦?
10 – O nie, **czar**ną! □

***6** ovo**tso**vè z **bi**ton s'myè**ta**non **7** to **fchést**ko **8** gnè **pro**chè tech **ka**vè **9** zè s'myè**ta'n**kon **10** o gnè **tchar**non*

Notes

⑤ Comme vous le voyez, les terminaisons de l'instrumental singulier sont les mêmes au féminin pour les noms (**śmietaną**) et les adjectifs (**bitą**). Les formes correspondantes du nominatif sont **śmietana** et **bita**.

⑥ Pour passer une commande au restaurant ou, plus généralement, demander un objet de manière polie, on utilise **proszę**, le mot passe-partout que vous connaissez bien maintenant. L'objet de la demande se met à l'accusatif, d'où **kawę**, issu du nominatif **kawa**, *café*, qui est féminin en polonais. ▸

***

Ćwiczenie pierwsze – Proszę przetłumaczyć

❶ Co podać dla pana? ❷ Proszę lody z bitą śmietaną. ❸ Dziękuję, to wszystko. ❹ Państwo tu na długo? ❺ Może kawę ze śmietanką.

***

Ćwiczenie drugie – Wpisać brakujące słowa

❶ Êtes-vous *(Messieurs-dames sont)* de Varsovie ?
. . . . są . Warszawy?

❷ Pour moi, des glaces au chocolat.
. . . mnie . . . . czekoladowe.

❸ Un café noir, s'il vous plaît.
. . . . . . czarną . . . . .

6 – Aux fruits. Avec de la chantilly *(fouettée crème)*.
7 – C'[est] tout ?
8 – Non, [servez-moi] *(s'il-vous-plaît)* aussi [un] café.
9 – Avec [de la] crème ?
10 – Ah non, noir !

⑦ **ze** est une variante de la préposition **z**, utilisée devant un mot qui commence par un groupe de consonnes. La crème que l'on met dans le café se dit **śmietanka**. Ce mot est obtenu par l'ajout du suffixe **-ka** à **śmietana**, ce qui permet d'en faire un diminutif. On pourrait le traduire par *petite crème*.

***

Corrigé de l'exercice 1

❶ Que puis-je servir pour monsieur ? ❷ [De la glace] *(Des glaces)* avec de la chantilly, s'il vous plaît. ❸ Merci, c'est tout. ❹ Êtes-vous *(Messieurs-dames)* ici pour longtemps ? ❺ Peut-être un café *(avec)* crème.

***

❹ Anna et Tomek prennent du vin.
Anna . Tomek . . . . . wino.

❺ Vraiment, j'ai déjà tout.
Naprawdę, . . . już . . . .

Corrigé de l'exercice 2

❶ Państwo – z – ❷ Dla – lody – ❸ Proszę – kawę ❹ – i – biorą – ❺ – mam – wszystko

17 *Il faut savoir que beaucoup d'établissements portant le nom de bar ne servent pas d'alcool. C'est un faux ami, car il s'agit généralement d'une sorte de cafétéria en libre-service où on peut manger quelque chose sur le pouce dans la journée. D'ailleurs, s'il vous arrive d'entrer dans un* **bar mleczny**, *on vous proposera plutôt des plats sans viande. Dans un* **bar kawowy**, *vous trouverez un grand choix de pâtisseries et de glaces, ainsi que des boissons chaudes et froides. Enfin, si vous allez au* **koktail bar**, *on ne vous servira pas de vrai repas, mais vous pourrez prendre des gâteaux et goûter toutes sortes de boissons à base de lait ! Oui, le mot* **koktail** *est un*

17 Lekcja siedemnasta *[lèktsya sièdèmnasta]*

W hotelu

1 – **Do**bry **wie**czór. Czym ① **mo**gę **słu**żyć?
2 – Czy są **wol**ne po**ko**je?
3 – Dla dwóch ② **o**sób?
4 – Tak, na **jed**ną **do**bę ③.
5 – Mam komfor**to**wy **po**kój z ła**zien**ką, telewi**zo**rem ④ i **Wi**-Fi.

Prononciation

*f Ho**tè**lou **1** **do**bré **viè**tchour tchém **mo**guè **swou**jéts' **2** tché son **vol**nè po**ko**yè **3** dla dvouH **o**ssoup **4** tak na **yèd**non **do**bè **5** ma'm konfor**to**vé **po**kouille z ouaz'**èn**kon tèlèvi**zo**rèm i **oui**fi*

Notes

① Vous entendrez souvent cette expression chez les personnes en contact avec des clients. Si vous êtes intrigué par sa forme grammaticale, sachez que **czym** est, tout simplement, l'instrumental de **co**, *que*, *quoi*.

② Les numéraux n'échappent pas à la règle : ils se déclinent. **Dwóch** est ainsi le génitif pluriel correspondant au chiffre **dwa**, *deux*.

③ Il arrive qu'une même préposition corresponde à deux usages distincts, ce qui en toute logique entraîne l'utilisation de cas ▶

autre faux ami : il signifie milk-shake. *Bref, pour boire un verre tout en restant assis un moment, choisissez plutôt un* **kawiarnia**, *endroit qui ressemble le plus au café en France.*
*Vous constaterez à cette occasion que les Polonais ont un faible pour l'***herbata**, *le* thé. *Quant au café, il est souvent préparé à la turque. Si vous en commandez un, il est donc fort probable qu'on vous demande sous quelle forme vous le voulez :* **parzona**, *litt. "infusée" (rappelez-vous que, le mot* **kawa** *est féminin en polonais !) ou* **z ekspresu**.

Dix-septième leçon 17

À [l']hôtel

1 – Bonsoir. En quoi puis[-je vous] être utile ?
2 – Est-ce qu'il y a des chambres libres *(libres chambres)* ?
3 – Pour deux personnes ?
4 – Oui, pour une nuit *(24 heures)*.
5 – [J']ai [une] chambre luxueuse avec salle de bains, télé et Wi-Fi.

▸ différents. Nous l'avons vu pour **z**, qui demande le génitif lorsqu'il signifie *de* et l'instrumental lorsqu'il signifie *avec*. De même **na**, que vous connaissez dans le sens de *sur*, équivaut par ailleurs à *pour* : en conséquence, le locatif de la première acception est remplacé par l'accusatif dans la deuxième. On a donc la forme **jedną dobę**, dérivée du nominatif **jedna doba**. Il faut noter au passage que le chiffre *un* apparaît ici sous la forme féminine. Eh oui, contrairement au français où les numéraux sont invariables (sauf *un*/*une*), en polonais, certains d'entre eux s'accordent ! **Doba**, terme employé entre autres dans l'hôtellerie, correspond à une période de *24 heures*.

④ Notez la terminaison de l'instrumental singulier suivant le genre : **-ą** pour le féminin et **-em** pour le masculin.

6 – Ile kosz**tu**je ⑤?
7 – **Pro**szę, **o**to **ce**na.
8 – **Mo**że ma pan **po**kój mniej komfor**to**wy?
9 – Nies**te**ty, nie. To os**tat**ni.

6 ilè kochtouyè 7 prochè oto tsèna 8 mojè ma pa'n pokouille mgneille konfortové 9 gnèstèté gnè to ostatgni

***

Ćwiczenie pierwsze – Proszę przetłumaczyć

❶ Ile kosztuje ten budzik? ❷ Ma pan pokój dla dwóch osób? ❸ Dla mnie, z telewizorem i łazienką. ❹ To ostatni numer. ❺ Jest bardzo komfortowy.

***

Ćwiczenie drugie – Wpisać brakujące słowa

❶ Je veux [une] chambre pour une nuit *(24 heures).*
Chcę . . . . . na . . . .

❷ Est-ce qu'[elle] est vraiment luxueuse ?
. . . . naprawdę . . . . ?

❸ Combien coûte ce vin ?
. . . . to . . . . ?

❹ C'est mon dernier jour ici.
. . mój . . . . dzień tutaj.

❺ Je ne vois pas quel prix c'est.
. . . widzę, ... to . . . . .

6 – Combien coûte[-t-elle] ?
7 – *(Je-vous-en-prie)*, voici [le] prix.
8 – Peut-être avez-vous *(a monsieur)* [une] chambre moins luxueuse ?
9 – Malheureusement non. C'[est la] dernière.

Note

⑤ Pour demander ou indiquer le prix, on utilise un verbe qui n'existe qu'à la 3e personne. Dans notre exemple, il est employé au singulier : **kosztuje**, *(il/elle) coûte*. Mais il peut également être employé au pluriel : **kosztują**.

***

Corrigé de l'exercice 1

❶ Combien coûte ce réveil ? ❷ Avez-vous une chambre pour deux personnes ? ❸ Pour moi, avec télé et salle de bains. ❹ C'est le dernier numéro. ❺ Il est très luxueux.

***

Corrigé de l'exercice 2

❶ – pokój – jedną dobę ❷ Czy jest – komfortowy ❸ Ile kosztuje – wino ❹ To – ostatni – ❺ Nie – jaka – cena

18 Lekcja osiemnasta *[lèktsya osièmnasta]*

Ulica Kopernika

1 – Prze**pra**szam, czy **może** mi pan **po**móc?
2 – Oczy**wiś**cie. **Słu**cham **pa**na. ①
3 – Jak dojść ② do u**li**cy Koper**ni**ka?
4 – To **do**syć da**le**ko.
5 – Nie **szko**dzi. **Lu**bię **cho**dzić ③.
6 – Więc **pro**szę iść ④ **pro**sto do skrzyżo**wa**nia,
7 i nas**tęp**nie w **le**wo.

Prononciation
*ou**li**tsa koper**ni**ka **1** pchè**pra**cha'm tché **mo**jè mi pa'n **po**mouts **2** otché**vis**'ts'è **swou**Ha'm **pa**na **3** yak do'ys'ts' do ou**li**tsé koper**ni**ka **4** to **do**sséts' da**le**ko **5** gnè **chko**dz'i **lou**byè **Ho**dz'its' **6** vyènts **pro**chè is'tsi **pro**sto do skchéjo**va**gna **7** i nas**tèm**pgnè v **lè**vo*

Notes

① Vous savez déjà que le complément d'objet direct de la majorité des verbes polonais est exprimé par l'accusatif. Notez toutefois que quelques-uns, dont **słucham**, *j'écoute*, sont suivis du génitif.

② Les verbes polonais possèdent presque toujours deux versions : l'une simple, l'autre composée, grâce à l'adjonction d'un préfixe. Ainsi l'infinitif **dojść**, *aller à*, est obtenu en ajoutant **do**, *à*, au verbe **iść**, dont vous connaissez déjà plusieurs personnes **idę**, *je vais*, **idzie**, *il va*, **idziemy**, *nous allons*. Vous pouvez donc constater que, sans être identique, le sens de chacun des deux verbes, **iść** et **dojść** est très proche. On est donc tenté de se demander ce qui peut bien les différencier. La réponse réside dans la spécificité du système verbal polonais qui permet d'indiquer si l'action est conçue dans la durée ou si elle est vue comme ayant un terme. Dans le premier cas, on utilise ▶

[La] rue Copernic

1 – Excusez-moi, [monsieur]. Est-ce que vous pouvez m'aider *(peut me monsieur aider)* ?
2 – Bien sûr. Je vous écoute *(Écoute monsieur)*.
3 – Comment [puis-je] rejoindre *(aller à)* la rue Copernic ?
4 – C'[est] assez loin.
5 – Cela ne fait rien *(Ne fait-tort)*. [J']aime marcher.
6 – Alors, allez *(s'il-vous-plaît aller)* tout droit [jusqu']au croisement,
7 et puis à gauche.

Remarque de prononciation

4 Ne succombez pas à la tentation de prononcer "à la française" : même placé entre deux voyelles, le **s** garde la prononciation *[s]*.

▸ la forme simple du verbe (ici **iść**) ; dans le second, sa forme préfixée (**dojść**). Ce phénomène, appelé aspect verbal, est très important en polonais – comme dans d'autres langues slaves – et nous y reviendrons largement par la suite. Ces remarques ne sont donc qu'une première approche, et si ce n'est pas encore tout à fait clair pour vous, il ne faut surtout pas vous inquiéter. Les choses, soyez-en sûr, se mettront en place petit à petit.

③ Comme nous le verrons dans le dialogue suivant, **chodzić** est généralement utilisé pour un déplacement à pied sans but précis ou à caractère habituel. Dans le contexte présent, il équivaut à *marcher*.

④ Voici une nouvelle construction avec **proszę**. En le faisant suivre de l'infinitif, comme dans **proszę iść** ou **proszę zapytać** (phrase 9 du dialogue), on dispose grosso modo de l'équivalent de l'impératif français à la 2e personne du pluriel : *allez*, *demandez*. **Proszę** est décidément un mot à tout faire !

8 – A **po**tem?
9 – A **po**tem **pro**szę za**py**tać! □

*8 a **po**te'm **9** a **po**te'm **pro**chè za**pé**tats'*

***

Ćwiczenie pierwsze – Proszę przetłumaczyć

❶ Chcę iść do kina. ❷ Nie mogę chodzić sama. ❸ Mieszkam dosyć daleko. ❹ Może pan zapytać gdzie jest bank? ❺ Potem trzeba zobaczyć.

***

Ćwiczenie drugie – Wpisać brakujące słowa

❶ Je peux aller chez un ami ?
. . . . do . . . . ?

❷ Je ne sais pas, mais je peux demander.
. . . wiem, . . . mogę . . . .

❸ À gauche, et puis tout droit.
. . . . . . , a . . . . . prosto.

***

Comme partout, les noms des rues et des places dans les villes sont souvent ceux d'un personnage célèbre, généralement polonais : **ulica Kopernika**, rue Copernic, **ulica Jana-Pawła II**, rue Jean-Paul II, *ou, plus rarement, étranger :* **aleje Roosevelta**, allées Roosevelt, **ulica Mozarta**, rue Mozart. *On fait appel aussi aux événements historiques :* **plac Konstytucji 3 Maja**, place de la Constitution du 3 Mai, **ulica 11 Listopada**, rue du 11 Novembre. *Procurez-vous un plan récent, car après la fin de l'époque communiste, beaucoup de rues ont été rebaptisées.*
Dans les nouveaux quartiers résidentiels, les noms donnés aux rues sont parfois regroupés autour d'un même thème, par exemple, des

8 – Et ensuite ?
9 – Et ensuite, demandez *(s'il-vous-plaît demander)* !

***

Corrigé de l'exercice 1

❶ Je veux aller au cinéma. ❷ Je ne peux pas marcher seule. ❸ J'habite assez loin. ❹ Pouvez-vous demander où est la banque ? ❺ Ensuite, il faut voir.

***

❹ Ce n'est pas loin.
To . . . jest . . . .

❺ Malheureusement, je n'aime pas marcher.
Niestety, . . . lubię . . . .

Corrigé de l'exercice 2

❶ Mogę iść – kolegi ❷ Nie – ale – zapytać ❸ W lewo – potem – ❹ – nie – daleko ❺ – nie – chodzić

***

noms d'arbres : **ulica Akacjowa**, rue des Acacias, **ulica Lipowa**, rue des Tilleuls. *On trouve également des adjectifs :* **ulica Zielona**, rue Verte, **ulica Cicha**, rue Calme, *ou des termes géographiques :* **ulica Gdańska**, rue de Gdansk, **ulica Śląska**, rue de Silésie.
Pour indiquer l'adresse, on se sert des abréviations suivantes : **ul.** *(pour* **ulica***),* **pl.** *(pour* **plac***), et* **al.** *(pour* **aleje***). Il faut savoir que le nom de la rue précède le numéro. Enfin, pour des immeubles collectifs, on indique le numéro de l'appartement, en le faisant précéder de la lettre* **m.** *(pour* **mieszkanie**, appartement*), ce qui donne, par exemple :* **ul. Mickiewicza 6 m. 73**.

19 Lekcja dziewiętnasta *[lèktsya dzièvyètnasta]*

Zakupy

1 – Co **trze**ba ① **ku**pić?
2 – **Du**żo **rze**czy. Tu jest **lis**ta.
3 – **Idzie**my **ra**zem?
4 – **Le**piej nie. Ja **bio**rę **wó**zek, a ty **ko**szyk ②.
5 – **Do**brze. Co mam **ku**pić ③?
6 – Chleb, **ma**sło i **mle**ko ④.
7 A ja **i**dę po ⑤ **owo**ce i wa**rzy**wa.

Prononciation
*za**kou**pé **1** tso **t'chè**ba **kou**pits' **2 dou**jo **jè**tché tou yest **lis**ta **3** **idz'è**mé **ra**zè'm **4 lè**pyeille gnè ia **byo**rè **vou**zèk a té **ko**chék **5 dob**jè tso ma'm **kou**pitsi **6** Hlèp **mass**ouo i **mlè**ko **7** a ya **i**dè po o**vo**tsè i va**jé**va*

Notes

① Le terme impersonnel **trzeba** + infinitif sert à exprimer une obligation, un peu comme *il faut* en français. Nous l'avions déjà vu, rappelez-vous, en leçon 10, phrase 9.

② Si vous analysez la forme des noms qui suivent **biorę**, *je prends*, vous pouvez, par erreur, croire qu'ils sont au nominatif. Or, c'est d'un accusatif qu'il s'agit, car ce sont des compléments d'objet direct. La confusion s'explique du fait que les deux cas prennent la même forme. Ceci ne se produit que pour une partie des noms : au masculin, la catégorie des noms de choses, comme **wózek**, *chariot*, **koszyk**, *panier*. Il y a, en tout cas, un avantage à cette situation : cela réduit le nombre de terminaisons à retenir. Pratique, n'est-ce pas ?

③ Quand on doit faire quelque chose, mais que la contrainte n'est pas très forte, on emploie le verbe *avoir* suivi de l'infinitif. C'est pourquoi la traduction littérale de **mam kupić** par "j'ai (à) acheter" est plus proche du sens réel que *je dois acheter*, utilisé plus ▸

[Les] achats

1 – Que faut-il acheter ?
2 – Beaucoup [de] choses. Voici *(ici est)* [la] liste.
3 – On y va *(allons)* ensemble ?
4 – [Il vaut] mieux pas. Moi, [je] prends [le] chariot et toi, [le] panier.
5 – Bien. Que dois[-je] acheter ?
6 – [Du] pain, [du] beurre et [du] lait.
7 Et moi, [je] vais chercher *(pour)* [des] fruits et [des] légumes.

▸ couramment, mais plus ambigu, car pouvant aussi véhiculer l'idée d'une nécessité à laquelle on ne peut se soustraire.

④ Toutes les remarques de la note 2 s'appliquent ici. De nouveau, **chleb**, *pain*, étant une chose, le nominatif = l'accusatif. Il faut y ajouter une catégorie supplémentaire : celle des noms neutres, tels que **masło**, *beurre*, et **mleko**, *lait*, qui relèvent aussi de ce phénomène.

⑤ La préposition **po** a plusieurs emplois. Lorsqu'elle apparaît après un verbe de déplacement, ce qui est le cas ici, elle indique l'objet, le but recherché du déplacement. La préposition française la plus proche est alors *pour* mais, dans les faits, la phrase **idę po** correspond à la tournure *je vais chercher*. L'objet recherché se met à l'accusatif.

8 Spot**ka**my się przy **ka**sie ⑥. (…)
9 – **Ma**my **wszy**stko?
10 – **Chy**ba ⑦ tak. A gdzie **mię**so?

*8 spot**ka**mé siè pché **kas**ⁱè**9 ma**mé **fché**stko **10 Hé**ba tak a gdzⁱè **mien**sso*

Notes

⑥ Encore une préposition, **przy**, *à côté*, suivie cette fois-ci du locatif.

***

Ćwiczenie pierwsze – Proszę przetłumaczyć

❶ Trzeba kupić chleb i masło. ❷ Idziemy zobaczyć, czy są owoce. ❸ Ja biorę lody. ❹ Mam kupić dużo rzeczy. ❺ Gdzie się spotkamy?

***

Ćwiczenie drugie – Wpisać brakujące słowa

❶ Nous allons ensemble chercher de la viande.
Idziemy . . . . . po . . . . . .

❷ Je vais acheter du lait et des légumes.
Idę . . . . i . . . .

❸ Je prends une chemise pour un ami.
. . . . dla . . . .

***

Vous pourrez le constater, les files d'attente devant les magasins ou les rayons désespérément vides ne font plus partie du paysage polonais. Même si ce n'est pas encore le paradis de la consommation, le pays s'approche à grands pas du modèle occidental. Il en résulte toutefois une conséquence dommageable : les petits commerces de proximité sont abandonnés au profit des grandes surfaces dont le nombre ne cesse d'augmenter. Car, outre la variété des produits

8 Nous nous retrouvons *(nous rencontrons)* à côté de la caisse. (…)
9 – [Nous] avons tout ?
10 – Je crois que *(Probablement)* oui. Et où [est la] viande ?

⑦ **chyba** est un terme qui marque, selon le contexte, une incertitude, une supposition ou une approximation. Il correspond à *peut-être*, *probablement*, ou *je suppose*, *je crois*.

***

Corrigé de l'exercice 1

❶ Il faut acheter du pain et du beurre. ❷ Nous allons voir s'il y a *(est-ce qu'il y a)* des fruits. ❸ Je prends des glaces. ❹ Je dois acheter beaucoup de choses. ❺ Où [est-ce que] nous nous retrouvons ?

***

❹ J'ai déjà beaucoup de choses.
Mam . . . dużo . . . .

❺ Nous nous retrouvons demain.
. . . . się . . . . . .

Corrigé de l'exercice 2

❶ – razem – mięso ❷ – kupić mleko – warzywa ❸ Biorę koszulę – kolegi ❹ – już – rzeczy ❺ Spotkamy – jutro

***

qu'elles proposent, elles ont un autre avantage très apprécié des Polonais : elles sont ouvertes jusque tard dans la soirée, voire le dimanche. Au point que pour certains, les achats en famille au supermarché sont hélas devenus la principale distraction du week-end. Mais, quoi qu'il en soit, une chose est sûre : faire ses courses en Pologne n'est plus une corvée !

20 Lekcja dwudziesta *[lèktsya dvoudz'esta]*

Ona jest Polką

1 – Po**do**ba ci ① się **Pol**ska?
2 – **Bar**dzo. **Jes**tem tu już **dru**gi raz.
3 – Jak **dłu**go **jes**teś?
4 – … Dwa ty**god**nie ②.
5 – I co **ro**bisz?
6 – **Cho**dzę do **ki**na ③, **słu**cham **ra**dia.
7 – A gdzie **miesz**kasz? W ho**te**lu?
8 – Nie, u **bab**ci. **O**na jest **Pol**ką ④.

Prononciation
*ona yest **pol**kon **1** po**do**ba ts'i siè **pol**ska **2** **bar**dzo **yes**tè'm tou youch **drou**gui ras **3** yak **dwou**go **yes**tes' **4** dva té**god**gnè **5** i tso **ro**bich **6** **Ho**dzè do **ki**na **swou**Ha'm **ra**dia **7** a gdz'è **myèch**kach f Ho**tè**lou **8** gnè ou **bap**tsii **o**na yest **pol**kon*

Notes

① Continuons notre petite collection de cas de déclinaison appliqués aux pronoms. Après **mi**, *me*, le datif de **ja** (leçon 15, note 2), voici son homologue à la 2e personne du singulier : **ci**, *te*. Il est employé après le verbe **podoba się**, *plaît*, qui, comme vous l'avez sans doute remarqué, est en polonais un verbe pronominal.

② Le pluriel **tygodnie**, *semaines*, est irrégulier. Le singulier est, rappelons-le, **tydzień**.

③ Le polonais dispose d'une série spécifique de verbes de mouvement. Rappelons d'abord la distinction entre *aller à pied*, qui se dit **iść**, et *aller en véhicule*, **jechać**, dont vous connaissez déjà les formes **jadę**, *je vais*, et **jedzie**, *il/elle va*. De plus, chaque catégorie différencie le type de déplacement effectué : occasionnel ou orienté vers une destination concrète d'un ▸

Elle est polonaise

1 – La Pologne te plaît *(Plaît te Pologne)* ?
2 – Beaucoup. [Je] suis ici déjà [pour la] deuxième fois.
3 – [Depuis] combien de temps *(Combien longtemps)* [tu] es [là] ?
4 – … Deux semaines.
5 – Et que fais[-tu] ?
6 – [Je] vais au cinéma, [j']écoute [la] radio.
7 – Et où habites[-tu] ? À [l']hôtel ?
8 – Non, chez [ma] grand-mère. Elle est polonaise.

côté, habituel ou n'ayant pas de but défini, de l'autre. Pour le déplacement à pied, **iść** s'oppose de ce point de vue à **chodzić**. Ainsi, **idę do kina** signifie *je vais (en ce moment) au cinéma* et **chodzę do kina**, *je vais (parfois ou souvent) au cinéma*. Comme vous le voyez, les deux verbes **iść** et **chodzić** véhiculent chacun une information précise, qui s'ajoute au sens de base du verbe *aller*. Il s'agit d'une distinction spécifique aux verbes de mouvement, indépendante de l'aspect.

④ Pour indiquer la nationalité, le nom qui suit le verbe **być**, *être*, se met à l'instrumental. On le reconnaît à la terminaison **-ą** au féminin singulier.

9 – A, to dla**te**go tak ⑤ **dob**rze **mó**wisz po **pol**sku! □

__9__ a to dla__tè__go tak __dob__jè __mou__vich po __pol__skou

Note

⑤ **tak**, que vous connaissez comme équivalent de *oui*, s'emploie aussi devant des adverbes pour insister sur leur sens : **tak dobrze**, *si bien*, **tak miło**, *si agréablement*. Rappelons aussi l'usage de la préposition **po** dans l'expression qui ▸

***

Ćwiczenie pierwsze – Proszę przetłumaczyć

❶ Moja mama jest Polką. ❷ To chyba nie ostatni raz. ❸ Adam mieszka u babci. ❹ W hotelu są wolne pokoje. ❺ Polska mi się podoba.

***

Ćwiczenie drugie – Wpisać brakujące słowa

❶ Varsovie me plaît.
. . . . mi . . . .

❷ Ma femme est polonaise.
Moja . . . . jest . . . . . .

❸ J'aime aller au cinéma.
. . . . . chodzić . . . .

❹ Je suis ici pour deux semaines.
. . . . . . tu . . dwa . . . .

❺ Je travaille à l'hôtel.
. . . . w . . . .

9 – Ah, voilà pourquoi *(ce pour cela)* tu parles si bien *(si bien parles en)* polonais !

permet d'indiquer les langues que l'on parle : **mówię po polsku**, **po francusku**, *je parle (en) polonais, (en) français.* Nous en avons déjà vu un usage différent (leçon 19, note 5), mais elle en connaît encore beaucoup d'autres.

***

Corrigé de l'exercice 1

❶ Ma mère *(maman)* est polonaise. ❷ Ce n'est sans doute pas la dernière fois. ❸ Adam habite chez sa grand-mère. ❹ À l'hôtel, il y a des chambres libres. ❺ La Pologne me plaît.

***

Corrigé de l'exercice 2

❶ Warszawa – się podoba ❷ – żona – Polką ❸ Lubię – do kina ❹ Jestem – na – tygodnie ❺ Pracuję – hotelu

21 Lekcja dwudziesta pierwsza
[lèktsya dvoudz'esta pièrfcha]

Powtórka – Révision

Faisons le point sur vos nouvelles connaissances. Cela nous permettra de synthétiser vos acquis pour que vous puissiez vous rendre compte des progrès que vous faites.

1 Le mot *proszę*

Dire qu'il est très utilisé en polonais est un euphémisme, car c'est vraiment le mot à tout faire ! Vous l'avez vu vous-même, on le rencontre à tout bout de champ, dès qu'on s'adresse à quelqu'un. Une précision toutefois : on l'utilise principalement dans les formes de politesse, c'est-à-dire lorsqu'on vouvoie les gens. Selon ses multiples fonctions, les constructions dans lesquelles il apparaît sont différentes :
Lorsqu'il est employé seul, il équivaut à *je vous en prie*. On l'utilise, par exemple, lorsqu'on offre quelque chose à quelqu'un ou qu'on lui tend simplement un objet. C'est aussi une réponse positive à une demande, autorisant quelqu'un à faire quelque chose, comme dans l'échange : **Mogę zobaczyć?**, *Je peux voir ?*, **Proszę**, *Je vous en prie.*
Pour aborder quelqu'un, on fait suivre **proszę** du génitif. Cela donne **Proszę pani**, *S'il vous plaît, madame* et **Proszę pana**, *S'il vous plaît, monsieur.*
Pour demander un objet, ce dernier se met à l'accusatif : **Proszę piwo**, *Une bière, s'il vous plaît*, **Proszę kawę**, *Un café, s'il vous plaît.*
Enfin, employé devant un infinitif, il exprime un conseil ou une recommandation : **Proszę iść**, *Allez, s'il vous plaît*, **Proszę zapytać**, *Demandez, s'il vous plaît.*

2 Les cas

2.1 L'instrumental

Vous avez rencontré ce nouveau cas pour désigner un élément d'accompagnement. Nous l'avons donc vu après la préposition

z/ze, *avec* : **z cytryną**, *avec du citron* ; **z łazienką**, *avec salle de bains* ; **z telewizorem**, *avec télé* ; **ze śmietanką**, *avec de la crème*. Vous verrez par la suite qu'il sert généralement, comme son nom l'indique, à désigner le moyen ou la manière de faire quelque chose.
Il connaît également un autre emploi : après le verbe *être*, il permet notamment d'indiquer la nationalité. Nous n'en avons vu pour l'instant qu'un seul exemple : **Ona jest Polką**, *Elle est polonaise.*

2.2 L'accusatif

Ce cas n'a rien de nouveau pour vous. Comme vous le savez, il remplit la fonction de complément d'objet direct et apparaît donc après les verbes sans préposition. Voyons quelques phrases parmi celles que nous avons rencontrées dans cette série de leçons : **Zastępuję koleżankę**, *Je remplace une amie*, **Proszę kawę**, *Un café, s'il vous plaît*, **Biorę wózek, a ty koszyk**, *Je prends un chariot, et toi un panier*, **Trzeba kupić masło i mleko**, *Il faut acheter du beurre et du lait.*
Ce qui est pratique avec ce cas, c'est que pour tous les noms neutres, comme **masło** ou **mleko**, vous n'avez pas de terminaison particulière à retenir : la forme est la même qu'au nominatif. Cela concerne aussi les noms masculins de choses : **wózek**, **koszyk**. Avant d'aborder les catégories restantes (personnes et animaux), vous avez juste à retenir la terminaison **-ę** du féminin : **koleżankę**, **kawę**.

2.3 Le datif

Il correspond généralement au complément d'objet indirect précédé de la préposition "à". Nous l'avons rencontré après les verbes **podobać się**, *plaire à quelqu'un* et **poradzić**, *conseiller à quelqu'un*. Rappelons les formes correspondant aux pronoms personnels "je" et "tu" : **mi**, *me*, **ci**, *te*. Nous l'avons vu également dans des expressions comme **po polsku**, *en polonais*.

22 Dialog-powtórka

1 – Mam kupić prezent. Idziemy razem?
2 – Doskonały pomysł.
3 – Czym mogę służyć?
4 – Chcę kupić koszulę.
5 Czy może mi pan pomóc?
6 – To dla pana?
7 – Nie, dla kolegi.
8 Podoba mi się. Ile kosztuje?

22 Lekcja dwudziesta druga

*[**lèk**tsya dvou**dz'es**ta **drou**ga]*

Wieczór w domu

1 – Co ro**bi**my dziś wie**czo**rem ①?
2 – Nie wiem. Masz **ja**kiś **po**mysł?
3 – **Trze**ba gdzieś pójść ②.
4 **Cią**gle sie**dzi**my ③ w **do**mu.
5 – Masz **ra**cję. **Mo**że pój**dzie**my ④ do **ki**na?

Prononciation
***vyè**tchour v **do**mou **1** tso ro**bi**mé dz'is' vyè**tcho**re'm **2** gnè vyèm mach **ya**kis' **po**mésou **3** **t'chè**ba gdz'ès' pouills'ts' **4** **ts'o'n**glè s'è**dz'i**mé v **do**mou **5** mach **ra**tsyè **mo**jè pouill**dz'è**mé do **ki**na*

Notes

① Pour dire *ce soir*, on emploie **dziś**, litt. "aujourd'hui", suivi de la forme **wieczorem**. Notez que ce dernier mot correspond à l'instrumental de **wieczór**, *soir, soirée*.

② Comme pour **dojść** (voyez la note 2 de la leçon 18), **pójść** est obtenu par l'ajout d'un préfixe au verbe **iść**. De nouveau, nous sommes face à la notion d'aspect, puisque les deux formes **iść** et **pójść** correspondent à un seul verbe français : *aller*. ▸

9 – Tu jest cena.
10 – Dobrze, biorę. To wszystko.

Traduction

1 [Je] dois acheter [un] cadeau. On y va *(Allons)* ensemble ? **2** Excellente idée. **3** En quoi puis[-je vous] être utile ? **4** [Je] veux acheter [une] chemise. **5** Est-ce que vous pouvez m'aider *(Peut me monsieur aider)* ? **6** C'[est] pour monsieur ? **7** Non, pour [un] ami. **8** [Elle] me plaît. Combien coûte-t[-elle] ? **9** Voici *(Ici est)* [le] prix. **10** Bien. [Je la] prends. C'[est] tout.

Vingt-deuxième leçon 22

[Une] soirée à [la] maison

1 – Que faisons[-nous] ce *(aujourd'hui)* soir ?
2 – [Je] ne sais pas. As[-tu] une *(quelconque)* idée ?
3 – Il faut aller quelque part *(quelque-part aller)*.
4 Nous restons tout le temps *(Tout-le-temps restons)* à [la] maison.
5 – [Tu] as raison. Si nous allions *(Peut-être irons)* au cinéma ?

③ Remarquez ici l'usage particulier du verbe **siedzimy**. Normalement, il renvoie à la position assise et signifie donc *nous sommes assis*. Toutefois, dans la langue courante, il est fréquemment utilisé dans le sens plus général de *rester (quelque part)*, *se tenir (dans un lieu)*.

④ Voici un emploi qui permet de formuler une suggestion du type "si nous faisions quelque chose". On utilise pour cela un verbe perfectif à la 1re personne du pluriel, ici **pójdziemy**, *nous irons*, après le mot **może**, *peut-être*.

6 – Nic ciekawego nie **gra**ją ⑤.
7 – A do te**a**tru?
8 – Nie wiem, jak się **u**brać.
9 – To **mo**że na ⑥ **spa**cer?
10 – **A**le jest **zim**no i **pa**da deszcz.
11 A **któ**ra jest go**dzi**na?
12 – Już **ós**ma ⑦! To co, **włą**czam tele**wi**zor?

***6** n'its tsièka**vè**go gnè **grai**llon **7** a do tè**a**trou **8** gnè vyèm yak s'è **ou**brats' **9** to **mo**jè na **spa**tsèr **10** **a**lè yest **z'i'm**no i **pa**da dèchtch **11** a **ktou**ra yest go**dz'i**na **12** youch **ous**ma to tso **vouon**tcha'm tèlè**vi**zor*

Notes

⑤ Parfois, la 3e personne du pluriel, ici **grają** (litt. “ils jouent”), s’emploie pour indiquer une construction impersonnelle qui correspond au français *on* : *on annonce du beau temps*, *qu’est-ce qu’on vend ici ?*, etc.

⑥ Voici une autre fonction de la préposition **na** qui, lorsqu’elle est suivie de l’accusatif, sert à indiquer la destination, le but. C’est donc, en quelque sorte, la concurrente de **do**, *à*, que vous connaissez déjà. Contentez-vous, pour l’instant, de retenir quelques exemples lorsque vous les rencontrez. C’est souvent le meilleur moyen d’apprendre !

***

Ćwiczenie pierwsze – Proszę przetłumaczyć

❶ Nie wiem, co dziś robimy. ❷ Może pójdziemy do teatru? ❸ Wieczorem jest bardzo zimno. ❹ Tutaj ciągle pada deszcz. ❺ Masz rację, trzeba się ubrać.

6 – On ne joue rien d'intéressant *(Rien intéressant ne jouent)*.
7 – Et au théâtre ?
8 – [Je] ne sais pas comment m'habiller.
9 – Alors peut-être une *(en)* promenade ?
10 – Mais il fait *(est)* froid *(froidement)* et il pleut *(tombe pluie)*.
11 Et quelle heure est-il *(quelle est heure)* ?
12 – Déjà huit*(ième)* heures ! Alors *(Quoi)*, j'allume *(branche)* [la] télé ?

▸ ⑦ Comme vous le voyez, les heures sont désignées à l'aide des chiffres ordinaux, tout comme les numéros des leçons. Puisque vous connaissez déjà ces derniers, vous n'aurez aucun mal à dire l'heure, même s'il ne s'agit, pour le moment, que des heures pleines. Mais c'est tout de même un bon début !

***

Corrigé de l'exercice 1

❶ Je ne sais pas ce que nous faisons aujourd'hui. ❷ Si nous allions au théâtre ? ❸ Le soir, il fait très froid. ❹ Ici, il pleut tout le temps. ❺ Tu as raison, il faut s'habiller.

Ćwiczenie drugie –Wpisać brakujące słowa

❶ Je ne sais pas quelle heure il est.
. . . wiem, ... jest . . . .

❷ Tu as raison, il fait très froid.
Masz . . . . . , ... bardzo . . . . . .

❸ Si nous allions en promenade ?
Może . . . . na . . . . . . ?

***

Les Polonais vont très souvent au théâtre et au cinéma, au point qu'il est parfois difficile de se procurer des billets pour les pièces ou les films à la mode. Les théâtres d'étudiants, beaucoup plus développés en Pologne qu'ailleurs, méritent de retenir votre attention. Si vous êtes amateur de théâtre expérimental, nous vous recommandons vivement le Centre de recherches théâtrales de Wrocław. Vous pourrez y participer à des spectacles, des rencontres, ou assister à des conférences. Beaucoup de villes proposent par ailleurs des manifestations théâtrales sous forme de festivals. Citons, à titre d'exemple, celui de Varsovie – qui a lieu en janvier – ou le Festival

23 Lekcja dwudziesta trzecia
*[**lè**ktsya dvou**dz**'**es**ta **t'che**ts'a]*

Pałac Kultury i Nauki

1 – **Pro**szę **pań**stwa ①, jes**teś**my w **cen**trum ② histo**rycz**nym War**sza**wy.

Prononciation
*pa*ouats koul**tou**ré i **na**ouki **1 pro**chè **pagn**stfa yes**tes**'mé f **tsèn**troum Histo**rétch**ném var**cha**vé

Notes

① Vous avez sans doute reconnu dans le mot **państwa**, le génitif de **państwo**, *messieurs dames*, rencontré dans la leçon 16. ▸

❹ Je ne vois rien d'intéressant.
Nie ..... nic ....

❺ Ce soir, je vais au théâtre.
Dziś .... idę .. teatru.

Corrigé de l'exercice 2

❶ Nie – która – godzina ❷ – rację, jest – zimno ❸ – pójdziemy – spacer ❹ – widzę – ciekawego ❺ – wieczorem – do –

***

international de théâtre de rue qui se tient en août à Cracovie. En revanche, l'opéra, le ballet ou les concerts sont moins populaires. Ils ne sont fréquentés, la plupart du temps, que par des inconditionnels du genre. Nous vous signalons à ce propos qu'on y exige généralement une tenue élégante, voire de gala.
Si le folklore polonais vous intéresse, la Pologne possède de nombreux ensembles de danse et de chant réputés dans le monde entier. Enfin, les expositions de peinture ou de photos, surtout s'il s'agit d'artistes célèbres, sont très prisées.

Vingt-troisième leçon 23

[Le] Palais [de la] Culture et [de la] Science

1 – S'il vous plaît, messieurs dames, [nous] sommes dans [le] centre historique [de] Varsovie.

▸ Rappelons que ce cas est employé après le mot **proszę**, quand il s'agit de s'adresser à quelqu'un (ici, à un groupe de personnes).

② Les noms empruntés au latin et qui finissent en **-um** au nominatif appartiennent au genre neutre. Ils possèdent la particularité d'être invariables au singulier. C'est pourquoi vous trouverez la même forme **centrum**, *centre* (voir aussi en phrase 7 du dialogue), pour tous les cas. Dans notre dialogue, il s'agit du locatif, utilisé après la préposition **w**, *dans*, et du génitif, **do**, *à*.

2 Przed **na**mi ③ **Sta**re **Mias**to.
3 – Co to jest?
4 – To **Za**mek Kró**lew**ski.
5 – A ten **po**mnik?
6 – Ko**lum**na **kró**la Zyg**mun**ta.
7 **Te**raz je**dzie**my do **cen**trum handlo**we**go.
8 – Co to za ④ bu**dy**nek?
9 – **Pa**łac Kul**tu**ry i **Na**uki.
10 – **Bar**dzo **dzi**wny. **Trud**no po**wie**dzieć ⑤, czy **ład**ny czy **brzyd**ki.

*2 pchèt **na**mi **sta**rè **myas**to 3 tso to iest 4 to **za**mèk krou**lef**ski 5 a te'n **po'm**nik 6 ko**loum**na **krou**la zég**moun**ta 7 **tè**ras yè**dziè**mé do **tsèn**troum Ha'ndlo**vè**go 8 tso to za bou**dé**nèk*

Notes

③ La préposition **przed**, *devant*, est suivie de l'instrumental, ce qui fait que le pronom personnel correspondant à *nous* prend la forme **nami**.

④ Remarquez, dans cette expression toute faite, le petit mot **za**. Comme l'illustre notre exemple, dans la langue courante, **za** permet de formuler une question lorsqu'on est un peu étonné ou intrigué par la présence de quelque chose ou de quelqu'un. C'est comme si on disait *qu'est-ce que c'est que ça ?*. Il sert également à exprimer un avis admiratif ou critique **Co za dzień!**, *Quelle journée !*, **Co za pomysł!**, *En voilà une idée !* ▸

***

Ćwiczenie pierwsze – Proszę przetłumaczyć

❶ Ten pomnik jest bardzo ładny. ❷ Dla mnie jest brzydki. ❸ Proszę mi powiedzieć, gdzie jest centrum. ❹ Podoba mi się ten pałac. ❺ To dziwny pomysł.

2 Devant nous, [la] vieille ville.
3 – Qu'est-ce que c'est ?
4 – C'[est le] château royal.
5 – Et cette statue ?
6 – [La] colonne du roi Sigismond.
7 Maintenant, [nous] allons au centre commercial.
8 – Qu'est-ce que c'est comme bâtiment ?
9 – [Le] Palais [de la] Culture et [de la] Science.
10 – Très bizarre. Difficile*(ment)* [de] dire s'[il est] beau ou s'[il est] laid.

***9 pa**ouats koul**tou**ré i **na**ouki **10 bar**dzo **dz'i**vné **troud**no po**vyè**dz'ètsi tché **wad**né tché **bjét**ki*

⑤ Comme vous pouvez le constater, **powiedzieć** et **mówić** signifient tous deux *parler, dire*. Encore une fois, nous nous trouvons face à l'aspect verbal : la distinction entre la forme appelée traditionnellement imperfective, c'est-à-dire indéterminée ou répétitive du verbe (ici **mówić**), et sa version dite perfective, **powiedzieć**. Rassurez-vous, il est rare que les deux membres du couple soient différents. Dans la majorité des cas, vous trouverez une forme simple pour le premier aspect, et la forme préfixée pour le second.

***

Corrigé de l'exercice 1

❶ Cette statue est très belle. ❷ Pour moi, elle est laide. ❸ Dites-moi, s'il vous plaît, où est le centre. ❹ Ce palais me plaît. ❺ C'est une idée bizarre.

23 Ćwiczenie drugie – Wpisać brakujące słowa

❶ Où sommes-nous maintenant ?
. . . . . teraz . . . . ?

❷ Excusez-moi, comment aller au centre[-ville] ?
. . . . , jak . . . . . do . . . . ?

❸ Le château royal est loin.
. . . . . Królewski . . . . daleko.

❹ Pouvez-vous me dire ce que c'est ?
Może . . pan . . . . , co . . jest?

❺ La vieille ville me plaît.
Podoba . . się . . . .

***

Comment imaginer, lorsqu'on se promène dans les rues de Varsovie, qu'au lendemain de la Seconde Guerre mondiale, il n'y avait là qu'un champ de ruines ? Anéantie par la furie des bombardements allemands, la ville a en effet bénéficié, de la part de toute la nation, d'un véritable élan de solidarité. L'immense mobilisation et un effort de reconstruction acharné témoignent de l'attachement des Polonais à leur capitale et à son passé. Les pittoresques maisons des XVII*e et* XVIII*e siècles du* **Rynek** *(la Place du marché) dans le quartier de* **Stare Miasto***, La vieille ville, ont ainsi pu être refaites à l'identique. Saviez-vous, par exemple, que faute de plans ou d'archives, disparus dans les incendies, ce sont les tableaux de* **Rynek** *par des artistes italiens qui ont servi de modèle pour la reconstruction ?*
Les autres quartiers de la ville n'ont pas eu cette chance. La nécessité de construire vite explique sans doute l'étonnante prolifération

Corrigé de l'exercice 2

❶ Gdzie – jesteśmy ❷ Przepraszam – dojść – centrum ❸ Zamek – jest – ❹ – mi – powiedzieć – to – ❺ – mi – Stare Miasto

***

de styles architecturaux et de plans d'urbanisation souvent élaborés dans l'urgence. De plus, les dernières années ont vu apparaître dans le centre-ville beaucoup de nouvelles réalisations ultramodernes et clinquantes qui ont encore renforcé le côté hétéroclite de la capitale polonaise.
Mais la curiosité architecturale de Varsovie la plus remarquable est certainement **Pałac Kultury i Nauki**, *le* palais de la Culture et de la Science. *Cette étrange bâtisse, cadeau de Staline à la ville de Varsovie et réplique de l'Université Lomonosov à Moscou, domine le centre commercial du haut de ses 242 m. Comme la tour Eiffel, elle a longtemps suscité des controverses. On raconte ainsi cette histoire de l'homme le plus heureux de Varsovie, le gardien du palais, qui est le seul à ne pas voir le monument par sa fenêtre.*

24 Lekcja dwudziesta czwarta

*[**lèk**tsya dvou**dz**ʲ**es**ta **tchfar**ta]*

Co słychać?

1 – Ania! **Cie**szę się, że cię ① **wi**dzę.
2 Co **sły**chać? ②
3 – Dzię**ku**ję. Wspa**nia**le ③.
4 – A ④ mąż?
5 – Też dosko**na**le.
6 – Niemoż**li**we! Jak wy to ro**bi**cie?
7 – O, to **bar**dzo **pro**ste ⑤.
8 Wys**tar**czy **dob**ra **pra**ca i **dob**re **zdro**wie.

Prononciation

*tso **swé**Hatsʲ **1** **A**gna **ts**ʲ**è**chè sʲè jè tsʲè **vi**dzè **2** tso **swé**Hatsʲ **3** dzʲin**kou**yè fspa**gna**lè **4** a monch **5** tèch dosko**na**lè **6** gnèmoj**li**vè yak vé to ro**bi**tsʲè **7** o to **bar**dzo **pros**tè **8** vés**tar**tché **dob**ra **pra**tsa i **dob**rè **zdro**vyè*

Notes

① **cię** correspond à l'accusatif du pronom personnel **ty**, *tu*. Notez une certaine ressemblance avec le datif **ci**, rencontré en leçon 20 dans la phrase 1 du dialogue.

② Pour demander à quelqu'un de ses nouvelles, on se sert de l'expression **co słychać?** La terminaison **-ć** du second terme indique qu'il s'agit d'un infinitif, mais il faut savoir que ce verbe n'a pas de formes personnelles. Mis à part son emploi dans la question de la phrase 2 du dialogue, il s'utilise uniquement dans les tournures correspondant à *on entend (un bruit)* ou *on dit que*, lorsqu'il s'agit de rapporter une rumeur.

③ En réponse à la question **co słychać?**, on peut utiliser toute une gamme d'expressions formulées, pour la plupart, à l'aide ▸

Comment ça va *(Qu'entendre)* ?

1 – Ania ! Ça me fait plaisir *(Réjouis me)* de te voir *(que te vois)*.
2 Comment ça va *(Qu'entendre)* ?
3 – Merci. Très bien *(À-merveille)*.
4 – Et [ton] mari ?
5 – Très bien aussi *(Aussi formidablement)*.
6 – [Ce n'est] pas possible ! Comment faites-vous *(Comment vous le faites)* ?
7 – Oh, c'[est] très simple.
8 [Il] suffit [d'avoir un] bon travail et [une] bonne santé.

d'adverbes. On les reconnaît, rappelons-le, à la terminaison **-e** ou **-o**. N'oubliez pas ceux que vous connaissez déjà et qui peuvent aussi servir dans ce contexte : **dobrze**, *bien*, **świetnie**, *parfaitement*.

④ Contrairement au français, les adjectifs possessifs ne sont pas utilisés de manière systématique. Cela peut surprendre au début, mais on s'y habitue vite.

⑤ Dans **proste**, utilisé ici au sens de *simple*, la terminaison **-e** n'est pas le signe distinctif d'un adverbe, mais d'un adjectif singulier du genre neutre. L'adverbe correspondant est **prosto**. Nous l'avons déjà vu en tant qu'équivalent de *tout droit*, son autre sens, dans la leçon 18, phrase 6.

9 – To **dob**rze, że **ma**cie i **jed**no i **dru**gie ⑥.
10 – To **zna**czy, ja mam **dob**rą **pra**cę ⑦, a mąż, **dob**re **zdro**wie.

***9** to **dob**jè jè **ma**ts'è i **yèd**no i **drou**guyè **10** to **zna**tché ya ma'm **dob**ron **pra**tsè a monch **dob**re **zdro**viè*

Notes

⑥ Voyons un peu à quoi correspondent les termes de l'expression *l'un et l'autre* en polonais. Vous avez d'abord **jedno** : le numéral cardinal *un*, au genre neutre. Remarquez sa terminaison **-o** qui prend exceptionnellement la place du **-e**. Vient ensuite l'ordinal **drugie** (litt. "deuxième"), toujours au neutre. Rassurez-vous, nous ne vous demandons pas de savoir jongler avec toutes ces terminaisons ! Surtout dans des situations comme celle-ci, où l'on est face à un usage idiomatique. ▸

***

Ćwiczenie pierwsze – Proszę przetłumaczyć

❶ Cześć Jola. Co słychać? ❷ Co robicie jutro? ❸ Cieszę się bardzo, że jesteś gotowy. ❹ Mąż ma teraz dobrą pracę. ❺ Nie rozumiem, co to znaczy.

***

Ćwiczenie drugie – Wpisać brakujące słowa

❶ Ça me fait plaisir que tu parles polonais.
. . . . , że . . . . . . po . . . .

❷ Je sais ce que cela signifie.
Wiem, . . to . . . .

❸ Vous le faites à merveille.
. . . . to . . . .

9 – C'[est] bien que vous ayez *(que avez)* et [l']un et [l']autre.
10 – C'est-à-dire *(Cela signifie)* [que moi], j'ai [un] bon travail et [mon] mari, [une] bonne santé.

D'ailleurs, à ce stade de votre étude, il n'est pas question de vous souvenir de toutes les expressions que vous rencontrez. Il vous suffit de savoir les identifier. Le reste viendra en son temps.

⑦ Notez la terminaison de l'accusatif singulier au féminin : **-ę** pour les noms et **-ą** pour les adjectifs.

***

Corrigé de l'exercice 1

❶ Salut Jola. Comment ça va ? ❷ Que faites-vous demain ? ❸ ça me fait plaisir que tu sois prêt. ❹ [Mon] mari a maintenant un bon travail. ❺ Je ne comprends pas ce que cela signifie.

***

❹ Bonjour, comment ça va ?
. . . . , co . . . . ?

❺ Je vois que vous avez une bonne santé.
. . . . . , że . . . . . dobre . . . .

Corrigé de l'exercice 2

❶ Cieszę się – mówisz – polsku ❷ – co – znaczy ❸ Robicie – wspaniale ❹ Dzień dobry – słychać ❺ Widzę – macie – zdrowie

25 Lekcja dwudziesta piąta
*[**lè**ktsya dvou**dz**'**es**ta **pio'n**ta]*

Ciocia Zosia

1 – Ktoś **dzwo**ni. To **pew**nie **cio**cia **Zo**sia.
2 – Pro**si**my ①. Jak **pod**róż? Nie zmę**czo**na?
3 – Nie, dosko**na**le. A co u was ②?
4 – Dzięku**je**my ③. Nic cieka**we**go.
5 **A**le **chy**ba nie **poz**nasz ④ **A**ni.
6 – To **A**nia?! Na**praw**dę? **I**le masz lat? ⑤
7 – Pięć.

Prononciation
*ts'**ot**sia **zo**s'a **1** ktos' **dzvo**gni to **pèv**gnè **ts'ots**'a **zos**'a **2** pros'**i**mé yak **pod**rouch gnè zmin**tcho**na **3** gnè dosko**na**lè a tso ou vas **4** dziinkou**yè**mé nits ts'èka**vè**go **5** **a**lè **Hé**ba gnè **poz**nach **a**gni **6** to **a**gna na**prav**dè **i**lè mach lat **7** pyègnts'*

Notes

① Vous rappelez-vous qu'en vous servant du mot **proszę**, vous utilisez en fait la 1re personne du singulier du verbe **prosić**, *prier* ? Lorsqu'on parle au nom de plusieurs personnes, on emploie **prosimy**, *nous prions*, dont les conditions d'emploi sont les mêmes que pour **proszę** : dans cette phrase, par exemple, il sert à inviter la personne à entrer. Vous l'entendrez donc très souvent en polonais ; alors qu'en français, on recourt beaucoup moins systématiquement à la forme du pluriel.

② La préposition **u**, *chez*, entraîne le génitif, ce qui explique la forme **was**, dérivée de **wy**, *vous*.

③ Pour **dziękujemy**, *nous remercions*, on a le même phénomène que pour **prosimy** : c'est la 1re personne du pluriel qui remplace **dziękuję**. De nouveau, l'équivalent français le plus usuel est simplement *merci*.

④ Vous remarquerez que **poznasz**, *tu reconnaîtras*, renvoie au futur, ce qui implique le recours à l'aspect perfectif. Toutefois, ▸

Tata Zosia

1 – Quelqu'un sonne. C'[est] sûrement tata Zosia *(Sophie)*.
2 – Entre *(Prions)*. Comment [a été le] voyage ? Pas fatiguée ?
3 – Non, très bien *(formidablement)*. Et chez vous, quoi de neuf *(quoi chez vous)* ?
4 – Merci *(Remercions)*. Rien [d']intéressant.
5 Mais tu ne reconnaîtras sans doute pas *(Sans doute ne reconnaîtras)* Ania.
6 – C'[est] Ania ?! Vraiment ? Quel âge as-tu *(Combien as ans)* ?
7 – Cinq [ans].

▸ contrairement aux apparences, cette forme n'est pas issue de l'adjonction d'un préfixe à la forme simple du verbe. Autrement dit, **poznasz**, dont l'infinitif est **poznać**, est indécomposable : c'est un verbe simple.

⑤ Pour demander l'âge de quelqu'un, on utilise, comme en français, le verbe *avoir*. Dans cette question, l'adverbe **ile**, *combien*, comme tous les termes de quantité, est suivi du génitif, d'où **lat**, issu de **lata**, *ans*, *années*.

25 **8** – No **pro**szę ⑥! Pa**mię**tam, jak **mia**łaś rok ⑦.
9 **Wi**dzę, że **jes**teś po**dob**na do ro**dzi**ców:
10 **us**ta **ma**my, **o**czy **ta**ty…
11 – A **swe**ter **sios**try!

*8 no **pro**chè pa**myènt**a'm yak **mya**ouas' rok **9 vi**dzè jè **yes**tes' po**dob**na do ro**dz'**itsouf **10 ous**ta **ma**mé **o**tché **ta**té **11** a **sfè**tèr **s'os**tré*

Notes

⑥ Voici encore une expression avec **proszę**, qui exprime ici un sentiment d'étonnement ou d'admiration.

***

Ćwiczenie pierwsze – Proszę przetłumaczyć

❶ Nie pamiętam, jak on działa. ❷ Ile pan ma lat? ❸ Ciocia jest zmęczona. ❹ Jesteś podobna do siostry. ❺ Widzę, że masz ładny sweter.

***

Ćwiczenie drugie – Wpisać brakujące słowa

❶ Je ne me souviens pas quel âge tu as.
Nie . . . . , ile . . . . lat.

❷ Demain, nous allons chez [ma] sœur.
Jutro . . . . do . . . .

❸ Je ressemble à [ma] mère.
Jestem . . . . do . . . . .

8 – Tiens donc ! [Je] me souviens quand [tu] avais [un] an.
9 [Je] vois que tu ressembles *(es ressemblante)* à [tes] parents :
10 [la] bouche [de ta] mère, [les] yeux [de ton] père…
11 – Et [le] pull [de ma] sœur !

⑦ Notez cette petite irrégularité : le singulier correspondant à **lata** (note 5) est **rok**.

***

Corrigé de l'exercice 1

❶ Je ne me souviens pas comment il fonctionne. ❷ Quel âge avez-vous ? ❸ Tata est fatiguée. ❹ Tu ressembles à [ta] sœur. ❺ Je vois que tu as un joli pull.

***

❹ Je vois que tu es fatiguée.
Widzę, . . jesteś . . . .

❺ Comment ça va chez vous ?
Co . . . . u . . . ?

Corrigé de l'exercice 2

❶ – pamiętam – masz – ❷ – idziemy – siostry ❸ – podobna – mamy ❹ – że – zmęczona ❺ – słychać – was

26 Lekcja dwudziesta szósta
*[**lèk**tsya dvou**dz**[i]**es**ta **chous**ta]*

Poczta

1 – Czy są **kart**ki poczt**o**we?
2 – Nie. **Mo**że je ① pan **ku**pić w **kios**ku.
3 – **Dob**rze. **Mo**gę **wys**łać tę **pacz**kę?
4 – **Pro**szę wy**peł**nić ten **blan**kiet.
5 – A czy **mo**że mi **pa**ni po**wie**dzieć, jak **dłu**go **i**dzie list do Ka**na**dy?
6 – Za**le**ży **ja**ki. **Zwy**kły, trzy-**czte**ry dni- ②, a pole**co**ny **ty**dzień.
7 – W **ta**kim **ra**zie, **chciał**bym ③ **wy**słać **mej**la.
8 – **Przy**kro mi ④, **a**le kom**pu**ter chwi**lo**wo nie **dzia**ła.

Prononciation

***potch**ta **1** tché son **kart**ki potch**to**vè **2** gnè **mo**jè yè pa'n **kou**pits[i] f **kyos**kou **3** **dob**jè **mo**guè **vés**ouats[i] tè **patch**kè **4** **pro**chè vé**pèou**gnits[i] tèn **bla'n**kyèt **5** a tché **mo**jè mi **pa**gni po**vyè**dz[i]èts[i] yak **dwou**go **i**dz[i]e list do ka**na**dé **6** za**lè**jé **ya**ki **zvé**koué t'ché-**tchtè**ré dgni a polè**tso**né **té**dziègn **7** f **ta**ki'm **raz**[i]e **Hts**[i]**aou**bém **vés**ouats[i] **meï**la **8** **pché**kro mi **a**lè ko'm**pou**tèr Hfi**lo**vo gnè **dz**[i]**a**oua*

Notes

① Le complément **kartki pocztowe**, *cartes postales*, est remplacé dans cette phrase par le pronom personnel qui, comme vous le savez, doit se mettre ici à l'accusatif. Sa forme **je**, au féminin pluriel, correspond de fait aux deux pronoms français : *les*, utilisé pour les noms déterminés, et *en*, pour les indéterminés. Autrement dit, en l'absence de cette distinction en polonais, **biorę je**, par exemple, se traduira, selon le contexte, par *j'en prends* ou *je les prends*. ▸

[La] poste

1 – Est-ce qu'il y a [des] cartes postales ?
2 – Non. Vous pouvez en *(Peut les monsieur)* acheter dans [un] kiosque.
3 – Bien. Puis[-je] envoyer ce colis ?
4 – Remplissez *(S'il-vous-plaît remplir)* ce formulaire.
5 – Et est-ce que vous pouvez me *(peut me madame)* dire combien de temps *(comment longtemps)* met *(va)* [une] lettre pour [le] Canada ?
6 – [Ça] dépend laquelle. [La] normale, trois-quatre jours, [la] recommandée, [une] semaine.
7 – Dans ce *(tel)* cas, [je] voudrais envoyer [un] e-mail.
8 – Désolé *(Désagréablement à-moi)* mais [pour l'instant], [l]'ordinateur *(momentanément)* ne fonctionne pas.

▸ ② Vous savez déjà que la formation du pluriel peut parfois être irrégulière. Ainsi **dzień**, *jour*, fait **dni** – ou parfois **dnie**. À l'occasion, vous rappelez-vous que **tydzień**, *semaine*, fait au pluriel **tygodnie** ?

③ Rassurez-vous, nous n'en sommes pas encore au conditionnel, même si c'est une forme très utile dans une conversation. Sachez simplement que **chciałbym**, *je voudrais*, est employé ici par un homme, son équivalent féminin étant **chciałabym**.

④ **przykro**, *désagréablement*, suivi du datif, est la manière la plus courante d'exprimer ses regrets ou sa peine. Rappelons que le datif fait **mi**, *à moi*, *me*, pour le pronom à la 1re personne du singulier.

9 – To gdzie **moż**na ⑤ zadz**wo**nić ⑥?
10 – Na u**li**cy jest **bud**ka, **a**le tele**fo**n jest zep**su**ty.

__9__ to gdz'è __moj__na zadz__vo__gnitsi __10__ na ou__li__tsé yest __bout__ka __a__lè tè__lè__fo'n yest zep__sou__té

Notes

⑤ Le mot **można** est une forme invariable, correspondant à la construction impersonnelle *il est possible*, *on peut*. Comme son homologue français, il est suivi de l'infinitif.

⑥ **zadzwonić**, *téléphoner*, est un verbe perfectif, dont l'homologue imperfectif est **dzwonić**.

***

Ćwiczenie pierwsze – Proszę przetłumaczyć

❶ Gdzie można wysłać mejla? ❷ Chciałbym kupić kartki. ❸ Mogę zadzwonić do Kanady? ❹ Przykro mi, telefon nie działa. ❺ Co można kupić w kiosku?

***

Ćwiczenie drugie – Wpisać brakujące słowa

❶ Je voudrais téléphoner au Canada.
. . . . zadzwonić . . Kanady.

❷ [Le] téléphone est dans [la] rue.
Telefon . . . . na . . . . . .

❸ Où peut-on envoyer [un] colis ?
Gdzie . . . . . wysłać . . . . . . ?

9 – Alors où peut-on téléphoner ?
10 – Dans [la] rue, il y a [une] cabine, mais [le] téléphone est en dérangement *(cassé)*.

***

Corrigé de l'exercice 1

❶ Où peut-on envoyer un e-mail ? ❷ Je voudrais acheter des cartes. ❸ Puis-je téléphoner au Canada ? ❹ Désolée, le téléphone ne fonctionne pas. ❺ Que peut-on acheter dans un kiosque ?

***

❹ Désolé, [la] cabine est cassée.
. . . . , budka jest . . . .

❺ [Les] cartes postales sont dans [le] kiosque.
. . . . . . pocztowe . . w . . . .

Corrigé de l'exercice 2

❶ Chciałbym – do – ❷ – jest – ulicy ❸ – można – paczkę ❹ Przykro mi – zepsuta ❺ Kartki – są – kiosku

27 *Les* **kioski RUCH** *(ce dernier mot signifiant* mouvement*) ne sont pas de simples kiosques à journaux, mais de véritables petits magasins de rue où vous trouverez un peu de tout : journaux et magazines, bien sûr, mais aussi cigarettes, cartes postales, timbres. On y vend également confiseries, jouets, produits d'hygiène, cosmétiques, etc. Souvent situés près des arrêts de bus ou de trams, ils vous permettent aussi d'acheter des tickets de transport. Ils sont ouverts toute la journée, voire, pour certains, le dimanche.*

27 Lekcja dwudziesta siódma

*[**lèk**tsya dvou**dz'es**ta **s'oud**ma]*

Problemy z Nowakiem

1 – **Wszyst**ko w po**rząd**ku ①, **pa**ni **A**niu ②?
2 – Nie **bar**dzo, **pa**nie dyrek**to**rze.
3 – A co się **dzie**je?
4 – Są pro**ble**my z No**wa**kiem ③.
5 Kli**en**ci się **skar**żą.

Prononciation

*pro**blè**mé z no**va**kyèm **1 fchést**ko f po**jo'n**tkou **pa**gni **a**gnou **2** gnè **bar**dzo **pa**gnè dérèk**to**jè **3** a tso s'e **dz'è**yè **4** son pro**blè**mé z no**va**kyèm **5** kli**ègnts'**i siè **skar**jon*

Notes

① Il faut vous faire à l'idée que le simple *ça va bien* français correspond à la tournure légèrement plus complexe : **wszystko w porządku**, dont la traduction littérale est "tout en ordre". Comme en français, cette expression sert aussi bien de question que de réponse.

② Il existe en polonais un cas de déclinaison, le vocatif, qui permet de s'adresser à quelqu'un. L'usage de ce cas est assez limité, puisqu'on ne le trouve que dans les dialogues, et il est presque exclusivement adressé aux personnes, car parler à des animaux, bien que possible, est tout de même margi- ▸

Vous constaterez aussi qu'avec l'avènement des nouvelles technologies – dont les Polonais sont très friands – on trouve désormais un peu partout des **kafejki** *ou* **kioski internetowe** *: des* cybercafés. *Cela dit, la plupart des foyers polonais ont de nos jours accès à Internet et sont équipés de la plupart des outils numériques dernier cri : ordinateurs, tablettes, smartphones, TNT, appareils photos, etc. Cet engouement est sans doute lié à l'explosion de la société de consommation qui succède aux années de privations des époques passées…*

Vingt-septième leçon 27

[Des] problèmes avec Nowak

1 – Ça va bien *(Tout en ordre)*, madame Ania ?
2 – Pas tellement *(Pas très)*, monsieur le directeur.
3 – Et que se passe[-t-il] ?
4 – Il y a [des] problèmes avec Nowak.
5 [Les] clients se plaignent.

nal ! Les formes les plus usitées sont celles des prénoms (ici **Aniu**, dérivé de **Ania**), ainsi que celles des titres et fonctions (**dyrektorze**, de **dyrektor**). Ajoutons à cela les mots **pan** et **pani**, qui font au vocatif **panie** et **pani**.

③ Le nom de famille **Nowak** se décline comme un nom masculin, et devient donc **Nowakiem**, après **z**, *avec*, qui, dans ce contexte, est suivi de l'instrumental.

6 **Mó**wią, że **wca**le nie odpo**wia**da na py**ta**nia ④.
7 – To **dzi**wne. **Zwy**kle jest **bar**dzo u**przej**my.
8 – To **praw**da, **a**le **my**ślę, że ma os**tat**nio kło**po**ty ze **słu**chem.
9 – To co zro**bi**my ⑤?
10 – Może go **da**my ⑥ do **dzia**łu rekla**ma**cji? □

*6 **mou**vyon jè f**tsa**lè gnè otpo**vya**da na pé**ta**gna 7 to **dz'i**vnè **zvé**klè iest **bar**dzo ou**pchèy**mé 8 to **prav**da **a**lè **més'**lè jè ma os**tat**gno kouo**po**té ze **swou**Hèm 9 to tso zro**bi**mé 10 mojè go **da**mé do **dz'a**ou rèkla**ma**ts'i*

Notes

④ La préposition **na** exige ici l'emploi de l'accusatif. Notez que pour **pytania**, *questions*, la forme est la même qu'au nominatif. Au singulier, les deux cas font **pytanie**. ▸

***

Ćwiczenie pierwsze – Proszę przetłumaczyć

❶ Cieszę się, że wszystko jest w porządku. ❷ Wiesz, co się tu dzieje? ❸ Jak zwykle, mamy problemy. ❹ To dziwne, Kowalski jest ostatnio uprzejmy. ❺ Myślę, że telefon wcale nie działa.

***

Ćwiczenie drugie – Wpisać brakujące słowa

❶ Est-ce que chez vous ça va bien ?
Czy . was . . . . w . . . . ?

❷ [Nous] avons depuis peu *(dernièrement)* [des] problèmes.
Mamy . . . . problemy.

❸ Pouvez-vous me dire ce qui se passe ?
Może . . pan . . . . , co . . . . ?

6 [Ils] disent qu'il ne répond pas du tout *(que pas-du-tout ne répond)* aux questions.
7 – C'[est] bizarre. D'habitude, [il] est très aimable.
8 – C'est vrai *(Ce vérité)*, mais [je] pense qu'[il] a depuis peu *(dernièrement)* des problèmes d'oreille *(ennuis avec ouïe)*.
9 – Alors, qu'allons-nous faire ?
10 – Si on le mettait *(Peut-être le donnerons)* au service [des] réclamations ?

⑤ Dans la leçon 22, vous avez rencontré le verbe **robimy**, *nous faisons*. Vous savez donc maintenant que **zrobimy** – qui appartient à l'aspect perfectif à cause du préfixe –, est la forme du futur. Précisons qu'en traduisant ce verbe en français, vous aurez le choix, selon le contexte, entre *nous allons faire* (préférable ici), et *nous ferons*.

⑥ **damy**, *nous donnerons*, vient du perfectif **dać**, *donner*.

***

Corrigé de l'exercice 1

❶ Ça me fait plaisir que ça aille bien. ❷ Tu sais ce qui se passe ici ? ❸ Comme d'habitude, nous avons des problèmes. ❹ C'est bizarre, Kowalski est *(dernièrement)* très aimable depuis quelque temps. ❺ Je pense que le téléphone ne fonctionne pas du tout.

***

❹ Pourquoi ne répond[-il] pas du tout ?
Dlaczego ..... nie .... ?

❺ Pour moi aussi, c'est bizarre.
Dla .... też to ....

Corrigé de l'exercice 2

❶ – u – wszystko – porządku ❷ – ostatnio – ❸ – mi – powiedzieć – się dzieje ❹ – wcale – odpowiada ❺ – mnie – dziwne

28 Lekcja dwudziesta ósma

*[**lè**ktsya dvou**dz'es**ta **ous**ma]*

Powtórka – Révision

1 L'aspect verbal

Il s'agit d'un phénomène essentiel pour comprendre le fonctionnement du système verbal polonais. Voyons donc ce que vous avez déjà appris.

La quasi-totalité des verbes polonais forment des couples dont les deux membres ont le même sens. Ils correspondent donc tous les deux, comme vous avez pu le constater, à un seul verbe français :

iść - pójść, *aller*

dzwonić - zadzwonić, *téléphoner*

Dans ces deux exemples, la première forme, simple ou non préfixée (**iść**, **dzwonić**), appartient à l'aspect imperfectif. Cela signifie que l'action est vue dans son déroulement et qu'aucune limite n'est envisagée. L'autre membre du couple, (**pójść**, **zadzwonić**), relève de l'aspect perfectif. On l'obtient, comme vous le voyez, en ajoutant un préfixe à la forme simple. Pour ces verbes, l'action est conçue comme si elle avait un terme final. Autrement dit, elle apparaît comme accomplie.

Il existe quelques rares verbes qui ont des formes différentes pour les deux aspects :

mówić (imperfectif) - **powiedzieć** (perfectif), *parler*, *dire*

Pourquoi insistons-nous tant sur la distinction des deux aspects à l'infinitif ? La raison, comme vous vous en souvenez sans doute, c'est que l'emploi des formes personnelles pour les deux membres du couple n'est pas le même. En effet, en conjuguant l'imperfectif, on forme le présent :

idziemy, *nous allons*,

robimy, *nous faisons*

En revanche, la conjugaison du perfectif, c'est-à-dire l'emploi des mêmes terminaisons personnelles, produit les formes du futur :

pójdziemy, *nous irons*

zrobimy, *nous ferons*

Ce phénomène s'explique par la présence de la notion de limite contenue dans le préfixe, d'où l'impossibilité de marquer le présent. En effet, l'action actuelle est presque toujours présentée dans son déroulement et n'est donc pas compatible avec une idée d'accomplissement.

2 Les verbes au pluriel

À l'inverse du singulier, qui présente certaines irrégularités, le pluriel est très facile à retenir. On reconnaît les personnes du pluriel aux terminaisons qui, à une lettre près, sont toujours les mêmes :
– la 1re personne, **-my** : **mamy**, *nous avons*, **prosimy**, *nous prions*, **robimy**, *nous faisons*, **siedzimy**, *nous restons*, **idziemy**, *nous allons à pied*, **jedziemy**, *nous allons en véhicule*, **dziękujemy**, *nous remercions* ;
– la 2e personne, **-cie** : **macie**, *vous avez*, **prosicie**, *vous priez*, **zrobicie**, *vous ferez* ;
– la 3e personne, **-ą** : **są**, *ils sont*, **biorą**, *ils prennent*, **grają**, *ils jouent*, **mówią**, *ils disent*, *ils parlent*, **skarżą się**, *ils se plaignent*.

Nous espérons que cette petite mise au point, entièrement consacrée au verbe, vous a permis d'y voir un peu plus clair. Retrouvons donc maintenant quelques expressions que vous venez de rencontrer.

Dialog-powtórka

1 – Co słychać? Wszystko w porządku?
2 – Dziękujemy. A u was?
3 – Nie bardzo. Mamy ostatnio kłopoty.
4 – Przykro mi. A co się dzieje?
5 – Trudno powiedzieć.
6 Chyba dlatego, że ciągle siedzimy w domu.
7 – To może pójdziemy na spacer?
8 – To niemożliwe, pada deszcz.
9 – W takim razie, może do centrum handlowego?
10 – Doskonale, ale idę sam.
11 Żona jest zmęczona.
12 – Naprawdę? To dziwne.

29 **Traduction**

1 Comment ça va *(Qu'entend-on)* ? Ça va bien *(Tout en ordre)* ? **2** Merci *(Remercions)*. Et chez vous ? **3** Pas tellement *(Pas très)*. [Nous] avons *(dernièrement)* [des] ennuis depuis quelque temps. **4** Désolé *(Désagréablement à-moi)*. Et que se passe[-t-il] ? **5** Difficile *(Difficilement)* [à] dire. **6** Sans doute parce que [nous]

---

29 Lekcja dwudziesta dziewiąta

*[**lèk**tsya dvou**dz**[i]**ès**ta dz[i]è**vyo'n**ta]*

Choroba

1 – Źle wy**glą**dasz ①. Co ci jest?
2 – Źle się **czu**ję. **Bo**li mnie **gło**wa.
3 – Na**pi**jesz się **cze**goś ②? **Zro**bię ci her**ba**ty ③.
4 – Nie, dzię**ku**ję. Nie mam o**cho**ty ④.
5 – **Bo**li cię **gar**dło?

Prononciation

La prononciation figurée ne portera désormais que sur les mots nouveaux ou présentant une difficulté particulière.
*Ho**ro**ba **1** z[i]lè vé**glo'n**dach … **2** … **tchou**yè … **gouo**va **3** na**pi**yèch … **tchè**gos[i] … Her**ba**té **4** … o**Ho**té **5** … **gar**douo*

Notes

① Pour décrire l'apparence d'une personne ou d'une chose, on se sert du verbe **wyglądać**, *sembler, paraître, avoir l'air*. Étant donné qu'il s'agit d'un état, comme pour *être* ou *avoir*, et non pas d'une action, le perfectif n'existe pas. **Wyglądać** + adverbe s'emploie dans de nombreuses expressions courantes : **wyglądasz dobrze**, *tu as bonne mine*, **wyglądasz wspaniale**, *tu as l'air en pleine forme*.

② Outre **pić** (imperfectif) et **wypić** (perfectif), le verbe *boire* possède une forme spéciale, à la fois préfixée et pronominale, **napić się**. L'action de boire est alors envisagée comme partielle : *boire un peu*, d'où le génitif **czegoś**, dérivé de **coś**, *quelque chose*. **Napić się** sert notamment à proposer ou restons tout le temps *(tout-le-temps restons)* à [la] maison. **7** Et si nous allions *(alors peut-être irons)* en promenade ? **8** C'[est] impossible, il pleut *(tombe pluie)*. **9** Dans ce *(tel)* cas, peut-être au centre commercial ? **10** Très bien *(Formidablement)*, mais [j'y] vais seul. **11** [Ma] femme est fatiguée. **12** Vraiment ? C'[est] bizarre.

Vingt-neuvième leçon 29

[Une] maladie

1 – Tu as mauvaise mine *(Mal sembles)*. Qu'est-ce que tu as *(Que te il-y-a)* ?
2 – Je me sens mal *(Mal me sens)*. J'ai mal à la tête *(Fait-mal à-moi tête)*.
3 – [Tu] veux boire *(boiras te)* quelque chose ? [Je] vais te faire [du] thé.
4 – Non, merci. [Je] n'ai pas envie.
5 – Tu as mal à la gorge *(Fait-mal à-toi gorge)* ?

commander une boisson. Notez la 1re personne du singulier : **napiję się**.

③ Le génitif **herbaty**, *thé*, est de nouveau lié à la notion sous-entendue de quantité : "un peu de", "une tasse de".

④ Le complément d'objet direct qui suit un verbe à la forme négative se met au génitif, d'où **ochoty**, issu de **ochota**, *envie*. Vous vous souvenez qu'à la forme affirmative, le nom est à l'accusatif : **mam ochotę**, *j'ai envie*.

6 – **Tro**chę. I **chy**ba mam go**rączk**ę.
7 – Tak, rzeczy**wiś**cie, **jes**teś **cho**ry.
8 Powi**nie**neś ⑤ iść do le**ka**rza.
9 – Nie. Na **ra**zie **pój**dę ⑥ spać.
10 Zoba**czy**my ⑦ **jut**ro.

*6 **tro**Hè ... go**rontch**kè 7 ... jètché**vis**'tsiè ... **Ho**ré 8 povi**gnè**nès' is'ts' ... lè**ka**ja 9 ... **ra**zie **pouill**dè spats'*

Notes

⑤ Voici une manière de suggérer à quelqu'un de faire quelque chose. Selon le genre grammatical, les formes diffèrent légèrement. Pour le masculin, la base est **powinien**, *il devrait*. En y ajoutant les terminaisons personnelles, on obtient les autres personnes : **powinienem**, *je devrais*, **powinieneś**, *tu devrais*. Du féminin singulier, **powinna**, *elle devrait*, dérivent respectivement **powinnam** et **powinnaś**.

***

Ćwiczenie pierwsze – Proszę przetłumaczyć

❶ Jestem chory, boli mnie gardło i głowa. ❷ Czuję się trochę zmęczona. ❸ Powinieneś iść spać. ❹ Na razie nie mam ochoty. ❺ Nie lubię chodzić do lekarza.

***

Ćwiczenie drugie –Wpisać brakujące słowa

❶ Je me sens très bien.
Czuję . . . bardzo . . . .

❷ Demain, j'irai chez le médecin.
Jutro . . . . . do . . . .

❸ Je n'ai pas envie d'aller dormir.
. . . mam . . . . . . iść . . . . .

6 – Un peu. Et j'ai sans doute *(Sans doute ai)* [de la] fièvre.
7 – Oui, effectivement, [tu] es malade.
8 [Tu] devrais aller chez [le] médecin.
9 – Non. Pour [le] moment, [je] vais aller dormir.
10 [Nous] verrons demain.

⑥ Vous avez certainement deviné que **pójdę**, *je vais aller*, vient du perfectif **pójść**. Rappelons que son homologue imperfectif est **idę**, *je vais*, issu de **iść**.

⑦ **zobaczymy** vient de **zobaczyć**, *voir*, dont l'imperfectif correspondant est une forme différente, **widzieć**. Les deux verbes appartiennent à la même conjugaison et comme vous connaissez déjà **widzę**, l'équivalent de *je vois*, vous déduirez facilement que *je verrai* se dit **zobaczę**.

***

Corrigé de l'exercice 1

❶ Je suis malade, j'ai mal à la gorge et à la tête. ❷ Je me sens un peu fatiguée. ❸ Tu devrais *(masc.)* aller dormir. ❹ Pour le moment, je n'ai pas envie. ❺ Je n'aime pas aller chez le médecin.

***

❹ Je ne sais pas encore, nous verrons plus tard.
Nie . . . . jeszcze, ... potem.

❺ Je ne peux pas, mon frère est malade.
Nie . . . . mój . . . . jest . . . . . .

Corrigé de l'exercice 2

❶ – się – dobrze ❷ – pójdę – lekarza ❸ Nie – ochoty – spać ❹ – wiem – zobaczymy – ❺ – mogę – brat – chory

30 Lekcja trzydziesta

Zaproszenie na koncert

1 – Co **ro**bisz w **przy**szły ponie**dzia**łek ①?
2 – A dla**cze**go **py**tasz?
3 – Chcę cię za**pro**sić na **kon**cert ②.
4 – Nies**te**ty, **jes**tem za**ję**ta. **Mo**że we **wto**rek ③.
5 – Już **pa**trzę. Nie, **i**dę na **ba**sen.
6 – A w **śro**dę ④?
7 – **Jes**tem **wol**ny. Zo**ba**czę, co jest w pro**gra**mie ⑤.
8 **Lu**bisz Mo**zar**ta ⑥?
9 – U**wiel**biam. Gdzie się spot**ka**my?
10 – U mnie, o dzie**wią**tej ⑦.
11 – Dosko**na**le. To do **śro**dy. □

Prononciation

*zapro**chè**gnè na **ko'n**tsert* **1** *… **ro**bich f **pché**choué pognè**dz'a**ouèk* **2** *… **pé**tach* **3** *Htsè ts'è za**pros'**its' …* **5** *… **pat'**chè … **ba**ssèn* **6** *a f **s'ro**dè* **7** *… zo**ba**tchè … f pro**gra**myè* **9** *ou**vyèl**bya'm …* **10** *ou … dz'è**vyo'n**teille* **11** *… **s'ro**dé*

Notes

① Les jours de la semaine, lorsqu'ils servent de complément de temps, c'est-à-dire en réponse à la question *quand*, s'emploient à l'accusatif et sont précédés de la préposition **w**, *en*, *dans*.

② Revenons un instant sur la préposition **na**, utilisée en concurrence avec **do** pour indiquer un lieu à atteindre, un but. Parmi les cas où **na** remplace **do**, citons celui où la destination est un spectacle, une représentation ou une manifestation culturelle, sportive ou autre. C'est ce que vous avez ici avec **na koncert**, *au concert*. ▸

[Une] invitation à [un] concert

1 – Que fais[-tu] lundi prochain *(en prochain lundi)* ?
2 – Et pourquoi demandes[-tu] ?
3 – [Je] veux t'inviter à [un] concert.
4 – Malheureusement, [je] suis occupée. Peut-être *(en)* mardi.
5 – Je regarde tout de suite *(Déjà regarde)*. Non, [je] vais à [la] piscine.
6 – Et *(en)* mercredi ?
7 – [Je] suis libre. [Je] vais voir ce qu'il y a au programme.
8 Aimes[-tu] Mozart ?
9 – [J']adore. Où nous retrouvons *(retrouverons)*-nous ?
10 – Chez moi, à neuf heures *(neuvième)*.
11 – Formidable*(ment)*. Alors, à mercredi.

▸ ③ Devant un mot commençant par un groupe de consonnes dont la première est **w** ou **f**, la préposition **w** prend la forme **we**, d'où **we wtorek**, *mardi.*

④ Certains jours de la semaine, comme **środa**, *mercredi*, sont du genre féminin, ce qui explique la terminaison **-ę** à l'accusatif.

⑤ La finale **-e** du locatif singulier peut, après certaines consonnes, prendre la forme **-ie**, d'où **w programie**, *au programme.*

⑥ Ne vous étonnez pas de voir les noms propres d'origine étrangère – ici **Mozart** – déclinés comme les noms polonais. La forme **Mozarta** correspond à l'accusatif.

⑦ Pour dire *à telle heure*, on emploie la préposition **o** + le locatif de l'adjectif numéral ordinal au féminin. Sa terminaison **-ej** est la même que celle des adjectifs qualificatifs.

Ćwiczenie pierwsze – Proszę przetłumaczyć

❶ Spotkamy się w domu, o dziewiątej. ❷ Czy dzisiaj jest pan wolny? ❸ W przyszły wtorek jestem zajęty. ❹ Uwielbiam chodzić na basen. ❺ U mnie nic ciekawego.

***

Ćwiczenie drugie – Wpisać brakujące słowa

❶ Lundi et mardi, je suis occupé.
W . . . . i we . . . . . . jestem . . . .

❷ Tu es libre mercredi ?
Jesteś . . . . . w . . . . . ?

❸ Si nous allions à la piscine ?
. . . . pójdziemy . . . . ?

❹ Je peux t'inviter au cinéma.
. . . . cię . . . . do . . . . .

❺ Au programme, il y a un concert de Mozart.
W . . . . jest . . . . Mozarta.

***

La culture étant très vivante en Pologne, vous y trouverez beaucoup de manifestations culturelles fort intéressantes. Dans le domaine musical, par exemple, les mélomanes en tout genre séjournant à Varsovie en été seront comblés. Pour les amateurs de musique classique, il y a le Festival Mozart, le Festival d'orgue Jean-Sébastien Bach, et surtout les concerts Frédéric Chopin, de mai à octobre, au parc de Łazienki et au château de Wilanów. Ceux qui aiment la musique contemporaine pourront se rendre à l'Automne de Varsovie. Enfin, le Festival de jazz, en octobre, sera un régal pour les admirateurs de cette musique. Mais les autres grandes villes ne sont pas en reste :

Corrigé de l'exercice 1

❶ Nous nous retrouverons à la maison, à neuf heures. ❷ Est-ce que vous êtes libre aujourd'hui, monsieur ? ❸ Mardi prochain, je suis occupé. ❹ J'adore aller à la piscine. ❺ Chez moi, rien d'intéressant.

***

Corrigé de l'exercice 2

❶ – poniedziałek – wtorek – zajęty ❷ – wolny – środę ❸ Może – na basen ❹ Mogę – zaprosić – kina ❺ – programie – koncert –

***

toutes mettent en place divers événements, journées, concerts ou récitals. Cracovie vous offre, entre autres, les Journées Beethoven à Pâques, les Journées de la musique d'orgue en avril-mai ou encore le Festival de musique de la vieille ville en août. La ville de Poznań organise le prestigieux Festival international de violon Henryk Wieniawski, celle de Wrocław, son fameux Festival international Jazz sur Oder, et son Festival d'oratorios et de cantates. Enfin, si vous vous trouvez au mois d'août à Sopot, près de Gdańsk, allez au Festival international de la chanson. Il se déroule en plein air dans un amphithéâtre de verdure, dit **Opera Leśna** *(*Opéra sylvestre*).*

31 Lekcja trzydziesta pierwsza

Wakacje

1 – Gdzie **by**łaś ① na wa**ka**cjach?
2 – W tym **ro**ku, **by**łam nad **mo**rzem ②, **ko**ło **Gdań**ska.
3 – No i co? ③
4 – **By**ło ④ **bar**dzo ⑤ **du**żo **lu**dzi.
5 Dla**te**go w **przy**szłym **ro**ku, chcę po**je**chać na Ma**zu**ry.
6 – **Wi**dzę, że **lu**bisz **wo**dę.
7 – No **pew**nie. **Wszy**scy to **lu**bią.
8 **Ką**piel i **spor**ty **wod**ne to na**praw**dę **wiel**ka przy**jem**ność.

Prononciation
*va**ka**tsyè **1** … **bé**was[i] … va**ka**tsyaH **2** f tém … **bé**wa'm nat **mo**jèm **ko**wo **gdagn**ska **4** **bé**wo … **dou**jo **lou**dz[i]i*

Notes

① Vous serez agréablement surpris d'apprendre que le polonais n'a qu'un temps passé et que sa formation est régulière, à quelques exceptions près. Il n'y a qu'une seule singularité, qui peut certes dérouter au début : les formes sont différentes suivant le genre grammatical du sujet. Contentons-nous pour le moment de remarquer que **byłaś**, *tu as été*, s'emploie pour le féminin, que l'on reconnaît facilement à la lettre **a** dans la terminaison du singulier.

② **nad** signifiant normalement *au-dessus* apparaît également dans quelques expressions toutes faites, comme ici **nad morzem**, *au bord de la mer*. Le nom qui suit, vous l'aurez constaté, est à l'instrumental. ▸

Trente et unième leçon 31

[Les] vacances

1 – Où as[-tu] été en vacances ?
2 – *(En)* cette année, [j']ai été au bord de [la] mer, à côté [de] Gdansk.
3 – Et alors ?
4 – Il y avait *(Était)* énormément de monde *(très beaucoup gens)*.
5 C'est pourquoi *(Pour-cela)*, l'année prochaine *(en prochaine année)*, [je] veux aller en Mazurie.
6 – [Je] vois que [tu] aimes [l']eau.
7 – Évidemment. Tout le monde l'aime *(Tous l'aiment)*.
8 [La] baignade et [les] sports nautiques, c'[est] vraiment [un] énorme plaisir.

***5 pchéch**ouém … Htsè po**yè**Hats[i] … ma**zou**ré **6** … **lou**bich **vo**dè **7** … **pèv**gnè **fché**stsé to **lou**bion **8 ko'm**pyèl i **spor**té **vod**nè … na**prav**dè **vyèl**ka pché**yè'm**nositsi*

③ Voici une expression très courante pour s'enquérir de quelque chose. Retenez-la telle quelle, sans en décomposer les trois éléments.

④ Au passé, la 3e personne du singulier possède aussi le genre neutre, qui se caractérise, comme vous le voyez dans **było**, *il/elle était*, par la terminaison **-o**.

⑤ Vous vous êtes sûrement aperçu que **bardzo** se traduit par *très* ou *beaucoup*, selon le mot qu'il accompagne. Dans le premier cas, il s'agit généralement d'un adjectif : **bardzo uprzejmy**, *très aimable* ; **bardzo proste**, *très simple*, et, dans le second, d'un verbe : **dziękuję bardzo**, *merci beaucoup*. Par ailleurs, à *beaucoup* – en tant qu'adverbe de quantité – correspond **dużo** (ex. : **dużo ludzi**, *beaucoup de monde*). Pour une *grande quantité*, on dit donc **bardzo dużo**.

9 – To za**le**ży, mnie to **wca**le nie intere**su**je.
10 – A co cię intere**su**je? **Mo**że **gó**ry?
11 – Nie, pod**ró**że za gra**ni**cę ⑥. W tym **ro**ku **by**łem w **Gre**cji.
12 – I nie **mia**łeś ⑦ kło**po**tów z ję**zy**kiem?
13 – Ja nie, **a**le **Gre**cy tak.

***9** … za**lè**jé … i'ntèrè**ssou**yè **10** … **gou**ré **11** … pod**rou**jè za gra**gni**tsè … **bé**wè'm v **grè**tsi **12** … **mia**ouès[i] kouo**po**touf z yin**zé**kyè'm **13** … **grè**tsé …*

Notes

⑥ La traduction littérale de **za granicę** est "derrière la frontière". Lorsque, comme ici, l'expression *à l'étranger* implique une idée de déplacement, la préposition **za** est suivie de l'accusatif. En revanche, s'il s'agit d'indiquer l'emplacement, comme dans *j'habite à l'étranger*, on utilise l'instrumental : **mieszkam za** ▸

***

Ćwiczenie pierwsze – Proszę przetłumaczyć

❶ Moja siostra mieszka nad morzem. ❷ W przyszły poniedziałek, jadę za granicę. ❸ Już byłem w centrum Warszawy. ❹ W tym roku jest bardzo dużo ludzi. ❺ Nie miałeś ochoty zadzwonić?

***

Ćwiczenie drugie – Wpisać brakujące słowa

❶ L'année prochaine, je vais à l'étranger.
. przyszłym . . . . jadę . . . .

❷ Maintenant, j'habite au bord de la mer.
Teraz . . . . nad . . . .

❸ Le soir, il y avait beaucoup de monde.
Wieczorem . . . . dużo . . . . . .

9 – Ça dépend. Moi, ça ne m'intéresse pas du tout.
10 – Et qu'est-ce qui t'intéresse ? Peut-être la montagne *(les montagnes)* ?
11 – Non, [les] voyages à l'étranger. *(En)* cette année, [j']ai été en Grèce.
12 – Et [tu] n'as pas eu [de] problèmes avec [la] langue ?
13 – Moi non, mais [les] Grecs, oui.

granicą. Signalons enfin, pour éviter toute erreur, qu'il existe aussi un mot, **zagranica**, qui lui, signifie *pays étrangers*.

⑦ **miałeś**, *tu as eu*, correspond au masculin, le féminin étant **miałaś**.

***

Corrigé de l'exercice 1

❶ Ma sœur habite au bord de la mer. ❷ Lundi prochain, je vais à l'étranger. ❸ J'ai déjà été dans le centre de Varsovie. ❹ Cette année, il y a beaucoup de monde. ❺ Tu n'as pas eu envie de téléphoner ?

***

❹ Je suis désolé, mais j'ai été malade.
Przykro . . , ale . . . . . chory.

❺ Ça me fait plaisir que le travail t'intéresse.
. . . . . . się, . . praca . . . interesuje.

Corrigé de l'exercice 2

❶ W – roku – za granicę ❷ – mieszkam – morzem ❸ – było – ludzi ❹ – mi – byłem – ❺ Cieszę – że – cię –

32 *Au nord du pays, sur les bords de la Baltique, Gdańsk doit sa renommée aux célèbres chantiers navals, d'où est partie en 1980, Lech Wałęsa en tête, la révolte contre le régime communiste. Mais la ville tire aussi sa réputation d'un riche patrimoine architectural qui attire chaque année de nombreux touristes étrangers. À ne pas manquer : la rue Mariacka, avec ses maisons à terrasses auxquelles on accède par un escalier en pierre.*
Située à une vingtaine de minutes de Gdańsk, Sopot – surnommée "la Deauville de la Baltique" – est une station balnéaire très courue. On vient y profiter des plages de sable fin, de l'eau à 18 degrés en été et du fameux molo, une très longue jetée qui s'avance dans la mer et sert de lieu de promenade.
En allant vers l'est, la Mazurie *(***Mazury***) est une région de lacs, de bois et de rivières, où vivent, protégés dans des parcs nationaux, élans, loups, lynx et autres espèces rares. De nombreuses petites îles*

32 Lekcja trzydziesta druga

Rozrywki

1 – Co lu**bi**cie **ro**bić po ① **pra**cy?
2 – Ja **bar**dzo **lu**bię **czy**tać.
3 **Czy**tam prak**ty**cznie **wszyst**ko: bio**gra**fie, po**wie**ści, po**e**zję.
4 – Ja **chę**tnie **cho**dzę ② do te**a**tru i do o**pe**ry.

Prononciation
*roz**réf**ki* **1** *… lou**bi**ts'è … **pra**tsé* **2** *… **tché**tats'* **3** ***tché**ta'm prak**tétch**gnè … bio**gra**fiè po**vyès**'ts'i po**è**zyè* **4** ***Hèn**tgnè … o**pè**ré*

Notes

① Nous l'avons déjà signalé : la préposition **po** figure malheureusement parmi celles qui possèdent beaucoup d'emplois assez disparates. En voici un nouveau, où elle équivaut à *après* et demande le locatif. ▸

abritent des réserves naturelles d'oiseaux aquatiques : cormorans, cygnes sauvages, hérons. Le site, très peu urbanisé, est un véritable paradis pour les pêcheurs, les campeurs et tous les amoureux de la nature.

Trente-deuxième leçon 32

[Les] distractions

1 – Qu'est-ce que [vous] aimez faire après [le] travail ?
2 – Moi, j'aime beaucoup *(beaucoup aime)* lire.
3 [Je] lis pratiquement tout : biographies, romans, poésie.
4 – Moi, je vais volontiers *(volontiers vais)* au théâtre et à l'opéra.

▸ ② Rappelons que pour la marche à pied, on dispose en polonais de deux verbes à l'imperfectif. Vous connaissez ainsi (leçon 20, note 3) la distinction entre **idę** et **chodzę**, pour *je vais*, suivant le type de déplacement : unique pour **idę** et répété pour **chodzę**. Il arrive parfois que le contexte ajoute un élément supplémentaire à l'information portée par le verbe lui-même. On voit, par exemple dans cette phrase, grâce au mot **chętnie**, *volontiers*, que **chodzę** signifie bien une action habituelle. L'emploi de **idę** est en effet incompatible avec **chętnie**.

5 – A ja oso**biś**cie **wo**lę **cho**dzić ③ do **ki**na.
6 Szcze**gól**nie **lu**bię **fil**my przygo**do**we.
7 – A **mo**je **ho**bby to sport.
8 Gram w te**ni**sa, **jeż**dżę ④ na ro**wer**ze.
9 A **zi**mą, na **nar**tach ⑤.
10 – Ja, **praw**dę **mó**wiąc, nie **lu**bię **a**ni **spor**tu, **a**ni te**a**tru, **a**ni czy**ta**nia.
11 **Mo**ja ulu**bio**na roz**ryw**ka, to gra w **kar**ty.
12 – Tak? To się **do**brze **skła**da, my też to lu**bi**my.

*5 osso**bis**^{i}ts^{i}è **vo**lè **Ho**dz^{i}its^i … 6 chtchè**goul**gnè … **fil**mè pchégo**do**vè 7 **Ho**bbi … sport 8 gra'm f tè**ni**ssa **ièj**djè na ro**vè**jè 9 z^i**i**mon … **nar**taH 10 **mou**vyonts … 11 … ouloubi**o**na roz**réf**ka … 12 … **skoua**da*

Notes

③ Contrairement à la phrase précédente, seul le verbe **chodzić** permet de dire qu'il ne s'agit pas ici d'une action spécifique. Dans le cas d'un souhait portant sur un déplacement unique, on dirait : **A ja osobiście wolę iść do kina.**

④ Il n'y a pas d'équivalent exact de l'expression *faire du vélo* ; on dit toujours "aller à vélo". Comme il ne s'agit pas d'un déplacement à pied, on n'utilise ni **iść** ni **chodzić**, mais un autre couple de verbes de mêmes caractéristiques, qui sont respectivement **jechać** – que vous connaissez déjà – et **jeździć**. Ainsi on dit **Dziś jadę na rowerze**, *Aujourd'hui, je vais à vélo*, mais **Często jeżdżę na rowerze**, *Je vais souvent à vélo*. Remarquez, ▸

***

Ćwiczenie pierwsze – Proszę przetłumaczyć

❶ Po pracy, chętnie gram w karty. ❷ Ja nie lubię sportu, wolę czytać. ❸ Może pan pojechać na rowerze. ❹ Nie znam ani Gdańska ani Krakowa. ❺ Adam i Marek grają bardzo dobrze w tenisa.

5 – Et moi, personnellement, [je] préfère aller au cinéma.
6 J'aime particulièrement *(Particulièrement aime)* [les] films [d']aventure.
7 – Et [moi], mon hobby, c'[est le] sport.
8 [Je] joue au tennis, je fais du *(vais à)* vélo.
9 Et [en] hiver, [je fais du] *(à)* ski.
10 – Moi, à vrai dire *(vérité disant)*, [je] n'aime ni [le] sport, ni [le] théâtre, ni [la] lecture.
11 Ma distraction préférée *(préférée distraction)*, c'[est le] jeu de cartes.
12 – Oui ? Ça tombe bien *(se bien compose)*, nous aussi, [nous] l'aimons.

pour les deux verbes, les changements entre l'infinitif et les formes personnelles. Ce sont, pour **jechać**, la modification des voyelles **e/a** à la 1re personne du singulier et, pour **jeździć**, la transformation **ź(zi)/ż**. On retrouve les mêmes changements à la 3e personne du pluriel : **jadą** et **jeżdżą**, *ils/elles vont*.

⑤ Pour la pratique du ski, on utilise également le verbe **jeździć** + **na** + locatif. Le nominatif correspondant à *skis* est **narty**.

***

Corrigé de l'exercice 1

❶ Après le travail, je joue volontiers aux cartes. ❷ Moi, je n'aime pas le sport, je préfère lire. ❸ Vous pouvez y aller à vélo. ❹ Je ne connais ni Gdansk ni Cracovie. ❺ Adam et Marek jouent très bien au tennis.

Ćwiczenie drugie – Wpisać brakujące słowa

❶ Où nous retrouverons-nous après le travail ?
Gdzie . . . spotkamy . . pracy?

❷ Je préfère envoyer une lettre en France.
. . . . wysłać . . . . do . . . .

❸ On va *(allons)* au cinéma ? Volontiers.
. . . . do . . . . ? . . . .

---

33 Lekcja trzydziesta trzecia

Sklep

1 – **I**dę do **skle**pu. **Pój**dziesz ① ze mną ②?
2 – **Dob**rze, **jeś**li chcesz. (…)
3 – Co **myś**lisz o tej su**kien**ce ③?
4 – **Mo**im **zda**niem ④, jest za **krót**ka.
5 – Co ty opo**wia**dasz?! **Te**raz się **ta**kie **no**si ⑤.
6 – To **mo**że ta **bluz**ka?

Prononciation

sklèp **1** *… **sklè**pou **pouill**dz'èch ze mnon* **2** *… **yes**'li Htsèch*
3 *… **més**'lich … sou**kyèn**tsè* **4** ***mo**'i'm **zda**gnèm … **krout**ka*
5 *… opo**via**dach … **nos**'i* **6** *… **blous**ka*

Notes

① Vous savez maintenant que le perfectif **pójdziesz**, 2e personne du singulier de **pójść**, *aller*, renvoie à l'action future.

② **mną** est l'instrumental de **ja**, *je*, *moi*.

③ Le verbe **myśleć**, *penser*, est suivi de la préposition **o**, *à*, *de*, qui exige le locatif. Remarquez, dans la forme **tej**, issue de **ta**, *cette*, le changement **a/e**. De même, **sukienka**, *robe*, subit l'alternance **k/c** et donne au locatif **sukience**. ▸

❹ En hiver, je fais du ski.
Zimą ...... na ....

❺ J'ai été à vélo à côté de Gdansk.
..... na .... koło ....

Corrigé de l'exercice 2

❶ – się – po – ❷ Wolę – list – Francji ❸ Idziemy – kina – Chętnie ❹ – jeżdżę – nartach ❺ Byłem – rowerze – Gdańska

Trente-troisième leçon 33

[Le] magasin

1 – [Je] vais au magasin. Tu viens *(iras)* avec moi ?
2 – D'accord *(Bien)*, si [tu] veux. (...)
3 – Que penses[-tu] de cette robe ?
4 – [À] mon avis, [elle] est trop courte.
5 – Qu'est-ce que tu racontes ?! Maintenant, on les porte comme ça *(se telles porte)*.
6 – Alors peut-être ce chemisier ?

▸ ④ La tournure *à mon avis* se dit en polonais à l'aide de l'instrumental, sans préposition. Le nominatif correspondant, du genre neutre, est **moje zdanie**.

⑤ Dans certaines constructions impersonnelles, on recourt à la 3e personne du singulier d'un verbe au présent en y ajoutant le pronom réfléchi **się**. Le tout, comme par exemple **nosi się coś**, peut être traduit en français par une expression avec *on* : *on porte quelque chose*, ou par une tournure pronominale : *quelque chose se porte*. En voici un autre exemple : **Gdzie się kupuje bilety?**, *Où achète-t-on / où s'achètent les billets ?*

7 – Nie po**do**ba mi się **ko**lor.
8 – **Prze**cież zie**lo**ny jest **bar**dzo **mod**ny.
9 Po**win**naś **ra**czej przy**mie**rzyć te **spod**nie.
10 – **A**le mam **pra**wie **ta**kie **sa**me.
11 – **Któ**re ⑥? Te **czar**ne? **Chy**ba żar**tu**jesz!
12 **Te**raz się już **ta**kich ⑦ nie **no**si! □

*8 **pchéts**ièch ziè**lo**né … **9** … **ra**tcheille pché**myè**jétsi … **11** … **tchar**nè … **12** … **ta**kiH …*

Notes

⑥ Le pronom *(le)quel* a deux équivalents en polonais : **jaki** et **który** – ce dernier ici sous la forme du pluriel **które**. Le premier se rapporte plutôt à la qualité d'un objet ou d'une personne, le second porte sur leur identité parmi d'autres possibles. C'est ainsi que **który**, au féminin, sert à demander l'heure : **która godzina?** ▸

***

Ćwiczenie pierwsze – Proszę przetłumaczyć

❶ Po pracy, muszę iść do sklepu. ❷ Chcesz przymierzyć ten sweter? ❸ Mam nadzieję, że żartujesz. ❹ Powinnaś pojechać ze mną do Francji. ❺ Które lody wolisz?

***

Ćwiczenie drugie – Wpisać brakujące słowa

❶ Je voudrais *(fém.)* essayer ce pantalon.
. . . . przymierzyć . . . .

❷ Nous allons au magasin acheter des fruits.
. . . . do . . . . owoce.

❸ Tu devrais *(fém.)* voir cette couleur.
. . . . zobaczyć . . . .

7 – Je n'aime pas *(Ne plaît à-moi)* [la] couleur.
8 – Pourtant [le] vert est très à la mode.
9 [Tu] devrais plutôt essayer ce pantalon.
10 – Mais [j'en] ai [un qui est] presque pareil.
11 – Lequel ? Le *(Ce)* noir ? Tu plaisantes sans doute *(Sans-doute plaisantes)* !
12 Maintenant, on n'en porte plus des comme ça *(se plus telles ne porte)* !

▸ ⑦ Comme la phrase est à la forme négative, on a **takich**, génitif de **takie**, *tel(le)s*.

***

Corrigé de l'exercice 1

❶ Après le travail, je dois aller au magasin. ❷ Tu veux essayer ce pull ? ❸ J'espère que tu plaisantes. ❹ Tu devrais aller avec moi en France. ❺ Quelles glaces préfères-tu ?

***

❹ Est-ce que tu penses que ce pull est joli ?
Czy . . . . , że . . . . jest . . . . . ?

❺ Tu veux aller avec moi à Varsovie ?
. . . . . . pojechać . . mną . . Warszawy?

Corrigé de l'exercice 2

❶ Chciałabym – te spodnie ❷ Idziemy – sklepu kupić – ❸ Powinnaś – ten kolor ❹ – myślisz – ten sweter – ładny ❺ Chcesz – ze – do –

34 Lekcja trzydziesta czwarta

Marzenia o przyszłości

1 – **Dzie**ci ①, kto wie **ja**ki jest **dzi**siaj **te**mat **lek**cji?
2 – Ja wiem: ma**rze**nia ② o przy**szło**ści.
3 – **Bar**dzo **do**brze. To kto za**czy**na? **Mo**że ty, **Ka**siu ③?
4 – Ja **ma**rzę o tym, **że**by **zos**tać ak**tor**ką ④.
5 – To **bar**dzo cie**ka**wy **za**wód. A ty, **Mar**ku?
6 – Ja **chciał**bym po**le**cieć ⑤ na **księ**życ.
7 – O, to **bar**dzo orygi**nal**ne ma**rze**nie.
8 Kto **jesz**cze chce coś po**wie**dzieć? **To**mek?

Prononciation
*ma**jè**gna o pché**chouos**'ts'i **1 dz'èts'i** … **3** … zat**ché**na … **kas**'ou **4** … **ma**jè … **jè**bé **zos**tats' ak**tor**kon **5** … **za**vout … **6** … po**lè**ts'èts' na **ks'in**jéts **7** … oréguі**nal**nè …*

Notes

① Le singulier correspondant à **dzieci**, *enfants*, est **dziecko** (nom neutre). Nous avons ici affaire au vocatif qui, au pluriel des trois genres, a la même forme que le nominatif.

② Les noms dérivés de verbes exigent, le cas échéant, l'emploi de la même préposition. **Marzyć**, *rêver*, étant suivi de **o**, *à*, on trouve cette préposition également après **marzenia**, *rêves*.

③ Rappelons que pour les prénoms, on se sert, la plupart du temps, de diminutifs. Pour *Catherine*, la forme usuelle **Kasia** apparaît ici au vocatif **Kasiu**.

④ La construction de **zostać**, *devenir*, est la même que celle du verbe *être* : le nom qui suit se met à l'instrumental (**aktorką**, *actrice*).

[Les] rêves d'avenir

1 – [Les] enfants, qui sait quel est *(aujourd'hui)* le sujet de [la] leçon [aujourd'hui] ?
2 – Moi, [je] sais : [les] rêves d'avenir.
3 – Très bien. Alors qui commence ? Peut-être toi, Kasia *(Catherine)* ?
4 – Moi, [je] rêve de *(cela pour)* devenir actrice.
5 – C['est un] métier très intéressant *(très intéressant métier)*. Et toi, Marek ?
6 – Moi, [je] voudrais aller sur la lune.
7 – Oh, c['est un] rêve très original *(très original rêve)*.
8 Qui d'autre *(encore)* veut dire quelque chose *(quelque chose dire)* ? Tomek *(Thomas)* ?

▸ ⑤ Vous avez déjà eu un petit aperçu des distinctions que connaît la catégorie des verbes de mouvement. Continuons donc notre chemin avec, cette fois-ci, un déplacement dans l'air. Celui-ci s'exprime à l'aide des mêmes verbes que pour les oiseaux ou les insectes : *voler*. La forme **polecieć** correspond au perfectif que l'on reconnaît au préfixe **po-**, comme dans **pojechać**, *aller en véhicule*.

9 – Ja **ma**rzę o tym, **że**by za**ra**biać ⑥ **du**żo pie**nię**dzy ⑦.
10 Tak jak mój **ta**ta.
11 – Twój **ta**ta za**ra**bia **du**żo pie**nię**dzy?
12 – Nie, **ale ma**rzy o tym od **daw**na.

9 … zarabiats' … piègnindzé 12 … davna

Notes

⑥ **zarabiać**, *gagner*, en parlant de l'argent, est imperfectif. Il a pour homologue perfectif **zarobić** qui se conjugue comme **robić**. Mais attention, ne les confondez pas ! En effet, malgré une lointaine origine commune, il s'agit de deux verbes, et surtout de deux aspects différents. Ainsi **robię** signifie *je fais* et **zarobię**, *je gagnerai*, ce qui n'a pas grand-chose à voir. Pour mémoire, *je ferai* se dit **zrobię**.

***

Ćwiczenie pierwsze – Proszę przetłumaczyć

❶ Dzieci są już w domu. ❷ Moja siostra chce zostać aktorką. ❸ Kto wie, jak to trzeba powiedzieć? ❹ Jaki jest twój ulubiony zawód? ❺ Od dawna o tym myślisz?

***

Ćwiczenie drugie – Wpisać brakujące słowa

❶ Les enfants jouent volontiers au tennis.
. . . . . . chętnie . . . . . w . . . .

❷ Thomas commence [à] gagner beaucoup d'argent.
Tomek . . . . zarabiać . . . . pieniędzy.

❸ Je voudrais *(masc.)* dire quelque chose.
. . . . coś . . . .

9 – Moi, [je] rêve de *(cela pour)* gagner beaucoup [d']argent.
10 *(Ainsi)* comme mon père.
11 – Ton père gagne beaucoup [d']argent ?
12 – Non, mais [il] en *(de cela)* rêve depuis longtemps.

⑦ L'équivalent polonais du mot *argent* au sens de "monnaie" est le nom pluriel **pieniądze**. Il est ici employé au génitif, car il se rapporte à la quantité : **dużo pieniędzy**, *beaucoup d'argent*. Remarquez le changement **ą/ę** qui se produit généralement pour les noms masculins lors du passage au génitif. Le singulier **pieniądz**, qui désigne une *pièce de monnaie*, est peu usité.

***

Corrigé de l'exercice 1

❶ Les enfants sont déjà à la maison. ❷ Ma sœur veut devenir actrice. ❸ Qui sait comment il faut le dire ? ❹ Quel est ton métier préféré ? ❺ Tu penses à cela depuis longtemps ?

***

❹ Depuis longtemps, j'aime ce métier.
Od ..... lubię ....

❺ C'est un sujet très intéressant.
To ...... ciekawy ......

Corrigé de l'exercice 2

❶ Dzieci – grają – tenisa ❷ – zaczyna – dużo – ❸ Chciałbym – powiedzieć ❹ – dawna – ten zawód ❺ – bardzo – temat

35 Lekcja trzydziesta piąta

Powtórka – Révision

1 Les jours de la semaine

Commençons par les jours de la semaine. Parmi ceux que nous avons rencontrés, certains sont du genre masculin :
poniedziałek, *lundi* et **wtorek**, *mardi.*
Ajoutons-y :
czwartek, *jeudi* et **piątek**, *vendredi.*

Notez cette petite astuce qui vous permettra de retenir facilement les deux derniers : **czwartek** vient de **czwarty**, *quatrième* et **piątek**, de **piąty**, *cinquième.* Vous avez vu aussi que :
środa, *mercredi*, est féminin, tout comme les deux jours du week-end :
sobota, *samedi* et **niedziela**, *dimanche.*

Lorsqu'ils sont utilisés en tant que complément de temps, les jours de la semaine se mettent à l'accusatif. Pour les noms masculins, les formes sont les mêmes qu'au nominatif, et pour les féminins, la terminaison est **-ę**. On les fait précéder de la préposition **w** : **w poniedziałek**, **w środę**. N'oubliez pas que pour faciliter la prononciation, **w** se transforme en **we** dans **we wtorek**.
Contrairement au français, le polonais ne fait pas de distinction entre le jour particulier *lundi* et le jour habituel *le lundi*. Ce sont d'autres mots : **przyszły**, *prochain* ou **zwykle**, *d'habitude*, qui permettent de lever une éventuelle ambiguïté. Le verbe lui-même peut aussi, dans certains cas, apporter une précision sur le type d'action, particulière ou habituelle. Ainsi **w środę idę na basen** correspond à *lundi, je vais à la piscine*, et **w środę chodzę na basen** a pour équivalent *le lundi, je vais à la piscine.*

2 L'emploi des prépositions

Malheureusement, ce n'est pas ce qu'il y a de plus facile ! On s'aperçoit très vite en effet que, la plupart du temps, il n'y a pas de correspondance exacte d'une langue à l'autre. De plus, l'utilisation

des prépositions polonaises est assez délicate car chacune entraîne l'emploi d'un cas particulier, voire, pour certaines, de deux cas différents.
Voici donc un petit récapitulatif, cas par cas, des prépositions rencontrées jusqu'ici.

2.1 Les prépositions suivies du génitif

• **Avec le génitif, sont employées :**
dla, *pour* : **dla kolegi**, *pour un ami*, **dla mnie**, *pour moi* ;
do, *à*, *chez* : **do Krakowa**, *à Cracovie*, **do lekarza**, *chez le médecin*, **do jutra**, *à demain*, **do środy**, *à mercredi* ;
u, *chez* : **u rodziny**, *chez la famille*, **u was**, *chez vous*, **u nas**, *chez nous* ;
z, *de* : **z Warszawy**, *de Varsovie*, **z wakacji**, *de vacances*.

2.2 Les prépositions suivies de l'accusatif

• **Avec l'accusatif :**
na, *à*, *pour* : **na koncert**, *à un concert*, **na basen**, *à la piscine*, **na tydzień**, *pour une semaine* ;
po, *pour* : **Idę po owoce**, *Je vais (pour) chercher les fruits* ;
w ou **we**, *en* : **w poniedziałek**, *(le) lundi*, **we wtorek**, *(le) mardi* ;
za, *derrière* : **Jadę za granicę**, *Je vais à l'étranger* (litt. "derrière la frontière").

2.3 Les prépositions suivies de l'instrumental

• **Avec l'instrumental :**
przed, *devant* : **przed nami**, *devant nous* ;
z ou **ze**, *avec* : **z cytryną**, *avec du citron*, **z telewizorem**, *avec la télé*, **ze śmietanką**, *avec de la crème* ;
za, *derrière* : **Jestem za granicą**, *Je suis à l'étranger.*

2.4 Les prépositions suivies du locatif

• **Avec le locatif :**
na, *sur*, *à*, *dans* : **na stole**, *sur la table*, **na ulicy**, *dans la rue*, **na rowerze**, *à vélo* ;

o, *de* : **o sukience**, *de la robe*, **o tym**, *de cela* ;
po, *après* : **po pracy**, *après le travail* ;
w, *à*, *dans* : **w domu**, *à la maison*, **w kiosku**, *dans un kiosque*, **w programie**, *dans le programme* ;
Comme vous voyez, les prépositions **na**, **po** et **w** dépendent soit de l'accusatif, soit du locatif. Dans le premier cas, **na** et **po** expriment la destination ou le but et **w**, la situation dans le temps. Dans le second, il s'agit de l'emplacement pour **na** et **w**, et de la succession dans le temps pour **po**. Par ailleurs, **za** avec l'instrumental désigne un lieu fixe, et avec l'accusatif, elle indique le déplacement vers un but.

***

Dialog-powtórka

1 – Idę na basen. Pójdziesz ze mną?
2 – Chyba żartujesz!
3 W środę jest bardzo dużo ludzi.
4 – Widzę, że nie lubisz sportu.
5 – Lubię, ale dziś nie mam ochoty.
6 Źle się czuję.
7 – Co ci jest?
8 – Boli mnie głowa.
9 – Powinnaś iść spać.
10 – Nie, dziś wieczorem idę do opery.
11 – Ja też chciałbym pójść. Marzę o tym od dawna.
12 Uwielbiam Mozarta.

Ouf ! Assez d'explications pour aujourd'hui. Vous pourrez toujours y revenir plus tard pour vous rappeler tel ou tel détail. Il vous reste encore, avant de reprendre demain une nouvelle série de leçons, à lire notre petit dialogue de révision.

***

Traduction

1 [Je] vais à la piscine. [Tu] viens *(iras)* avec moi ? **2** Tu plaisantes sans doute *(Sans-doute plaisantes)* ! **3** Le *(en)* mercredi, il y a énormément *(très beaucoup)* [de] monde. **4** [Je] vois que [tu] n'aimes pas [le] sport. **5** [J']aime mais aujourd'hui, [je] n'ai pas envie. **6** Je me sens mal *(Mal me sens)*. **7** Qu'est-ce que tu as *(Que à-toi il-y-a)* ? **8** J'ai mal à la tête *(Fait-mal à-moi tête)*. **9** [Tu] devrais aller dormir. **10** Non, ce *(aujourd'hui)* soir, [je] vais à [l'] opéra. **11** Moi aussi [je] voudrais [y] aller. J'en rêve *(Rêve de cela)* depuis longtemps. **12** [J']adore Mozart.

36 Lekcja trzydziesta szósta

Mieszkanie

1 – O, Mo**ni**ka! Co za niespo**dzian**ka!
2 – Cześć. Ja **ty**lko na **chwi**lę.
3 **By**łam **blis**ko i pomyś**la**łam ①, że…
4 – **Mia**łaś ② rację. **Pro**szę. (…)
5 – **A**le ③ tu się zmie**ni**ło ④!
6 Mieszk**a**nie jak **no**we. Gratu**la**cje!
7 – O, **praw**dę **mó**wiąc, jest tu **jesz**cze **du**żo **pra**cy.
8 – **Wi**dzę, że masz **no**we **meb**le.
9 – **Ty**lko wer**sal**ka jest **no**wa.
10 I fo**te**le. Stół i **krze**sła są **sta**re.

Prononciation
*myèch**ka**gnè* **1** … *gnèspo**dz'a'n**ka* **2** … ***Hfi**lè* **3** … *pomés'**la**oua'm* … **5** … *zmyè**gni**ouo* **6** … *gratou**la**tsyè* **7** … ***pra**tsé* **8** ***mèb**lè* **9** … *ver**sal**ka* … **10** … *stou[ou] i **kchè**soua* …

Notes

① Revenons sur la formation du passé. Il se caractérise, comme vous avez pu vous en apercevoir, par la présence au singulier de la lettre **ł**, suivie des désinences personnelles. Puisqu'il faut tenir compte du genre grammatical du sujet, vous avez ici la terminaison **-am** pour le *je* féminin.

② Dans la leçon 25, **miałaś** équivalait à l'imparfait *tu avais*. Vous constatez qu'on utilise la même forme pour traduire le passé composé *tu as eu*.

③ Remarquez que **ale**, *mais*, permet aussi d'exprimer son admiration.

[L']appartement

1 – Oh, Monika ! Quelle surprise !
2 – Salut. Je [viens] seulement *(pour)* [un petit] moment.
3 [J']étais tout près et j'ai pensé que…
4 – [Tu] as eu raison. [Entre,] je t'en prie. (…)
5 – Comme ça a changé ici !
6 [Ton] appartement [est] comme neuf. Félicitations !
7 – Oh, à vrai dire *(vérité disant)*, il y a ici encore beaucoup [de] travail.
8 – [Je] vois que [tu] as [de] nouveaux meubles.
9 – Seul*(ement)* [le] canapé-lit est neuf.
10 Et [les] fauteuils. [La] table et [les] chaises sont vieilles.

④ Pour parler d'une transformation, on emploie la forme pronominale du verbe *changer* : **zmienić się**. Dans ce contexte, avec un sujet sous-entendu, **to**, *cela*, ou **wszystko**, *tout*, on utilise la forme neutre du passé, que l'on reconnaît à la terminaison **-o** : **zmieniło się**.

11 – A w **kuch**ni? Nie ma zmian?
12 – Na **ra**zie nie. Chodź ⑤, po**ka**żę ci **te**raz **ma**ły **po**kój. □

__11__ a f __kouH__gni … zmya'n __12__ … Hots' po__ka__jè … __ma__oué …

***

Ćwiczenie pierwsze – Proszę przetłumaczyć

❶ To mieszkanie bardzo się zmieniło. ❷ Miałaś problemy z językiem? ❸ W tym roku byłam za granicą. ❹ Chodź teraz do kuchni. ❺ Pokażę ci moje nowe meble.

***

Ćwiczenie drugie –Wpisać brakujące słowa

❶ C'est vraiment une énorme surprise.
To . . . . wielka . . . .

❷ Tu as eu *(fém.)* une excellente idée.
. . . . . . doskonały . . . .

❸ Viens ici *(pour)* un moment.
. . . . . tu . . chwilę.

11 – Et dans [la] cuisine ? Il n'y a pas [de] changements ?
12 – Pour [le] moment non. Viens, [je] vais te montrer *(maintenant)* [la] petite pièce [maintenant].

Note

⑤ C'est du verbe **chodzić**, *aller*, que vient l'impératif **chodź**, *viens*. On l'obtient en supprimant la terminaison **-i** de la 3e personne du singulier **chodzi**. Notez que la finale est **dź** pour conserver le son mouillé.

***

Corrigé de l'exercice 1

❶ Cet appartement a beaucoup changé. ❷ Tu as eu *(fém.)* des problèmes avec la langue ? ❸ Cette année, j'ai été *(fém.)* à l'étranger. ❹ Viens maintenant à la cuisine. ❺ Je vais te montrer mes nouveaux meubles.

***

❹ Je vais te montrer mon nouvel appartement.
. . . . . . ci . . . . nowe . . . .

❺ Je ne vois pas de changements ici.
Nie . . . . . tu . . . . . .

Corrigé de l'exercice 2

❶ – naprawdę – niespodzianka ❷ Miałaś – pomysł ❸ Chodź – na – ❹ Pokażę – moje – mieszkanie ❺ – widzę – zmian

37 Lekcja trzydziesta siódma

Gitara

1 – **Ład**nie ① **tu**taj. To twój **po**kój do **pra**cy?
2 – No i jedno**cześ**nie sy**pial**nia.
3 – Śpisz na tap**cza**nie?
4 – Tak, **od**kąd **jes**tem sam, nie potrze**bu**ję ② du**że**go **łóż**ka.
5 – **Pew**nie ③. **A**le masz **wszy**stko, co **trze**ba: tab**le**ta, kom**pu**ter…
6 – Połą**cze**nie z inter**ne**tem, dru**kar**kę, **ska**ner…
7 – O, i **na**wet ku**pi**łeś **so**bie ④ gi**ta**rę.
8 – Nie ku**pi**łem, poży**czy**łem od ⑤ są**sia**da.

Prononciation
*gui**ta**ra* ***1 ouad**gnè **tou**taille … **2** … yèdnot**chès**ⁱgnè sé**pyal**gna **3** sⁱpich na tap**tcha**gnè **4** … **ot**ko'nt …*

Notes

① Remarquez que dans l'appréciation *c'est joli ici*, on se sert de l'adverbe **ładnie**. Nous avons déjà rencontré ce type d'emploi dans **jest zimno**, *il fait froid* (leçon 22).

② *Avoir besoin* se dit **potrzebować** + génitif. Dans les formes conjuguées au présent, les lettres **-ow-** sont remplacées par les lettres **-uj-** ; il en est de même pour **dziękować**, *remercier*, qui fait **dziękuję**.

③ L'adverbe **pewnie**, *sûrement*, déjà rencontré (leçon 25), peut, comme vous le voyez, servir à confirmer le propos de l'interlocuteur.

④ Vous connaissez le pronom réfléchi **się** qui accompagne les verbes pronominaux. C'est, rappelons-le, la forme commune à ▸

[La] guitare

1 – [C'est] joli*(ment)* ici. C'[est] ton bureau *(pièce pour travail)* ?
2 – Et en même temps [la] chambre à coucher.
3 – [Tu] dors sur [le] divan ?
4 – Oui, depuis [que je] suis seul, [je] n'ai pas besoin [d'un] grand lit.
5 – C'est sûr *(Sûrement)*. Mais [tu] as tout ce qu'il faut : tablette, ordinateur…
6 – Connexion à Internet, imprimante, scanner…
7 – Oh, et tu t'es même acheté *(même as-acheté à-toi)* [une] guitare.
8 – [Je] ne [l']'ai pas acheté[e], [je l']ai emprunté[e] à [un] voisin.

*pot'chè**bou**yè … **5 pèv**gnè … ko'm**pou**tèr … **6** powont**chè**gnè z i'ntèr**nè**tèm drou**kar**kè **ska**nèr … **7** … kou**pi**wès' … gui**ta**rè **8** … pojét**ché**wèm ot son**s'a**da*

toutes les personnes du singulier et du pluriel : **nazywam się**, *je m'appelle*, **nazywasz się**, *tu t'appelles*, etc. Lorsque **się** est utilisé avec un verbe non pronominal, en tant que complément direct ou indirect, sa forme varie selon la construction verbale, d'où **sobie**, le datif, exigé ici après le verbe **kupić**, *acheter*. Récapitulons : **sobie** ne distinguant ni genre ni nombre, vous avez **kupiłem** (ou **kupiłam**) **sobie**, *je me suis acheté*, **kupiłeś** (ou **kupiłaś**) **sobie**, *tu t'es acheté*, etc.

⑤ La préposition **od**, *depuis*, (leçon 34), signifie aussi *de*, *à partir de*, et elle est toujours suivie du génitif.

9 – I co, **ćwi**czysz co**dzie**nnie?
10 – Nie, **a**le **od**kąd jest u mnie, nie **ćwi**czy **są**siad!

□

*9 … **ts**ʲ**fi**tchéch … **10** … **sons**ʲat*

***

Ćwiczenie pierwsze – Proszę przetłumaczyć

❶ Pożyczyłem od sąsiada komputer. ❷ Kupiłeś sobie drukarkę? ❸ Mam wszystko, co trzeba. ❹ Potrzebuję prezentu dla siostry. ❺ Gitara jest na tapczanie.

***

Ćwiczenie drugie – Wpisać brakujące słowa

❶ Lundi, je me suis acheté un nouvel ordinateur.
W . . . . kupiłem . . . . . nowy . . . .

❷ Mon voisin a tout ce qu'il faut.
Mój . . . . . . ma . . . . co . . . .

❸ Pour l'instant, je n'ai pas besoin de changements.
Na . . . . . nie . . . . zmian.

***

Beaucoup de Polonais habitent des appartements standard, de 2 à 3 pièces, dans ce qu'on appelle **bloki**. *Ce sont des immeubles préfabriqués regroupés dans les quartiers périphériques des grandes villes. Bien que leur aspect extérieur fasse tout de suite penser aux cités HLM, les habitants des* **bloki** *appartiennent, eux, à toutes les catégories sociales. Cette situation est le résultat de la cruelle*

9 – Et alors *(quoi)*, [tu t']exerces tous les jours ?
10 – Non, mais depuis [qu'elle] est chez moi, le voisin ne [s']exerce pas *(n'exerce pas voisin)* !

Corrigé de l'exercice 1

❶ J'ai emprunté un ordinateur à un voisin. ❷ Tu t'es acheté *(masc.)* une imprimante ? ❸ J'ai tout ce qu'il faut. ❹ J'ai besoin d'un cadeau pour ma sœur. ❺ La guitare est sur le divan.

***

❹ Tu es fatiguée, pourquoi ne dors-tu pas ?
. . . . . . zmęczona, ... nie . . . . . ?

❺ Où as-tu acheté la guitare ?
Gdzie . . . . gitarę?

Corrigé de l'exercice 2

❶ – poniedziałek – sobie – komputer ❷ – sąsiad – wszystko – trzeba ❸ – razie – potrzebuję – ❹ Jesteś – dlaczego – śpisz ❺ – kupiłeś –

***

pénurie de logements après la guerre et de la nécessité d'y remédier au plus vite. Bien entendu, avec les changements des dernières années, l'accès au logement s'améliore et varie de plus en plus en fonction de la situation économique des ménages. Les conditions de logement tendent ainsi à devenir, comme partout, un signe extérieur de réussite financière !

38 Lekcja trzydziesta ósma

U lekarza

1 – Dzień **do**bry, **pa**nie dok**to**rze ①.
2 – Dzień **do**bry. Niech pan **sia**da ②. (…)
3 **Daw**no ③ pan u mnie nie był ④.
4 – Tak. Os**tat**nio **by**łem u **pa**na dwa **la**ta **te**mu ⑤.
5 – Rzeczy**wiś**cie. Więc jak się pan **te**raz **czu**je?
6 – **Świet**nie. Dał mi pan znako**mi**ty **spo**sób na reu**ma**tyzm: u**ni**kać wil**go**ci.
7 – I co, po**mo**gło ⑥ **pa**nu?

Prononciation
*ou lè**ka**ja* ***1*** *… dok**to**jè* ***2*** *… gnèH pa'n **s^{i}a**da* ***3*** ***dav**no … béou* ***4*** *… **tè**mou* ***5*** *jètché**vis**^{i}tsiè vyènts … **tchou**yè* ***6*** *… daou … **spo**soup na rèou**ma**tézm: ou**gni**kats^{i} vil**go**ts^{i}i* ***7*** *… po**mo**gouo …*

Notes

① De même que pour **panie dyrektorze** (leçon 27), dans le vocatif **doktorze**, dérivé de **doktor**, *docteur*, la lettre **r** se transforme en **rz**.

② Pour le *vous* de politesse, l'impératif s'exprime habituellement à l'aide de la construction **niech** + **pan/pani** + 3e personne du singulier. On peut aussi se servir de la structure **proszę** + infinitif, légèrement plus formelle.

③ L'expression *il y a longtemps* se traduit par l'adverbe **dawno**. Signalons en outre que la question **jak dawno?**, *depuis combien de temps ?* est, la plupart du temps, synonyme de **jak długo?** (leçon 20). ▸

Chez [le] médecin

1 – Bonjour *(monsieur)* docteur.
2 – Bonjour. Asseyez-vous *(S'il-vous-plaît s'asseoir)*. (…)
3 Il y a longtemps [que] vous êtes venu chez moi *(monsieur chez moi n'était)*.
4 – Oui. La dernière fois *(Dernièrement)* [que] je suis venu *(étais)* chez vous [c'était] il y a deux ans.
5 – Effectivement. Et bien, comment vous sentez-vous maintenant *(se monsieur maintenant sent)* ?
6 – Parfaitement [bien]. Vous m'avez donné *(A-donné à-moi monsieur)* [un] excellent moyen contre *(pour)* [le] rhumatisme : éviter [l']humidité.
7 – Et alors *(quoi)*, [cela] vous a-t-il aidé *(a aidé monsieur)* ?

④ Les verbes au passé, à la 3e personne du masculin singulier, se caractérisent par l'absence de terminaison personnelle. Toutes les formes finissent donc en **ł**.

⑤ Placé après une expression de durée, ici **dwa lata**, *deux ans*, le mot **temu** correspond à *il y a*. **Lata** étant une forme irrégulière de pluriel, *il y a un an* se dit **rok temu**.

⑥ Comme pour **zmieniło** (leçon 36, note 4), la forme **pomogło** s'explique par le fait que l'on sous-entend le sujet neutre **to**, *cela*. Ce verbe est suivi du datif, d'où **panu**, dérivé de **pan**, *monsieur*.

8 – **Bar**dzo. **Jes**tem wyle**czo**ny!
9 – To co **pa**nu w tej **chwi**li dol**e**ga?
10 – Nic. Przy**szed**łem za**py**tać, czy **mo**gę się **te**raz wy**ką**pać…

8 … vélètchoné 10 … pchéchèdouèm … véko'mpatsi …

***

Ćwiczenie pierwsze – Proszę przetłumaczyć

❶ Przyszedłem zapytać, jak się pani czuje. ❷ Panie doktorze, jestem chory. ❸ To mi bardzo pomogło. ❹ Byłem tu trzy lata temu. ❺ Twój brat dał mi komputer.

***

Ćwiczenie drugie – Wpisać brakujące słowa

❶ Qui t'a donné cette idée ?
. . . ci . . . ten . . . . . . ?

❷ Docteur, je me sens mal.
Panie . . . . , źle . . . czuję.

❸ Je suis venu *(masc.)* seulement pour un moment.
. . . . tylko . . chwilę.

❹ Asseyez-vous sur le divan.
. . . . . pani . . . . . na . . . .

❺ Mardi, j'ai été *(masc.)* chez le médecin.
. . wtorek . . . . . u . . . .

8 – Beaucoup. [Je] suis guéri !
9 – Alors qu'est-ce qui vous fait souffrir en ce moment *(à monsieur en ce moment fait-souffrir)* ?
10 – Rien. [Je] suis venu demander si [je] peux *(me maintenant)* prendre un bain [maintenant]…

***

Corrigé de l'exercice 1

❶ Je suis venu [vous] demander comment vous vous sentez, madame. ❷ Docteur, je suis malade. ❸ Cela m'a beaucoup aidé. ❹ J'ai été *(masc.)* ici il y a trois ans. ❺ Ton frère m'a donné un ordinateur.

***

Corrigé de l'exercice 2

❶ Kto – dał – pomysł ❷ – doktorze – się – ❸ Przyszedłem – na – ❹ Niech – siada – tapczanie ❺ We – byłem – lekarza

39 Lekcja trzydziesta dziewiąta

Wizyta w zoo

1 – **By**liśmy ① **pew**ni, że się wam **zoo** spo**do**ba ②.
2 – Fak**ty**cznie, **mie**liście ③ na**praw**dę **do**bry **po**mysł.
3 – Nie wiem jak wy, mnie ④ naj**bar**dziej ⑤ podo**ba**ły ⑥ się **mał**py.
4 **By**ły **ta**kie **śmiesz**ne!
5 – To **praw**da. **A**le za to ży**ra**fa **by**ła **tro**chę **smut**na.
6 – A ja **pier**wszy raz w **ży**ciu wi**dzia**łem praw**dzi**we **żu**bry.

Prononciation
*vi**zé**ta v zoo **1 bé**lis'mé **pèv**gni … **2** fak**té**tchgnè **myè**lis'ts'è … **3** … naill**bar**dz'eille podo**ba**oué … **mao**upé **4 bé**oué …*

Notes

① Au pluriel, les formes passées des verbes distinguent deux genres : le masculin personnel et les autres. Dans la première catégorie, devant la terminaison personnelle, la lettre **ł** (leçon 36, note 1), est remplacée par **l** : **byliśmy**, *nous étions*. Ajoutons qu'à la 1re et la 2e personne du pluriel, dans les verbes de plus de deux syllabes, l'accent tonique se déplace et tombe toujours sur la 3e syllabe à partir de la fin : **byliśmy, byliście**.

② Avec le préfixe **s-**, le verbe **spodobać się**, *plaire*, est perfectif, et renvoie, rappelons-le, au futur. Comparons : **podoba się**, *plaît*, **spodoba się**, *plaira*.

③ Vous souvenez-vous des formes **miałeś** (masculin) et **miałaś** (féminin) : *tu as eu/tu avais ?* Sachez qu'au pluriel du masculin ▸

[Une] visite au zoo

1 – [Nous] étions sûrs que [le] zoo vous plairait *(à vous zoo plaira)*.
2 – Effectivement, [vous] avez vraiment eu [une] bonne idée.
3 – [Je] ne sais pas pour *(comment)* vous, mais moi, j'ai le plus aimé *(à-moi le-plus ont-plu)* [les] singes.
4 [Ils] étaient si drôles !
5 – C'est vrai. Mais par contre *(hors cela)* [la] girafe était un peu triste.
6 – Et moi, [c'est la] première fois de [ma] vie [que j'] ai vu [de] vrais bisons.

***s'myèch**nè* **5** *... jé**ra**fa ...* ***smout**na* **6** *... **jéts'**ou vi**dz'a**ouèm prav**dz'**ivè **joub**ré*

personnel, à la place de la voyelle **a**, on trouve **e** : **mieliście**, *vous avez eu/vous aviez.*

④ Certains pronoms ont des formes spéciales d'insistance pour mettre la personne en relief. Ainsi, à côté de **mi**, datif de **ja**, on peut utiliser **mnie**, ce qui permet d'opposer, par exemple, **Podoba mi się Warszawa**, *Varsovie me plaît*, et **Mnie się nie podoba**, *Moi, elle ne me plaît pas.*

⑤ **najbardziej**, *le plus*, vient de **bardzo**, *très*, *beaucoup*. On y ajoute d'une part le préfixe **naj-**, signe du superlatif et, d'autre part, le suffixe **-iej**, qui indique le degré comparatif.

⑥ Au passé, la terminaison **-ły** de la 3e personne du pluriel s'emploie pour tous les genres, sauf le masculin personnel, qui fait **-li**.

39 **7** – Tak? A czy **wie**cie, że **daw**niej ⑦ **żu**bry **ży**ły w **Pol**sce na wol**no**ści?
8 **Te**raz **ży**ją **tyl**ko w rezer**wa**tach.
9 – To mo**że**my tam po**je**chać? **Pro**szę!

*7 … **dav**gneille … **jé**wé f **pol**stsè … vol**nos**'ts'i **8** … **jé**yon … rèzèr**va**taH*

***

Ćwiczenie pierwsze – Proszę przetłumaczyć

❶ Gdzie dzieci były na wakacjach? ❷ Dwa lata temu byliśmy w Polsce. ❸ Jakie małpy ci się podobały? ❹ Widziałem trzy nowe filmy. ❺ Który lubisz najbardziej?

***

Ćwiczenie drugie – Wpisać brakujące słowa

❶ Les films ont été très drôles.
Filmy . . . . bardzo . . . .

❷ En Pologne, j'ai vu beaucoup de changements.
W . . . . . . widziałem . . . . zmian.

❸ Qu'aimes-tu le plus ?
. . lubisz . . . . ?

❹ Nous y avons été [pour] la première fois de notre *(dans)* vie.
. . . . tam . . . . raz . życiu.

❺ Vous avez eu *(pl.)* de vraies vacances.
. . . . prawdziwe . . . .

7 – [Ah] oui ? Et savez[-vous] qu'autrefois [les] bisons vivaient en liberté en Pologne ?
8 Maintenant, [ils] vivent seulement dans [des] réserves.
9 – Alors, pouvons[-nous] y aller ? S'il te plaît !

Note

⑦ Bien que **dawniej**, dérivé de **dawno**, *il y a longtemps*, soit un adverbe comparatif, il s'utilise généralement dans le sens de *autrefois, jadis.*

***

Corrigé de l'exercice 1

❶ Où les enfants ont-ils été en vacances ? ❷ Il y a deux ans, nous avons été en Pologne. ❸ Quels singes t'ont plu ? ❹ J'ai vu trois nouveaux films. ❺ Lequel aimes-tu le plus ?

***

Corrigé de l'exercice 2

❶ – były – śmieszne ❷ – Polsce – dużo – ❸ Co – najbardziej ❹ Byliśmy – pierwszy – w – ❺ Mieliście – wakacje

*Avez-vous déjà eu l'occasion de goûter la fameuse vodka de bison (**Żubrówka**), à la saveur inimitable ? Elle tire son nom du fait qu'elle est parfumée à l'herbe préférée des **żubry**,* bisons, *dont chaque bouteille contient un brin. Une plaisanterie, très fréquente*

40 Lekcja czterdziesta

Kolacja ①

1 – **Jes**tem **gło**dny ②. Co jest na ko**la**cję?
2 – Nie wiem, **mu**szę zo**ba**czyć w lo**dów**ce ③.
3 – Jak to!? Nie zro**bi**łaś za**ku**pów?
4 – Nie **mia**łam czasu. Praco**wa**łam **ca**ły dzień.
(…)
5 Więc tak, jest **tro**chę **szyn**ki, ka**wa**łek **se**ra i o**gór**ki.
6 – Hm…
7 – **Ma**my też **piz**zę w zamra**żar**ce.
8 O, są **jesz**cze **jaj**ka. Na co masz o**cho**tę?

Prononciation
*ko**la**tsya* **1** … ***gouod**né* … *ko**lats**yè* **2** … *lo**douf**tsè* **3** … *zro**bi**ouas' za**kou**pouf* **4** … *pratso**va**oua'm* … **5** … ***chén**ki*

Notes

① Faites attention au mot **kolacja**, qu'il ne faut pas confondre avec le terme “collation”, au sens de “repas léger”. C'est un faux ami, car **kolacja** désigne toujours le repas du soir. Notez au passage que le verbe *dîner* n'a pas de correspondant direct, pas plus, d'ailleurs, que les verbes *déjeuner* ou *goûter*. On emploie **jeść**, *manger* + le nom du repas correspondant à l'accusatif, par exemple **jem kolację**, *je dîne*.

durant les soirées "arrosées", consiste à dire que ce serait l'urine des bisons qui donne à cette herbe son goût si particulier. Quoi qu'il en soit, plusieurs centaines de cette espèce d'animaux rares vivent en quasi-liberté dans la forêt de Białowieża, au nord-est de la Pologne. 40

Quarantième leçon 40

[Le] dîner

1 – J'ai faim *(Suis affamé)*. Qu'est-ce qu'il y a à dîner ?
2 – [Je] ne sais pas. [Je] dois regarder dans [le] frigo.
3 – Comment cela !? [Tu] n'as pas fait [de] courses ?
4 – [Je] n'ai pas eu [le] temps. [J']ai travaillé toute [la] journée. (…)
5 Eh bien *(oui)*, il y a un peu [de] jambon, [un] morceau [de] fromage et [des] concombres.
6 – Hum…
7 – [Nous] avons aussi [une] pizza dans [le] congélateur.
8 Oh, il y a encore [des] œufs. De quoi as[-tu] envie ?

*ka**va**ouèk … o**gour**ki* **6** *Hm …* **7** *… **piz**zè v zamra**jar**tsè* **8** *…* ***yay**ka …*

② Pour dire qu'on a faim, on se sert du verbe *être*, ici **jestem**, *je suis* + l'adjectif **głodny** (masculin) ou **głodna** (féminin), signifiant littéralement "affamé(e)".

③ Dans ces formes de locatif, il y a, par rapport aux nominatifs correspondants **lodówka**, *frigo*, et **zamrażarka**, *congélateur* (phrase 7 du dialogue), le même changement **k/c** que celui de **Polska/w Polsce**.

9 – Wiesz co, **może lep**iej ④ **bę**dzie jak pój**dzie**my do restau**ra**cji.
10 – No **dob**rze, to **chodź**my ⑤.

*9 … **lè**pyeille **bègn**dz'è … rèstaou**ra**tsi* **10** … ***Hots**'mé*

Notes

④ L'adverbe **lepiej**, *mieux*, est le comparatif de l'adverbe **dobrze**, *bien*. Même si sa formation est irrégulière, nous retrouvons la même terminaison que dans **najbardziej**, *le plus*, ou **dawniej**, *jadis*.

⑤ La terminaison **-my**, ajoutée à l'impératif de la 2e personne du singulier, permet de créer celui de la 1re personne du pluriel, ce qui donne ici **chodźmy**, *allons-y*.

***

Ćwiczenie pierwsze – Proszę przetłumaczyć

❶ Może jesteś głodny? ❷ Chodźmy do restauracji. ❸ Co zrobiłaś na kolację? ❹ W lodówce są jajka. ❺ Mam ochotę na pizzę.

***

Ćwiczenie drugie – Wpisać brakujące słowa

❶ Allons *(à)* dîner.
. . . . na . . . .

❷ J'espère *(ai espoir)* que tu as fait *(masc.)* les courses.
Mam . . . . że . . . . zakupy.

❸ Y a-t-il encore quelque chose au frigo ?
. . . . jeszcze . . . w . . . . ?

9 – [Tu] sais *(quoi)*, ce serait peut-être mieux *(peut-être mieux sera)* que nous allions *(irons)* au restaurant. **40**
10 – Eh bien, *(alors)* allons-y.

***

Corrigé de l'exercice 1

❶ Peut-être as-tu faim ? ❷ Allons au restaurant. ❸ Qu'est-ce que tu as fait *(fém.)* à dîner ? ❹ Au frigo, il y a des œufs. ❺ J'ai envie d'une pizza.

***

❹ Pour l'instant, je n'ai pas faim.
. . razie . . . jestem . . . .

❺ As-tu envie d'aller au restaurant ?
. . . . ochotę . . . do . . . . ?

Corrigé de l'exercice 2

❶ Chodźmy – kolację ❷ – nadzieję – zrobiłeś – ❸ Jest – coś – lodówce ❹ Na – nie – głodny ❺ Masz – iść – restauracji

41 Lekcja czterdziesta pierwsza

Obrus

1 – Wy**glą**da na to, że nie ma **wol**nych miejsc ①.
2 – Tak **myś**lisz? **Mo**że **bę**dą w **dru**giej **sa**li.
3 – **Zo**bacz ②, **koło** **ok**na ③ jest **wol**ny **sto**lik.
4 – To jest miejsce dla pa**lą**cych ④.
5 – Wiem, **a**le nie ma in**ne**go.
6 – No **trud**no. Ja **bio**rę **zu**pę pomido**ro**wą z **ry**żem i **szny**cel w **so**sie grzy**bo**wym.
7 Do **pi**cia ⑤, **lamp**kę czerwo**ne**go **wi**na, a na **de**ser, krem czekola**do**wy.
8 – Skąd wiesz co jest do je**dze**nia ⑥?

Prononciation

obrous ***1*** *vé**glo'n**da ... **vol**néH myèysts* ***2*** *... **més**ᴵlich ... **bèn**don v **drou**guyeille ...* ***3*** ***zo**batch **ko**wo ...* ***4*** *... pa**lon**tséH*
6 *... **troud**no ... **byo**rè ... **ré**jèm ... **chné**tsèl f **so**sᴵè gjé**bo**vém*
7 *... **la'mp**kè ... **dè**ssèr krèm ...* ***8*** *sko'nt ... yè**dzè**gna*

Notes

① **Wolnych miejsc** est le génitif pluriel de **wolne**, *libres*, **miejsca**, *places*. Dans le cas présent, notez la disparition de la terminaison **-a**. Cela arrive parfois. Nous en reparlerons.

② Pour former l'impératif **zobacz**, *regarde*, on utilise de nouveau (leçon 36, note 5), la 3e personne du singulier (ici **zobaczy**), dont on supprime la terminaison. On procède ainsi pour les verbes finissant en **-ę** à la 1re personne du singulier (1re et 2e conjugaisons).

③ La préposition **koło**, *à côté*, est suivie du génitif, ici **okna**, de **okno**, *fenêtre*.

[La] nappe

1 – [Il] semble *(à ce)* qu'il n'y ait *(a)* pas de places libres *(libres places)*.
2 – *(Ainsi)* tu crois *(penses)* ? Peut-être y en aura-t-il *(seront)* dans l'autre *(deuxième)* salle.
3 – Regarde, à côté de [la] fenêtre, il y a une table de libre *(libre table)*.
4 – C'est [une] place pour fumeurs.
5 – [Je] sais, mais il n'y [en] a pas d'autre[s].
6 – Eh bien, tant pis *(difficilement)*. Moi [je] prends [une] soupe à la tomate avec [du] riz et [une] escalope à la *(dans)* sauce [aux] champignons.
7 Comme boisson *(à boire)*, [un] verre [de] vin rouge *(rouge vin)* et comme *(pour)* dessert, [une] crème [au] chocolat.
8 – Comment *(D'où)* sais[-tu] ce qu'il y a à manger ?

▸ ④ Comme dans **wolnych** (note 1), la terminaison **-ych** renvoie au génitif pluriel. Pour *fumeurs*, on utilise le terme **palący**, qui équivaut à un participe présent et se décline comme un adjectif.

⑤ Il s'agit ici du génitif du nom neutre **picie**, dérivé de **pić**, *boire*. Sachez que **picie** désigne aussi bien l'action de boire que la boisson.

⑥ Concernant **jedzenie**, issu de **jeść**, *manger*, on peut faire les mêmes remarques que dans la note 5. Retenez bien l'expression **jedzenie i picie**, *le manger et le boire*.

9 **Prze**cież kel**ner**ka jeszcze nam nie po**da**ła ⑦ **kar**ty.
10 – Skąd wiem? Przyj**rza**łam się obru**so**wi! □

*9 **pchè**ts'èch … 10 … pchéille**ja**oua'm obrou**sso**vi*

Note

⑦ En plus du sens *servir*, en parlant du restaurant, le verbe **podać** signifie plus généralement *donner*. La forme **podała**, avec sa terminaison **-a**, dénote le féminin singulier. Rappelez-vous que le masculin, lui, n'a pas de terminaison. On dira donc **kelner podał**, *le serveur a donné*.

***

Ćwiczenie pierwsze – Proszę przetłumaczyć

❶ Koło okna są wolne miejsca. ❷ Chcesz lampkę wina? ❸ Nie ma nic do jedzenia. ❹ No trudno, idę do drugiej sali. ❺ Zobacz, co mamy do picia.

***

Ćwiczenie drugie – Wpisać brakujące słowa

❶ As-tu fait *(fém.)* quelque chose à manger ?
. . . . coś . . jedzenia?

❷ Regarde s'il y a encore du vin.
. . . . . . czy . . . . jeszcze . . . . .

❸ Tu penses que cette table est libre ?
. . . . , że . . . stolik . . . . wolny?

9 *(Puisque)* [La] serveuse ne nous a pas encore *(encore à nous)* donné [la] carte.

10 – Comment *(D'où)* [je] sais ? [J']ai regardé *(attentivement)* [la] nappe !

Corrigé de l'exercice 1

❶ À côté de la fenêtre, il y a des places libres. ❷ Veux-tu un verre de vin ? ❸ Il n'y a rien à manger. ❹ Tant pis, je vais dans la deuxième salle. ❺ Regarde ce que nous avons à boire.

***

❹ Je prends la place *(pour)* fumeurs.
Biorę . . . . dla . . . .

❺ As-tu quelque chose à boire ?
Masz . . . do . . . . . ?

Corrigé de l'exercice 2

❶ Zrobiłaś – do – ❷ Zobacz – jest – wino ❸ Myślisz – ten – jest ❹ – miejsce – palących ❺ – coś – picia

42 Lekcja czterdziesta druga

Powtórka – Révision

1 Le passé

Par rapport au système français qui distingue plusieurs temps, le passé polonais se caractérise par sa simplicité. Il n'a qu'une forme : la même pour tous les verbes, perfectifs et imperfectifs. Autrement dit, il n'y a pas de modèles différents selon la conjugaison.

Pour obtenir le passé, on supprime la désinence de l'infinitif et on ajoute l'élément **ł** (ou **l** au pluriel du masculin personnel), suivi des terminaisons personnelles. Celles-ci comportent la distinction des personnes, des genres et des nombres.
Voici l'exemple du verbe **być**, *être* :

Singulier	Masculin	Féminin	Neutre
1re personne	**byłem**	**byłam**	
2e personne	**byłeś**	**byłaś**	
3e personne	**był**	**była**	**było**

Pluriel	Masculin personnel	Masc. non personnel, féminin, neutre
1re personne	**byliśmy**	**byłyśmy**
2e personne	**byliście**	**byłyście**
3e personne	**byli**	**były**

Pour certains verbes, il y a parfois des changements de voyelles ou de consonnes. Nous l'avons vu pour **mieć**, *avoir*, qui comporte la lettre **a** à toutes les formes (**miałem**, **miałam**, **miała**, **miałeś**, **miałaś**, etc.), sauf au pluriel du masculin personnel (**mieliśmy**, **mieliście**, **mieli**). Mais rassurez-vous, même s'il existe quelques vrais passés irréguliers, comme **przyszedłem**, *je suis venu*, de **przyjść**, *venir*, ils sont heureusement très peu nombreux !

Quarante-deuxième leçon 42

2 L'impératif

2.1 La deuxième personne du singulier

Pour les verbes des 1re et 2e conjugaisons (finissant en **-ę** à la première personne du singulier), on supprime la terminaison de la 3e personne du singulier : **zobaczy-zobacz**, *regarde*, **chodzi-chodź**, *viens*. Pour ce dernier, n'oubliez pas le **-dź** final, afin de conserver le son mouillé.

2.2 Le "vous" de politesse

On l'exprime à l'aide de la construction **niech** + **pan/pani** + 3e personne du singulier : **Niech pan siada**, *Asseyez-vous*. Une autre façon, plus neutre, consiste à employer **proszę** + infinitif : **Proszę siadać**.

2.3 La première personne du pluriel

Elle est obtenue en ajoutant **-my** à l'impératif de la 2e personne du singulier : **chodź-chodźmy**, *allons*.

3 Comparatifs et superlatifs des adverbes

3.1 Le comparatif

Le degré plus élevé dans la signification des adverbes est marqué par la terminaison **-iej** :
bardzo, *très* – **bardziej**, *plus* ;
dawno, *il y a longtemps* – **dawniej**, *jadis*.
Comme en français, certains adverbes forment leur comparatif de manière irrégulière :
dobrze, *bien* – **lepiej**, *mieux*.

3.2 Le superlatif

Pour exprimer le degré le plus élevé d'un adverbe, on fait précéder le mot au comparatif du préfixe **naj-** :
bardziej – **najbardziej**, *le plus* ;
lepiej – **najlepiej**, *le mieux*.

43 Dialog-powtórka

1 – Co za niespodzianka!
2 Dawno u mnie nie byłeś.
3 – Tak, ostatnio byłem tu dwa lata temu.
4 – Chodź, proszę. Może jesteś głodny?
5 Podać coś do jedzenia?
6 – Nie, ja tylko na chwilkę.
7 – No trudno. W takim razie, coś do picia.
8 Na co masz ochotę? Może lampkę wina?
9 – O, dziękuję. Wygląda na to, że nic się tu nie zmieniło.

43 Lekcja czterdziesta trzecia

Obiad

1 – Ktoś **dzwo**ni. **I**dę ot**wor**zyć.
2 – Idź ①, to **mo**że na**resz**cie **na**si ② **goś**cie. (…)
3 To nie **o**ni?
4 – Nie. To był lis**to**nosz.

Prononciation
obyat ***1*** *ktos' **dzvo**gni … ot**fo**jéts'* ***2*** *its' … **nas**'i **gos**'tsiè* ***4*** *… lis**to**noch*

Notes

① Les deux formes du verbe *aller à pied*, **chodzić** et **iść**, permettent de créer chacune un impératif. Il arrive toutefois que leur sens diffère. Faites donc bien la distinction entre **chodź**, *viens*, déjà rencontré, et **idź**, *va*, *vas-y*. ▸

10 – Rzeczywiście. Na razie nie potrzebuję zmian.
11   Pierwszy raz w życiu, mam wszystko, co trzeba.

Traduction

1 Quelle surprise ! **2** Il y a longtemps [que] tu es venu chez moi *(chez moi n'étais)*. **3** Oui. La dernière fois *(dernièrement)*, je suis venu *(étais)* ici il y a deux ans. **4** Viens, je t'en prie. Peut-être, as-tu faim *(es affamé)* ? **5** [Je peux te] servir quelque chose à manger ? **6** Non, je [viens] seulement pour [un petit] moment. **7** Eh bien, tant pis *(difficilement)*. Dans ce cas, quelque chose à boire. **8** De quoi as[-tu] envie ? Peut-être [un] verre [de] vin ? **9** Oh, merci. [Il] semble *(à ce)* que rien n'ait changé ici *(rien ici n'a changé)*. **10** Effectivement. Pour [le] moment, [je] n'ai pas besoin [de] changements. **11** [Pour la] première fois de [ma] vie, [j']ai tout ce qu'il faut.

Quarante-troisième leçon 43

[Le] déjeuner

1 – Quelqu'un sonne. [Je] vais ouvrir.
2 – Vas[-y], c'[est] peut-être enfin nos invités. (…)
3 Ce n'[est] pas eux ?
4 – Non. C'était [le] facteur.

② Le possessif *nos* a deux formes suivant le genre grammatical : **nasi**, pour le masculin personnel et **nasze**, pour toutes les autres catégories.

5 – To co ro**bi**my? Cze**ka**my na nich ③, czy nie?
6 – Pocze**kaj**my ④ **jesz**cze **tro**chę.
7 Jest do**pie**ro za **dzie**sięć **pierw**sza ⑤.
8 – **A**le **o**biad jest go**to**wy od pół**to**rej ⑥ go**dzi**ny!
9 – Zro**bi**łaś za **wcześ**nie.
10 Wiesz **prze**cież, że **o**ni się **za**wsze spóź**nia**ją ⑦.
11 – O, ktoś **dzwo**ni. Idź ot**wo**rzyć.

***5** … gniH … **6** potchè**kaill**mé … **tro**Hè **7** … **dz'ès**'ègnts' … **8** … pouw**to**reille go**dz'**iné **9** zro**bi**was' … **ftchès**'n'è **10** … **za**fchè spouz'**gna**illon*

Notes

③ Le verbe **czekać**, *attendre*, s'il s'accompagne d'un complément d'objet, est toujours suivi de la préposition **na** + l'accusatif, ce qui explique la forme **nich**, issue de **oni**, *eux*. **Nich** s'emploie toujours après une préposition (autrement on utilise **ich**).

④ Pour former l'impératif, on préfère **poczekać**, forme préfixée du verbe *attendre*. En effet, comme vous l'avez déjà appris, le préfixe signifie généralement que l'action a une fin. Avec **poczekajmy**, *attendons*, on sous-entend que la durée de l'attente prévue sera limitée. Pour dire les choses plus simplement, on espère ne pas attendre trop longtemps !

⑤ Nous avons déjà vu comment exprimer les heures pleines : on se sert des numéraux ordinaux au féminin (**pierwsza**, ▸

***

Ćwiczenie pierwsze – Proszę przetłumaczyć

❶ Budzik dzwoni o dziewiątej. ❷ Idę do domu, już ósma. ❸ Czekamy już od półtorej godziny. ❹ Oni się przecież nie spóźniają. ❺ Jest trochę za wcześnie na obiad.

5 – Alors que faisons[-nous] ? [Nous les] attendons *(pour eux)* ou pas ?
6 – Attendons encore un peu.
7 [Il] est seulement une heure moins dix *(dans dix première)*.
8 – Mais [le] déjeuner est prêt depuis une heure et demie !
9 – [Tu l'] as fait trop tôt.
10 [Tu] sais pourtant qu'ils sont toujours en retard.
11 – Oh, quelqu'un sonne. Va ouvrir.

▸ *une heure*, **druga**, *deux heures*, etc.). Pour indiquer les heures incomplètes, on se sert de la préposition **za** + les minutes qui manquent + l'heure ; par exemple **za dziesięć pierwsza**, *une heure moins dix*. Remarquez que **za** a ici un sens nouveau : il marque le futur et équivaut à *dans*.

⑥ Le polonais dispose d'un terme spécifique pour désigner la mesure de quantité correspondant à *un(e) et demi(e)* : **półtora** (masculin et neutre) et **półtorej** (féminin). Comme pour toute expression de quantité, le nom qui suit se met au génitif : **półtora roku**, *un an et demi*, **półtorej godziny**, *une heure et demie*.

⑦ Notez que l'équivalent de l'expression *être en retard* est un verbe pronominal **spóźniać się**.

***

Corrigé de l'exercice 1

❶ Le réveil sonne à neuf heures. ❷ Je vais à la maison, il est déjà huit heures. ❸ Nous attendons déjà depuis une heure et demie. ❹ Ils ne sont pourtant pas en retard. ❺ Il est un peu trop tôt pour le déjeuner.

Ćwiczenie drugie –Wpisać brakujące słowa

❶ Nous vous attendons *(pour monsieur)* au restaurant, à huit heures.

. . . . na . . . . w . . . . , o . . . . . .

❷ Va au magasin acheter un peu de jambon.

. . . do . . . . . . kupić . . . . . . szynki.

❸ Il est seulement une heure moins dix.

Jest . . . . za . . . . pierwsza.

44 Lekcja czterdziesta czwarta

Spotkanie

1 – **Bar**dzo się **cie**szę z na**sze**go spot**ka**nia ①.
2 – Ja też. **Ty**le lat mi**nę**ło ② **od**kąd **by**liśmy **ra**zem w li**ce**um ③!
3 – Sły**sza**łem, że **by**łeś za gra**ni**cą.
4 – Tak, po ma**tu**rze ④ wyje**cha**łem do **Sta**nów ⑤.

Prononciation

2 *... mi**nè**ouo ... **bé**lis'mé ... li**tsè**oum* **3** *soué**cha**ouèm ...*
4 *... ma**tou**jè véyè**Ha**ouèm do **sta**nouf*

Notes

① Nous avons déjà vu (leçon 24) le verbe pronominal **cieszyć się**, *se réjouir*. Remarquez la construction employée ici : le complément d'objet, formé de l'adjectif **nasze**, *notre*, et du nom **spotkanie**, *rencontre*, se met au génitif.

② Après **tyle lat**, *tant d'années*, le verbe, ici *passer*, s'emploie au singulier et à la forme neutre **minęło**. Rappelons un autre exemple du même type : **było dużo ludzi**, *il y avait* ("était") *beaucoup de gens*. ▸

❹ Tu peux aller voir qui sonne ?
Możesz ...., kto .... ?

❺ C'est le facteur, je vais ouvrir.
To ...., idź ....

Corrigé de l'exercice 2

❶ Czekamy – pana – restauracji – ósmej ❷ Idź – sklepu – trochę ❸ – dopiero – dziesięć – ❹ – zobaczyć – dzwoni ❺ – listonosz – otworzyć

Quarante-quatrième leçon 44

[Une] rencontre

1 – Je suis très content *(Beaucoup me réjouis)* de notre rencontre.
2 – Moi aussi. Tant d'années ont passé depuis que [nous] étions ensemble au lycée !
3 – [J']ai entendu [dire] que [tu] as été à l'étranger.
4 – Oui, après [le] bac, [je] suis parti [aux] États[-Unis].

③ Vous souvenez-vous du mot **centrum** (leçon 23, note 2) ? Avec **liceum**, *lycée*, nous avons affaire au même phénomène : il n'existe qu'une seule forme pour tous les cas du singulier.

④ Étant en rapport avec la chronologie, la préposition **po**, *après*, entraîne le locatif. Cela donne **maturze** qui, par rapport au nominatif **matura**, *le bac*, subit le même sort que de nombreux mots polonais : c'est le fameux changement **r/rz**.

⑤ **Stany Zjednoczone** se traduit normalement par *les États-Unis* mais la plupart du temps, on n'emploie que la première partie de l'expression.

5 – I co tam ro**bi**łeś?
6 – Na po**czą**tku ⑥ studio**wa**łem his**to**rię a **po**tem **pra**wo i **han**del. A ty?
7 – Ja skoń**czy**łem medy**cy**nę. Pra**cu**ję w szpi**ta**lu.
8 **Pra**ca jest **trud**na, **a**le pasjonu**ją**ca.
9 – A co **sły**chać u **na**szych ko**le**gów?
10 – O**po**wiem ci, **a**le **naj**pierw na**pij**my się **cze**goś!

*5 … ro**bi**ouèsi 6 … po**tcho'n**tkou stoudyo**va**ouèm His**to**ryè … **Ha'n**dèl … 7 … skogn**tché**ouèm mèdé**tsé**nè pra**tsou**yè f chpi**ta**lou 8 … pasyonou**illon**tsa 10 … **naill**pyèrf na**pill**mé …*

***

Ćwiczenie pierwsze – Proszę przetłumaczyć

❶ Po maturze, pracowałem w liceum. ❷ Dwa lata temu, skończyłem historię. ❸ Co robiłeś za granicą? ❹ Opowiem ci potem, teraz jestem zajęta. ❺ Ta lekcja jest za trudna.

***

Ćwiczenie drugie – Wpisać brakujące słowa

❶ J'ai entendu [dire] *(masc.)* que tu as été *(masc.)* à l'hôpital.
. . . ., że . . . . . w . . . .

❷ Qu'est-ce que tu as fait *(masc.)* après le bac ?
Co . . . . po . . . . ?

❸ Cette année, je vais aux États[-Unis].
W . . . roku . . . . do . . . .

❹ Mon voyage a été passionnant.
Moja . . . . . . była . . . .

5 – Et qu'as-tu fait là-bas *(là-bas as-fait)* ?
6 – Au début, [j']ai étudié [l']histoire, et ensuite [le] droit et [le] commerce. Et toi ?
7 – Moi, [j']ai terminé [ma] médecine. [Je] travaille à [l']hôpital.
8 [Le] travail est difficile, mais passionnant.
9 – Et comment ça va *(qu'entendre)* chez nos amis ?
10 – Je vais te raconter *(Vais-raconter à-toi)*, mais d'abord, buvons quelque chose !

Note

⑥ Le *début* se dit **początek**. Lors du passage de ce mot à d'autres cas, comme au locatif **początku**, la lettre **e** disparaît.

***

Corrigé de l'exercice 1

❶ Après le bac, j'ai travaillé au lycée. ❷ Il y a deux ans, j'ai terminé [mes études d']histoire. ❸ Qu'est-ce que tu as fait à l'étranger ? ❹ Je te [le] raconterai après, maintenant je suis occupée. ❺ Cette leçon est trop difficile.

❺ Nous y avons été *(masc.)* il y a tant d'années !
. . . . tam . . . . lat . . . . !

Corrigé de l'exercice 2

❶ Słyszałem – byłeś – szpitalu ❷ – robiłeś – maturze ❸ – tym – jadę – Stanów ❹ – podróż – pasjonująca ❺ Byliśmy – tyle – temu

L'enseignement supérieur en Pologne est organisé, à quelques petites différences près, selon les mêmes principes qu'en France : licence, master et doctorat. Pour les salariés, il existe des cours du soir et un enseignement par correspondance qui s'accompagne généralement de cours durant le week-end. Des sessions d'études de 2 à 4 semaines sont quelquefois organisées durant les vacances scolaires. La scolarité en

45 Lekcja czterdziesta piąta

Obrazy Marka ①

1 – Masz kon**tak**ty z kole**ga**mi z li**ce**um?
2 – Właś**ci**wie ② ty**l**ko z **Mar**kiem.
3 – **Mó**wisz o **Mar**ku No**wa**ku? I co u **nie**go ③?
4 Pa**mię**tam, że **cią**gle coś ry**so**wał.
5 – Fak**tycz**nie. I w **koń**cu ④ **zos**tał ma**la**rzem.
6 **By**łem nie**daw**no ⑤ na **je**go ⑥ os**tat**nim werni**sa**żu.

Prononciation

*o**bra**zé **mar**ka **1** … ko'n**tak**té … li**tsè**oum **2** vouas'**ts'i**vyè … **mar**kyèm **3** … **mar**kou no**va**kou … **gnè**go **4** pa**myèn**ta'm … ré**sso**vaou **5** fak**tétch**gnè i f **kogn**tsou **zos**taou ma**la**jèm **6** … **yè**go os**tat**gni'm vèrgni**sa**jou*

Notes

① Le nominatif **Marek** fait au génitif **Marka**, à l'instrumental **Markiem** et au locatif **Marku** (phrase 3 du dialogue). Encore une fois (leçon 44, note 6), le **e** du nominatif disparaît. Cette transformation intervient régulièrement pour tous les noms finissant en **-ek**.

② Notez que l'adverbe **właściwie**, *proprement*, signifie ici à peu près la même chose que l'expression déjà rencontrée **prawdę mówiąc**, *à vrai dire*.

③ Comme vous l'avez sans doute deviné, **niego** est le génitif de **on**, *il*. De nouveau, comme pour **nich** (leçon 43, note 3), **niego** apparaît toujours avec une préposition.

dehors du cursus normal est généralement payante, et son coût varie suivant l'école, l'année d'études ou la filière. Il faut hélas déplorer que l'augmentation continuelle de ce prix oblige beaucoup d'étudiants à abandonner leurs études en cours de route. Toutefois certains s'en sortent grâce à des leçons particulières, appelées **korepetycje**, *dispensées aux élèves du primaire et du secondaire en difficulté scolaire.*

Quarante-cinquième leçon 45

[Les] tableaux [de] Marek

1 – As[-tu des] contacts avec [nos] amis du lycée ?
2 – [À] proprement [parler], seulement avec Marek.
3 – [Tu] parles de Marek Nowak ? Et [alors], que devient-il *(quoi chez lui)* ?
4 [Je] me souviens qu'il était tout le temps en train de dessiner quelque chose *(que tout-le-temps quelque-chose dessinait)*.
5 – En effet. Et en fin [de compte], [il] est devenu peintre.
6 [J']ai été il n'y a pas longtemps à son dernier vernissage.

④ Encore une modification liée à la déclinaison : le locatif **końcu** vient de **koniec**, *la fin*.

⑤ Pour créer le contraire d'un terme, il suffit très souvent de le faire précéder du mot négatif **nie**. C'est ce que nous avons ici avec **niedawno**, *il n'y a pas longtemps*, obtenu à partir de **dawno**, *il y a longtemps*. C'est un procédé très économique qui simplifie bien des choses !

⑥ Contrairement au français, les possessifs à la 3e personne dépendent du possesseur et non pas de l'objet possédé. Par exemple, en parlant d'un homme, on emploie toujours **jego**, sans distinguer le genre ou le nombre de ce qui lui appartient. Par conséquent, **jego** correspond à la fois à *son*, *sa* et *ses* (phrase 7 du dialogue).

7 – Ach tak?! A **je**go ob**ra**zy?
8 – **Mó**wi, że sprze**da**ją się jak **świe**że **buł**ki.
9 – Tak **szyb**ko?
10 – Nie, tak **ta**nio!

*7 aH … **8** … spchè**dai**llon … s'**fyé**jé **bou**ouki **9** … **chép**ko*
*10 … **ta**gno*

***

Ćwiczenie pierwsze – Proszę przetłumaczyć

❶ Nie pamiętam, jak się nazywa ten malarz. ❷ Gdzie można tanio kupić jego obrazy? ❸ Idź szybko do sklepu, nie ma nic do jedzenia. ❹ W liceum, Marek dużo rysował. ❺ Co wolisz, chleb czy bułki?

***

Ćwiczenie drugie – Wpisać brakujące słowa

❶ Je me souviens bien [de] son dernier vernissage.
. . . . dobrze . . . . ostatni . . . .

❷ J'ai acheté *(masc.)* ce tableau très bon marché.
. . . . ten . . . . . bardzo . . . . . .

❸ Moi aussi, je voudrais devenir peintre.
. . też . . . . zostać . . . .

❹ Je ne comprends pas, tu parles trop vite.
. . . rozumiem, ... za . . . .

❺ Est-ce que ces petits pains sont frais ?
. . . te . . . . . są . . . . . . ?

7 – Ah bon *(oui)* ?! Et ses tableaux ?
8 – [Il] dit qu'ils se vendent comme [des] petits *(frais)* pains.
9 – Aussi vite ?
10 – Non, aussi bon marché !

***

Corrigé de l'exercice 1

❶ Je ne me souviens pas comment s'appelle ce peintre. ❷ Où peut-on acheter ses tableaux bon marché ? ❸ Va vite au magasin, il n'y a rien à manger. ❹ Au lycée, Marek dessinait beaucoup. ❺ Qu'est-ce que tu préfères, le pain ou les petits pains ?

***

Corrigé de l'exercice 2

❶ Pamiętam – jego – wernisaż ❷ Kupiłem – obraz – tanio ❸ Ja – chciałbym – malarzem ❹ Nie – mówisz – szybko ❺ Czy – bułki – świeże

46 Lekcja czterdziesta szósta

Śniadanie

1 – Aniu, **mo**żesz o**bu**dzić **ta**tę?
2 **Po**wiedz mu ①, że **ka**wa jest go**to**wa.
3 – Sły**sza**łam, że **wsta**je ②. O, już **i**dzie.
4 – Dzień **do**bry. **Ja**ki **pięk**ny **za**pach!
5 – **Ro**bię jajecz**ni**cę z **szyn**ką. Chcesz?
6 – Z naj**więk**szą przyjem**noś**cią!
7 To **mo**je ulu**bio**ne **da**nie.
8 – A ty, **A**niu? Co **bę**dziesz jeść ③?
9 – Nic. Chce mi się **tyl**ko pić ④.

Prononciation
*s'n'a**da**gnè* ***1*** *...* ***obou**dz'its'* ***ta**tè* ***2*** ***po**vyèts mou* *...* ***3*** *...* ***fsta**yè* *...* ***4*** *...* ***za**paH* ***5*** *...* *yayètch**gni**tsè s **chén**kon* *...* ***6*** *z naill**vien**kchon pchéyèm**nos'**ts'on* ***8*** *...* ***bèg**ndz'èch yès'ts'*

Notes

① Sachant que **mu** est le datif de **on**, *il*, quel est l'équivalent de *dis-moi* ? C'est bien **powiedz mi**. Si cela vous dit, vous pouvez continuer ce petit jeu avec d'autres pronoms déjà appris. Si vous avez des doutes, n'hésitez pas à vous reporter à l'appendice grammatical. Vous y retrouverez, sous une forme à la fois synthétique et complète, tous les points essentiels de la grammaire qui ont été traités dans les leçons.

② Une bonne nouvelle : le polonais ne connaît pas la concordance des temps ! Ainsi, dans cette phrase, on n'a pas besoin d'utiliser le passé, comme en français, mais le présent **wstaje**, *il/elle se lève*.

③ Il y a deux façons d'exprimer l'avenir : l'emploi de la forme perfective du verbe, ou celui du futur du verbe **być**, *être*, + ▸

[Le] petit-déjeuner

1 – Ania, peux[-tu] réveiller papa ?
2 Dis-lui que [le] café est prêt.
3 – [J']ai entendu qu'[il] se levait *(lève)*. Oh, il arrive *(déjà va)*.
4 – Bonjour. Quelle bonne *(belle)* odeur !
5 – [Je] fais [des] œufs brouillés avec [du] jambon. [Tu en] veux ?
6 – Avec le plus grand plaisir !
7 C'[est] mon plat préféré *(préféré plat)*.
8 – Et toi, Ania ? Qu'est-ce que [tu] vas manger ?
9 – Rien. J'ai seulement soif *(Veut à-moi se seulement boire)*.

infinitif : **będziesz jeść** (litt. "tu seras manger"). Selon la situation, il a pour équivalent le futur proche *tu vas manger* ou le futur simple *tu mangeras*.

④ **Chce mi się pić** signifie *j'ai soif*. Il s'agit d'une expression idiomatique, où le verbe **chcieć**, *vouloir*, est exceptionnellement pronominal et s'emploie uniquement à la 3e personne du singulier. En remplaçant **pić**, *boire*, par d'autres verbes, on forme différentes expressions : **chce mi się jeść**, synonyme de **jestem głodny/-a**, *j'ai faim* ; **chce mi się spać**, *j'ai sommeil*, etc.

10 – **Dob**rze, **a**le nie za**pom**nij ⑤ **za**brać
dru**gie**go śnia**da**nia ⑥. □

*10 … zapo'mnille … drou**guyè**go …*

Notes

⑤ L'impératif à la 2e personne du singulier des verbes terminés par un groupe de consonnes prend la terminaison **-ij** : **nie zapomnij**, *n'oublie pas*.

⑥ Rappelez-vous qu'un verbe à la forme négative, ici **nie zapomnij**, *n'oublie pas*, exige toujours l'emploi du génitif, ▸

***

Ćwiczenie pierwsze – Proszę przetłumaczyć

❶ Czy możesz mnie obudzić jutro o ósmej? ❷ Ania jest już duża, wstaje sama. ❸ Co będziesz jeść na śniadanie? ❹ Może chce ci się pić? ❺ Nie zapomnij zadzwonić do Marka.

***

Ćwiczenie drugie – Wpisać brakujące słowa

❶ Maman se lève toujours très tôt.
. . . . zawsze . . . . . . bardzo . . . .

❷ N'oublie pas d'acheter le journal.
Nie . . . . kupić . . . .

❸ Il faut réveiller Marek, il est déjà huit heures.
Trzeba . . . . Marka, . . . ósma.

❹ Je n'ai pas soif.
Nie . . . . mi . . . pić.

❺ Viens vite, le petit-déjeuner est prêt.
. . . . . szybko, ... jest . . . .

10 – Bien, mais n'oublie pas [de] prendre le casse-croûte *(deuxième petit-déjeuner)*.

▸ même s'il est suivi d'un autre verbe à la forme affirmative, ici **zabrać**, *prendre*. Le complément **drugiego śniadania** est donc ici au génitif. Sa forme nominative est **drugie śniadanie**, litt. "deuxième petit-déjeuner".

***

Corrigé de l'exercice 1

❶ Est-ce que tu peux me réveiller demain à huit heures ? ❷ Ania est déjà grande, elle se lève toute seule. ❸ Qu'est-ce que tu vas manger au petit-déjeuner ? ❹ Tu as peut-être soif ? ❺ N'oublie pas de téléphoner à Marek.

***

Corrigé de l'exercice 2

❶ Mama – wstaje – wcześnie ❷ – zapomnij – gazety ❸ – obudzić – już – ❹ – chce – się – ❺ Chodź – śniadanie – gotowe

***

En Pologne, le repas du matin, **śniadanie***, est d'habitude assez copieux. Il se compose de pain, charcuterie, fromage, laitages, œufs, céréales et thé ou café. La raison de cette pratique est simple : beaucoup de Polonais font la journée continue – qui commence vers 7 ou 8 heures – et n'ont pas de véritable pause-déjeuner. Autour de 11 h, ils s'arrêtent donc un peu pour prendre un casse-croûte, appelé* **drugie śniadanie***, qu'ils ont généralement préparé à la maison. De retour à la maison après le travail, vers 15 h, on prend le* déjeuner, **obiad**. *C'est le repas principal de la journée, qui comprend généralement une soupe, un plat principal et un dessert. Pour le* repas du soir, **kolacja**, *on se contente donc souvent de quelque chose de froid : sandwiches, salades, fromages, etc.*

47 Lekcja czterdziesta siódma

Mejl

1 – A, **jes**teś na**reszcie**!
2 **Dzwo**nię do **cie**bie ① od ty**god**nia.
3 – Na**praw**dę? Nic nie wie**dzia**łem ②.
4 – Jak to? Zosta**wi**łem ci co **naj**mniej ③ trzy wiado**mo**ści ④.
5 – To dziwne. Wi**docz**nie sekre**tar**ka ⑤ jest zep**su**ta.
6 **Musz**ę **spraw**dzić. A dla**cze**go **dzwo**nisz?
7 – Nie dos**ta**łeś mo**je**go **mej**la?

Prononciation
***2** … **ts**ⁱ**è**byè ot té**god**gna **3** … vyè**dz**ⁱ**a**ouèm **4** … zosta**vi**ouèm … **naill**mgneille … vyado**mos**ⁱtsⁱi **5** … vi**dotch**nⁱè … **6** … **spra**vdzⁱitsi … **dzvo**gnich **7** … dos**ta**ouèsi …*

Notes

① **dzwonić do** + génitif est le terme courant pour dire *téléphoner à quelqu'un*. Comme nous l'avons vu en leçon 43, ce verbe signifie par ailleurs *sonner*. **Ciebie** correspond à *tu*, *toi* à l'accusatif.

② Comparons l'infinitif **wiedzieć**, *savoir*, avec **wiedziałem**, *je savais*. De nouveau, comme dans **mieć**, *avoir*, qui fait **miałem**, *j'avais*, nous sommes face à la transformation **e/a**.

③ Dans cette expression, la forme du mot **najmniej** vous dit-elle quelque chose ? Oui, il s'agit bien du superlatif correspondant à l'adverbe *le moins*. On le reconnaît, rappelons-le, grâce à la présence simultanée de **naj-** et de **-iej**.

[L']e-mail

1 – Ah, [tu] es [là], enfin !
2 Je t'appelle *(Téléphone à toi)* depuis une semaine.
3 – Vraiment ? Je n'en savais rien *(Rien ne savais)*.
4 – Comment ça ? Je t'ai laissé *(Ai-laissé à toi)* au moins trois messages.
5 – C'[est] bizarre. Apparemment [mon] répondeur est cassé.
6 [Je] dois vérifier. Et pourquoi appelles[-tu] ?
7 – [Tu] n'as pas reçu mon e-mail ?

▸ ④ **wiadomości** signifie aussi *informations*, notamment en parlant du journal. Le singulier est **wiadomość**. Toutefois, les deux consonnes finales n'en font pas pour autant un nom masculin, mais féminin. En effet, pour ce dernier genre, il existe quelques mots finissant en **-ć**, **miłość**, *amour*, ou par d'autres consonnes : **rzecz**, *chose* ; **noc**, *nuit*, etc.

⑤ Pour le *répondeur téléphonique*, le polonais emploie un terme désignant la profession de *secrétaire*, au féminin, **sekretarka**. C'est bon à savoir, non ?

47

8 – Kt**ó**r**e**go? **Te**go, w **któ**rym przypo**mi**nasz mi, że mam ci **zwrócić** **trzy**sta **zło**tych?

9 – Tak.

10 – Nie, **jesz**cze nie dos**ta**łem. □

***8** … pchépo**mi**nach … **zvrou**ts'Its**I** **t'chè**sta **zouo**téH*

***

Ćwiczenie pierwsze – Proszę przetłumaczyć

❶ Wczoraj dostałam twój mejl. ❷ Muszę sprawdzić, czy sekretarka nie jest zepsuta. ❸ Pracuję tu od tygodnia. ❹ Jeszcze nie miałam wiadomości. ❺ Dzwonisz za wcześnie, nie wiesz która godzina?

***

Ćwiczenie drugie – Wpisać brakujące słowa

❶ Ton répondeur ne marche pas.
Twoja . . . . nie . . . .

❷ As-tu reçu *(fém.)* mes messages ?
. . . . moje . . . . ?

❸ Je ne savais pas *(fém.)* quelle heure il était.
Nie . . . . , która . . . .

❹ Peux-tu vérifier mon e-mail ?
Możesz . . . . mój . . . . ?

❺ Depuis une semaine, j'habite à l'étranger.
Od . . . . mieszkam . . granicą.

8 – Lequel ? Celui où *(Dans lequel)* tu me rappelles *(rappelles à-moi)* que je dois *(ai)* te rendre [les] trois cents zlotys ?
9 – Oui.
10 – Non, je ne l'ai pas encore reçu *(encore pas reçu)*.

***

Corrigé de l'exercice 1

❶ Hier, j'ai reçu *(fém.)* ton e-mail. ❷ Je dois vérifier si le répondeur n'est pas cassé. ❸ Je travaille ici depuis une semaine. ❹ Je n'ai pas encore eu *(fém.)* de messages. ❺ Tu téléphones trop tôt, tu ne sais pas quelle heure il est ?

***

Corrigé de l'exercice 2

❶ – sekretarka – działa ❷ Dostałaś – wiadomości ❸ – wiedziałam – godzina ❹ – sprawdzić – mejl ❺ – tygodnia – za –

Lekcja czterdziesta ósma

Ciasto

1 – Pa**mię**tasz, o **któ**rej ① wło**ży**łyśmy ② **cias**to ③ do **pie**ca?
2 – Wpół do **dru**giej ④.
3 – To **trze**ba już je ⑤ **wy**jąć.
4 – Tak **myś**lisz? Jest do**pie**ro dwa**dzieś**cia po **dru**giej ⑥.
5 – **Jes**teś **pew**na? Twój ze**ga**rek **chy**ba **stoi** ⑦.
6 – To niemoż**li**we. **Wczo**raj wło**ży**łam **no**wą ba**te**rię.
7 – Nie masz in**ne**go ze**gar**ka?

Prononciation
__ts__^{i}asto **1** *pa__my__èntach … vouo__jé__oués^{i}mé … __pyè__tsa* **2** *… fpou^{ou} …* **3** *… yè __vé__yognts^{i}* **4** *… dva__dz__^{i}__ès__^{i}tsia …* **5** *… __stoï__* **6** *… __ftcho__rail … ba__tè__ryè*

Notes

① Puisque vous savez comment on dit *à telle heure* (leçon 30, note 7), vous pouvez également formuler la question *à quelle heure*, n'est-ce pas ? On retrouve en effet, dans **o której**, la préposition **o** + le locatif du pronom **która**. Comme vous le voyez, ce dernier se décline comme les adjectifs. Notez aussi que le mot **godzina**, *heure*, est omis.

② Nous parions que dans **włożyłyśmy**, *nous avons mis*, vous avez tout de suite reconnu le féminin. Le masculin, souvenez-vous, est **włożyliśmy**.

③ Il faut distinguer **ciasto**, *gâteau*, de son diminutif **ciastko** (leçon 12, phrase 5 du dialogue), qui désigne un *gâteau individuel* ou un *biscuit*. Notez que **ciasto** signifie aussi *pâte*.

[Le] gâteau

1 – [Tu] te souviens à quelle [heure nous] avons mis [le] gâteau dans [le] four ?
2 – À une heure et demie *(demi à deuxième)*.
3 – Alors, il faut déjà le sortir.
4 – [Tu] *(ainsi)* crois *(penses)* ? [Il] est seulement deux heures vingt *(vingt après deuxième)*.
5 – [Tu] es sûre ? Ta montre est sans doute arrêtée.
6 – C'[est] impossible. Hier, j'ai mis [une] nouvelle pile.
7 – [Tu] n'as pas [d']autre montre ?

④ Pour indiquer les demi-heures, on fait suivre **wpół do**, litt. "demi à", de l'heure qui vient – au génitif. Remarquez que la terminaison **-ej** est la même que celle du locatif.

⑤ **je** est l'accusatif du pronom personnel neutre **ono**, *il*, *elle*.

⑥ Voici la manière d'indiquer une heure déjà passée : les minutes + la préposition **po**, *après* + l'heure au locatif : **dwadzieścia po drugiej**, *deux heures vingt*.

⑦ **stoi**, qui signifie ici *est arrêté(e)*, correspond à la 3e personne du singulier du verbe **stać**, *être/se tenir debout*, *immobile* au présent. Notez que **stać** est employé notamment pour indiquer l'absence de mouvement, en parlant de mécanismes, de véhicules, etc.

48 **8** – **Za**raz zo**ba**czę. (…) Coś ta**kie**go!
9 Na **każ**dym jest **in**na go**dzi**na!
10 – To nic. Wyj**mie**my je z **pic**ca i zoba**czy**my. □

9 … i'nna … 10 … véymyèmé …

***

Ćwiczenie pierwsze – Proszę przetłumaczyć

❶ Nie masz innego budzika? ❷ Jest wpół do dziewiątej. ❸ Byłam u ciebie pięć po pierwszej. ❹ Pamiętasz, jak działa ten komputer? ❺ Dziesięć minut temu włożyłam ciasto do pieca.

***

Ćwiczenie drugie – Wpisać brakujące słowa

❶ À quelle heure allons-nous au cinéma ?
O . . . . . . idziemy . . kina?

❷ À sept heures et demie.
O . . . . do . . . . . .

❸ Le réveil sonne à une heure cinq.
Budzik . . . . . . pięć . . pierwszej.

❹ J'ai fait un gâteau pour les invités.
Zrobiłam . . . . . . dla . . . . . .

❺ Tu te souviens de ce qu'il faut acheter pour dîner ?
. . . . , co . . . . . . kupić . . kolację?

8 – [Je] *(Tout-de-suite)* vais voir. (…) Ça par exemple *(Quelque-chose tel)* !
9 Sur chacune, il y a une heure différente *(autre heure)* !
10 – Ce [n'est] rien. [Nous] allons le sortir du four et [nous] allons voir.

***

Corrigé de l'exercice 1

❶ Tu n'as pas un autre réveil ? ❷ Il est huit heures et demie. ❸ J'ai été chez toi à une heure cinq. ❹ Tu te souviens comment marche cet ordinateur ? ❺ Il y a dix minutes [que] j'ai mis le gâteau au four.

***

Corrigé de l'exercice 2

❶ – której – do – ❷ – wpół – ósmej ❸ – dzwoni – po – ❹ – ciasto – gości ❺ Pamiętasz – trzeba – na –

49 Lekcja czterdziesta dziewiąta

Powtórka – Révision

1 L'heure

1.1 L'emploi des numéraux

Pour répondre à la question **która godzina**, *quelle heure [est-il] ?*, s'il s'agit d'une heure pleine, il vous suffit de reprendre les numéraux des leçons : **pierwsza**, *première* ; **druga**, *deuxième* ; **trzecia**, *troisième*, etc. L'heure étant indiquée à l'aide des nombres ordinaux au féminin, vous aurez l'équivalent de *une heure*, *deux heures*, *trois heures*, etc. Notez que, dans la réponse, le mot **godzina**, *heure*, est omis.
À telle heure = **o** + numéral au locatif. Ex : **o pierwszej**, **o drugiej**, etc.

1.2 L'heure et les minutes

On dit d'abord les minutes, puis l'heure.
Pour exprimer les minutes après une certaine heure, on utilise la construction :
minutes + **po** + heure au locatif : **pięć po pierwszej**, *une heure cinq*.
Pour exprimer les minutes avant une certaine heure, on utilise : **za** + minutes + heure au nominatif : **za pięć pierwsza**, *une heure moins cinq*.

1.3 Les demi-heures

On indique toujours l'heure qui vient et on emploie :
wpół + **do** + heure au génitif (équivalant au locatif) : **wpół do pierwszej**, *midi et demi*.

2 Le futur

Rappelez-vous qu'un simple ajout des terminaisons personnelles au radical des verbes perfectifs permet d'exprimer une action future. Ainsi, en conjuguant, par exemple **zrobić**, *faire*, vous aurez :

zrobię, *je vais faire*	**zrobimy**, *nous allons faire*
zrobisz, *tu vas faire*	**zrobicie**, *vous allez faire*
zrobi, *il/elle va faire*	**zrobią**, *ils/elles vont faire.*

Nous avons vu que l'avenir peut aussi se traduire par une forme composée. L'infinitif imperfectif est alors précédé du verbe "être" au futur, dont voici les formes :

	Singulier	Pluriel
1re personne	**będę**	**będziemy**
2e personne	**będziesz**	**będziecie**
3e personne	**będzie**	**będą**

Si nous prenons l'exemple de *faire*, nous aurons : **będę robić**, *je vais faire*, **będziesz robić**, *tu vas faire*, etc. Ajoutons que les deux formes de futur **zrobię** et **będę robić** traduisent à la fois le futur proche *je vais faire* et le futur simple *je ferai*. Comme vous le voyez, l'emploi des temps ne pose vraiment pas de problèmes en polonais !

3 Les changements de voyelles et de consonnes

Passons maintenant à quelque chose qui vous tracasse peut-être un peu plus. Vous avez remarqué que dans les diverses formes d'un mot (singulier ou pluriel, changement de cas, de personne ou de genre), certaines lettres se substituent aux autres. Ces transformations, que l'on trouve aussi en français : *fou/folle*, *peut/pouvons*, *coupable/culpabilité*, etc., sont particulièrement fréquentes en polonais. Nous en avons rencontré de nombreux exemples dans nos leçons, et certaines vous sont maintenant familières. Il s'agit d'un phénomène assez complexe qui obéit à des lois phonétiques et historiques, trop longues à expliquer ici.
Voici, à titre indicatif, un tableau des changements les plus fréquents. Comme vous avez dû vous en apercevoir, ils sont souvent doubles : un changement de voyelle s'accompagne de celui d'une consonne – et vice versa. De plus, un mot peut comporter plus d'un changement. C'est pourquoi nous vous déconseillons de

vouloir créer vous-mêmes des formes. Il est préférable de retenir les quelques exemples réunis ci-après :

3.1 Les changements de voyelles

a/o	**zarabiać/zarobić**, *gagner* (imperfectif/perfectif)
ą/ę	**pieniądze/pieniędzy**, *argent* (nominatif pluriel/génitif pluriel)
ę/ą	**dziewięć/dziewiąty**, *neuf/neuvième*
o/e	**biorę/bierze**, *je prends / il (elle) prend*
ó/o	**mój/moja**, *mon/ma*

***

Dialog-powtórka

1 – Jesteś nareszcie!
2 Już za dziesięć ósma!
3 – Byłem na wernisażu kolegi z liceum.
4 Nie dostałaś wiadomości?
5 – Nie, może sekretarka jest zepsuta.
6 Będziesz coś jeść?
7 – Nie, chce mi się tylko pić.
8 – O, ktoś dzwoni. To może nasi goście.
9 – Jest jeszcze za wcześnie.
10 Mają być o wpół do dziewiątej.
11 – Twój zegarek chyba stoi.
12 Jest już dwadzieścia po ósmej.

y/ę	**być/będę**, *être / je serai*
e/Ø	**Marek/Marka**, *Marek* (nominatif/génitif)

3.2 Les changements de consonnes

d/dzi/dź	**idę/idzie/idź,** *je vais / il (elle) va / va*
g/ż	**mogę/może,** *je peux / il (elle) peut*
ł/l	**był/byli**, *il était / ils étaient*
k/c (nominatif/locatif)	**Polska/Polsce**, *Pologne*
r/rz	**dobry/dobrze**, *bon/bien*
sz/si	**proszę/prosimy,** *je prie / nous prions*

***

Traduction

1 [Tu] es [là] enfin ! **2** [Il est] déjà huit heures moins dix *(dans dix huitième)* ! **3** [J']ai été au vernissage [d'un] ami du lycée. **4** [Tu] n'as pas reçu [mon] message ? **5** Non, peut-être [que le] répondeur est cassé. **6** Tu vas *(Seras)* manger quelque chose *(quelque-chose manger)* ? **7** Non, j'ai seulement soif *(veut à-moi se seulement boire)*. **8** Oh, quelqu'un sonne. C'[est] peut-être nos invités. **9** [Il] est encore trop tôt. **10** Ils doivent être là *(ont être)* à huit heures et demie. **11** Ta montre est probablement arrêtée. **12** [Il] est déjà huit heures vingt *(vingt après huitième)*.

Cette leçon marque la fin de votre phase passive – ou "première vague". Jusqu'à aujourd'hui, vous vous êtes contenté d'assimiler les bases de la langue polonaise, en vous imprégnant du vocabulaire, de la prononciation et de la structure de la langue. À partir de demain, vous allez aborder votre phase active – ou "deuxième vague". Voici comment : après avoir vu la cinquantième leçon, vous allez reprendre la première (nous vous l'indiquerons à chaque fin de leçon) puis, en cachant le texte polonais, vous allez traduire le dialogue à partir du français. Faites de même avec l'exercice de traduction. Faites-le d'abord oralement, puis, si vous le souhaitez, par écrit. Grâce à cette deuxième vague, vous allez constater tout le chemin parcouru depuis le début, en vous étonnant des progrès réalisés. Rien de tel que cette révision quotidienne pour consolider votre acquis et vous amener à parler naturellement. Courage ! Lancez-vous franchement !

50 Lekcja pięćdziesiąta

Przyszły mąż

1 – Wiesz, że **Zo**sia wy**cho**dzi za mąż ①?
2 – Tak **mło**do ②?
3 – Co ty opo**wia**dasz? Ma **pra**wie trzy**dzie**ści lat!
4 – Na**praw**dę? Jak ten czas **le**ci ③!
5 – Sły**sza**łam, że **dłu**go się wa**ha**ła.
6 Po**dob**no ④ **cią**gle zmie**nia**ła z**da**nie.
7 – To nor**mal**ne. **Wca**le się nie **dzi**wię.
8 Szu**ka**ła **pew**nie odpowied**nie**go kandy**da**ta.
9 – No i **wresz**cie zna**la**zła. Jej **przy**szły mąż jest archeo**lo**giem.

Prononciation
4 *… tchas* ***lèts'****i* ***5*** *… va****Ha****oua* ***7*** *…* ***ftsa****lè …* ***dz'i****vyè* ***8*** *chou****ka****oua … otpovyèd****gnè****go ka'ndé****da****ta* ***9*** *…* ***vrèch****ts'è … arHèo****lo****guièm*

Notes

① Selon qu'il s'agit d'une femme ou d'un homme, *se marier* se dit respectivement **wychodzić za mąż**, litt. "sortir pour mari" et **żenić się**.

② Notez que l'usage de l'adverbe **młodo**, *de manière jeune*, est ici comparable à celui de l'expression française *s'habiller jeune*, qui se dit **ubierać się młodo**. On l'emploie également, par exemple, dans **czuć się młodo**, *se sentir jeune*, ou **wyglądać młodo**, *paraître jeune*. ▸

Pour célébrer notre accession à la phase active, nous allons alléger notre traduction de certaines "béquilles". Nous ne mettrons donc plus de crochets pour signaler l'omission du pronom personnel sujet ou de l'article en polonais. Votre lecture deviendra ainsi beaucoup plus agréable.

Le futur mari

1 – Sais-tu que Zosia se marie *(sort pour mari)* ?
2 – *(De manière)* si jeune ?
3 – Qu'est-ce que tu racontes ? Elle a presque trente ans !
4 – Vraiment ? Comme le *(ce)* temps passe *(vole)* !
5 – J'ai entendu [dire] qu'elle a longtemps hésité.
6 Il paraît [qu']elle changeait tout le temps *(tout le temps changeait)* [d']avis.
7 – C'est normal. Ça ne m'étonne pas du tout *(Pas-du-tout me n'étonne)*.
8 Elle cherchait sûrement un bon *(convenable)* prétendant *(candidat)*.
9 – Et enfin, elle a trouvé. Son futur mari est archéologue.

③ Il s'agit ici d'un emploi idiomatique. La véritable signification de **lecieć** est *voler*, en parlant des oiseaux ou des avions.

④ Ne vous laissez pas tromper : **podobno**, qui peut vous faire penser à un adverbe (rappelez-vous **podobna**, *ressemblante*, leçon 25, phrase 9 du dialogue), est un mot invariable, correspondant à *il paraît, il semble*. L'adverbe est **podobnie**, *de façon semblable.*

10 – Czy to **ta**kie **waż**ne?
11 – **Jas**ne. Im **bę**dzie **star**sza ⑤, tym ⑥ **bar**dziej **bę**dzie ją **ko**chał ⑦!

*10 ... vajnè 11 ... i'm ... **star**cha tém ... **ko**Ha[ou]*

Notes

⑤ Le comparatif de la plupart des adjectifs est formé en remplaçant la voyelle finale par la terminaison **-szy** (masc.), **-sza** (fém.) ou **-sze** (neutre).

⑥ La suite **im... tym...** correspond à la structure comparative *plus... plus...* Les deux termes sont suivis du comparatif de l'adjectif ou de l'adverbe. Pour vous rafraîchir la mémoire, reportez-vous à la leçon 42, § 3.

***

Ćwiczenie pierwsze – Proszę przetłumaczyć

❶ Nie rozumiem, co opowiadasz. ❷ Nie wiem, czy to takie ważne. ❸ Znalazła pani mój list? ❹ Dziwię się, że nie chcesz iść do kina. ❺ Słyszałam, że wychodzi pani za mąż.

***

Ćwiczenie drugie –Wpisać brakujące słowa

❶ Il paraît [que] ta sœur se marie.
. . . . twoja . . . . wychodzi . . mąż.

❷ Tu penses qu'elle a trouvé un prétendant ?
. . . . , że . . . . kandydata?

❸ Je sais qu'elle a longtemps hésité.
. . . . , że . . . . . się . . . .

❹ [Cela] ne m'étonne pas que tu aimes le sport.
Nie . . . . . . się, . . lubisz . . . . . .

10 – Est-ce que c'est si important ?
11 – Évidemment *(Clair)*. Plus elle sera *(plus)* vieille, plus *(plus)* il l'aimera !

⑦ Le verbe *aimer* au sens de "éprouver de l'amour" se dit **kochać**. Retenez aussi, cela peut toujours servir, **kocham cię**, *je t'aime*.

***

Corrigé de l'exercice 1

❶ Je ne comprends pas ce que tu racontes. ❷ Je ne sais pas si c'est si important. ❸ Avez-vous trouvé *(madame)* ma lettre ? ❹ Je m'étonne que tu ne veuilles *(veux)* pas aller au cinéma. ❺ J'ai entendu [dire] que vous vous mariez *(madame)*.

***

❺ C'est pourtant très important.
.. jest .... bardzo ......

Corrigé de l'exercice 2

❶ Podobno – siostra – za – ❷ Myślisz – znalazła – ❸ Wiem – długo – wahała ❹ dziwię – że – sport ❺ To – przecież – ważne

Commencez ici votre phase active suivant les indications que nous vous donnons à la fin de la leçon 49.

Deuxième vague : 1re leçon

51 Lekcja pięćdziesiąta pierwsza

Sukienka na Sylwestra

1 – Cześć Ewa. **Do**kąd tak **bie**gniesz ①?
2 – **Wra**cam do **do**mu.
3 – Chodź ze mną, **bar**dzo cię **pro**szę!
4 **Mu**szę **so**bie **ku**pić coś na Syl**wes**tra ②.
5 – Nie **mo**gę, **śpie**szy mi się ③.
6 **I**dę go**to**wać ④ **o**biad.
7 – To **ty**lko **chwi**la. Wi**dzia**łam tu **o**bok wspa**nia**łą su**kien**kę.
8 **Sa**ma zo**ba**czysz. O, już jes**teś**my.

Prononciation
*... sél**vès**tra* ***1*** *... **byèg**'gnèch* ***2*** ***vrat**sa'm ...* ***4*** *... **mou**chè ...*
5 *... s'**pyè**ché ...*

Notes

① À côté de l'infinitif **biegnąć**, *courir*, on rencontre la forme **biec**. En plus de cette particularité, le radical de ce verbe est double. Le premier est commun à la 1re personne du singulier, **biegnę** et la 3e du pluriel, **biegną**. Le second apparaît pour les autres personnes : **biegniesz**, *tu cours*, **biegnie**, *il/elle court*, etc. Remarquez le parallèle avec la conjugaison de **iść** et **jechać** qui, dans les mêmes conditions, modifient le **d** en **dzi**. Vous reverrez tout ceci en leçon de révision.

② **Sylwestra** est l'accusatif de **Sylwester**, *la Saint-Sylvestre*. Comme pour les noms finissant en **-ek**, le **e** disparaît.

③ Suivant la construction, le verbe **śpieszyć się** correspond à *être pressé* ou à *se dépêcher*. Dans la première expression, **śpieszy mi się**, on se sert de la 3e personne du singulier suivie du datif. C'est une tournure que l'on peut, comme ici, employer seule. ▸

Cinquante et unième leçon 51

Une robe pour la Saint-Sylvestre

1 – Salut Ewa. Où cours-tu comme ça *(comme ça cours)* ?
2 – Je rentre à la maison.
3 – Viens avec moi, *(beaucoup)* je t'[en] prie !
4 Je dois m'acheter quelque chose pour la Saint-Sylvestre.
5 – Je ne peux pas, je suis pressée *(presse à-moi se)*.
6 Je vais préparer le déjeuner.
7 – Il n'y en a pas pour longtemps *(C'est seulement un moment)*. J'ai vu à côté d'ici *(ici à côté)* une robe magnifique *(magnifique robe)*.
8 Tu verras toi-même *(Toute-seule verras)*. Oh, nous y sommes déjà *(déjà sommes)*.

▸ Dans la deuxième, **śpieszę się**, on conjugue tout simplement le verbe.

④ Dans cette phrase, **gotować** prend le sens général de *préparer un repas*. Mais il peut également se traduire par *cuire* – par exemple un œuf – ou encore *faire bouillir*, par exemple de l'eau.

9 Dzień **do**bry. Czy **mo**głabym ⑤ przy**mie**rzyć tę su**kien**kę na wys**ta**wie ⑥?
10 – Oczy**wiś**cie, ale **ma**my też przymie**rzal**nię! □

***9** … **mo**gouabém … vés**ta**vyè **10** … pchémyè**jal**gnè*

Notes

⑤ *Je voudrais* se dit **chciałbym** (masc.) ou **chciałabym** (fém.). Tout comme le passé, le conditionnel différencie donc le genre grammatical. Récapitulons : on le forme avec la 3ᵉ personne du singulier ou du pluriel au passé, en intercalant la particule **by** entre le radical et la terminaison. Ainsi **mogła** (fém.), *elle* ▸

***

Ćwiczenie pierwsze – Proszę przetłumaczyć

❶ Dokąd idziesz na Sylwestra? ❷ Chciałabym przymierzyć te spodnie. ❸ Gdzie mogłabym kupić ładną sukienkę? ❹ Zobaczysz, że to jest bardzo proste. ❺ To prawda, śpieszy ci się?

***

Ćwiczenie drugie – Wpisać brakujące słowa

❶ Je ne suis pas pressé, j'ai du temps.
Nie . . . . mi . . . , mam . . . . .

❷ Où as-tu acheté *(fém.)* cette robe ?
Gdzie . . . . tę . . . . ?

❸ Peut-être pourrais-je *(fém.)* t'aider ?
Może . . . . ci . . . . . ?

9 Bonjour. Est-ce que je pourrais essayer cette robe dans la vitrine ?
10 – Bien sûr, mais nous avons aussi une cabine d'essayage !

a pu, permet d'obtenir **mogłabym**, *je pourrais*. Ajoutons que, pour un homme on a **mógłbym**.

⑥ Dans **na wystawie**, *dans la vitrine*, la préposition **na** exige le locatif, car il s'agit d'indiquer un emplacement.

***

Corrigé de l'exercice 1

❶ Où vas-tu pour la Saint-Sylvestre ? ❷ Je voudrais essayer ce pantalon. ❸ Où pourrais-je acheter une jolie robe ? ❹ Tu verras que c'est très simple. ❺ C'est vrai, tu es pressé ?

***

❹ Quand vas-tu préparer le déjeuner ?
. . . . . będziesz . . . . obiad?

❺ J'ai vu *(fém.)* quelque chose d'intéressant dans la vitrine.
. . . . coś . . . . na . . . .

Corrigé de l'exercice 2

❶ – śpieszy – się – czas ❷ – kupiłaś – sukienkę ❸ – mogłabym – pomóc ❹ Kiedy – gotować – ❺ Widziałam – ciekawego – wystawie

Deuxième vague : 2e leçon

52 Lekcja pięćdziesiąta druga

Boże Narodzenie ①

1 – Za **mie**siąc **świę**ta ②. **Ja**kie **ma**cie **pla**ny?
2 – O, nic specjal**ne**go.
3 – Na Wi**gi**lię ③ **idzie**cie jak **zwy**kle do rod**zi**ców?
4 – Tak. A w **pier**wszy dzień świąt ④, do **teś**ciów ⑤.
5 – **Wi**dzę, że trzy**ma**cie się ⑥ tra**dy**cji.
6 A jak spę**dza**cie **dru**gi dzień świąt?
7 – Zapro**si**liśmy przy**ja**ciół ⑦. A wy?

Prononciation
***bo**jè naro**dzè**gnè **1** … **myè**s'o'nts **s'fyèn**ta … **pla**né **3** … vi**gui**lyè … **4** … s'fyo'nt … **tès**'ts'ouf **7** zapro**s'i**lis'mé pché**yats**'ou[ou] …*

Notes

① L'expression utilisée pour *Noël*, **Boże Narodzenie**, signifie littéralement "divine naissance". Le Père Noël, lui, est désigné par le prénom **Mikołaj**, mais pour les petits Polonais, c'est un **dziadek**, *grand-père* : **dziadek Mikołaj**.

② Le singulier de **święta**, *fêtes*, est **święto** (nom neutre).

③ Le mot **Wigilia**, *réveillon*, est ici à l'accusatif, car il suit la préposition **na**. Employé avec une majuscule, il désigne la veille de Noël et le repas solennel servi à cette occasion.

④ Il y a deux jours fériés à Noël, les 25 et 26 décembre. Pour les distinguer, on utilise respectivement **pierwszy**, *premier* et **drugi**, *deuxième* (phrase 6 du dialogue) **dzień świąt**, *jour [de] fêtes*. Ce dernier mot, issu de **święto**, *fête*, est au génitif ▸

Noël

1 – Dans un mois, [ce sont les] fêtes. Quels plans avez-vous *(Quels avez plans)* ?
2 – Oh, rien [de] spécial.
3 – Pour [le] réveillon de Noël, vous allez comme d'habitude chez [tes] parents ?
4 – Oui. Et à Noël *(premier jour [de] fêtes)*, chez [mes] beaux-parents.
5 – Je vois que vous respectez *(tenez vous)* les traditions.
6 Et comment passez-vous le 26 décembre *(deuxième jour [de] fêtes)* ?
7 – Nous avons invité des amis. Et vous ?

pluriel. Remarquez l'absence de terminaison, phénomène très fréquent pour ce cas, ainsi que le changement **ę/ą**.

⑤ Certains noms de personnes au pluriel (membres de la famille, noms propres) se terminent en **-owie**, comme ici **teściowie**, *beaux-parents*.

⑥ Le verbe **trzymać się**, *se tenir*, *s'en tenir à*, a de nombreux usages, parmi lesquels *respecter*, *suivre quelque chose*. Il est alors suivi du génitif. On dit **trzymać się instrukcji**, *respecter les instructions*, **planu**, *le plan*, etc.

⑦ Le verbe **zaprosić**, *inviter*, exige l'emploi de l'accusatif ; d'où, au pluriel, **przyjaciół**, issu de **przyjaciele**, *amis*. Comme c'est aussi la forme du génitif, il y a absence de terminaison (note 4), en plus du changement **e/ó**. Ajoutons que **przyjaciel** désigne un ami plus intime que **kolega**.

52 **8** – My bę**dzie**my w tym **ro**ku da**le**ko od ro**dzi**ny.
9 Je**dzie**my w **pod**róż doo**ko**ła **świa**ta.
10 – Ach tak? A co ro**dzi**ce? Nie są zawie**dze**ni?
11 – **Tro**chę. Ale obie**ca**liśmy, że pój**dzie**my do nich na Wiel**ka**noc. □

***9** … doo**ko**wa s'**fya**ta **10** … zavyè**dzè**gni **11** … obyè**tsa**lis'mé …*

***

Ćwiczenie pierwsze – Proszę przetłumaczyć

❶ Na Boże Narodzenie idziemy do rodziców. ❷ Zaprosiliśmy kolegów na kolację. ❸ Za miesiąc Wielkanoc, co robicie? ❹ Lubię święta, ale nie lubię gotować. ❺ Muszę zadzwonić do teściów.

***

Ćwiczenie drugie – Wpisać brakujące słowa

❶ À Pâques, nous avons invité mes beaux-parents.
Na . . . . zaprosiliśmy . . . .

❷ Où passez-vous le réveillon de Noël *(en)* cette année ?
Gdzie . . . . Wigilię . tym . . . . ?

❸ Un voyage autour du monde, c'est mon rêve.
. . . . . . dookoła . . . . . . to . . . . marzenie.

❹ Dans un mois, [c'est] Noël, comme le temps passe !
. . miesiąc . . . . Narodzenie, . . . ten . . . . leci!

❺ Avez-vous des projets pour les fêtes ?
. . . . . jakieś . . . . . na . . . . . . ?

8 – Nous serons *(en)* cette année loin de la famille.
9 Nous allons en voyage autour [du] monde.
10 – Ah oui ? Et *(que)* [tes] parents ? Ne sont-ils pas déçus ?
11 – Un peu. Mais nous avons promis que nous irions *(irons)* chez eux à Pâques.

***

Corrigé de l'exercice 1

❶ À Noël, nous allons chez mes parents. ❷ Nous avons invité des amis à dîner. ❸ Dans un mois, [c'est] Pâques, que faites-vous ? ❹ J'aime les fêtes, mais je n'aime pas cuisiner. ❺ Je dois téléphoner à mes beaux-parents.

***

Corrigé de l'exercice 2

❶ – Wielkanoc – teściów ❷ – spędzacie – w – roku ❸ Podróż – świata – moje – ❹ Za – Boże – jak – czas – ❺ Macie – plany – święta

Tradition catholique oblige, les Polonais attachent une grande importance aux fêtes religieuses, qu'ils passent généralement en famille.
À Noël, c'est surtout **Wigilia**, *le* Réveillon, *qui donne l'occasion de se réunir autour d'un traditionnel repas du même nom. La coutume veut que l'on prépare 12 plats pour la circonstance, un pour chacun des Apôtres ! Même si dans les faits, ce nombre est rarement respecté, on essaie de proposer plusieurs mets traditionnels, toujours sans viande : carpe, harengs, soupe de champignons, pâtes au pavot…*

53 Lekcja pięćdziesiąta trzecia

Wyjazd ①

1 – Gdzie spę**dza**cie wa**ka**cje?
2 – W **lip**cu le**ci**my ② do Włoch ③, a w **sier**pniu bę**dzie**my na wsi ④.
3 – Nie bo**i**cie się ⑤ wy**jeż**dżać na tak **dłu**go?
4 – Nie. Dla**cze**go?
5 – **Dzie**ci też z **wa**mi **ja**dą?
6 – Oczy**wiś**cie, je**dzie**my **wszy**scy **ra**zem.

Prononciation
*v**é**yast **2** v **lip**tsou lèts[i]**i**mé do vouoH a f **s**[i]**è**rpgnou … fs[i]i **3** … bo'**its**[i]è … vé**yè**jdjats[i] …*

Notes

① Le terme *départ* a plusieurs équivalents en polonais. En plus de **wyjazd** – qui concerne plutôt les personnes –, vous trouverez **odjazd**, à propos d'un train, par exemple. Sachez aussi que dans un aéroport, vous verrez le terme **odlot** car, pour les voyages en avion, on emploie un verbe particulier (voir note suivante). Le contraire, *l'arrivée*, est **przyjazd**, pour les deux premiers et **przylot**, pour le troisième.

② Le verbe **lecieć** prend ici son véritable sens de déplacement dans l'air. Il fait partie du groupe de verbes de mouvement qui, ▸

À **Pâques**, Wielkanoc, *on a l'habitude de partager les œufs, mais aussi d'en décorer ! Il est donc normal que ces* **pisanki** *(les* œufs peints*) occupent une bonne place dans l'art populaire. Enfin, le lundi de Pâques connaît une attraction toute particulière,* **śmigus dyngus**, *qui signifie plus ou moins* arrosage. *Le nom parle de lui-même... Ajoutons que la tradition ne précise pas quelle est la quantité d'eau à verser sur ses proches ou ses amis !*

Deuxième vague : 3e leçon

Cinquante-troisième leçon 53

Le départ

1 – Où passez-vous les vacances ?
2 – En juillet, nous allons *(volons)* en Italie et en août, nous serons à la campagne.
3 – N'avez-vous pas peur [de] partir pendant *(pour)* si longtemps ?
4 – Non. Pourquoi ?
5 – Les enfants partent aussi avec vous *(aussi avec vous vont)* ?
6 – Bien sûr, nous [y] allons tous ensemble.

comme vous le savez, sont très spécifiques en polonais. Par conséquent, si vous voyagez en avion, vous direz toujours **lecę** et non pas **jadę**.

③ *L'Italie* se dit **Włochy**. C'est un pluriel, ce qui pour un nom de pays, est assez exceptionnel en polonais. La forme du génitif est donc **Włoch**.

④ **Wieś**, *la campagne*, apparaît ici au locatif : **wsi**.

⑤ Dans la conjugaison au présent du verbe pronominal **bać się**, *avoir peur*, la lettre **i** est remplacée par **j** à la 1re personne du singulier et la 3e du pluriel.

7 – A mieszk**a**nie? **Bę**dzie **ca**ły czas **pus**te?
8 – Nie, zosta**wia**my **klu**cze Nowa**ko**wi ⑥.
9 Będzie tu **miesz**kał **je**go syn.
10 – A jak **bę**dzie **ja**kaś a**wa**r**i**a, **al**bo **po**żar?
11 – To **zro**bi, co my **byś**my ⑦ zro**bi**li: zadz**wo**ni po straż po**żar**ną!

***8** … **klou**tchè … **9** … sén **10** … ava**r**ya … **po**jar **11** … strach po**jar**non*

Notes

⑥ Après **zostawiać**, *laisser* à quelqu'un (complément d'objet indirect), le nom se met au datif, d'où **Nowakowi**.

***

Ćwiczenie pierwsze – Proszę przetłumaczyć

❶ Od dawna chciałbym mieszkać na wsi. ❷ W lipcu dzieci jadą za granicę. ❸ Wiesz przecież, że nie lubię wyjeżdżać zimą. ❹ Dlaczego boicie się jechać do Włoch? ❺ Zostawiłem klucze sąsiadowi.

***

Ćwiczenie drugie – Wpisać brakujące słowa

❶ J'ai acheté *(fém.)* une belle maison à la campagne.
. . . . piękny . . . na . . . .

❷ En août, il y a d'habitude beaucoup de monde *(gens)*.
W . . . . jest . . . . . . dużo . . . . . .

❸ J'espère *(ai espoir)* que vous n'avez pas peur de rester à l'hôpital.
. . . nadzieję, . . nie . . . . . . się . . . . . . w . . . .

7 – Et l'appartement ? Il sera tout le temps vide ?
8 – Non, nous laissons les clés [à] Nowak.
9 Son fils habitera ici *(ici habitera son fils)*.
10 – Et s'il y a *(sera)* une *(quelconque)* panne ou un incendie ?
11 – Alors il fera ce que nous ferions : il téléphonera aux *(pour)* pompiers !

⑦ La particule **by**, caractéristique du conditionnel, accompagnée des terminaisons verbales **-m**, **-ś**, **Ø**, **-śmy**, **-ście**, **Ø**, est parfois détachée du verbe. Comme vous le voyez dans la phrase, cela arrive généralement dans une subordonnée. Nous y reviendrons.

***

Corrigé de l'exercice 1

❶ Depuis longtemps, je *(voudrais)* veux habiter à la campagne. ❷ En juillet, les enfants vont à l'étranger. ❸ Tu sais pourtant que je n'aime pas partir en hiver. ❹ Pourquoi avez-vous peur d'aller en Italie ? ❺ J'ai laissé les clés au voisin.

***

❹ Je ne me souviens pas où sont les clés.
. . . pamiętam, ... są . . . .

❺ Je dois téléphoner aux pompiers.
. . . . . zadzwonić . . straż . . . .

Corrigé de l'exercice 2

❶ Kupiłam – dom – wsi ❷ – sierpniu – zwykle – ludzi ❸ Mam – że – boicie – zostać – szpitalu ❹ Nie – gdzie – klucze ❺ Muszę – po – pożarną

Deuxième vague : 4e leçon

54 Lekcja pięćdziesiąta czwarta

Telefon do szefa

1 – **Ha**lo, **pa**ni **Ha**nia? Tu Ko**wal**ski.
2 Czy **mógł**bym ① roz**ma**wiać z ② kierow**ni**kiem ③?
3 – Tak, już **łą**czę (…) Nikt nie odpo**wia**da.
4 Niech pan spró**bu**je za pół go**dzi**ny. (…)
5 – **Ha**lo, to **zno**wu ja. Czy szef ④ już jest?
6 – **Przy**kro mi, **a**le kie**row**nik jest **te**raz na zebr**a**niu ⑤.
7 – **Trud**no, to zadz**wo**nię po po**łud**niu.

Prononciation
*2 … **moug**[ou]**bém** … **3** … **won**tchè … otpo**vya**da **4** … sprou**bou**yè … pou[ou] … **7** … zadz**vo**gnè … po**woud**gniou*

Notes

① Après le féminin **mogłabym**, *je pourrais*, rencontré en leçon 51 en phrase 9 du dialogue, voici le masculin **mógłbym** (voir leçon 51, note 5). Remarquez le changement **o/ó**, dû à la différence entre **mogła**, *elle a pu*, et **mógł**, *il a pu*.

② Pour demander à *parler à quelqu'un au téléphone*, vous pouvez remplacer **mówić** par **rozmawiać**. N'oubliez pas d'utiliser la préposition **z**, *avec*, + instrumental. Pour commencer la phrase, vous pouvez aussi dire **czy mogę**, *puis-je*, ou simplement **chciałbym/chciałabym**, *je voudrais*.

③ Dans une institution, **kierownik** désigne le *responsable d'un service* ou *d'un secteur* (ce mot est plus ou moins synonyme de **szef** en plus protocolaire). Il dépend hiérarchiquement du *directeur* qui se dit, rappelons-le, **dyrektor**. ▸

Un coup de fil *(téléphone)* au patron

1 – Allô, madame Hania ? Ici Kowalski.
2 Est-ce que je pourrais parler au *(avec)* patron ?
3 – Oui, je vous le passe *(déjà joins)* (…) Personne ne répond.
4 Essayez *(Que monsieur essaie)* dans une demi-heure. (…)
5 – Allô, c'est encore *(de-nouveau)* moi. Est-ce que le patron est *(déjà est)* [là] ?
6 – Désolée *(Désagréablement à-moi)*, mais le patron est actuellement en réunion.
7 – Tant pis *(Difficilement)*, alors je vais téléphoner [dans] l'après-midi.

④ Le terme **szef**, *patron*, *chef*, est très large : il prend souvent, comme ici, un sens légèrement familier, comme dans l'anglais ***boss***. On l'emploie généralement pour indiquer la personne qui dirige ou commande, quel que soit le domaine institutionnel (entreprise, appareil d'État, armée, etc.).

⑤ Avec le verbe *être*, la préposition **na** indique un lieu où l'on se trouve. C'est donc tout naturellement qu'elle entraîne le locatif, ici **zebraniu**, *réunion*, dérivé de **zebranie**.

8 – Niech pan **chwi**lę za**cze**ka.
9 **Za**raz za**py**tam, o **któ**rej **bę**dzie.
10 – Nie **trze**ba. To nic pil**ne**go.
11 Spró**bu**ję zadz**wo**nić **tro**chę **póź**niej. □

*11 … **pouz**'gneille*

***

Ćwiczenie pierwsze – Proszę przetłumaczyć

❶ Spróbuję to zrobić później. ❷ Nie mogę teraz rozmawiać, jestem na zebraniu. ❸ Wyjeżdżamy jutro po południu. ❹ Nikt nie rozumie, o co chodzi. ❺ Widziałam go pół godziny temu.

***

Ćwiczenie drugie – Wpisać brakujące słowa

❶ Je voudrais parler à Marek.
Chciałbym . . . . z . . . .

❷ La réunion est dans l'après-midi.
. . . . jest . . południu.

❸ Personne ne sait où est le responsable.
. . . . nie . . . , gdzie . . . . kierownik.

❹ Essayez de mettre une nouvelle pile.
. . . . . pan . . . . włożyć . . . . baterię.

❺ Le déjeuner est dans une demi-heure.
Obiad . . . . za . . . godziny.

8 – Attendez un instant *(Que monsieur instant attendra)*.
9 Je vais demander tout de suite *(Tout-de-suite vais-demander)* à quelle [heure] il sera [là].
10 – [Ce] n'est pas nécessaire. Cela [n'a] rien [d'] urgent.
11 J'essaierai de téléphoner un peu plus tard.

***

Corrigé de l'exercice 1

❶ Je vais essayer de le faire plus tard. ❷ Je ne peux pas parler maintenant, je suis en réunion. ❸ Nous partons demain après-midi. ❹ Personne ne comprend de quoi il s'agit. ❺ Je l'ai vu il y a une demi-heure.

***

Corrigé de l'exercice 2

❶ – rozmawiać – Markiem ❷ Zebranie – po – ❸ Nikt – wie – jest – ❹ Niech – spróbuje – nową – ❺ – jest – pół –

Deuxième vague : 5e leçon

55 Lekcja pięćdziesiąta piąta

Prośba

1 – Dzień **do**bry. **Dzwo**nię z **ma**łą **proś**bą.
2 – **Słu**cham, o co **cho**dzi ①?
3 – **Żo**na postano**wi**ła **zro**bić **re**mont ②
mieszk**ka**nia:
4 malo**wa**nie, wy**mia**na ka**fel**ków w
ła**zien**ce…
5 – Ro**zu**miem, **wie**le ③ **ko**biet u**wiel**bia
zaj**mo**wać się ④ **do**mem.
6 – Tak, **a**le chce, **że**bym ⑤ jej **po**mógł.
7 – Ma **ra**cję. To wy**ma**ga wy**sił**ku ⑥.
8 – No **właś**nie. Chce, **że**bym wziął **kil**ka dni
ur**lo**pu.

Prononciation

proz^{i}*ba* ***3*** *…* ***rè****mo'nt …* ***4*** *… ka****fèl****kouf …* ***5*** *…* ***vyè****lè …*
*zaill****mo****vats*^{i} *…* ***6*** *…* ***po****moug*^{ou} ***7*** *… vé****s***^{i}***i****wkou*

Notes

① Retenez bien cet emploi idiomatique de **chodzić**, *aller à pied*. Toujours employé à la 3e personne du singulier et suivi de la préposition **o**, *de* + accusatif, il correspond à *il s'agit de*. Pour vous en souvenir, pensez à l'expression française équivalente *il y va de*.

② Pour désigner *l'ensemble des travaux de rénovation* ou *de réparation*, on emploie un nom masculin au singulier, **remont**. Il s'applique à de nombreux domaines : immeubles, installations, routes, véhicules, etc.

③ Après **wiele**, tout comme après son synonyme **dużo**, *beaucoup*, le verbe se met au singulier, à l'inverse du français. ▸

Une demande

1 – Bonjour. Je téléphone au sujet *(avec)* [d'une] petite requête.
2 – J'écoute, de quoi s'agit-il ?
3 – [Ma] femme a décidé [de] faire des travaux [dans l']appartement :
4 peinture, changement [de] carrelage dans [la] salle de bains…
5 – Je comprends, beaucoup [de] femmes adore[nt] s'occuper de la maison.
6 – Oui, mais elle veut que je l'aide.
7 – Elle a raison. Cela exige [des] effort[s].
8 – Eh bien, justement. Elle veut que je prenne quelques jours [de] congé.

▸ ④ **zajmować się**, *s'occuper de*, exige l'emploi de l'instrumental, d'où la forme **domem**, *maison*.

⑤ Revoilà la particule **by** + la terminaison verbale, qui se joint cette fois-ci à **że**, *que*. Le tout, accompagné du verbe au passé, permet notamment d'introduire une subordonnée indiquant un souhait.

⑥ Le complément d'objet qui suit **wymagać**, *exiger*, se met au génitif. De nouveau, le **e** de la terminaison de **wysiłek**, *effort*, disparaît pour donner **wysiłku**.

9 – Hm, to się **bar**dzo źle **skła**da. **Du**żo **lu**dzi jest na zwol**nie**niu.
10 Praw**dzi**wa epi**de**mia. **Ża**łuję **bar**dzo, **a**le w tej **chwi**li, to niemoż**li**we.
11 – To **świe**tnie! **Po**wiem **żo**nie.
12 **Za**wsze wie**dzia**łem, że **mo**gę na **pa**na **li**czyć! □

10 … jawouyè … 12 … litchéts[i]

***

Ćwiczenie pierwsze – Proszę przetłumaczyć

❶ Nie można na ciebie liczyć. ❷ Uwielbiam chodzić do teatru. ❸ Mam wielką prośbę: chodź ze mną. ❹ Dokąd jedziesz na urlop? ❺ Malowanie to prawdziwa przyjemność.

***

Ćwiczenie drugie – Wpisać brakujące słowa

❶ Tu peux compter sur moi.
Możesz . . mnie . . . .

❷ [Ma] femme adore manger au restaurant.
Żona . . . . jeść . restauracji.

❸ Je regrette, mais je ne peux pas t'aider.
. . . . , ale . . . mogę . . pomóc.

❹ Je ne travaille pas, je suis en arrêt.
Nie . . . . , jestem . . zwolnieniu.

❺ Où avez-vous décidé d'aller en vacances ?
. . . . . pani . . . . pojechać . . wakacje?

9 – Hum, ça tombe très mal *(se très mal compose)*. Beaucoup [de] gens sont *(est)* en arrêt.
10 Une véritable épidémie. Je regrette beaucoup, mais en ce moment, ce [n'est] pas possible.
11 – Parfait*(ement)* ! Je [le] dirai [à ma] femme.
12 J'ai toujours su que je pouvais *(peux)* compter sur vous *(sur monsieur compter)* !

***

Corrigé de l'exercice 1

❶ On ne peut pas compter sur toi. ❷ J'adore aller au théâtre. ❸ J'ai une grande requête : viens avec moi. ❹ Où vas-tu en congé ? ❺ La peinture est un véritable plaisir.

***

Corrigé de l'exercice 2

❶ – na – liczyć ❷ – uwielbia – w – ❸ Żałuję – nie – ci – ❹ – pracuję – na – ❺ Gdzie – postanowiła – na –

Deuxième vague : 6ᵉ leçon

56 Lekcja pięćdziesiąta szósta

Powtórka – Révision

1 Les cas

Vous êtes maintenant relativement familiarisé avec l'utilisation des cas dans une phrase. Nous avons déjà revu leur emploi après différentes prépositions en leçon 35. Mais, comme vous le savez, on les utilise aussi après les verbes sans préposition. Récapitulons donc ce que vous savez sur le sujet.

1.1 L'accusatif

Nous commençons par l'accusatif, car c'est lui que l'on trouve généralement dans une phrase affirmative à la suite d'un verbe transitif. C'est le cas du complément d'objet direct. Parmi les très nombreux verbes concernés, citons :

mieć, *avoir*	**lubić**, *aimer*
czytać, *lire*	**pić**, *boire*
jeść, *manger*	**robić**, *faire*
kupować, *acheter*	**widzieć**, *voir*, etc.

1.2 Le génitif

N'oubliez surtout pas que, dans une phrase négative, le génitif remplace l'accusatif. Ainsi, on dit : **mieć dom**, *avoir une maison*, **mieć pracę**, *avoir un travail*, etc. mais **nie mieć domu**, **pracy**, etc., *ne pas avoir de maison*, *de travail*, etc.
Quelques verbes sont cependant toujours suivis du génitif, même à la forme affirmative :

bać się, *avoir peur*	**potrzebować**, *avoir besoin*
słuchać, *écouter*	**szukać**, *chercher*
wymagać, *exiger*, etc.	

1.3 Le datif

Il correspond au complément d'objet indirect, après des verbes tels que :

dawać, *donner*	**pokazywać**, *montrer*
podobać się, *plaire*	**służyć**, *être utile*

1.4 L'instrumental

Nous l'avons rencontré en fonction d'attribut après : **być**, *être* et **zostać**, *devenir* : **Jestem (chcę zostać) aktorką, lekarzem**, *Je suis (je veux devenir) actrice, médecin*. Notez toutefois qu'après l'expression **to jest**, *c'est*, on emploie le nominatif : **to jest aktorka, lekarz**.
Citons encore deux autres verbes suivis de l'instrumental :
zajmować się, *s'occuper de* ;
interesować się, *s'intéresser à*.

2 Les verbes au présent

Vous connaissez déjà beaucoup de verbes au présent mais, jusqu'ici, nous n'avons pas fait de présentation systématique des différentes conjugaisons. Vous savez déjà qu'il y en a trois, d'après les terminaisons au présent de la 1re et de la 2e personne du singulier. Pour certains verbes, il est nécessaire également de connaître la 3e personne du pluriel.
Voici le récapitulatif des terminaisons de chaque conjugaison à toutes les personnes :

Personnes	Conjugaisons		
	1re	2e	3e
(ja)	**-ę**	**-ę**	**-m**
(ty)	**-esz**	**-isz/-ysz**	**-sz**

(on, ona, ono)	**-e**	**-i/-y**	**ø**
(my)	**-emy**	**-imy/-ymy**	**-my**
(wy)	**-ecie**	**-icie/-ycie**	**-cie**
(oni, one)	**-ą**	**-ą**	**-ją/-dzą**

Comme vous voyez, si l'on veut savoir utiliser un verbe polonais, il n'est pas suffisant, comme en français, de prendre uniquement en compte la forme de l'infinitif. Prenons l'exemple de **czytać**, *lire*, et **pisać**, *écrire*, dont la terminaison est identique. Le premier, qui fait **czytam**, *je lis*, **czytasz**, *tu lis*, etc., appartient à la 3e conjugaison et le second, **piszę**, *j'écris*, **piszesz**, *tu écris*, etc., à la 1re. Mais soyez sans crainte, on s'y habitue vite et, de toute façon, nous sommes là pour vous aider et nous vous indiquerons désormais le modèle des verbes dont la conjugaison peut s'avérer problématique.

***

Dialog-powtórka

1 – Przepraszam, śpieszy mi się.
2 – To normalne, rozumiem.
3 Za miesiąc święta.
4 – To nie o to chodzi.
5 Idę rozmawiać z kierownikiem.
6 – To coś pilnego?
7 – Chciałbym kilka dni urlopu.
8 Kasia wychodzi za mąż.
9 A wy gdzie spędzacie Boże Narodzenie?
10 – Ja i dzieci będziemy na wsi.
11 Mąż postanowił zrobić remont mieszkania.
12 – Co ty opowiadasz, w Boże Narodzenie!
13 Czy to takie ważne?

Un autre petit problème est lié au changemcnt de certaines lettres. Mais encore une fois, à force de voir ces formes dans les phrases, vous les retiendrez, soyez-en sûr.
Voici un petit rappel de quelques verbes qui présentent de légères transformations :

móc	**móc**	**iść**	**jechać**
pouvoir	*avoir peur*	*aller à pied*	*aller en véhicule*
mogę	**boję się**	**idę**	**jadę**
możesz	**boisz się**	**idziesz**	**jedziesz**
może	**boi się**	**idzie**	**jedzie**
możemy	**boimy się**	**idziemy**	**jedziemy**
możecie	**boicie się**	**idziecie**	**jedziecie**
mogą	**boją się**	**idą**	**jadą**

***

Traduction

1 Excuse-moi, je suis pressé *(presse à-moi se)*. **2** C'[est] normal, je comprends. **3** Dans un mois [ce sont les] fêtes. **4** Ce n'[est] pas de cela [qu'] il s'agit. **5** Je vais parler au responsable. **6** C'[est] *(quelque-chose d')*urgent ? **7** Je voudrais quelques jours [de] congé. **8** Kasia se marie *(sort pour mari)*. **9** Et vous, où passez-vous Noël ? **10** Moi et les enfants, nous serons à la campagne. **11** [Mon] mari a décidé [de] faire des travaux [dans l']appartement. **12** Qu'est-ce que tu racontes à Noël ! **13** C'est si important ?

Deuxième vague : 7e leçon

57 Lekcja pięćdziesiąta siódma

Malarstwo nowoczesne

1 – **Ro**bi się **ciem**no ①, wra**caj**my.
2 – Na**praw**dę chcesz już **wra**cać do **do**mu?
3 Nie chcesz skor**zy**stać z wol**ne**go popo**łud**nia ②?
4 Tak **rzad**ko jes**teś**my **sa**mi ③.
5 – To fakt. Więc co propo**nu**jesz?
6 – Znasz tę ga**le**rię? **Ma**rek wys**ta**wia tu **swo**je ④ ob**ra**zy.
7 – No **do**brze, **chodź**my. **A**le ja i ma**lar**stwo ⑤ nowo**cze**sne… (…)

Prononciation
*ma**lar**stfo novo**tchès**nè* **1** … ***ts'èm**no vrat**saill**mé* **3** … *sko**jés**tats'* … **4** … ***jat**ko* …

Notes

① L'adverbe **ciemno**, *sombrement*, s'emploie généralement dans des tournures impersonnelles. Utilisée avec la forme pronominale du verbe *faire*, **robi się ciemno**, l'expression indique que *le jour commence à baisser*. De la même manière, on dit **robi się zimno**, *il commence à faire froid.*

② Remarquez que **popołudnia**, *après-midi*, génitif de **popołudnie**, est écrit en un seul mot, contrairement à **po południu** (leçon 54, phrase 7). En effet, le premier terme est un nom neutre, alors que le second est un complément de temps, composé de la préposition **po**, *après*, et du locatif de **południe**, *midi.*

③ Vous savez déjà qu'à l'inverse du singulier qui connaît trois genres, le pluriel en distingue deux : le masculin personnel et les autres. Le premier comprend également les groupes ▸

La peinture moderne

1 – Il commence à faire nuit *(Fait se sombrement)*, rentrons.
2 – Vraiment, tu veux déjà rentrer à la maison ?
3 Tu ne veux pas profiter de [cet] après-midi libre *(libre après-midi)* ?
4 [C'est] si rare*(ment)* [que] nous soyons *(sommes)* tout seuls.
5 – C'est un fait. Alors, qu'est-ce que tu proposes ?
6 – Tu connais cette galerie ? Marek expose ses tableaux ici.
7 – Eh bien, allons-y. Mais moi et la peinture moderne… (…)

mixtes, à condition qu'il y ait au moins un homme (tant pis pour la parité homme-femme !). Ainsi **sami**, *seuls*, s'oppose à **same**, qui peut s'appliquer aussi bien aux femmes qu'aux objets ou animaux des trois genres.

④ Lorsque le possessif se rapporte au sujet de la phrase, on utilise un terme spécifique, ici au pluriel (non masculin personnel) : **swoje**. Commun à toutes les personnes, il remplace les formes **moje**, *mes* ; **twoje**, *tes*, etc. : **Wystawiam swoje obrazy**, *J'expose mes tableaux*, **Wystawiasz swoje obrazy**, *Tu exposes tes tableaux*, etc.

⑤ Tandis que **malowanie** (leçon 55) désigne *l'action de peindre* en général, **malarstwo** relève du seul domaine artistique. C'est toujours un terme abstrait. Pour un *tableau*, on emploie **obraz** (voir phrase 6).

8 – Hm... Co to **mo**że być?
9 – **Mo**że to wschód ⑥ **słoń**ca?
10 – Nie, to **ra**czej **za**chód. Znam **do**brze **Mar**ka.
11 Wiem, że **nig**dy nie **wsta**je przed po**łud**niem!

***9** ... fsHout **souogn**tsa **10** ... **za**Hout ... **11** ... pchèt ...*

Note

⑥ Est-ce grâce à Copernic que le polonais indique bien que le soleil se lève à l'*est* et se couche à l'*ouest* ? Quoi qu'il en soit, on se sert dans ce cas des deux points cardinaux, qui sont respectivement **wschód** et **zachód** (phrase 10).

***

Ćwiczenie pierwsze – Proszę przetłumaczyć

❶ Nie lubię, jak jest ciemno. ❷ Zobacz, jaki ładny zachód słońca! ❸ To jest na wschód od Warszawy. ❹ Kasia i Tomek są bardzo rzadko sami. ❺ Chciałbym skorzystać z naszego spotkania.

***

Ćwiczenie drugie –Wpisać brakujące słowa

❶ Je ne vois pas, il fait *(est)* trop sombre*(ment)*.
... widze, ... za ....

❷ Est-ce que tu connais bien l'Est de la Pologne ?
Czy ..... dobrze ...... Polski?

❸ Tu n'as jamais d'après-midi de libre *(libre après-midi)* !
... masz ..... wolnego .... !

❹ Il faut profiter de cette occasion.
Trzeba .... z ... okazji.

8 – Hum... Qu'est-ce que ça peut être ?
9 – Peut-être [que] c'est le lever du soleil ?
10 – Non, c'est plutôt le coucher. Je connais bien Marek.
11 Je sais qu'il ne se lève jamais avant midi !

Corrigé de l'exercice 1

❶ Je n'aime pas quand il fait *(est)* sombre*(ment)*. ❷ Regarde, quel joli coucher de soleil ! ❸ C'est à l'est de Varsovie. ❹ Kasia et Tomek sont très rarement seuls. ❺ Je voudrais profiter de notre rencontre.

***

❺ C'est si rare *(rarement)* [que] tu proposes quelque chose d'intéressant.
Tak ...... proponujesz ... ciekawego.

Corrigé de l'exercice 2

❶ Nie – jest – ciemno ❷ – znasz – wschód – ❸ Nie – nigdy – popołudnia ❹ – skorzystać – tej – ❺ – rzadko – coś –

Deuxième vague : 8ᵉ leçon

58 Lekcja pięćdziesiąta ósma

Pogoda ①

1 – **Jes**teś w złym hu**mor**ze. Coś cię **mar**twi ②?
2 – Nie, **ty**lko mam już **do**syć ③ tej po**go**dy.
3 **Cie**bie ④ to nie dener**wu**je?
4 – Jak to nie?! Wiesz **prze**cież, że nie **zno**szę **desz**czu.
5 – Na **ra**zie nie wy**glą**da na to, że przes**ta**nie **pa**dać ⑤.
6 – Słu**cha**łaś prog**no**zy?
7 – Tak. **Wszę**dzie jest tak **sa**mo ⑥.
8 Na po**łud**niu ⑦, wiatr i **zim**no, a na pół**no**cy, **jesz**cze **go**rzej.

Prononciation
*1 ... zouém ... 2 ... **doséts**ʲ ... 7 ... **fchègn**dzʲè ... 8 ... **go**jeille*

Notes

① Le nom féminin **pogoda** est utilisé pour le *temps qu'il fait*. Notez que les qualificatifs les plus courants sont : **ładna**, litt. "joli", **ładna pogoda**, *beau temps*, opposé à **brzydka**, litt. "laid(e)", **brzydka pogoda**, *mauvais temps*.

② Le complément d'objet de **martwić**, *tracasser*, est à l'accusatif, d'où **cię**, *te*. Il s'agit de la forme faible du pronom, que l'on emploie sans insister sur la personne.

③ Tout comme en français, l'adverbe **dosyć**, *assez*, permet aussi de dire que l'on est excédé. Dans les deux langues, on se sert du verbe *avoir* et, en polonais, l'objet de l'agacement se met au génitif : **mam tego dosyć**, *j'en ai assez*. ▸

Le temps

1 – Tu es de *(en)* mauvaise humeur. Quelque chose te tracasse ?
2 – Non, seulement j'[en] ai *(déjà)* assez [de] ce temps.
3 Toi, ça ne [t']énerve pas ?
4 – Comment ça *(non)* ?! Tu sais pourtant que je ne supporte pas la pluie.
5 – Pour le moment, on ne dirait pas *(il ne semble pas à ce)* qu'il va s'arrêter [de] pleuvoir.
6 – Tu as écouté la météo ?
7 – Oui. C'est pareil partout *(Partout est ainsi pareillement)*.
8 Dans le sud, [c'est] le vent et le froid, et dans le nord, [c'est] encore pire.

④ Comme il s'agit ici, à l'inverse de la phrase 1, de bien souligner la personne, l'accusatif du pronom *tu* apparaît sous la forme accentuée **ciebie**.

⑤ Si le contexte est assez explicite, *pleuvoir* peut se dire à l'aide du seul verbe **padać**, *tomber*. Le mot **deszcz**, *pluie*, est alors sous-entendu.

⑥ **tak samo** est une locution adverbiale figée signifiant *pareillement*, *de même*. Remarquez l'utilisation de la forme neutre de **sam**, que vous connaissez comme équivalent de *seul*, mais que nous avons également rencontrée au sens de *pareil* (leçon 33, phrase 10 du dialogue).

⑦ Le mot **południe**, en plus de son sens horaire *midi*, signifie *sud*. Ce double sens concerne également son contraire **północ**, *minuit* et *nord*.

58 9 Po**do**bno **na**wet **pa**dał śnieg.
10 – Śnieg w **ma**ju? Coś podob**ne**go!
11 **Pew**nie to nie**praw**da, co **mó**wią.
12 – Co ta**kie**go?
13 – No, że atmos**fe**ra się o**ciep**la! □

9 … s'gnèk ***10*** *…* ***ma****you*

***

Ćwiczenie pierwsze – Proszę przetłumaczyć

❶ Dlaczego cię to martwi? ❷ Mam dosyć tej pracy. ❸ Na południu Włoch jest zawsze ładna pogoda. ❹ Nie znoszę robić zakupów. ❺ Tak samo jak ty, nie lubię deszczu.

***

Ćwiczenie drugie – Wpisać brakujące słowa

❶ J'aime quand tu es de *(en)* bonne humeur.
. . . . . , jak . . . . . . w . . . . . . humorze.

❷ Ces derniers temps *(Dernièrement)*, tout m'énerve.
Ostatnio . . . . mnie . . . .

❸ Dans le Nord de la France, il pleut très souvent *(très souvent tombe)*.
Na . . . . Francji . . . . . . często . . . . .

❹ Je me sens comme *(ainsi pareillement)* hier.
. . . . . się . . . samo . . . wczoraj.

❺ Tu n'[en] as pas assez [de] cette pluie ?
. . . masz . . . . . tego . . . . ?

9 Il paraît même qu'il a neigé *(tombait neige)*.
10 – De la neige en mai ? Ça alors *(Quelque-chose pareil)* !
11 Ce n'est sûrement pas vrai *(Sûrement cela pas-vérité)*, ce qu'ils disent.
12 – Quoi donc *(Quoi tel)* ?
13 – Eh bien, que l'atmosphère se réchauffe !

***

Corrigé de l'exercice 1

❶ Pourquoi cela te tracasse-t-il ? ❷ J'[en] ai assez [de] ce travail. ❸ Dans le sud de l'Italie, il fait *(est)* toujours beau temps. ❹ Je ne supporte pas [de] faire les courses. ❺ Comme toi, je n'aime pas la pluie.

***

Corrigé de l'exercice 2

❶ Lubię – jesteś – dobrym – ❷ – wszystko – denerwuje ❸ – północy – bardzo – pada ❹ Czuję – tak – jak – ❺ Nie – dosyć – deszczu

La Pologne bénéficie d'un climat continental, assez stable, avec des saisons bien marquées et peu de différences entre le Nord et le Sud. **Lato**, l'été, *est certainement la meilleure saison pour visiter le pays. En juillet-août, les températures moyennes de Varsovie varient entre 17 et 20 °C, mais il peut faire très chaud, jusqu'à 30 °C.* **Wiosna**, le printemps, *est généralement ensoleillé, souvent déjà chaud, même si à la mi-mai, vous verrez parfois le retour du*

59 Lekcja pięćdziesiąta dziewiąta

Dom towarowy ①

1 – Ale tłok! **Gdy**bym **wie**dział ②, że **bę**dzie **ty**le **lu**dzi…
2 – O, to **jesz**cze nic. Naj**go**rzej jest w so**bo**tę.
3 – To od **cze**go zaczy**na**my?
4 – **Mo**ment, **mu**szę się zasta**no**wić ③…
5 A, **ko**ło **scho**dów ④ jest ta**bli**ca informa**cyj**na.
6 – Po**jedź**my **win**dą ⑤, **bę**dzie **szyb**ciej.

Prononciation
*4 **mo**mènt … 5 … **ko**wo **sHo**douf … ta**bli**tsa i'nforma**tséill**na*
*6 … **vi'n**don … **chépts**ⁱeille*

Notes

① Pour désigner un *grand magasin*, on utilise la tournure **dom towarowy**, litt. "maison de marchandise", où le deuxième terme est un adjectif dérivé du nom **towar**. C'est un procédé que vous connaissez bien maintenant. Vous pourrez donc facilement citer quelques adjectifs en **-owy**, n'est-ce pas ?

② Dans une phrase hypothétique, les deux propositions se mettent au conditionnel. Toutefois, comme vous le savez, la terminaison du conditionnel (**by** + la désinence personnelle) est mobile. De ce fait, dans la subordonnée introduite par **gdy**, ▸

gel. **Jesień**, l'automne, *est souvent beau et sec avec une arrière-saison,* **babie lato** – *ou* été indien. *Enfin* **zima**, l'hiver, *est très froid (de - 5 à - 15 °C) et très enneigé. Les montagnes, surtout au-dessus de 2 000 m, sont couvertes de leur manteau neigeux d'octobre à mai. En somme, il y en a pour tous les goûts !*

Deuxième vague : 9e leçon

Cinquante-neuvième leçon 59

Le grand magasin

1 – Quelle cohue ! Si j'avais su qu'il y aurait *(aura)* autant [de] monde *(gens)*…
2 – Oh, ce n'est *(encore)* rien. Le pire, c'est le *(en)* samedi.
3 – Alors, par *(de)* quoi commençons-nous ?
4 – Un moment, je dois réfléchir…
5 Ah, à côté de l'escalier, il y a un panneau d'information.
6 – Prenons *(Allons)* l'ascenseur, [ce] sera plus rapide *(vite)*.

si, elle se détache du verbe pour se joindre à la conjonction. Cela aboutit ici à **gdybym wiedział**, *si je savais*. Il en résulte que, dans ce type de phrases, le verbe est toujours à la 3e personne du passé.

③ Remarquez que **zastanowić się**, *réfléchir*, est un verbe pronominal.

④ **schody**, *escalier*, ne s'emploie qu'au pluriel, ce qui explique la forme du génitif **schodów**.

⑤ Le moyen de transport, ici **winda**, *ascenseur*, se met à l'instrumental lorsqu'il est employé après le verbe *aller*, d'où **pojechać** (perfectif) **windą**.

7 – Po**cze**kaj ⑥! Więc tak, **par**ter: perfu**me**ria, bie**li**zna, galan**te**ria skó**rza**na…
8 **pier**wsze **pię**tro: **o**dzież **dam**ska ⑦, **dru**gie **pię**tro: **o**dzież **mę**ska,
9 **trze**cie: za**baw**ki, **czwar**te: sprzęt do**mo**wy, **pią**te…
10 – Uf, **a**le tu go**rą**co. **Chodź**my od **ra**zu na **pier**wsze **pię**tro.
11 – Nie, po**cze**kaj. **Mu**szę **ku**pić **kil**ka **rze**czy na par**te**rze: **kos**tium kąpie**lo**wy, **szmin**ka…
12 – **Mo**że po**win**niśmy po**cze**kać na prze**ce**nę? □

*7 … gala'n**tè**rya skou**ja**na **8** … **pyèn**tro **o**dz'èch **da'm**ska … **min**ska **9** … za**baf**ki … spchènt … **11** … **kos**tyoum … **chmi'n**ka*

Notes

⑥ **poczekaj!** *attends !* est l'impératif de **poczekać**. Ce verbe s'emploie comme synonyme de **zaczekać** (leçon 54, phrase 8).

⑦ L'adjectif **damski**, ici au féminin **damska**, *pour dames*, concerne principalement le domaine de la mode. Son contraire, **męski**, a un sens plus général, signifiant aussi bien *pour hommes* que *masculin* (dans son usage grammatical, par exemple).

***

Ćwiczenie pierwsze – Proszę przetłumaczyć

❶ Jeszcze nie jestem gotowy, musisz chwilę poczekać. ❷ Nie możesz jeść szybciej!? ❸ Jedźmy od razu na czwarte piętro. ❹ Powinniśmy najpierw zapytać, gdzie jest winda. ❺ Bielizna i perfumy są na parterze.

7 – Attends ! *(ainsi)* Rez-de-chaussée : parfumerie, lingerie, maroquinerie *(articles de-cuir)*…
8 premier étage : vêtements [pour] dames, deuxième étage : vêtements [pour] hommes,
9 troisième : jouets, quatrième : équipement ménager, cinquième…
10 – Ouf, comme il fait chaud ici *(comme ici chaud)* ! Allons tout de suite au premier étage.
11 – Non, attends. Je dois acheter quelques trucs *(choses)* au rez-de-chaussée : maillot de bain, rouge à lèvres…
12 – Peut-être devrions-nous attendre *(pour)* les soldes ?

***

Corrigé de l'exercice 1

❶ Je ne suis pas encore prêt, tu dois attendre un peu. ❷ Tu ne peux pas manger plus vite !? ❸ Allons tout de suite au quatrième étage. ❹ Nous devrions d'abord demander où est l'ascenseur. ❺ La lingerie et la parfumerie sont au rez-de-chaussée.

59 Ćwiczenie drugie – Wpisać brakujące słowa

❶ Attends un moment, *(tout de suite)* je m'habille [tout de suite].
. . . . chwilę, ... się . . . .

❷ Je suis fatiguée, je ne peux pas marcher *(aller)* plus vite.
Jestem . . . . , nie . . . . iść . . . .

❸ Viens avec moi au troisième étage.
. . . . . ze . . . na . . . . piętro.

❹ La salle de bains est à côté de l'escalier.
. . . . jest . . . . schodów.

***

Comme en français, les emprunts à d'autres langues sont très nombreux en polonais. L'un des domaines les plus représentatifs est celui de la mode. Beaucoup de mots viennent de l'anglais : **sweter**, pull *;* **blezer**, blazer *;* **dżinsy**, jean. *Le français, lui, a donné* **beret**, béret *;* **kostium**, costume *;* **krawat**, cravate *;* **peleryna**, pèlerine *;* **palto**, manteau, **piżama**, pyjama, *ou* **żakiet**, jaquette.
Comme vous pouvez le constater, les mots empruntés s'écrivent généralement suivant les règles de l'orthographe polonaise. En revanche, la prononciation est plutôt fidèle à celle de la langue d'origine. Pour certains de ces mots, on peut faire deux remarques.

❺ Peut-être devrions-nous prendre *(aller)* l'ascenseur ?
Może . . . . pojechać . . . . . ?

Corrigé de l'exercice 2

❶ Poczekaj – zaraz – ubieram ❷ – zmęczona – mogę – szybciej ❸ Chodź – mną – trzecie – ❹ Łazienka – koło – ❺ – powinniśmy – windą

***

D'abord, de nombreux termes sont, si l'on peut dire, passés de mode dans la langue source, tel le mot français "paletot", alors que **palto** *s'emploie très couramment en polonais. Ensuite, on rencontre souvent des "faux amis". C'est le cas pour* **kostium** *dont la signification ne recouvre que partiellement celle de* costume. *Nous avons vu, par exemple, que* **kostium kąpielowy** *signifie* maillot de bain. *Ajoutons que* costume, *au sens de "vêtement deux ou trois pièces pour homme", se dit en polonais* **garnitur**. *Amusant, non ?*

Deuxième vague : 10e leçon

60 Lekcja sześćdziesiąta

Ciekawe zajęcia

1 – Jak tam **by**ło na ko**lo**niach ①?
2 – Tak **so**bie ②.
3 – O**po**wiedz. Na **pew**no **mie**liście **du**żo cie**ka**wych **za**jęć.
4 – Co dzień **by**ło to **sa**mo ③: je**dze**nie, za**ba**wy, **spa**nie ④.
5 – Nie cho**dzi**liście na wy**cie**czki ⑤?
6 – Tak, **a**le **po**tem bo**la**ły mnie **no**gi.
7 A **po**za tym ⑥, **trze**ba **by**ło ⑦ **no**sić **ple**cak.
8 – Pi**sa**łeś, że **by**liście nad **wo**dą.
9 **Za**wsze mó**wi**łeś, że **lu**bisz się **ką**pać.

Prononciation
*… za**yè**gnts'a **1** … ko**lo**gnyaH **3** o**po**vyèts … **za**yègnts' **5** … vé**ts'è**tchki **6** … bo**la**oué … **no**gui **7** … **plè**tsak*

Notes

① Pour *colonie de vacances*, on utilise le pluriel **kolonie**. La terminaison **-ach** indique le locatif.

② Si vous n'êtes pas franchement enthousiaste sur la manière dont se déroulent les choses, vous avez là une expression toute trouvée : **tak sobie**, *comme ci comme ça*, qui est invariable. En revanche, pour qualifier quelque chose ou quelqu'un de *moyen*, voire de *médiocre*, vous pouvez utiliser, au masculin **taki sobie**, au féminin, **taka sobie**, etc.

③ Encore une locution figée, invariable, elle aussi : **to samo**, *la même chose*. À rapprocher – sans la confondre – de l'expression **tak samo**, *pareillement* (leçon 58, note 6). ▸

Des activités intéressantes
(Intéressantes activités)

1 – Comment *(là-bas)* c'était en colonie*(s)* ?
2 – Comme ci comme ça.
3 – Raconte. Vous avez certainement eu beaucoup [d']activités intéressantes *(intéressantes activités)*.
4 – Chaque jour, c'était la même chose : manger, jouer *(jeux)*, dormir.
5 – Vous n'alliez pas en excursion ?
6 – Si, mais ensuite j'avais mal aux jambes *(faisaient-mal à-moi jambes)*.
7 Et à part ça, il fallait porter le sac à dos.
8 – Tu as écrit que vous étiez [allés] au bord de l'eau.
9 Tu as toujours dit que tu aimais *(aimes)* te baigner.

④ **spanie** est un nom neutre dérivé du verbe **spać**, *dormir*. Vous y avez certainement reconnu le suffixe **-nie**, qui indique *l'action de faire quelque chose*, comme dans **jedzenie**, de **jeść**, *manger*, ou **malowanie**, de **malować**, *peindre*.

⑤ Puisqu'il s'agit d'un déplacement, **na** est suivi de l'accusatif, qui est ici identique au nominatif.

⑥ **tym** est la forme commune au locatif et à l'instrumental de **to**, *cela*. Ce dernier s'emploie, vous l'avez deviné, après la préposition **poza**, *à part*, *en dehors de*.

⑦ Voici le passé de *falloir*. On fait suivre **trzeba**, *il faut*, de **było**, (verbe *être* au passé, 3e personne du singulier neutre). C'est enfantin, non ?

10 – **Posz**liśmy **ty**lko raz **ło**wić **ry**by.
11 – I co, zła**pa**łeś coś?
12 – Tak, **ka**tar! □

***10** … **wo**vits' …*

***

Ćwiczenie pierwsze – Proszę przetłumaczyć

❶ Biorę to samo, co ty. ❷ Pamiętasz nasze wycieczki w góry? ❸ Czytanie i malowanie to moje ulubione zajęcia. ❹ Nie mogę się kąpać, mam katar. ❺ Dzieci lubią zabawy nad wodą.

***

Ćwiczenie drugie – Wpisać brakujące słowa

❶ Pourquoi répondez-vous toujours la même chose ?
Dlaczego . . . . pan . . . . . . to . . . . ?

❷ J'adore les excursions à l'étranger.
Uwielbiam . . . . za . . . .

❸ Raconte quelles activités vous aviez en colonie.
. . . . jakie . . . . mieliście . . koloniach.

❹ Et à part ça, tout va bien ?
A . . . . tym, ... w . . . . ?

❺ Comme ci comme ça, rien d'intéressant.
Tak . . . . . , nic . . . .

10 – Nous sommes allés seulement une fois pêcher des poissons.
11 – Et alors *(quoi)*, tu as attrapé quelque chose ?
12 – Oui, un rhume !

***

Corrigé de l'exercice 1

❶ Je prends la même chose que toi. ❷ Te rappelles-tu nos excursions à la montagne ? ❸ La lecture et la peinture sont mes activités préférées. ❹ Je ne peux pas me baigner, j'ai un rhume. ❺ Les enfants aiment les jeux au bord de l'eau.

Corrigé de l'exercice 2

❶ – odpowiada – zawsze – samo ❷ – wycieczki – granicę ❸ Opowiedz – zajęcia – na – ❹ – poza – wszystko – porządku ❺ – sobie – ciekawego

Deuxième vague : 11e leçon

61 Lekcja sześćdziesiąta pierwsza

Gdzie jest dworzec?

1 – **Któ**rym auto**bu**sem ① **moż**na do**je**chać na **dwo**rzec?
2 – **Któ**ry, kole**jo**wy czy autobu**so**wy ②?
3 – Hm, sam nie wiem ③…
4 – Za**le**ży, **do**kąd pan **je**dzie.
5 – Chcę **je**chać do **Gdań**ska.
6 – To naj**le**piej po**cią**giem ④, z **Dwor**ca ⑤ Central**ne**go.
7 Ma pan bezpo**śre**dni **tram**waj. Ó**sem**ka lub pięt**nas**tka ⑥.
8 – A gdzie jest przy**sta**nek?
9 – **Pro**szę przejść przez **ry**nek, a **po**tem **skrę**cić w **pra**wo.

Prononciation
*… **dvo**jèts **1** … a'outo**bou**sèm … doy**è**Hats' … **2** … kolè**yo**vé … **5** … **gdagn**ska **6** … pots'**on**guièm … **7** … bèspos'**rè**dgni **tra'm**vaille … **9** … **skrègn**ts'its' …*

Notes

① Encore une fois, nous attirons votre attention sur l'usage de l'instrumental pour évoquer les moyens de transport. Vous savez déjà que les noms masculins et neutres finissent en **-em** : **autobusem** (de **autobus**, *bus*) et les féminins en **-ą** : **windą** (de **winda**, *ascenseur*). Notez maintenant la terminaison des adjectifs singuliers **-ym** : **którym** (de **który**, *(le)quel*). Cette terminaison a une variante : **-im**, utilisée lorsque le radical finit en **g** ou **k**, deux lettres au statut un peu particulier (voyez aussi la note 4). ▸

Où est la gare ?

1 – [Avec] quel bus peut-on rejoindre *(aller à)* la gare ?
2 – Laquelle, ferroviaire ou routière ?
3 – Hum, je ne sais pas, moi *(moi-même ne sais)…*
4 – Ça dépend où vous allez.
5 – Je veux aller à Gdansk.
6 – Alors, le mieux [est d'y aller en] train, depuis la gare centrale.
7 Vous avez un tram direct *(direct tram)*. Le huit ou le quinze.
8 – Et où est l'arrêt ?
9 – Traversez *(S'il-vous-plaît traverser par)* le marché et ensuite tournez *(tourner)* à droite.

② Voici deux nouveaux adjectifs formés à l'aide du suffixe **-owy** : **kolejowy**, de **kolej**, *chemin de fer*, et **autobusowy**, de *autobus*.

③ **sam nie wiem** est une manière de dire, tout en hésitant, que l'on ne sait pas quelque chose, comme dans *je ne sais pas, moi*. Faites donc bien attention à distinguer cette utilisation de **sam**, différente de celle que vous connaissez dans **jestem sam**, *je suis seul*, par exemple. Notez aussi **taki sam**, *le même*.

④ L'instrumental de **pociąg**, *train*, est **pociągiem**. On retrouve la particularité commune aux lettres **g** et **k** : dans les formes dérivées, on les fait souvent suivre d'un **i**.

⑤ **dworzec**, *gare*, est ici au génitif **dworca**.

⑥ Il existe en polonais une série de chiffres qui désignent notamment les numéraux des moyens de transport. Ces chiffres sont toujours au féminin : **ósemka**, *le bus* ou *tram numéro huit*, **piętnastka**, *le quinze*, etc.

61 **10** Przy**sta**nek jest za **ro**giem ⑦.
11 – A gdzie się ku**pu**je bi**le**ty na **tram**waj?
12 – W **każ**dym **kio**sku. Naj**bli**ższy jest na przy**stan**ku tramwa**jo**wym.

*10 … roguièm 12 … naill**blich**ché …*

***

Ćwiczenie pierwsze – Proszę przetłumaczyć

❶ Dworzec kolejowy jest w centrum Gdańska. ❷ Na przystanku autobusowym jest dużo ludzi. ❸ Czy jest bezpośredni pociąg do Warszawy? ❹ Nie wiem, czy trzeba jechać prosto, czy skręcić. ❺ Najlepiej będzie pojechać autobusem.

***

Ćwiczenie drugie – Wpisać brakujące słowa

❶ Tu sais quel est la ligne directe *(téléphone)* du *(à)* chef ?
Wiesz, ... jest . . . . telefon . . szefa?

❷ Pouvez-vous me dire où est la gare routière ?
Może . . pan . . . . , gdzie . . . . dworzec . . . . ?

❸ Tournez à gauche, et puis allez tout droit.
Proszę . . . . w . . . . , a . . . . . iść . . . .

❹ Allons [en] tram, ce sera plus rapide*(ment)*.
Pojedźmy . . . . , będzie . . . .

❺ L'arrêt le plus proche est à côté de la banque.
Najbliższy . . . . jest . . . . banku.

10 L'arrêt est après le coin [de la rue].
11 – Et où s'achète[nt] les tickets de *(pour)* tram ?
12 – Dans chaque kiosque. Le plus proche est à l'arrêt du tram.

Note

⑦ **róg**, *coin*, fait **rogiem** à l'instrumental. L'ajout du **i** à la terminaison **-em** ne doit plus vous étonner. En revanche, pour ce qui est de la modification **ó/o**, il faut peut-être encore prendre votre mal en patience !

***

Corrigé de l'exercice 1

❶ La gare ferroviaire est dans le centre de Gdansk. ❷ À l'arrêt du bus, il y a beaucoup de monde. ❸ Est-ce qu'il y a un train direct pour Varsovie ? ❹ Je ne sais pas s'il faut aller tout droit ou [s'il faut] tourner. ❺ Le mieux, ce sera [d'y] aller [en] bus.

Corrigé de l'exercice 2

❶ – jaki – bezpośredni – do – ❷ – mi – powiedzieć – jest – autobusowy ❸ – skręcić – lewo – potem – prosto ❹ – tramwajem – szybciej ❺ – przystanek – koło –

Deuxième vague : 12e leçon

62 Lekcja sześćdziesiąta druga

Pióro

1 – Co ty **ro**bisz? Nie **i**dziesz do **szko**ły?
2 – **Mu**szę **naj**pierw **zna**leźć **pió**ro ①.
3 Nie wi**dzia**łaś go przy**pad**kiem ②?
4 – **Cią**gle coś **gu**bisz! A **ja**kie **o**no jest?
5 – Czer**wo**ne w **czar**ne **pa**ski ③.
6 – Szu**ka**łeś w piór**ni**ku ④?
7 – Szu**ka**łem **wszę**dzie: w ple**ca**ku, w szu**fla**dzie ⑤…
8 – Pa**trzy**łeś w kie**sze**niach? W **spod**niach, w **kurt**ce ⑥?
9 – Już spraw**dza**łem, nie ma.
10 – Z **to**bą **cią**gle to **sa**mo! **Tru**dno, weź mój dłu**go**pis.

Prononciation
*pyou**ro** **2** … **zna**lès'ts' … **3** … pché**pat**kyèm **7** … fchè**gn**dz'è … chou**fla**dz'è … **9** … sprav**dza**ouèm … **10** … dwou**go**pis*

Notes

① Les deux types de *stylos*, *à plume* et *à bille*, portent des noms distincts : pour le premier, on emploie **pióro**, litt. “plume”, et pour le second, **długopis**. Une petite astuce pour vous rappeler ce dernier terme : un stylo à bille permet d’*écrire* (**pisać**) *long-temps* (**długo**).

② **przypadek**, *cas*, *imprévu*, utilisé à l’instrumental **przypadkiem** signifie *par hasard*.

③ Contrairement au français, les adjectifs de couleur se placent d’habitude avant les noms : **czerwone pióro**, litt. “rouge stylo”, **czarne paski**, litt. “noires rayures”.

Le stylo

1 – Qu'est-ce que tu fais, toi ? Tu ne vas pas à l'école ?
2 – Je dois d'abord trouver [mon] stylo.
3 Tu ne l'as pas vu par hasard ?
4 – Tu perds tout le temps quelque chose *(Tout-le-temps quelque-chose perds)* ! Et comment il est ?
5 – Rouge à rayures noires *(noires rayures)*.
6 – Tu as cherché dans [ta] trousse ?
7 – J'ai cherché partout : dans le sac à dos, dans le tiroir…
8 – Tu as regardé dans [tes] poches ? Dans [ton] pantalon, dans [ton] blouson ?
9 – J'ai déjà vérifié, il n'[y] est pas.
10 – Avec toi, [c'est] tout le temps la même chose. Tant pis *(Difficilement)*, prends mon stylo bille.

④ Dans **piórniku**, le locatif de **piórnik**, *trousse*, se cache le mot **pióro**, *stylo*. Pensez-y, car il y a un autre mot pour *trousse de toilette*, qui se dit **kosmetyczka**.

⑤ Encore un locatif : **szufladzie**, de **szuflada**, *tiroir*. Remarquez le changement **d/dzi**.

⑥ Dans ce nouveau locatif : **kurtce**, de **kurtka**, *blouson*, ce sont les lettres **k/c** qui alternent.

11 – Nie **lu**bię **pi**sać długo**pi**sem ⑦.
12 – Nie ma **in**nej **ra**dy. **Trze**ba pil**no**wać **swo**ich **rze**czy! □

*11 ... **pi**ssats' ... **12** ... **i'n**neille ... **sfo**'iH ...*

Note

⑦ Voici l'emploi typique de l'instrumental : **długopisem**, *avec un stylo bille*. Vous le trouverez pour toute utilisation d'un outil ou d'un instrument.

***

Ćwiczenie pierwsze – Proszę przetłumaczyć

❶ Nie lubię pisać piórem, wolę długopisem. ❷ Z tobą są zawsze problemy. ❸ Nie wiesz przypadkiem, gdzie jest najbliższy dom towarowy? ❹ Szukałem cię wszędzie, gdzie byłeś? ❺ Marek nie może nigdy znaleźć swoich rzeczy!

***

Ćwiczenie drugie – Wpisać brakujące słowa

❶ On ne peut jamais parler avec toi *(avec toi parler)* !
. . . . . nie . . . . . z . . . . rozmawiać!

❷ Je me suis acheté *(masc.)* un nouveau stylo bille.
Kupiłem . . . . . nowy . . . .

❸ Tu ne te rappelles pas, par hasard, comment rejoindre *(aller à)* la gare ?
. . . pamiętasz . . . . , jak . . . .
na . . . . ?

11 – Je n'aime pas écrire [avec] un stylo bille.
12 – Il n'y a pas le choix *(d'autre moyen)*. Il faut surveiller ses affaires !

Corrigé de l'exercice 1

❶ Je n'aime pas écrire [avec] un stylo plume, je préfère [avec] un stylo bille. ❷ Avec toi, il y a toujours des problèmes. ❸ Tu ne sais pas par hasard où est le grand magasin le plus proche ? ❹ Je t'ai cherché partout, où étais-tu ? ❺ Marek ne peut jamais retrouver ses affaires !

***

❹ Je ne peux pas aller à l'école, j'ai un rhume.
. . . mogę . . . do . . . . . . , mam . . . . . .

❺ Vraiment, j'ai vérifié presque partout.
Naprawdę, ... prawie . . . .

Corrigé de l'exercice 2

❶ Nigdy – można – tobą – ❷ – sobie – długopis ❸ Nie – przypadkiem – dojechać – dworzec ❹ Nie – iść – szkoły – katar ❺ – sprawdzałem – wszędzie

Deuxième vague : 13e leçon

63 Lekcja sześćdziesiąta trzecia

Powtórka – Révision

1 Le locatif

Récapitulons ce que vous savez sur ce cas qui, rappelons-le, s'emploie toujours avec l'une des prépositions suivantes : **na**, *sur, à, en, dans*, **o**, *de*, **po**, *après*, **przy**, *à côté*, **w**, *à, dans*.

1.1 Les noms

Si la diversité des terminaisons vous tracasse un peu, c'est tout à fait normal. En effet, elles dépendent, pour chaque genre, de la dernière lettre du radical. De plus, celle-ci peut parfois être modifiée. Pour vous permettre de vous y retrouver, voici un tableau qui résume toutes les formes des noms au locatif singulier :

Consonne finale du radical	Masc.	Fém.	Neutre
b, f, m*, n*, p, s, w, z		**ie**	
d, ł, r, t		**(dzi)e, (l)e, (rz)e, (ci)e**	
g, ch, k	**u**	**(dz)e, (sz)e, (c)e**	**u**
c, cz, dz, sz, rz, ż	**u**	**y**	**u**
ć, dś, j, l, ń, ś, ź	**u**	**i**	**u**

* À l'exception de quelques mots qui finissent en **-u** : **w domu**, *à la maison* ; **o synu**, *du fils* ; **przy panu**, *à côté de monsieur*.
Au pluriel, tous les noms se terminent en **-ach** : **na koloniach**, *en colonie* ; **po wakacjach**, *après les vacances* ; **w spodniach**, *dans le pantalon* ; **przy oknach**, *à côté des fenêtres*.

1.2 Les adjectifs

Au singulier, les adjectifs masculins et neutres se terminent en **-ym** ou **-im** : **w tym roku**, *(en) cette année*, **na drugim oknie**, *sur la deuxième fenêtre*, et les féminins, en **-ej** : **w dobrej szkole**, *dans une bonne école*.

Au pluriel, tous les adjectifs se terminent en **-ych** ou **-ich** : **po tych wakacjach**, *après ces vacances*, **w drogich sklepach**, *dans des magasins chers*, **o dobrych szkołach**, *de(s) bonnes écoles*.

2 Les différentes formes et usages de *sam*

2.1 *Sam* dans le sens de "seul"

Vous l'avez surtout rencontré dans le sens de *seul*. C'est donc d'abord un adjectif et, en tant que tel, il possède trois genres au singulier : **sam** (masculin), **sama** (féminin), **samo** (neutre) et deux au pluriel : **sami** (masculin personnel) et **same** (les autres genres). Mis à part la distinction des genres, les usages dans les deux langues sont comparables : **jestem sam(a)**, *je suis seul(e)* ; **dziecko jest samo**, *l'enfant est seul* ; **jesteśmy sami(-e)**, *nous sommes seul(e)s* ; **dzieci są same**, *les enfants sont seuls*.

2.2 *Sam* dans le sens de "même" et "pareil"

Nous avons également vu l'autre sens de **sam** : *(le) même*, *pareil*, dans les expressions telles que **sam nie wiem**, *je ne sais pas moi-même* ; **ten sam**, *le même*, **ta sama**, *la même*.
Enfin, à partir de ce second usage, la forme neutre du singulier est employée dans quelques locutions figées : **to samo**, *la même chose* ; **tak samo**, *pareillement*.

3 Les pronoms personnels

Vous avez largement eu le temps de vous faire à l'idée que les pronoms personnels se déclinent. Mais vous n'avez peut-être pas encore en tête toutes les formes que nous vous indiquons au fil des leçons. Essayons donc d'y voir un peu plus clair.

3.1 Les pronoms personnels au génitif singulier

Au génitif singulier, ce sont :

1re personne	**mnie**, *me*, *moi*
2e personne	**ciebie**, **cię**, *te*, *toi*

3e personne masc.	**jego**, **go**, **niego**, *le*, *lui*
3e personne fém.	**jej**, **niej**, *la*, *elle*, *lui*

La forme longue – accentuée – sert à mettre le sujet en valeur. On peut l'utiliser au début de la phrase. La courte – faible – se met toujours après le verbe.
Kocham cię, *Je t'aime.*
Ciebie kocham, nie jego, *Je t'aime, toi, pas lui.*
Les formes commençant par un **n** : **niego**, **niej** sont employées après une préposition : **Idę do niego/do niej**, *Je vais chez lui / chez elle.*

3.2 Les pronoms personnels au datif singulier

Au datif singulier, ce sont :

1re personne	**mnie**, **mi**, *me*, *moi*
2e personne	**tobie**, **ci**, *te*, *toi*

***

Dialog-powtórka

1 – Nigdy mnie tak nie bolały nogi!
2 – Ah, to dlatego jesteś w złym humorze.
3 – Nie, tylko robi się ciemno. Powinniśmy wracać.
4 – Zawsze mówiłeś, że lubisz zachód słońca.
5 Nie podoba ci się?
6 – Tak sobie. Zobacz, jest wiatr, zimno i zaczyna padać.
7 – I chyba złapałeś katar!
8 – Poza tym, Ewa i Marek są sami w domu.
9 – Martwi cię to? No trudno, to wracamy autobusem.
10 – Pojedźmy tramwajem, będzie szybciej.
11 Przystanek jest za rogiem.
12 – Dobrze. To ty masz bilety, w plecaku.
13 Co, nie masz? A patrzyłeś w kieszeniach?
14 Z tobą ciągle to samo!

3e personne masc.	**jemu**, **mu**, **niemu**, *le*, *lui*
3e personne du féminin	**jej**, **niej**, *la*, *elle*, *lui*

L'usage des différentes formes obéit aux mêmes règles que précédemment. En voici quelques exemples :
Czy ten film ci się podoba?, *Est-ce que ce film te plaît ?*
Mnie się podoba, a tobie?, *À moi, il me plaît, et à toi ?*

3.3 Les pronoms personnels au génitif singulier

À l'accusatif singulier, on retrouve les mêmes formes qu'au génitif, à l'exception de la 3e personne du féminin : **ją**, **nią**, *la*, *elle*, *lui*. Voilà pour les formes les plus fréquentes, mais dans l'appendice grammatical, vous en trouverez, bien entendu, le tableau complet.

***

Traduction

1 Je n'ai jamais eu si mal aux jambes *(Jamais à-moi aussi ne faisaient-mal jambes)* ! **2** Ah, voilà pourquoi *(ce pour cela)* tu es de *(en)* mauvaise humeur. **3** Non, seulement il commence à faire nuit *(se fait sombrement)*. Nous devrions rentrer. **4** Tu as toujours dit que tu aimais *(aimes)* les couchers de soleil. **5** [Il] ne te plaît pas ? **6** Comme ci comme ça. Regarde, il y a du vent, [il fait] froid et [il] commence [à] pleuvoir *(tomber)*. **7** Et tu as probablement attrapé un rhume ! **8** À part ça, Ewa et Marek sont seuls à la maison. **9** Cela te tracasse *(Tracasse te cela)* ? Eh bien alors, tant pis *(difficilement)*, nous rentrons [en] bus. **10** Prenons *(Allons)* [le] tram, ce sera plus rapide*(ment)*. **11** L'arrêt est après le coin [de la rue]. **12** Bien. C'est toi [qui] as les tickets, dans le sac à dos. **13** Quoi, tu ne [les] as pas ? Et tu as regardé dans [tes] poches ? **14** Avec toi, [c'est] tout le temps la même chose !

Deuxième vague : 14e leçon

64 Lekcja sześćdziesiąta czwarta

Pożyczka ①

1 – Już wró**ci**łeś z **pra**cy?
2 – Tak, skoń**czy**liśmy **dzi**siaj **tro**chę **wcze**śniej.
3 A ty **wra**casz do**pie**ro ② **te**raz? Gdzie **by**łaś?
4 – Cho**dzi**łam po **skle**pach ③.
5 – Przez **ca**ły dzień?
6 – No tak, **pra**wie. Aha, **chcia**łam ci po**wie**dzieć…
7 – Co ta**kie**go?
8 – Za**bra**kło ④ mi pie**nię**dzy, więc wstą**pi**łam do two**je**go **biu**ra…
9 – Tak? **Mie**liśmy ze**bra**nie. A o **któ**rej **by**łaś?

Prononciation
*po**jétch**ka* ***1*** *… vrou**ts**[i]**i**[ou]èsi … **2** … skognt**ché**lis[i]mé … **ftchès**[i]gneille **5** pchès … **8** … fston**pi**[ou]a'm …*

Notes

① Le nom féminin **pożyczka** désigne aussi bien l'*emprunt* que le *prêt*. Le verbe correspondant est **pożyczyć**, et c'est la construction verbale qui permet d'en spécifier la signification. Dans le sens de *emprunter (à quelqu'un)*, on fait suivre **pożyczyć** de la préposition **od** + génitif, et pour *prêter*, on emploie directement le datif.

② Ne confondez pas les deux équivalents de l'adverbe "seulement" qui sont **tylko** (leçon 36) et **dopiero**. Le second terme a uniquement le sens temporel.

③ Très fréquente après un verbe de mouvement, la préposition **po** + locatif indique généralement un parcours de plusieurs lieux successifs, comme ici avec l'expression **chodzić po sklepach**, *faire les magasins*.

Un emprunt

1 – Tu es déjà rentré du travail ?
2 – Oui, aujourd'hui, nous avons fini un peu plus tôt.
3 Et toi, tu rentres seulement maintenant ? Où étais-tu ?
4 – J'ai fait *(allais par)* les magasins.
5 – *(Pendant)* Toute la journée ?
6 – Eh bien oui, presque. Ah, je voulais te dire…
7 – Quoi donc *(tel)* ?
8 – Je n'avais plus *(A-manqué à-moi)* d'argent, donc je suis passée à ton bureau…
9 – [Ah] oui ? Nous avions une réunion. Et à quelle [heure] es-tu venue *(étais)* ?

④ Si quelque chose vient à manquer ou est épuisé, on se sert de **zabrakło**, forme passée (3e personne du singulier neutre) de **zabraknąć**. Mis à part l'infinitif, c'est pratiquement la seule personne qui est utilisée. L'objet qui fait défaut est au génitif, et la personne à qui se rapporte le manque, au datif.

10 – Około **dru**giej. Nie **by**ło ⑤ cię w po**ko**ju, więc **wzię**łam z **two**jej mary**nar**ki **pięć**set **zło**tych.
11 Mam na**dzie**ję, że się nie **gnie**wasz ⑥.
12 – **A**leż skąd ⑦! Tym **bar**dziej, że **by**łem dziś w **pra**cy w **swe**trze… □

*10 … **vz'** **è**oua'm … **pyègn**tsèt **11** … **ggnè**vach **12** **a**lèch … f **sfè**t'chè*

Notes

⑤ L'absence de quelqu'un ou de quelque chose est marquée, rappelons-le, par **nie ma**. L'équivalent passé **nie było** est également accompagné du génitif.

***

Ćwiczenie pierwsze – Proszę przetłumaczyć

❶ Poczekajmy jeszcze, jest dopiero trzecia. ❷ Jutro wracam z pracy trochę wcześniej. ❸ Wiesz, że nie znoszę chodzić po sklepach. ❹ Ależ nie, nie gniewam się. ❺ Nie skończyłem jeszcze, zabrakło mi czasu.

***

Ćwiczenie drugie –Wpisać brakujące słowa

❶ Tu n'étais pas à la maison de *(pendant)* toute la semaine ?
Nie . . . . cię . domu . . . . . cały . . . . ?

❷ Deux [heures], c'est trop tard, allons[-y] plus tôt.
Druga . . za . . . . . , chodźmy . . . .

❸ Je n'aime pas quand tu es fâché.
. . . lubię, . . . się . . . .

❹ Le déjeuner sera prêt seulement vers trois [heures].
Obiad . . . . . . gotowy . . . . trzeciej.

10 – Vers deux*(ième)* [heures]. Tu n'étais pas dans le bureau *(pièce)*, alors j'ai pris dans *(de)* ta veste cinq cents zlotys.
11 J'espère que tu n'es pas fâché.
12 – Mais pas du tout ! D'autant plus qu'aujourd'hui, j'étais au travail en pull…

⑥ La rancune, le fait d'en vouloir à quelqu'un, est exprimé à l'aide du verbe pronominal **gniewać się** au présent.

⑦ Voici une tournure qui permet de contester ou de refuser une affirmation. Les deux composantes : **ależ**, la variante de **ale**, *mais*, et **skąd**, *d'où*, *comment*, peuvent s'utiliser séparément. Notez aussi que pour renforcer une affirmation, on dit **ależ tak**, *mais oui*.

***

Corrigé de l'exercice 1

❶ Attendons encore, il est seulement trois [heures]. ❷ Demain, je rentre du travail un peu plus tôt. ❸ Tu sais que je ne supporte pas de faire *(aller par)* les magasins. ❹ Mais non, je ne suis pas fâché. ❺ Je n'ai pas encore fini, je n'avais plus *(a-manqué à-moi)* le temps.

***

❺ Je n'ai pas pu faire le gâteau, je n'avais plus de *(a-manqué à-moi)* beurre.
… mogłam …… ciasta, ……… mi ……

Corrigé de l'exercice 2

❶ – było – w – przez – tydzień ❷ – to – późno – wcześniej ❸ Nie – jak – gniewasz ❹ – będzie – dopiero około – ❺ Nie – zrobić – zabrakło – masła

Deuxième vague : 15e leçon

65 Lekcja sześćdziesiąta piąta

Świadectwo szkolne ①

1 – W **któ**rej **kla**sie są **two**je **dzie**ci?
2 – Syn jest **jesz**cze w przed**szko**lu.
3 – A **cór**ki już **cho**dzą do **szko**ły ②?
4 – **Młod**sza **cho**dzi do **żłob**ka, a **star**sza ③ jest w **pierw**szej **kla**sie.
5 A **twoi** ④ sy**no**wie ⑤?
6 – **O**baj ⑥ już skoń**czy**li **szko**łę podsta**wo**wą.
7 **Ju**rek jest w **pierw**szej **kla**sie gim**naz**jum, a **Ro**mek, w os**tat**niej **kla**sie li**ce**um.
8 Za rok **zda**je ma**tu**rę.
9 – To **wiel**kie wyda**rze**nie. **Chy**ba się niepo**ko**isz.

Prononciation
*sifya**dèts**tfo ... **2** ... f pchèt'**chko**lou **3** ... **tsour**ki ... **4** **mouot'**cha ... **jouop**ka ... **5** ... **tfo**'i ... **7** **you**rek ... gui'm**naz**youm ... **9** ... gnèpo**ko**'ich*

Notes

① L'adjectif **szkolny**, *scolaire*, est dérivé de **szkoła**. Comme vous le voyez, les changements de lettres, ici **ł/l**, n'interviennent pas seulement lors de la déclinaison ou de la conjugaison. C'est un phénomène massif auquel il faudra malheureusement vous habituer.

② Ne confondez pas **chodzą do szkoły**, *ils/elles vont à l'école*, qui exprime la fréquentation régulière et **idą do szkoły**, pour un déplacement au moment où l'on parle. Sur la distinction entre **iść** et **chodzić**, voyez la leçon 32, notes 2 et 3. ▸

Le bulletin scolaire

1 – En quelle classe sont tes enfants ?
2 – [Mon] fils est encore à l'école maternelle.
3 – Et [tes] filles vont déjà *(déjà vont)* à l'école ?
4 – La cadette *(plus-jeune)* va à la crèche et l'aînée *(plus-âgée)* est au CP *(première classe)*.
5 Et [tes] fils ?
6 – [Tous] les deux ont déjà terminé l'école primaire.
7 Jurek est en première année *(classe)* de collège et Romek, en dernière année *(classe)* de lycée.
8 Dans un an, il passe le bac.
9 – C'est un grand événement. Tu dois être inquiète *(Sans-doute tu t'inquiètes)*.

③ Dans une famille de deux enfants, on emploie le comparatif **młodszy**, *plus jeune*, pour le cadet et **starszy**, *plus âgé*, pour l'aîné. Lorsqu'une famille compte plus de deux enfants, on utilise, dans le premier cas, le superlatif **najmłodszy**, *le plus jeune*, et, dans le second, **najstarszy**, *le plus âgé*.

④ L'adjectif possessif **twoi**, *tes*, se rapporte au genre masculin personnel. L'autre forme du pluriel, **twoje**, est également celle du singulier neutre.

⑤ **syn**, *fils*, fait **synowie** au pluriel. On retrouve la même terminaison seulement dans le cas de **teściowie**, *beaux-parents*, rencontré en leçon 52, note 5.

⑥ Le polonais possède un numéral spécifique pour dire *les deux*. Il est ici au masculin personnel **obaj**.

10 – **Wca**le nie ⑦! Mam zau**fa**nie do **Rom**ka.
11 – No tak, to przy**jem**nie, jak się **dzie**ci **dob**rze **u**czą.
12 – Hm… **Każ**de **je**go świa**dec**two jest niespo**dzian**ką! □

*10 … zaou**fa**gnè … **ro'm**ka* ***12*** *… gnèspo**dz'a'n**kon*

***

Ćwiczenie pierwsze – Proszę przetłumaczyć

❶ Czy twoi synowie dobrze się uczą? ❷ Mój starszy brat idzie za rok do liceum. ❸ Możesz mieć do mnie zaufanie. ❹ Wiem, że się niepokoisz, ale nie trzeba. ❺ Dzieci są w przedszkolu przez cały dzień.

***

Ćwiczenie drugie – Wpisać brakujące słowa

❶ Il faut avoir confiance en [ses] enfants.
. . . . . . mieć . . . . do . . . .

❷ Est-ce que tes parents habitent à la campagne ?
Czy . . . . rodzice . . . . na . . . ?

❸ Ma sœur cadette *(plus-jeune sœur)* est à l'école maternelle.
Moja . . . . siostra . . . . w . . . .

❹ Les deux fils de Marek vont à la crèche.
Obaj . . . . Marka . . . . . . do . . . .

10 – Pas du tout ! J'ai confiance en Romek.
11 – Eh oui, c'est agréable quand les enfants étudient bien *(bien étudient)*.
12 – Hum… Chacun de ses bulletins *(chaque son bulletin)* est une surprise !

Note

⑦ **wcale nie**, *pas du tout*, permet de nier catégoriquement. Rappelons que dans une phrase, **wcale**, toujours accompagné de **nie**, *non*, sert de négation renforcée (leçons 27, phrase 6 et 50, phrase 7).

***

Corrigé de l'exercice 1

❶ Est-ce que tes fils étudient bien ? ❷ Mon frère aîné *(plus-âgé frère)* va au lycée dans un an. ❸ Tu peux avoir confiance en moi *(en-moi confiance)*. ❹ Je sais que tu t'inquiètes, mais il ne faut pas. ❺ Les enfants sont à l'école maternelle *(pendant)* toute la journée.

***

❺ Que préfères-tu : l'école primaire ou le collège ?
. . wolisz, ... czy . . . . ?

Corrigé de l'exercice 2

❶ Trzeba – zaufanie – dzieci ❷ – twoi – mieszkają – wsi ❸ – młodsza – jest – przedszkolu ❹ – synowie – chodzą – żłobka ❺ Co – szkołę podstawową – gimnazjum

Deuxième vague : 16e leçon

66 Lekcja sześćdziesiąta szósta

Sprawdzian z polskiego

1 – A, to ty. Nie **wziąłeś** ① **klu**czy?
2 – Zapom**nia**łem.
3 – No i jak **by**ło w **szko**le?
4 – **Do**brze. **Mie**liśmy kla**sów**kę z mate**ma**tyki.
5 – I co dos**ta**łeś?
6 – **Pa**ni ② **jesz**cze nie popra**wi**ła. **A**le **do**brze mi **po**szło ③.
7 – **Jes**teś **pe**wien ④? Bo os**tat**nio dos**ta**łeś **dwój**kę ⑤. I co **jesz**cze?
8 – Był **spraw**dzian z pol**skie**go.
9 – I **ma**cie już **stop**nie?

Prononciation
*sprav*dz'a'n ... **1** ... *vz'o*ouès' *klou*tché **4** ... *klassouf*ké ...
7 ... *pè*vyèn ...

Notes

① **wziąłeś**, *tu as pris*, s'utilise pour un homme. Pour une femme, on dira **wzięłaś**. Au passé, les verbes dont l'infinitif finit en **-ąć**, comme ici **wziąć**, *prendre*, présentent en effet une petite particularité. À l'exception du masculin singulier, la lettre **ą** est remplacée par le **ę** : **wzięłam**, *j'ai pris*, **wzięłaś**, *tu as pris*, **wzięła**, *elle a pris*, **wzięliśmy/wzięłyśmy**, *nous avons pris*, etc.

② Comme vous voyez, **pani** désigne ici la *maîtresse d'école*. On trouvera de même **pani domu**, *maîtresse de maison*. Notez enfin qu'en dehors de son usage dans les formes polies d'adresse, **pani** signifie *dame*.

③ Dans cette locution courante, **poszło** est la forme passée du perfectif **pójść**, *aller*, à la 3e personne du singulier neutre. ▸

Un contrôle de polonais

1 – Ah, c'est toi. Tu n'as pas pris [tes] clés ?
2 – J'ai oublié.
3 – Et alors, comment ça s'est passé *(était)* à l'école ?
4 – Bien. Nous avons eu une interrogation de maths.
5 – Et combien *(qu'est-ce que)* tu as eu ?
6 – La maîtresse n'a pas encore corrigé. Mais ça s'est bien passé *(bien à-moi est-allé)*.
7 – Tu es sûr ? Parce que dernièrement tu as eu *(reçu)* un deux. Et quoi encore ?
8 – Il y a eu un contrôle de polonais.
9 – Et vous avez déjà les notes ?

▸ N'oubliez pas le datif pour la personne concernée. Donc, si vous voulez savoir comment se sont déroulées les choses, vous demandez **jak ci poszło?** à un interlocuteur que vous tutoyez, **jak panu/pani poszło?** à quelqu'un que vous vouvoyez, **jak mu/jej poszło?** à propos d'une autre personne (masculin/féminin), etc.

④ Après **pewni**, *sûrs*, et **pewna**, *sûre*, voici maintenant le tour du masculin singulier, qui a deux formes : **pewien** et **pewny**. Vous devinez sans doute que la forme **pewne** se rapporte au pluriel de tous les genres – sauf le masculin personnel –, ainsi qu'au neutre singulier.

⑤ Tout comme les moyens de transport (leçon 61, note 6), les notes scolaires (de 1 à 6) sont désignées à l'aide des noms féminins : **dwójka**, *un deux*.

66 **10** – Tak, dos**ta**łem **trój**kę z **plu**sem ⑥.
11 – To **kiep**sko. **Pew**nie zro**bi**łeś **du**żo **błę**dów?
12 – **A**le to nie **by**ło dyk**tan**do.
13 – A co to **by**ło?
14 – Od**mia**na przymiot**ni**ków przez przy**pad**ki!

***11** … **bouèn**douf … **12** … dék**ta'n**do **14** … pché**pat**ki*

Note

⑥ Comme la fourchette des notes est restreinte, on y ajoute le signe (+) **plus**, qui relève la note ou (-) **minus**, qui la rabaisse. Cela paraît étrange, mais on s'y habitue vite. Ainsi, **trójka z plusem**, litt. "un trois avec un plus", correspond à une moins bonne note que **czwórka z minusem**, litt. "un quatre avec un moins" !

***

Ćwiczenie pierwsze – Proszę przetłumaczyć

❶ Jesteś pewien, że nie zapomniałeś kluczy? ❷ To nieprawda, że mówisz kiepsko po polsku. ❸ Czy wziąłeś coś do jedzenia? ❹ To przyjemnie, jak dzieci mają dobre stopnie. ❺ Dziś mieliśmy sprawdzian z matematyki.

***

Ćwiczenie drugie – Wpisać brakujące słowa

❶ J'ai oublié *(masc.)* que nous avions *(avons)* une interrogation de polonais.
. . . ., że mamy . . . . z . . . .

❷ Je suis sûr que tu as pris *(masc.)* mon sac à dos.
Jestem . . . ., że . . . . mój . . . .

❸ Je ne savais pas *(masc.)* que tu jouais *(joues)* si médiocrement !
Nie . . . ., że . . . . . tak . . . . !

10 – Oui, j'ai eu *(reçu)* un trois *(avec un)* plus.
11 – Ce n'est pas fameux *(Ce médiocrement)*. Tu as sûrement fait beaucoup de fautes ?
12 – Mais ce n'était pas une dictée.
13 – Et qu'est-ce que c'était ?
14 – La déclinaison *(changement)* des adjectifs *(par les-cas)* !

Corrigé de l'exercice 1

❶ Es-tu sûr que tu n'as pas oublié les clés ? ❷ Ce n'est pas vrai que tu parles mal *(médiocrement)* en polonais. ❸ As-tu pris quelque chose à manger ? ❹ C'est agréable*(ment)* quand *(comme)* les enfants ont de bonnes notes. ❺ Aujourd'hui, nous avons eu un contrôle de maths.

***

❹ Peux-tu me dire si j'ai fait *(masc.)* beaucoup de fautes ?
...... mi ...., czy .... dużo ...... ?

❺ Est-ce que la maîtresse a déjà corrigé votre dictée ?
Czy .... już .... wasze .... ?

Corrigé de l'exercice 2

❶ Zapomniałem – klasówkę – polskiego ❷ – pewien – wziąłeś – plecak ❸ – wiedziałem – grasz – kiepsko ❹ Możesz – powiedzieć – zrobiłem – błędów ❺ – pani – poprawiła – dyktando

67 *Les petits Polonais entrent à l'école à l'âge de sept ans. Ceux qui vont à la maternelle ont la possibilité, à six ans, de suivre une année préparatoire, dite* **zerówka**, année zéro.
Les études à l'école primaire durent sept ans et commencent par **klasa pierwsza**, classe 1, *littéralement "première", pour finir par* **klasa szósta**, classe 6. *L'enseignement obligatoire se poursuit au* **gimnazjum**, collège, *durant trois ans.*
Ensuite, l'élève entre dans le cycle secondaire. Il peut choisir de faire ses études au lycée d'enseignement général *(***liceum ogólnokształcące***) ou* professionnel *(***zawodowe***). Après* **matura**, le bac, *il a la possibilité de poursuivre ses études pendant encore*

67 Lekcja sześćdziesiąta siódma

W komisariacie

1 – **Ha**lo, komi**sa**riat?
2 – Tak, **słu**cham.
3 – Za**gi**nął ① mój mąż!
4 – **Pro**szę się uspo**ko**ić ②. Jest **pa**ni **pew**na?
5 – Oczy**wiś**cie. Nie ma go w **do**mu od trzech ③ dni.
6 – Czy **mo**że **pa**ni o**pi**sać **mę**ża?

Prononciation

*f komissar**ya**ts'è* **3** *… za**gui**no^ou …* **4** *… ouspo**ko**'its' …*

Notes

① Si quelque chose ou quelqu'un a disparu ou s'est égaré, on peut employer, comme ici, **zaginąć** ou **zginąć**. Le second verbe a toutefois un sens plus large : il signifie aussi *disparaître définitivement*, c'est-à-dire *mourir*, par exemple **zginąć tragicznie**, *disparaître tragiquement*, **w wypadku**, *dans un accident*, etc. ▸

trois ans, jusqu'à la licence, ou cinq, jusqu'au master 2. Les plus persévérants prépareront un doctorat.
Le système d'éducation polonais est, comme vous le voyez, largement comparable à celui des autres pays européens. Une petite différence, quand même, réside dans la façon de compter les classes au collège et au lycée. Tandis qu'en France on va dans l'ordre décroissant pour tout le cycle secondaire (sixième, cinquième, etc. jusqu'à la terminale), en Pologne on compte séparément le collège et le lycée et dans l'ordre croissant.

Deuxième vague : 17e leçon

Soixante-septième leçon 67

Au commissariat

1 – Allô, le commissariat ?
2 – Oui, j'écoute.
3 – Mon mari a disparu *(A-disparu mon mari)* !
4 – Calmez-vous. [En] êtes-vous *(Est madame)* certaine ?
5 – Bien sûr. Il n'est plus à la maison depuis trois jours.
6 – Est-ce que vous pouvez *(peut madame)* décrire [votre] mari ?

② Lorsqu'on vouvoie quelqu'un, on peut aussi dire **niech się pan/pani uspokoi**. L'impératif à la 2e personne du singulier est **uspokój się**, *calme-toi !*

③ Le numéral **trzy**, *trois*, est ici au génitif **trzech**, car il suit la préposition **od**, *depuis*.

7 – Jest wys**o**ki ④, **szczu**pły, ma **ciem**ne ⑤ **wło**sy…
8 – Co **jesz**cze? **Ja**kieś **zna**ki szcze**gól**ne?
9 – Nie. Ah**a**, ma **bro**dę i **wą**sy ⑥.
10 – Czy **no**si oku**la**ry?
11 – Tak, w meta**lo**wej o**praw**ce.
12 – Jak był u**bra**ny?
13 – Jak **zwy**kle. **Sza**re **spod**nie, nie**bies**ka ko**szu**la i far**tu**szek w **kwiat**ki ⑦.

*7 … **chtchou**poué … **vouo**ssé … **9** … **bro**dè i **vo**nssé **11** … o**praf**tsè **13** … far**tou**chèk f **kfyat**ki*

Notes

④ Pour indiquer la taille d'une personne, on remplace **duży**, *grand*, par **wysoki**, *haut*. Ce dernier adjectif s'emploie aussi pour indiquer, par exemple, un prix élevé : **wysoka cena**. Le contraire (taille ou autre chose) est **niski**, *bas*.

⑤ Bien entendu, il y a tout une gamme de termes pour décrire la couleur de la chevelure ! Ce n'est que par commodité et économie que les cheveux bruns sont désignés à l'aide de l'adjectif **ciemne**, *sombres*, par opposition à **jasne**, *clairs*.

⑥ Contrairement au français qui utilise le singulier : la *moustache*, le polonais utilise le pluriel **wąsy**. En revanche, avec **broda**, la *barbe*, les deux langues concordent : même nombre et – oh, bonne surprise ! – même genre.

***

Ćwiczenie pierwsze – Proszę przetłumaczyć

❶ Odkąd nosisz brodę, jesteś podobny do brata. ❷ Poczekaj, jeszcze nie jestem ubrana. ❸ To dobry sposób, żeby się uspokoić. ❹ Widzę, że nareszcie masz nowe okulary. ❺ Gdzie jest moja koszula w kwiatki?

7 – Il est grand, mince, il a les cheveux bruns *(sombres cheveux)*…
8 – Quoi d'autre *(encore)* ? Des *(quelconques)* signes particuliers ?
9 – Non. Ah, il a une barbe et une moustache.
10 – Est-ce qu'il porte des lunettes ?
11 – Oui, avec une monture métallique *(à métallique monture)*.
12 – Comment était-il habillé ?
13 – Comme d'habitude. Un pantalon gris *(gris pantalons)*, une chemise bleue *(bleue chemise)* et un tablier à petites fleurs.

▸ ⑦ Dans cette expression, la préposition **w**, *à*, demande l'emploi de l'accusatif. Ce dernier, ici au pluriel **kwiatki**, est identique au nominatif. Le singulier est **kwiatek** et c'est, avec son suffixe caractéristique **-ek**, le diminutif de **kwiat**.

Corrigé de l'exercice 1

❶ Depuis que tu portes la barbe, tu ressembles à [ton] frère. ❷ Attends, je ne suis pas encore habillée. ❸ C'est un bon moyen pour se calmer. ❹ Je vois qu'enfin tu as de nouvelles lunettes. ❺ Où est ma chemise à petites fleurs ?

Ćwiczenie drugie – Wpisać brakujące słowa

❶ Je sais bien que tu as des ennuis, mais tu dois te calmer.
. . . . dobrze, . . masz . . . . , ale . . . . się . . . .

❷ Kasia est toujours très joliment habillée.
Kasia . . . . zawsze . . . . . . ładnie . . . .

❸ Que penses-tu de cette robe à petites fleurs ?
. . myślisz . tej . . . . w . . . . ?

68 Lekcja sześćdziesiąta ósma

Mecz piłki nożnej ①

1 – Za **i**le za**czy**na się mecz?
2 – Za **dzie**się**ć mi**nut.
3 – **A**le ten **stad**ion o**grom**ny!
4 – Tak. **Jeś**li się nie **my**lę, jest na dwa**dzieś**cia ty**się**cy ② miejsc.
5 **A**le by**wa**ją ③ **jesz**cze **więk**sze.

Prononciation
mètch ***pi****^{ou}ki* ***noj****neille* ***3*** *…* ***stad****yonne … **4** …* ***mé****lè … tés^{i}**in**tsé … **5** … bé**va**yon … **vienk**chè*

Notes

① Le polonais n'a pas adopté le terme anglais *football*, mais utilise sa traduction : **piłka**, *balle*, **nożna**, *de pied*. Le second mot est dérivé de **noga**, qui signifie également *jambe* (leçon 60), avec le changement **g/ż**. **Piłki nożnej** est le génitif.

② **tysięcy** est le génitif pluriel de **tysiąc**, *mille*. ▸

❹ Est-ce que quelqu'un veut décrire sa chambre *(pièce)* ?
Czy . . . . chce . . . . . . swój . . . . . ?

❺ J'ai entendu [dire] que Marek porte la barbe maintenant.
Słyszałem, . . Marek . . . . teraz . . . . . .

Corrigé de l'exercice 2

❶ Wiem – że – kłopoty – musisz – uspokoić ❷ – jest – bardzo – ubrana ❸ Co – o – sukience – kwiatki ❹ – ktoś – opisać – pokój ❺ – że – nosi – brodę

Deuxième vague : 18e leçon

Soixante-huitième leçon 68

Un match de football

1 – Dans combien [de temps] commence le match ?
2 – Dans dix minutes.
3 – Comme ce stade [est] immense !
4 – Oui. Si je ne me trompe pas, il fait *(est pour)* 20 000 places.
5 Mais il y en a *(sont)* d'encore plus grands.

▸ ③ En plus de **być**, il existe une forme spéciale du verbe *être*, qui est **bywać**. On peut l'employer comme verbe impersonnel (à la 3e personne du singulier ou du pluriel) au sens *il y a parfois*, *il arrive qu'il y ait*. Par ailleurs, conjugué normalement, il indique la fréquence ou la répétition : **bywać gdzieś**, *être souvent quelque part* ; **bywać u kogoś**, *fréquenter quelqu'un*, etc.

6 – Na **szczę**ście, stąd **wszys**tko **wi**dać ④. **Ca**łe **bo**isko i **o**bie ⑤ **bram**ki. (…)
7 – O, już **i**dzie **sę**dzia. I **o**bie dru**ży**ny.
8 – **Na**si **ma**ją **żół**te ko**szul**ki?
9 – Nie, An**gli**cy. Po**la**cy ⑥ **ma**ją ziel**o**ne i **bia**łe spo**den**ki.
10 – Mam na**dzie**ję, że wy**gra**ją.
11 – **Mu**szą **wy**grać. Os**tat**ni mecz prze**gra**li trzy do **ze**ra.
12 – **A**le dziś gra**ją** u **sie**bie ⑦.
13 – No i jest **in**ny **bram**karz!

*6 … **bo**'isko … **bra'm**ki **8** … **jou**^{ou}tè … **9** … a'n**gli**tsé po**la**tsé … spo**de'n**ki **13** … **bra'm**kach*

Notes

④ Le verbe **widać** n'existe que sous la forme de l'infinitif et signifie *on voit*. Tout comme **słychać**, *on entend*, dont vous vous souvenez peut-être.

⑤ **obie**, *les deux*, est l'équivalent féminin de **obaj** (leçon 65, note 6).

⑥ **Anglicy** et **Polacy** sont les pluriels respectifs de **Anglik**, *Anglais*, et **Polak**, *Polonais*.

***

Ćwiczenie pierwsze – Proszę przetłumaczyć

❶ Stadion piłki nożnej jest niedaleko. ❷ Widać, że Anglicy grają lepiej. ❸ Jak myślisz, kto wygra ten mecz? ❹ Polacy czują się tu tak, jak u siebie. ❺ Obie córki Jurka mają zielone koszulki.

6 – Heureusement *(Pour bonheur)*, d'ici on voit tout. Tout le terrain et les deux buts. (…)
7 Oh, l'arbitre arrive déjà *(déjà va arbitre)*. Et les deux équipes.
8 Les nôtres ont des maillots jaunes *(jaunes maillots)* ?
9 – Non, [ce sont] les Anglais. Les Polonais ont [des maillots] verts et des shorts blancs *(blancs shorts)*.
10 – J'espère *(Ai espoir)* qu'ils gagneront.
11 – Ils doivent gagner. Le dernier match, ils [l']ont perdu trois à zéro.
12 – Mais aujourd'hui, ils jouent chez eux.
13 – Et il y a un autre gardien de but !

▸ ⑦ Vous rappelez-vous la forme **sobie** (leçon 37, note 4), le datif du pronom réfléchi **się**, *se* ? **Siebie** est son homologue au génitif. S'il se rapporte au sujet de la phrase, on l'emploie à toutes les personnes : **jestem u siebie**, *je suis chez moi*, **jesteś u siebie**, *tu es chez toi*, etc.

***

Corrigé de l'exercice 1

❶ Le stade de football [n']est pas loin. ❷ On voit que les Anglais jouent mieux. ❸ Qu'en *(Comment)* penses-tu, qui va gagner ce match ? ❹ Les Polonais se sentent ici comme chez eux. ❺ Les deux filles de Jurek ont des maillots verts *(verts maillots)*.

Ćwiczenie drugie – Wpisać brakujące słowa

❶ Mes deux sœurs jouent parfaitement aux cartes.
Moje . . . . siostry . . . . . doskonale . karty.

❷ On ne voit pas encore la fin des travaux.
Nie . . . . . jeszcze . . . . . remontu.

❸ Sais-tu si tes parents sont déjà chez eux ?
Wiesz, . . . twoi . . . . są . . . u . . . . . . ?

❹ Les Polonais ont malheureusement perdu le premier match.
. . . . . . niestety . . . . pierwszy . . . . .

69 Lekcja sześćdziesiąta dziewiąta

Sąsiedzi ①

1 – Nie u**wa**żasz, że Nowa**ko**wie ② to **pięk**na **pa**ra?
2 – Nowa**ko**wie? To ci ③ z **do**łu?
3 – Nie, to ci, **któ**rzy ④ miesz**ka**ją nad **na**mi.
4 – Ach tak? Nie zauwa**ży**łem.
5 – **Jes**tem przeko**na**na, że są **bar**dzo szczę**śli**wi.

Prononciation
__2__ … __do__ouou __4__ … zaouva__jé__ouèm

Notes

① Vous devez commencer à vous habituer à toutes ces modifications de lettres lorsqu'un mot change de forme. Vous en avez encore un exemple avec **sąsiedzi**, pluriel de **sąsiad**, *voisin*.

② Revoilà la terminaison spéciale du pluriel **-owie** (notes 5 des leçons 52 et 65). Elle est cette fois ajoutée au nom de famille ▸

❺ Tu as raison, ce stade est immense.
Masz . . . . . , ten . . . . jest . . . .

Corrigé de l'exercice 2

❶ – obie – grają – w – ❷ – widać – końca – ❸ – czy – rodzice – już – siebie ❹ Polacy – przegrali – mecz ❺ – rację – stadion – ogromny

Deuxième vague : 19e leçon

Soixante-neuvième leçon 69

Les voisins

1 – Ne trouves-tu pas que les Nowak sont *(ce)* un beau couple ?
2 – Les Nowak ? C'est ceux d'en bas ?
3 – Non, c'est ceux qui *(lesquels)* habitent au-dessus de nous.
4 – Ah oui ? Je n'ai pas remarqué.
5 – Je suis persuadée qu'ils sont très heureux.

Nowak. En revanche, les noms en **-ski**, dérivés en fait des adjectifs, ne prennent pas cette terminaison. *Les Kowalski* se dit **Kowalscy**.

③ Le pronom **ten**, *ce*, devient **ci** au pluriel, lorsqu'il se rapporte au genre masculin personnel.

④ **którzy**, *(les)quels*, est le pluriel de **który**.

6 – Dla**cze**go tak **myś**lisz?
7 – Obser**wu**ję ich **czę**sto przez **ok**no. Są **za**wsze **ra**zem, trzy**ma**ją się za ⑤ **rę**kę…
8 – Wi**docz**nie to **mło**de mał**żeń**stwo ⑥.
9 – Nie wiem. W **każ**dym **ra**zie, on wy**glą**da na czu**łe**go **mę**ża ⑦.
10 **Wi**dzę, że **czę**sto przy**no**si jej **kwia**ty.
11 Jak wysia**da**ją z samo**cho**du, ot**wie**ra jej **drzwicz**ki, po**da**je **rę**kę…
12 Ty też tak powi**nie**neś **ro**bić.
13 – Prze**sa**dzasz. Nie znam jej aż tak ⑧ **do**brze!

*7 opsèr**vou**yè … t'ché**ma**yon … **rin**kè … 8 … ma^{ou}**jègn**stfo 9 … tchou^{ou}**è**go … 11 … vés^{i}a**da**yon s samo**Ho**dou ot**fyè**ra … 13 … ach …*

Notes

⑤ En polonais comme en français, les prépositions peuvent avoir plusieurs sens. C'est le cas pour **za**, correspondant ici à *par*, qui peut aussi être utilisé pour traduire **przez**.

⑥ **małżeństwo**, ici *couple marié*, signifie aussi *mariage*.

⑦ Nous avons déjà rencontré **wyglądać**, *sembler*, *avoir l'air*, suivi d'un adverbe (leçon 29, note 1). Voici une autre construction, permettant cette fois-ci de marquer une qualité ou d'indiquer une caractéristique : **wyglądać na** + accusatif. ▸

***

Ćwiczenie pierwsze – Proszę przetłumaczyć

❶ Sąsiedzi z dołu skończyli już malowanie mieszkania. ❷ Zauważyłem, że Nowakowie chodzą często do kina. ❸ Uważam, że powinieneś nosić brodę. ❹ Nie zapomnij kluczy od samochodu. ❺ Wcale nie przesadzam, to prawda.

6 – Qu'est-ce qui te fait croire ça *(Pourquoi le ainsi penses-tu)* ?
7 – Je les observe souvent par la fenêtre. Ils sont toujours ensemble, se tiennent par la main…
8 – Apparemment, c'est un jeune couple.
9 – Je ne sais pas. En tout cas, il a l'air d'un mari affectueux *(affectueux mari)*.
10 Je vois qu'il lui apporte souvent *(souvent apporte à-elle)* des fleurs.
11 Quand ils descendent de la voiture, il lui ouvre *(ouvre à-elle)* la portière, [lui] tend *(donne)* la main…
12 Toi aussi, tu *(ainsi)* devrais [le] faire.
13 – Tu exagères. Je ne la connais pas *(ne connais elle)* si bien que cela *(jusque aussi bien)* !

⑧ En faisant précéder **tak**, au sens de *ainsi*, de la particule **aż**, on en renforce le sens. Cela donne quelque chose comme *à ce point-là*. Notez aussi l'usage de **aż** en tant que conjonction dans, par exemple, **aż do wieczora**, *jusqu'au soir*.

***

Corrigé de l'exercice 1

❶ Les voisins d'en bas ont déjà fini la peinture de l'appartement. ❷ J'ai remarqué que les Nowak vont souvent au cinéma. ❸ Je trouve que tu devrais porter une barbe. ❹ N'oublie pas les clés de la voiture. ❺ Je n'exagère pas du tout, c'est la vérité.

Ćwiczenie drugie – Wpisać brakujące słowa

❶ J'ai oublié *(masc.)* que [nos] voisins n'ont pas encore de voiture.
. . . . , że . . . . nie . . . . jeszcze . . . .

❷ Je suis persuadé que les nôtres peuvent gagner ce match.
Jestem . . . . , że . . . . mogą . . . . . . ten . . . . .

❸ Tu n'as pas remarqué *(masc.)* que Romek a une moustache ?
Nie . . . . , że . . . . . ma . . . . ?

70 Lekcja siedemdziesiąta

Powtórka – Révision

1 Les chiffres

Pour les chiffres au masculin, vous pouvez regarder les folios de bas de page.

1.1 Les chiffres au féminin

Nous avons appris comment on désigne les numéros des moyens de transport : **ósemka**, *bus* ou *tram n° 8*, **piętnastka**, *bus* ou *tram n° 15*. Pour les notes scolaires (de 1 à 6), nous avons également vu **dwójka**, *le deux* et **trójka**, *le trois*. Comme vous voyez, les chiffres possèdent en polonais des équivalents sous forme d'un nom féminin. Leur usage est très répandu : ils servent à indiquer les numéros des bâtiments, appartements ou chambres d'hôtel, les cartes à jouer, chaussures et pièces de monnaie, etc.
On emploie principalement ces noms jusqu'à 20, puis les dizaines. Leur forme rappelant celle des nombres ordinaux, cette petite liste va vous permettre de les revoir. Si, bien entendu, ce n'est pas encore fait !

1	**jedynka**	11	**jedenastka**
2	**dwójka**	12	**dwunastka**

❹ Comme d'habitude, tu exagères un peu.
. . . zwykle, ... trochę.

❺ Connais-tu *(ce)* le jeune couple [d']en bas ?
Znasz . . młode . . . . z . . . . ?

Corrigé de l'exercice 2

❶ Zapomniałem – sąsiedzi – mają – samochodu ❷ – przekonany – nasi – wygrać – mecz ❸ – zauważyłeś – Romek – wąsy ❹ Jak – przesadzasz – ❺ – to – małżeństwo – dołu

Deuxième vague : 20e leçon

Soixante-dixième leçon 70

3	**trójka**	13	**trzynastka**
4	**czwórka**	14	**czternastka**
5	**piątka**	15	**piętnastka**
6	**szóstka**	16	**szesnastka**
7	**siódemka**	17	**siedemnastka**
8	**ósemka**	18	**osiemnastka**
9	**dziewiątka**	19	**dziewiętnastka**
10	**dziesiątka**	20	**dwudziestka**

30	**trzydziestka**
40	**czterdziestka**, etc.
100	**setka**

1.2 La déclinaison du numéral *trzy*

La forme **trzech**, *trois*, est commune au génitif et au locatif. Le datif est **trzem** et l'instrumental **trzema**. Quant à l'accusatif, il est identique soit au génitif (genre masculin personnel), soit au nominatif (les autres genres). Le même modèle de déclinaison s'applique à **cztery**, *quatre*.

2 Le pluriel en *-owie*

Vous souvenez-vous des mots **synowie**, *les fils*, et **teściowie**, *les beaux-parents* ? Certains noms masculins de personnes prennent en effet au pluriel la terminaison **-owie**. Elle s'applique notamment :
– aux noms de parenté : **ojcowie**, *les pères* ; **wujkowie**, *les oncles* ; **mężowie**, *les maris* ;
– aux fonctions et titres : **profesorowie**, *les professeurs* ; **oficerowie**, *les officiers*, **królowie**, *les rois* ;
– aux noms de famille (excepté ceux en **-ski** ou **-cki**) : **Nowakowie**, *les Nowak* ; **Wójcikowie**, *les Wójcik*.
Et pensez aussi, tout simplement, au pluriel de **pan**, *monsieur*, qui est **panowie**.

3 Le passé

Ce paragraphe fait suite à celui de la leçon 42.
Nous vous avons déjà signalé quelques particularités dans la conjugaison de certains verbes au passé. C'est généralement le cas

***

Dialog-powtórka

1 – Pamiętasz, że jutro macie sprawdzian z matematyki i klasówkę z polskiego?
2 – Pamiętam. Dlaczego się niepokoisz?
3 – Ależ skąd! Mam do ciebie zaufanie.
4 A gdzie byłeś przez cały dzień?
5 – Był mecz piłki nożnej.
6 Mam nadzieję, że się nie gniewasz.
7 – Wcale nie. No i jak im poszło?
8 – Przegrali trzy do zera.
9 Zabrakło im szczęścia. I zrobili dużo błędów.
10 – To kiepsko. Byłeś sam?
11 – Nie. Był też sąsiad z dołu.
12 – Ten, który jest wysoki, szczupły i nosi brodę i wąsy?
13 – Tak. I był Jurek, kolega z gimnazjum.
14 Znasz go, ma ciemne włosy i okulary w metalowej oprawce.

de ceux dont l'infinitif finit en **-ąć** : **odpocząć**, *se reposer* ; **wyjąć**, *retirer, sortir* ; **wziąć**, *prendre* ; **zacząć**, *commencer* ; **zająć**, *occuper*. N'oubliez pas que seul le masculin singulier conserve la lettre **ą**. Dans toutes les autres formes, elle est remplacée par **ę**. Voici, par exemple, la conjugaison de **wziąć** :

Singulier	Masculin	Féminin	Neutre
1re personne	**wziąłem**	**wzięłam**	
2e personne	**wziąłeś**	**wzięłaś**	
3e personne	**wziął**	**wzięła**	**wzięło**

Pluriel	Masculin personnel	Masc. non personnel Féminin, neutre
1re personne	**wzięliśmy**	**wzięłyśmy**
2e personne	**wzięliście**	**wzięłyście**
3e personne	**wzięli**	**wzięły**

***

15 – Nie zauważyłem. W której jest klasie?
16 – W trzeciej. Za rok idzie do liceum.

Traduction

1 Tu te souviens que demain vous avez un contrôle de maths et une interrogation de polonais ? **2** Je me souviens. Pourquoi t'inquiètes-tu ? **3** Mais pas du tout ! J'ai confiance en toi *(en toi confiance)*. **4** Et où étais-tu *(pendant)* toute la journée ? **5** Il y avait un match de football. **6** J'espère *(Ai espoir)* que tu n'es pas fâché. **7** Pas du tout. Et alors, comment ça s'est passé *(à-eux est-allé)* ? **8** Ils ont perdu trois à zéro. **9** Ils n'ont pas eu de chance *(A-manqué à-eux bonheur)*. Et ils ont fait beaucoup de fautes. **10** Ce n'est pas fameux *(Ce médiocrement)*. Tu [y] a été seul ? **11** Non. Il y avait aussi le voisin d'en bas. **12** Celui qui est grand, mince et porte la barbe et la moustache ? **13** Oui. Et il y avait Jurek, un ami du collège. **14** Tu le connais *(Connais le)*, il a les cheveux bruns *(sombres cheveux)* et des lunettes avec une monture métallique *(à métallique monture)*. **15** Je n'ai pas remarqué. En quelle classe est-il ? **16** En troisième. Dans un an, il va au lycée.

Deuxième vague : 21e leçon

71 Lekcja siedemdziesiąta pierwsza

Wypadek na nartach

1 – **I**wona? **A**le niespo**dzian**ka! Nie wie**dzia**łam, że **jeź**dzisz ① na **nar**tach.
2 – Do**pie**ro się **u**czę ②. **Sta**wiam, jak to się **mó**wi, **pierw**sze **kro**ki.
3 **A**le **bar**dzo mi się po**do**ba.
4 – To **wi**dać. **Kie**dy przyje**cha**łaś?
5 – Przed**wczo**raj. A ty? **Jes**teś **sa**ma?
6 – Nie, z **Mar**kiem i z **dzieć**mi. Przyje**cha**liśmy w **pią**tek.
7 – A, wy**da**je mi się, że wi**dzia**łam ich **ko**ło wy**cią**gu.
8 – To na **pew**no oni. **Jeż**dżą już od **ra**na.
9 – A ty dla**cze**go nie **jeź**dzisz? Nie **u**miesz ③?

Prononciation
5 *pchèt**ftchor**ail* … **6** … *f **pio'n**tèk*

Notes

① Nous avons déjà vu (leçon 32, note 5) que pour la pratique du ski, on se sert du verbe **jeździć**, *aller*. Rappelons qu'à la première personne du singulier, on dit **jeżdżę**, tandis que la deuxième est **jeździsz**. Notez que les lettres **żdż** apparaissent aussi à la troisième personne du pluriel : **jeżdżą**.

② Vous savez déjà que pour *apprendre*, au sens d'*étudier*, on emploie un verbe pronominal **uczyć się**. La forme non pronominale **uczyć** correspond à *enseigner*.

À ce stade de votre parcours, vous êtes parfaitement familiarisé avec l'ordre des mots en polonais. Le mot à mot ne nous semble donc plus utile. D'ores et déjà, nous vous proposerons la traduction littérale uniquement pour les termes et les structures encore inconnus.

Un accident de ski*(s)*

1 – Iwona ? Quelle surprise ! Je ne savais pas que tu faisais du *(vas en)* ski*(s)*.
2 – J'apprends seulement. Je fais *(mets)*, comme on *(cela se)* dit, les premiers pas.
3 Mais cela me plaît beaucoup.
4 – Cela se voit. Quand es-tu arrivée ?
5 – Avant-hier. Et toi ? Tu es seule ?
6 – Non, avec Marek et les enfants. Nous sommes arrivés vendredi.
7 – Ah, il me semble que je les ai vus à côté du téléski.
8 – C'est sûrement eux. Ils skient *(vont)* depuis [ce] matin.
9 – Et toi, pourquoi tu ne skies *(vas)* pas ? Tu ne sais pas ?

▸ ③ Ne confondez pas les deux équivalents du verbe *savoir* : **wiedzieć** et **umieć** (ici à la 2e personne du singulier **umiesz**, *tu sais*). Tandis que **wiedzieć** signifie *avoir présent à l'esprit*, comme dans **wiem, kto to jest**, *je sais qui c'est*, **umieć** concerne le savoir-faire, par exemple **umiem czytać**, *je sais lire*.

10 – **Wo**lę nie ryzy**ko**wać. Mam bo**les**ne doświad**cze**nie z zesz**łe**go **ro**ku.

11 Wy**o**braź **so**bie ④, że u**pad**łam pierw**sze**go dnia po przy**jeź**dzie ⑤.

12 – O, **gdy**byś wie**dzia**ła, **i**le **ra**zy ja u**pad**łam!

13 – Tak, ale ja mu**sia**łam **po**tem **le**żeć ⑥ przez dwa ty**god**nie.

14 – Co ty **mó**wisz? Nie **by**ło ni**ko**go ⑦, **że**by cię **pod**nieść? □

***10** … dos'fyat'**tchè**gnè … **11** vé**o**bras' …*

Notes

④ Vous vous souvenez sans doute que le pronom réfléchi **sobie** a la même forme à toutes les personnes, d'où **wyobraź sobie**, *imagine-toi*.

⑤ **przyjeździe** est le locatif de **przyjazd**, *arrivée*.

⑥ **leżeć**, litt. "rester allongé", "être couché", s'emploie aussi pour désigner la position horizontale d'un objet : **książka leży na stole**, *le livre est sur la table*. En revanche, pour la position verticale, on dit : **książka stoi na półce**, *le livre est sur l'étagère*.

⑦ **nikogo** est le génitif de **nikt**, *personne*.

***

Ćwiczenie pierwsze – Proszę przetłumaczyć

❶ Uczę się grać w tenisa od zeszłego miesiąca. ❷ Przyjechaliśmy tu dopiero przedwczoraj. ❸ Jestem chora, muszę leżeć w łóżku. ❹ Dzieci jeżdżą na nartach, a my chodzimy po sklepach. ❺ Widziałam ich w piątek, koło dworca.

10 – Je préfère ne pas prendre de risque *(risquer)*. J'ai une douloureuse expérience de l'année dernière *(passée)*.

11 Imagine-toi que je suis tombée le lendemain de *(premier jour après)* [mon] arrivée.

12 – Oh, si tu savais combien de fois je suis tombée, moi !

13 – Oui mais moi, j'ai dû ensuite rester allongée pendant deux semaines.

14 – Qu'est-ce que tu dis ? Il n'y avait personne pour te relever ?

***

Corrigé de l'exercice 1

❶ J'apprends à jouer au tennis depuis le mois dernier. ❷ Nous sommes arrivés ici seulement avant-hier. ❸ Je suis malade, je dois rester au lit. ❹ Les enfants font du ski et nous, nous faisons les magasins. ❺ Je les ai vus vendredi, à côté de la gare.

Ćwiczenie drugie –Wpisać brakujące słowa

❶ Vendredi matin, je ne travaille pas, je fais du *(vais à)* vélo.
W . . . . . . rano . . . pracuję, ... na . . . .

❷ Ce sont des informations de la semaine dernière.
. . są . . . . z . . . . tygodnia.

❸ Avant-hier soir, je suis tombée dans l'escalier.
. . . . wieczorem . . . . na . . . .

72 Lekcja siedemdziesiąta druga

Ale historia!

1 – **Nig**dy już ① **nig**dzie nie **pój**dę ② z Wol**ski**mi!
2 – **Wi**dzę, że cię zdenerwo**wa**li.
3 – Na**praw**dę, naro**bi**li mi ta**kie**go **wsty**du ③...
4 – A co się **sta**ło?
5 – **By**liśmy w mu**ze**um z ko**le**gą z **pra**cy i **je**go **żo**ną.

Notes

① Selon le type de phrase, affirmative ou négative, **już** a un sens différent. Dans le premier cas, comme vous le savez, il correspond à *déjà* : **już pracuję**, *je travaille déjà*, et, dans le second, à *plus*, lorsqu'il est associé à une négation : **już nie pracuję**, *je ne travaille plus*.

② Comme vous le voyez, lorsqu'on utilise des mots négatifs : **nigdy**, *jamais* ; **nigdzie**, *nulle part*, **nikt**, *personne*, etc., on ▸

❹ Les enfants vont toujours à l'école en bus.
...... zawsze ...... do ...... autobusem.

❺ J'apprends seulement à écrire en polonais.
.... się .... pisać .. polsku.

Corrigé de l'exercice 2

❶ – piątek – nie – jeżdżę – rowerze ❷ To – wiadomości – zeszłego – ❸ Przedwczoraj – upadłam – schodach ❹ Dzieci – jeżdżą – szkoły – ❺ Uczę – dopiero – po –

Deuxième vague : 22e leçon

Soixante-douzième leçon 72

Quelle histoire !

1 – Je n'irai plus jamais nulle part avec les Wolski !
2 – Je vois qu'ils t'ont énervé.
3 – Vraiment, ils m'ont fait une telle honte…
4 – Et que s'est-il passé ?
5 – Nous étions au musée avec un collègue de travail et sa femme.

▸ conserve **nie**, *ne ... pas*, à la différence du français, où le *pas* est supprimé au profit du mot négatif. Comparez : **nie pójdę**, *je n'irai pas*, et **nigdzie nie pójdę**, *je n'irai nulle part*.

③ Avez-vous remarqué la forme verbale dans **narobić wstydu**, *faire honte* ? Sachez que l'ajout du préfixe **na-** au verbe **robić** apporte une nuance particulière à ce dernier, qui sous-entend la réalisation de choses ou d'actes généralement fâcheux. Le complément, souvent au pluriel, se met au génitif.

6 W **pew**nym mo**men**cie, ko**le**ga za**py**tał **Wol**ską ④, czy zna Ru**ben**sa.
7 – Wyo**bra**żam **so**bie ciąg **dal**szy ⑤.
8 – Powie**dzia**ła, że **ow**szem, zna go **bar**dzo **do**brze,
9 i że os**tat**nio spot**ka**ła go **na**wet na przys**tan**ku pięt**nast**ki, **ko**ło **dwo**rca.
10 – Ale his**to**ria!
11 – To nie **ko**niec. **Zgad**nij, co po**wie**dział **Wol**ski.
12 – Nie mam po**ję**cia.
13 – Po**wie**dział, że się **pew**nie pomy**li**ła, że mu**sia**ła go **wi**dzieć gdzie **in**dziej ⑥,
14 po**nie**waż pięt**nast**ka nie **jeź**dzi na **dwo**rzec!

Prononciation
8 … ofchèm … 12 … poyègnts'a 14 … pognèvach …

Ćwiczenie pierwsze – Proszę przetłumaczyć

❶ Nie wyobrażam sobie mieszkać na wsi. ❷ Ale wstyd, naprawdę! ❸ Nie mam pojęcia, co się stało. ❹ Jutro opowiem ci ciąg dalszy. ❺ Nie widzę nigdzie mojego swetra.

6 À un *(certain)* moment, le collègue a demandé à Wolska si elle connaissait *(connaît)* Rubens.
7 – J'imagine *(me)* la suite *(plus lointaine)*.
8 – Elle a dit que, bien entendu, elle le connaissait *(connaît)* très bien,
9 et que dernièrement, elle l'avait même rencontré à l'arrêt du quinze, à côté de la gare.
10 – Quelle histoire !
11 – Ce n'est pas fini *(fin)*. Devine ce qu'a dit Wolski.
12 – Je n'[en] ai [aucune] idée.
13 – Il a dit qu'elle s'était sûrement trompée, qu'elle avait dû le voir ailleurs,
14 car le quinze ne va pas à la gare !

Notes

④ Les noms de famille en **-ski** ou **-cki** se comportant comme des adjectifs, leur féminin se termine en **-ska** et **-cka**. **Wolską** est un accusatif, car il suit le verbe **zapytać**, *demander à*, *questionner*.

⑤ L'équivalent du mot *suite* pour signifier ce qui vient après, est un terme composé de **ciąg**, *suite*, *série*, et **dalszy**, *plus lointain*. Ce dernier est le comparatif de **daleki**, *lointain*.

⑥ En ajoutant le mot **indziej** à **gdzie**, *où*, on obtient *ailleurs*. De même **kiedy**, *quand* + **indziej** signifie *à un autre moment*. Ce sont pratiquement les seuls emplois de **indziej** en polonais actuel.

***

Corrigé de l'exercice 1

❶ Je n'imagine pas habiter à la campagne. ❷ Quelle honte, vraiment ! ❸ Je n'ai aucune idée de ce qu'il s'est passé. ❹ Demain, je te raconterai la suite. ❺ Je ne vois mon pull nulle part.

73 Ćwiczenie drugie – Wpisać brakujące słowa

❶ Demain après-midi, nous verrons la suite.
. . . . . po . . . . zobaczymy . . . . dalszy.

❷ J'imagine ce qu'il s'est passé.
. . . . sobie, . . się . . . . . .

❸ Devine qui j'ai rencontré *(fém.)* à l'arrêt du tram.
. . . . , kogo . . . . na . . . . tramwajowym.

❹ Nous y avons déjà été, allons ailleurs.
. . . tam . . . . , chodźmy . . . . . indziej.

---

73 Lekcja siedemdziesiąta trzecia

Na zdrowie ①!

1 – **Po**móż mi **na**kryć do **sto**łu ②. **Wkrót**ce przy**cho**dzą Mi**chal**scy.
2 – Oczy**wiś**cie. **Któ**re ta**le**rze po**ło**żyć?
3 – **Bia**łe. **Pos**taw ③ też kryształ**o**we kie**li**szki ④.
4 **No**że i wi**del**ce są w zmy**war**ce.

Prononciation
*1 **po**mouch …*

Notes

① L'expression **na zdrowie** a deux usages différents. C'est d'abord, comme ici, la formule traditionnelle lorsqu'on porte un toast : *À la vôtre !* ou littéralement "à la santé". Mais **na zdrowie** peut également être adressé à quelqu'un qui éternue : *À vos (tes) souhaits !* ▸

❺ Il me semble que vous vous êtes trompée.
...... mi ..., że ... pani ....

Corrigé de l'exercice 2

❶ Jutro – południu – ciąg – ❷ Wyobrażam – co – stało ❸ Zgadnij – spotkałam – przystanku – ❹ Już – byliśmy – gdzie – ❺ Wydaje – się – się – pomyliła

Deuxième vague : 23e leçon

Soixante-treizième leçon 73

Santé !

1 – Aide-moi [à] mettre *(couvrir à)* la table. Les Michalski arrivent bientôt.
2 – Bien sûr. Quelles assiettes je mets *(mettre)* ?
3 – Les blanches. Mets aussi les verres en cristal.
4 Les couteaux et les fourchettes sont dans le lave-vaisselle.

② Pour mettre la table, on utilise une expression figée : **nakryć** (litt. "couvrir") **do stołu** "à table". Dans le dernier mot, vous avez sans doute reconnu le génitif de **stół**.

③ Le verbe relatif à l'action de poser un objet comporte toujours une indication quant à sa position, horizontale ou verticale. Ainsi, comme nous venons de le voir (phrase 2), en parlant d'une assiette, on se sert de **położyć**. Pour un verre, en revanche, on emploie **postawić**. Le français se contente du seul verbe *mettre* dans les deux cas.

④ Le singulier correspondant est **kieliszek**, *verre à pied* ou *petit verre*.

5 – Co **jesz**cze położyć: **sztuć**ce do ryb, **łyż**ki?
6 – Nie, **tyl**ko łyż**eczki** dese**ro**we.
7 – Położę też popiel**niczk**ę, bo Mi**chal**ska **pa**li.
8 – **Do**brze. **My**ślę, że **ma**my **wszyst**ko... O, **sły**chać **win**dę.
9 Idę zo**ba**czyć. **Mo**że to **o**ni. (...)
10 – Dzień **do**bry. Drzwi ⑤ na **do**le **by**ły ot**war**te.
11 – Tak my**śla**łam. To **pro**szę, mo**że**my już **sia**dać do **sto**łu.
12 – **A**le wspa**nia**łe przy**ję**cie!
13 – Dzię**ku**ję **bar**dzo. Czę**stuj**cie się ⑥, **pro**szę.
14 – No to, **zdro**wie gospo**dy**ni ⑦! □

5 ... ***chtouts***'*tsè ... rép ...* ***10*** *... djvi ...* ***13*** *... tchins****touillts***'*è ...*

Notes

⑤ Le nom **drzwi**, *la porte*, s'emploie exclusivement au pluriel.

⑥ L'impératif **częstujcie się** vient du verbe pronominal **częstować się**, *se servir*, qui, contrairement au français, ne s'applique qu'à la nourriture.

***

Ćwiczenie pierwsze – Proszę przetłumaczyć

❶ Czy ktoś może nakryć do stołu? ❷ Ja położę noże i widelce, a ty możesz postawić kieliszki. ❸ Mógłbyś mi powiedzieć, jak działa ta zmywarka? ❹ Zobacz, czy drzwi są zamknięte. ❺ Pomóż mi zrobić to ćwiczenie.

5 – Qu'est-ce que je mets encore : couverts à poissons, cuillers ?
6 – Non, seulement les cuillers à dessert.
7 – Je vais mettre aussi un cendrier parce que Michalska fume.
8 – Bien. Je pense que nous avons tout… Oh, on entend l'ascenseur.
9 Je vais voir. C'est peut-être eux. (…)
10 – Bonjour. La porte en bas était ouverte.
11 – C'est ce que *(Ainsi)* je pensais. Eh bien, je vous en prie, nous pouvons *(déjà)* nous asseoir à table [dès maintenant].
12 – Quel accueil magnifique !
13 – Merci beaucoup. Servez-vous, je vous en prie.
14 – Eh bien, [à la] santé de [notre] hôtesse !

▸ ⑦ Tout comme **pani**, *(ma)dame*, **gospodyni**, *hôtesse*, fait partie d'un petit groupe de noms féminins finissant en **-i**. N'oubliez pas que certains d'entre eux peuvent également se terminer par une consonne. Mais, comme vous le savez, c'est la terminaison **-a** qui est la plus répandue.

***

Corrigé de l'exercice 1

❶ Est-ce que quelqu'un peut mettre la table ? ❷ Moi, je vais mettre les couteaux et les fourchettes et toi, tu peux mettre les verres. ❸ Pourrais-tu me dire comment marche ce lave-vaisselle ? ❹ Regarde si la porte est fermée. ❺ Aide-moi à faire cet exercice.

Ćwiczenie drugie – Wpisać brakujące słowa

❶ Aide-moi à chercher le numéro de téléphone de Marek.
. . . . . mi . . . . . . numeru . . . . Marka.

❷ Je n'ai pas le temps, je dois mettre la table.
. . . mam . . . . . , muszę . . . . . . do . . . . . .

❸ J'ai acheté de nouvelles assiettes, tu veux [les] voir ?
. . . . nowe . . . . , chcesz . . . . ?

***

L'hospitalité des Polonais est légendaire. D'une part, les occasions de recevoir un grand nombre d'invités ne manquent pas. Il y a, bien sûr, les événements liés aux traditions catholiques – restées très vivaces – comme le baptême, la communion solennelle ou le mariage ; on reçoit aussi énormément pour la fête ou l'anniversaire. Mais on aime également se retrouver en petit comité sans raison particulière, et vous verrez qu'on met toujours les petits plats dans les grands. La coutume veut en effet que l'on ne regarde pas à la dépense et que les invités soient très bien traités.
Par ailleurs, vous aurez sans doute l'occasion de constater que les

74 Lekcja siedemdziesiąta czwarta

Recepta ①

1 – **Idę** **ku**pić za**pał**ki. Potrze**bu**jesz **cze**goś ② z **kios**ku?
2 – Nie, **a**le czy **mógł**byś iść do ap**te**ki?
3 – Do ap**te**ki? A po co?

Prononciation
*rè**tsè**pta*

Notes

① Le nom féminin **recepta**, utilisé ici pour *ordonnance*, signifie également *recette*, y compris au sens figuré.

❹ Va ouvrir la porte, Iwona n'a pas pris ses clés.
... otworzyć ....., Iwona ... wzięła ....

❺ Où dois-je mettre les gâteaux ?
..... mam .... ciastka?

Corrigé de l'exercice 2

❶ Pomóż – szukać – telefonu – ❷ Nie – czasu – nakryć – stołu ❸ Kupiłam – talerze – zobaczyć ❹ Idź – drzwi – nie – kluczy ❺ Gdzie – położyć –

***

Polonais enlèvent systématiquement leurs chaussures, le seuil de la maison franchi. Ainsi, si vous êtes en visite, on vous proposera sûrement des pantoufles réservées aux invités. Cette tradition – qui n'est pas spécifique à la Pologne – est parfois considérée comme contradictoire avec les règles élémentaires du savoir-vivre. Par conséquent, ne vous étonnez pas non plus si certaines maîtresses de maison vous invitent à garder vos chaussures !

Deuxième vague : 24e leçon

Soixante-quatorzième leçon 74

Une ordonnance

1 – Je vais acheter des allumettes. As-tu besoin de quelque chose au kiosque ?
2 – Non, mais pourrais-tu aller à la pharmacie ?
3 – À la pharmacie ? Et pour quoi [faire] ?

② Rappelons que le verbe **potrzebować**, *avoir besoin*, est suivi du génitif, d'où **czegoś**, dérivé de **coś**, *quelque chose*. Pensez toujours, à propos de **potrzebować**, aux lettres **-uj-** que l'on trouve dans les formes du présent.

4 – **By**łam u le**kar**za i prze**pi**sał ③ mi le**kars**twa.
5 – Daj. O, to **bar**dzo skomplikow**a**ne.
6 – **Wca**le nie. **Wszyst**ko mi wytłu**ma**czył.
7 **Ra**no mam brać kap**suł**kę z **dużą** **szklan**ką ④ **wo**dy.
8 W połu**dn**ie, dwie ⑤ pas**tyl**ki z **dużą** **szklan**ką **wo**dy.
9 Po połu**dn**iu, tab**let**kę musu**ją**cą z **dużą** **szklan**ką **wo**dy.
10 A wie**czo**rem, ły**żecz**kę sy**ro**pu z **dużą** **szklan**ką **wo**dy.
11 – Potrze**bu**jesz aż **ty**le ⑥ **le**karstw? To wy**glą**da po**waż**nie.
12 A po**wie**dział ci przy**naj**mniej, co ci jest?
13 – Tak, **pi**ję za **ma**ło **wo**dy.

***4** … pchè**pi**ssa[ou] … lè**kars**tfa … **7** … kap**sou**[ou]kè … **chkla'n**kon … **9** … moussou**yo'n**tson …*

Notes

③ **przepisać**, qui signifie ici *prescrire*, veut aussi dire *(re)copier*.

④ Le nom féminin **szklanka** désigne *un grand verre sans pied*, qu'il faut distinguer de **kieliszek** (leçon 73, note 4).

⑤ Parlons un peu du chiffre **dwa**, *deux*. Il se rapporte aux noms masculins non personnels et aux noms de choses neutres. ▸

***

Ćwiczenie pierwsze – Proszę przetłumaczyć

❶ Apteka będzie zamknięta przez dwa tygodnie. ❷ Chciałbym tylko szklankę wody. ❸ Nie zapomnij, że trzeba kupić lekarstwa. ❹ Jak długo mam brać te tabletki? ❺ Zobacz przynajmniej, czy mamy wszystko.

4 – J'ai été chez le médecin et il m'a prescrit des médicaments.
5 – Donne. Oh, c'est très compliqué.
6 – Pas du tout. Il m'a tout expliqué.
7 Le matin, je dois *(ai)* prendre une gélule avec un grand verre d'eau.
8 À midi, deux pastilles avec un grand verre d'eau.
9 L'après-midi, un comprimé effervescent avec un grand verre d'eau.
10 Et le soir, une cuillerée de sirop avec un grand verre d'eau.
11 – Tu as besoin d'autant de médicaments ? Ça a l'air sérieux *(sérieusement)*.
12 Et il t'a dit au moins ce que tu as ?
13 – Oui, je ne bois pas assez *(bois trop peu)* d'eau.

▸ Son homologue féminin est **dwie**. Quant au genre masculin personnel, il a deux formes : **dwaj** ou **dwóch**. Enfin, pour compléter le tableau, il nous reste **dwoje**, qui concerne les personnes de genres différents, les noms neutres animés et les noms employés seulement au pluriel. Décidément, c'est bien plus compliqué qu'en français ! Heureusement, pour les autres chiffres, les choses sont plus simples.

⑥ Revoilà la particule **aż** (leçon 69, note 8), avec sa valeur d'intensification. **Aż tyle** signifie donc *autant*, *une si grande quantité*.

***

Corrigé de l'exercice 1

❶ La pharmacie sera fermée pendant deux semaines. ❷ Je voudrais seulement un verre d'eau. ❸ N'oublie pas qu'il faut acheter des médicaments. ❹ [Pendant] combien de temps dois-je prendre ces comprimés ? ❺ Regarde au moins si nous avons tout.

75 **Ćwiczenie drugie – Wpisać brakujące słowa**

❶ Sais-tu au moins de quoi tu as besoin ?
Wiesz . . . . , czego . . . . ?

❷ La pharmacie à côté de la gare est peut-être encore ouverte.
. . . . . . kolo . . . . . . jest . . . . jeszcze . . . .

❸ Je ne peux pas prendre autant de médicaments !
Nie . . . . brać . . tyle . . . . !

❹ Kasia, as-tu déjà pris [tes] comprimés et [ton] sirop ?
Kasiu, ... już . . . . i . . . . . ?

❺ Ce verre est-il pour moi ?
Ta . . . . jest . . . mnie?

75 Lekcja siedemdziesiąta piąta

Rozwód

1 – Kto by ① po**myś**lał, że się tu spot**ka**my?
2 – **Przyz**nam, że ja też ② się nie spodzie**wa**łem.
3 – I co u **cie**bie? Sły**sza**łem, że się oże**ni**łeś ③.
4 – O, to już **sta**ra his**to**ria.

Prononciation
***roz**vout*

Notes

① Nous vous avons déjà parlé de la facilité avec laquelle la particule du conditionnel **by** peut être détachée du verbe pour se mettre après un autre mot de la phrase. Ce dernier, ici **kto**, *qui*, est ainsi mis en relief. ▸

Corrigé de l'exercice 2

❶ – przynajmniej – potrzebujesz ❷ Apteka – dworca – może – otwarta ❸ – mogę – aż – lekarstw ❹ – wzięłaś – tabletki – syrop ❺ – szklanka – dla –

Deuxième vague : 25e leçon

Soixante-quinzième leçon 75

Le divorce

1 – Qui aurait pensé que nous nous rencontrer[i]ons ici ?
2 – J'avoue*(rai)* que moi non plus, je ne m'[y] attendais pas.
3 – Et quoi [de neuf] chez toi ? J'ai entendu dire que tu t'étais *(es)* marié.
4 – Oh, c'est déjà une vieille histoire.

▸ ② **też**, *aussi*, se comporte comme **już** (leçon 72, note 1) : dans une phrase affirmative, il équivaut à *aussi* et, dans une phrase négative, à *non plus*.

③ Vous savez déjà (leçon 50, note 1) que *se marier*, pour un homme, se dit **żenić się**. Comme il s'agit ici d'un fait révolu, le verbe est au perfectif : **ożenić się**. Rappelons que pour le mariage d'une femme, on emploie **wychodzić** (**wyjść** au perfectif) **za mąż**.

5 – I **jes**teś tu sam, nie z **żo**ną?
6 – W rzeczywis**tości**, **mo**je mał**żeń**stwo **by**ło po**myłk**ą.
7 Skoń**czy**ło się na roz**wo**dzie.
8 – A, nie wie**działem**, **przy**kro mi.
9 – Nie ma **spra**wy ④. **A**le o**po**wiedz coś o **so**bie ⑤.
10 W **dal**szym **cią**gu ⑥ **jes**teś kawa**le**rem?
11 – Tak, ale już nie **zno**szę **te**go **ży**cia ⑦.
12 Je**dze**nie w restau**rac**jach, **pra**nie, praso**wa**nie…
13 – No **po**patrz, a ja się roz**wiod**łem dokł**ad**nie z tych **sa**mych po**wo**dów! □

*9 … opo**vyèts** … 10 … kava**lèrèm** 13 … **po**pat'ch …*

Notes

④ L'expression **nie ma sprawy** (litt. "il n'y a pas d'affaire") est un synonyme courant de **nie szkodzi**, *cela ne fait rien, il n'y a pas de mal.*

⑤ **sobie**, que vous connaissez en tant que datif du pronom réfléchi **się**, en est aussi le locatif. Comme toujours, lorsqu'il concerne le sujet de la phrase, il a la même forme pour toutes les personnes. ▸

***

Ćwiczenie pierwsze – Proszę przetłumaczyć

❶ Nie spodziewałem się, że będzie tyle problemów. ❷ Podobno Jurek ożenił się z córką Wolskiego. ❸ Kto by powiedział, że Polacy wygrają ten mecz? ❹ Na szczęście, wszystko się dobrze skończyło. ❺ Mam dosyć prania i prasowania.

5 – Et tu es ici tout seul, pas avec [ta] femme ?
6 – En réalité, mon mariage était une erreur.
7 Il *(Cela)* a fini par un divorce.
8 – Ah, je ne savais pas, je suis désolé.
9 – Il n'y a pas de mal *(affaire)*. Mais parle-moi un peu *(raconte quelque-chose)* de toi.
10 Tu es toujours célibataire ?
11 – Oui, mais je ne supporte plus cette vie.
12 Manger au restaurant *(dans les restaurants)*, lessive, repassage…
13 – Tiens *(regarde)*, et moi, j'ai divorcé exactement pour les mêmes raisons !

⑥ Vous avez déjà rencontré (leçon 72, note 5) l'expression **ciąg dalszy**, *suite*. Employée avec la préposition **w** + locatif : **w dalszym ciągu**, elle devient une tournure adverbiale équivalant à **ciągle**, *tout le temps*, *toujours*.

⑦ Est-ce que vous pensez toujours à utiliser le génitif après un verbe à la forme négative ?

***

Corrigé de l'exercice 1

❶ Je ne m'attendais pas à ce qu'il y ait autant de problèmes. ❷ Il paraît que Jurek s'est marié avec la fille de Wolski. ❸ Qui aurait dit que les Polonais gagneraient ce match ? ❹ Heureusement, tout s'est bien terminé. ❺ J'en ai assez de la lessive et du repassage.

76 Ćwiczenie drugie – Wpisać brakujące słowa

❶ En réalité, je ne supporte plus cette ville.
W . . . . , nie . . . . . . już . . . . miasta.

❷ J'avouerai que je ne sais pas pourquoi je me suis marié.
. . . . , że . . . wiem, ... się . . . .

❸ Tu t'attendais *(fém.)* [à ce] qu'il y ait un tel accueil ?
. . . . się, . . będzie . . . . . przyjęcie?

❹ Je ne peux pas, j'ai de la lessive et du repassage [à faire].
Nie . . . . . , mam . . . . . . i . . . .

76 Lekcja siedemdziesiąta szósta

Stara wieża

1 – Już **da**lej nie **pój**dę! Zu**peł**nie nie **czu**ję nóg.
2 – Mó**wi**łem ci, **że**byś ① za**ło**ży**ła** **in**ne **bu**ty.
3 – **Przes**tań, **mo**je **bu**ty są **bar**dzo wy**god**ne.
4 – To od**pocz**nij **so**bie **chwi**lę, **je**śli **jes**teś **ta**ka zmę**czo**na.
5 – Dlaczego tu nie ma **win**dy?
6 – **Mó**wisz po**waż**nie? Wiesz, **i**le lat ma ta **wie**ża? **Po**nad **sie**demset.

Prononciation
***1** … nouk **6** … **po**nat …*

Notes

① Remarquez que dans une subordonnée introduite par la conjonction **żeby**, *que*, le verbe se met au passé. Les terminaisons personnelles du passé étant mobiles, elles s'ajoutent à la conjonction. Cela vous semble peut-être un peu déroutant, ▸

❺ Raconte-moi comment cela s'est terminé.
. . . . mi . . . to . . . skończyło.

Corrigé de l'exercice 2

❶ – rzeczywistości – znoszę – tego – ❷ Przyznam – nie – dlaczego – ożeniłem ❸ Spodziewałaś – że – takie – ❹ mogę – pranie – prasowanie ❺ Opowiedz – jak – się –

Deuxième vague : 26e leçon

Soixante-seizième leçon 76

Une vieille tour

1 – Je n'irai pas plus loin. Je ne sens plus du tout mes jambes *(Tout-à-fait ne sens jambes)*.
2 – Je t'ai dit de mettre d'autres chaussures.
3 – Arrête, mes chaussures sont très confortables.
4 – Alors repose-toi un moment si tu es si fatiguée.
5 – Pourquoi n'y a-t-il pas d'ascenseur ici ?
6 – Tu parles sérieusement ? Tu sais quel âge a cette tour ? Plus *(Au-dessus)* de sept cents [ans].

▸ compte tenu de la structure française correspondante. Mais, à votre niveau, vous pouvez de plus en plus faire abstraction de votre langue maternelle. Vous n'êtes plus débutant, n'est-ce pas ?

7 – Wiem, wiem… **A**le nas**tęp**nym **ra**zem nie dam się ② na**mó**wić.
8 – No chodź. Zos**ta**ło ③ **tyl**ko **kil**ka **sto**pni.
9 Zo**ba**czysz, z **gó**ry jest wspa**nia**ły **wi**dok na **ca**łą oko**li**cę. (…)
10 – Uf! Na**resz**cie jes**teś**my.
11 – No i co, nie **mia**łem **ra**cji? Nie **war**to **by**ło ④ wejść ⑤?
12 – Zapo**mi**nasz, że **te**raz **trze**ba **bę**dzie ⑥ zejść ⑦!

Notes

② Le verbe **dać**, *donner*, est ici à la forme pronominale **dać się**. Il est alors suivi de l'infinitif et équivaut à *se laisser (faire quelque chose)*.

③ **zostało** est le passé (3e personne du singulier neutre) de **zostać**, *rester*. Notez l'usage de cette forme dans le sens de *il reste*, qui est au présent en français.

④ **warto** est un terme invariable équivalent à *ça vaut la peine de*. En le faisant suivre de **było** (verbe *être* au passé, à la 3e personne du singulier neutre), on exprime le passé. Cela vous rappelle sans doute **trzeba**, *il faut*, pour lequel on emploie le même procédé (leçon 60, note 7).

***

Ćwiczenie pierwsze – Proszę przetłumaczyć

❶ Zobaczę, ile mi zostało pieniędzy. ❷ Nie wiem, czy warto iść dalej. ❸ Następnym razem trzeba będzie zadzwonić wcześniej. ❹ Musimy wejść na czwarte piętro. ❺ Przestań wreszcie liczyć na rodziców!

7 – Je sais, je sais… Mais la prochaine fois, je ne me laisserai pas entraîner *(persuader)*.
8 – Allez, viens. Il ne reste que quelques marches.
9 Tu verras, d'en haut, il y a une vue merveilleuse sur toute la région. (…)
10 – Ouf ! Enfin, nous y sommes.
11 – Et alors, je n'avais pas raison ? Ça ne valait pas la peine de monter ?
12 – Tu oublies que maintenant, il va falloir descendre !

▸ ⑤ **wejść**, qui correspond ici à *monter* (en parlant des escaliers, d'une échelle, etc.), signifie par ailleurs *entrer*. C'est la forme perfective, dont l'homologue imperfectif est **wchodzić**.

⑥ Avez-vous eu du mal à reconnaître dans **trzeba będzie** le futur du verbe *falloir* ? Rappelons à tout hasard que **będzie** correspond à la 3e personne du singulier du verbe *être* au futur.

⑦ **zejść** est le contraire de **wejść** (au sens de *monter*). L'imperfectif est **schodzić**. Ajoutons que *sortir* se dit **wyjść/wychodzić**.

***

Corrigé de l'exercice 1

❶ Je vais voir combien d'argent il me reste. ❷ Je ne sais pas si cela vaut la peine d'aller plus loin. ❸ La prochaine fois, il faudra téléphoner plus tôt. ❹ Nous devons monter au quatrième étage. ❺ Arrête enfin de compter sur tes parents !

Ćwiczenie drugie – Wpisać brakujące słowa

❶ Arrête, cela ne vaut pas la peine de s'énerver.
. . . . , nie . . . . . się . . . .

❷ La prochaine fois, nous nous rencontrerons chez moi.
. . . . razem . . . . się . mnie.

❸ J'ai besoin de quelque chose, est-ce que tu peux descendre ?
. . . . czegoś, . . . możesz . . . . . ?

❹ Il reste encore un peu de bière, tu [en] veux ?
. . . . jeszcze . . . . . . piwa, ... ?

77 Lekcja siedemdziesiąta siódma

Powtórka – Révision

1 Les numéraux

Au fil des leçons, nous avons rencontré plusieurs numéraux. Récapitulons donc vos acquis. Pour **jeden**, *un*, et **dwa**, *deux*, on fait les distinctions suivantes :

masc.	**jeden**	**dwa**
fém.	**jedna**	**dwie**
neutre	**jedno**	**dwa**

Jeden se décline comme un adjectif qualificatif : **jeden**, **jednego**, etc. ; **jedna**, **jednej**, etc.
À côté de **dwa**, il existe deux autres formes : **dwóch** (+ gén.) et **dwaj**, qui sont utilisées pour les personnes du genre masculin, ainsi que la forme **dwoje** pour le genre neutre personnel, les personnes de sexe différent, les groupes mixtes, et les noms employés seulement au pluriel : **dwaj panowie**, **dwóch panów**, *deux messieurs*, **dwoje dzieci**, *deux enfants*.
Dans **trzy**, *trois*, et **cztery**, *quatre*, la distinction des genres est beaucoup plus limitée. Elle se fait uniquement aux deux

❺ Je ne plaisante pas du tout, je parle sérieusement.
..... nie ...., mówię ....

Corrigé de l'exercice 2

❶ Przestań – warto – denerwować ❷ Następnym – spotkamy – u ❸ Potrzebuję – czy – zejść ❹ Zostało – trochę – chcesz ❺ Wcale – żartuję – poważnie

Deuxième vague : 27e leçon

Soixante-dix-septième leçon 77

cas qui distinguent le masculin personnel des autres. Ce sont respectivement :
– au nominatif : **trzej** (**trzech**), **czterej** (**czterech**) et **trzy**, **cztery** ;
– à l'accusatif : **trzech**, **czterech** et **trzy**, **cztery** ;
Aux autres cas, la forme est la même pour les trois genres :
– au génitif et locatif : **trzech**, **czterech** ;
– au datif : **trzem**, **czterem** ;
– à l'instrumental : **trzema**, **czterema**.
Les numéraux de 5 à 100 ne distinguent le genre masculin personnel (**pięciu**, **sześciu**, etc.) des autres (**pięć**, **sześć**, etc.) qu'au nominatif et à l'accusatif. Les autres cas ont tous la forme **pięciu**, **sześciu**, etc.
Après les nombres à partir de **pięć**, on met le nom au génitif pluriel : **pięciu synów**, *deux fils*, **pięć córek**, *deux filles*.

2 Le verbe *jeździć*

Rappelons que le verbe **jeździć**, *aller*, s'emploie pour un déplacement habituel ou fréquent à l'aide d'un moyen de locomotion terrestre : voiture, train, mais aussi skis, patins à roulettes, etc. Vous savez que sa conjugaison au présent se caractérise par le changement **ż/ź** (**zi**). Voici donc un rappel de toutes les personnes.

	Singulier	Pluriel
1re personne	**jeżdżę**	**jeździmy**
2e personne	**jeździsz**	**jeździcie**
3e personne	**jeździ**	**jeżdżą**

3 Les verbes *wiedzieć* et *umieć*

Bien que **wiedzieć** et **umieć** correspondent tous les deux à *savoir* en français, ce sont deux verbes distincts. Tout d'abord, leur sens n'est pas tout à fait le même. Tandis que **wiedzieć** exprime la connaissance d'un fait, la conscience de quelque chose, **umieć** marque le savoir pratique, la capacité d'exercer une activité.
Ajoutons une précision importante en ce qui concerne leur construction. Seul **umieć** peut être suivi d'un infinitif : **Umiem grać na gitarze**, *Je sais jouer de la guitare*. En revanche, pour introduire une subordonnée commençant par *que*, on ne peut employer que **wiedzieć** : **Wiem, co chcesz zrobić**, *Je sais ce que tu veux faire*.

***

Dialog-powtórka

1 – Zgadnij, kto przychodzi dziś wieczorem.
2 – Nie mam pojęcia.
3 – Romek, kolega z pracy. Wiesz, że się ożenił w zeszłym tygodniu?
4 – Ale niespodzianka! Kto by pomyślał? Potrzebujesz czegoś?
5 – Tak. Możesz nakryć do stołu?
6 – Ile talerzy położyć?
7 – Przecież to nie skomplikowane. Nie umiesz liczyć?
8 – Nie wiem, gdzie są kieliszki.
9 – Przestań. Mówisz poważnie?
10 O, ktoś dzwoni. Idę otworzyć. (…)
11 Cześć Romek. Co się stało?
12 – Upadłem na nartach.

Leur conjugaison au présent ne devrait pas vous poser de problèmes, sauf à la 3e personne du pluriel qui a une forme spéciale, respectivement **wiedzą** et **umieją**. Au passé, comme pour **mieć**, *avoir*, le changement **e/a** s'applique. Voici un tableau avec les formes de **wiedzieć**. (Vous pouvez l'appliquer à la conjugaison au passé de tous les verbes en **-eć**).

Singulier	Masculin	Féminin	Neutre
1re personne	**wiedziałem**	**wiedziałam**	
2e personne	**wiedziałeś**	**wiedziałaś**	
3e personne	**wiedział**	**wiedział**	**wiedziało**

Pluriel	Masculin personnel	Masc. non personnel, féminin, neutre
1re personne	**wiedzieliśmy**	**wiedziałyśmy**
2e personne	**wiedzieliście**	**wiedziałyście**
3e personne	**wiedzieli**	**wiedziały**

***

13 – Ale historia! I co, nie miałam racji?
14 Warto było jeździć w góry?
15 – Nie, następnym razem nie dam się namówić!

Traduction

1 Devine qui vient *(arrive)* ce soir. **2** Je n'[en] ai [aucune] idée. **3** Romek, un collègue de travail. Tu sais qu'il s'est marié la semaine dernière ? **4** Quelle surprise ! Qui [l']aurait pensé ? As-tu besoin de quelque chose ? **5** Oui. Peux-tu mettre *(couvrir à)* la table ? **6** Combien d'assiettes je mets *(mettre)* ? **7** Ce n'est pourtant pas compliqué. Tu ne sais pas compter ? **8** Je ne sais pas où sont les verres. **9** Arrête. Tu parles sérieusement ? **10** Oh, on *(quelqu'un)* sonne. Je vais ouvrir. (…) **11** Salut Romek. Que s'est-il passé ? **12** Je suis tombé en ski*(s)*. **13** Quelle histoire ! Et alors, je n'avais pas raison ? **14** Ça valait la peine d'aller à la montagne ? **15** Non, la prochaine fois, je ne me laisserai pas entraîner *(persuader)* !

Deuxième vague : 28e leçon

78 Lekcja siedemdziesiąta ósma

Kaktus

1 – Dzień **do**bry. Zapom**nia**łam **ku**pić **so**li ①. **Mo**że mi **pa**ni po**ży**czyć ②?
2 – **A**leż oczy**wiś**cie. Niech **pa**ni **wej**dzie.
3 – Nie chcę prze**szka**dzać…
4 – Nie prze**szka**dza mi **pa**ni. **Jes**tem **sa**ma, nie mam nic do ro**bo**ty ③.
5 – **Bar**dzo **pa**ni **mi**ła, na**praw**dę.
6 – To nor**mal**ne, **mię**dzy sąsia**da**mi. **Trze**ba sobie po**ma**gać ④.
7 – Dzię**ku**ję, **od**dam **ju**tro. (…) Ma **pa**ni cu**dow**ne roś**li**ny!
8 U mnie **wca**le nie chcą **ros**nąć ⑤. **Jes**tem **pew**na, że **pa**ni o nie dba ⑥.
9 – Tak, **sta**ram się. Niech **pa**ni zo**ba**czy **te**go kak**tu**sa, na **przy**kład.

Notes

① Rappelons qu'une quantité approximative ou non précisée est exprimée à l'aide du génitif. C'est l'équivalent, en français, d'un nom précédé d'un partitif (*du*, *de la*, etc.). Le nominatif est **sól**, *sel*.

② Comme **pożyczyć** signifie ici *prêter*, il s'accompagne du datif **mi**, *me*, forme non accentuée. Notez au passage que **pożyczyć** veut aussi dire *emprunter* ; dans ce cas, on le fait suivre du génitif précédé de la préposition **od**. L'objet direct (la chose prêtée ou empruntée) ne change pas : il se met toujours à l'accusatif. Vous remarquerez qu'il est omis ici, car le contexte est suffisamment clair.

▶

Un cactus

1 – Bonjour. J'ai oublié d'acheter du sel, pouvez-vous m'[en] prêter ?
2 – Mais bien sûr. Entrez.
3 – Je ne veux pas [vous] déranger…
4 – Vous ne me dérangez pas. Je suis seule, je n'ai rien à faire.
5 – Vous êtes très gentille, vraiment.
6 – C'est normal entre voisins. Il faut s'entraider.
7 – Merci, je vous [le] rendrai demain. (…) Vous avez de merveilleuses plantes !
8 Chez moi, elles ne veulent pas du tout pousser. Je suis sûre que vous en *(d'elles)* prenez soin.
9 – Oui, j'essaie. Regardez ce cactus, par exemple.

③ Retenez, dans cette tournure, l'emploi du génitif singulier de **robota**, *boulot*, de la famille de **robić**, *faire*. Synonyme familier de **praca**, *travail*, on trouve **robota** dans de nombreuses expressions, dont celle qui exprime le contraire de notre exemple : **Mam coś do roboty**, *J'ai quelque chose à faire*.

④ **pomagać** est l'homologue imperfectif de **pomóc**, *aider*. Comme il est question d'une action réciproque, nous retrouvons **sobie**, le datif du pronom réfléchi **się**.

⑤ **rosnąć**, *pousser*, signifie également *grandir* (pour un enfant), *monter* (la température) ou *augmenter* (les prix).

⑥ **dbać o** + accusatif, *prendre soin de*. Comme le pronom personnel suit une préposition, il prend la forme **nie** (et non pas **je**). Rappelons que pour le genre masculin personnel, on emploie respectivement **nich** et **ich**.

10 Wi**dzia**ła **pa**ni **kie**dyś **ta**ki kwiat?
11 – Rzeczy**wiś**cie, zadziwia**ją**cy.
12 – Nie u**wa**ża **pa**ni, że po**dob**ny do para**sol**ki ⑦?
13 – Hm, nie pod**le**wa go pani za **du**żo?

Note

⑦ Tandis que **parasolka**, *parapluie*, est plutôt destiné aux dames, **parasol** est le terme général, qui signifie également *parasol*.

***

Ćwiczenie pierwsze – Proszę przetłumaczyć

❶ Co masz do roboty dziś wieczorem? ❷ Między nami, na przykład, nie ma problemów. ❸ Możesz mi pożyczyć soli? ❹ Znowu zapomniałam zabrać parasolki. ❺ Te rośliny trzeba podlewać codziennie.

***

Ćwiczenie drugie –Wpisać brakujące słowa

❶ Demain, par exemple, je n'ai rien à faire.
Jutro . . przykład, . . . mam . . . do . . . .

❷ Qui, chez vous, arrose ces plantes ?
Kto . was . . . . te . . . . ?

❸ Je ne m'attendais pas à cela entre amis.
. . . spodziewałem . . . tego . . . . . . kolegami.

❹ J'essaie toujours d'être très gentille.
Zawsze . . . . . . się . . . bardzo . . . . .

10 Avez-vous déjà vu une telle fleur ?
11 – Effectivement, [elle est] étonnant[e].
12 – Ne trouvez-vous pas qu'elle ressemble à un parapluie ?
13 – Hum, est-ce que vous ne l'arrosez pas trop ?

Corrigé de l'exercice 1

❶ Qu'as-tu à faire ce soir ? ❷ Entre nous, par exemple, il n'y a pas de problèmes. ❸ Peux-tu me prêter du sel ? ❹ J'ai encore oublié de prendre le parapluie. ❺ Ces plantes, il faut [les] arroser tous les jours.

***

❺ N'oublie pas qu'il faut prendre soin des fleurs.
. . . zapomnij, . . trzeba . . . . o . . . .

Corrigé de l'exercice 2

❶ – na – nie – nic – roboty ❷ – u – podlewa – rośliny ❸ Nie – się – między – ❹ – staram – być – miła ❺ Nie – że – dbać – kwiaty

Deuxième vague : 29e leçon

79 Lekcja siedemdziesiąta dziewiąta

Wyjątkowa pielęgniarka

1 – Zastanawiam się, gdzie Edek poznał ① Agnieszkę.
2 – Jak to, nie wiesz? W szpitalu. Tam, gdzie się znalazł po wypadku.
3 – Przypominam sobie. To było okropne, był ciężko ranny.
4 – Tak, jego stan wyglądał na beznadziejny.
5 Stracił dużo krwi, miał połamane żebra, uraz głowy, kręgosłupa…
6 – Zdaje mi się, że był operowany dwa czy trzy razy.
7 – Tak, bardzo się nacierpiał ②. Nie chciałbym być na jego miejscu.
8 – Jasne. Ale na szczęście, teraz ma się ③ doskonale.
9 – To wszystko dzięki Agnieszce ④. Gdyby nie ona ⑤…

Prononciation

véyo'ntkova pyèling'gniarka **1** … *ag'gnèchkè* **2** … *znalas* … **3** … *ts'inchko ra'nné* **5** … *krfi* … *ouras* …

Notes

① Tandis que l'imperfectif **znać**, *connaître*, implique une situation permanente, un état (de connaissances), **poznać** (perfectif) dénote l'acquisition de cet état, la prise de connaissance. Ainsi, lorsqu'on vous présente quelqu'un, vous dites **miło mi pana/panią poznać**, *enchanté de faire votre connaissance.*

② Vous retrouvez ici une construction que vous connaissez déjà avec les deux versions du verbe *boire* : **pić** et **napić się** ▸

Soixante-dix-neuvième leçon 79

Une infirmière exceptionnelle

1 – Je me demande où Edek a connu Agnieszka.
2 – Comment ça, tu ne sais pas ? À l'hôpital. Là où il s'est retrouvé après son accident.
3 – Je me souviens. C'était horrible, il était grièvement *(lourdement)* blessé.
4 – Oui, son état paraissait *(pour)* désespéré.
5 Il avait perdu beaucoup de sang, il avait des côtes cassées, un traumatisme à la tête, à la colonne vertébrale…
6 – Il me semble qu'il a été opéré deux ou trois fois.
7 – Oui, il a beaucoup souffert. Je ne voudrais pas être à sa place.
8 – C'est clair. Mais heureusement, maintenant il va très bien *(parfaitement)*.
9 – Tout cela grâce à Agnieszka. Sans elle *(Si ne-pas elle)*…

(leçon 29, note 2). Dans le cas présent, à partir de l'imperfectif **cierpieć**, *souffrir*, on a formé **nacierpieć się**, qui apporte une nuance supplémentaire d'intensité.

③ Voici une tournure idiomatique fort utile : **mieć się**, correspondant à *aller*, *se porter*. Retenez bien **Jak się masz?**, *Comment vas-tu ?*

④ Très peu de prépositions exigent le datif. Parmi elles figure **dzięki**, *grâce à*, d'où **Agnieszce**. Ne soyez pas étonné par la transformation **k/c** : le datif singulier des noms féminins est, en effet, identique au locatif qui, comme vous le savez, s'accompagne d'une série d'alternances (leçon 63).

⑤ Cette expression est en fait une ellipse, dont le verbe au conditionnel est sous-entendu. Cela explique la présence de **gdyby**, *si*, avec son idée d'hypothèse.

10 – A**gnieszka** jest le**ka**rzem ⑥?
11 – Nie, pielęg**niar**ką. Opieko**wa**ła się nim osobi**ś**cie przez **ca**ły czas.
12 – **My**ślisz, że dla**te**go tak **szyb**ko **wró**cił do **zdro**wia?
13 – To **wię**cej niż ⑦ **pew**ne.

13 *... nich ...*

Notes

⑥ Une femme qui exerce la profession de *médecin* est généralement désignée à l'aide du nom masculin **lekarz**, même s'il existe l'équivalent féminin **lekarka**. Allez savoir pourquoi…

***

Ćwiczenie pierwsze – Proszę przetłumaczyć

❶ Zastanawiam się, jak się ma nasz sąsiad. ❷ Mówisz po polsku lepiej niż ja. ❸ Dzięki koleżance, znalazłam doskonałą pracę. ❹ Co zrobiłbyś, gdybyś był na moim miejscu? ❺ Stan zdrowia mamy jest zadziwiający.

***

Ćwiczenie drugie – Wpisać brakujące słowa

❶ Tu ne crois pas que tout cela [c'est] grâce à moi ?
Nie . . . . , że . . wszystko . . . . . . mnie?

❷ Je suis persuadé qu'aujourd'hui, il va mieux qu'hier.
Jestem . . . . , że . . się . . . . lepiej . . . . wczoraj.

❸ À sa place, je ferais sans doute la même chose.
. . jego . . . . , chyba . . . . to . . . . .

10 – Agnieszka est médecin ?
11 – Non, infirmière. Elle a personnellement pris soin de lui *(pendant)* tout le temps.
12 – Tu penses que c'est pour cela qu'il a si vite récupéré *(revenu à santé)* ?
13 – C'est plus que certain.

⑦ Pour introduire le second terme d'une comparaison, on se sert, entre autres, de la conjonction **niż**, *que*. Citons, par exemple, le proverbe : **Lepiej późno niż wcale**, *Mieux vaut tard que jamais.*

***

Corrigé de l'exercice 1

❶ Je me demande comment va notre voisin. ❷ Tu parles polonais mieux que moi. ❸ Grâce à une amie, j'ai trouvé un excellent travail. ❹ Que ferais-tu si tu étais à ma place ? ❺ L'état de santé de maman est étonnant.

***

❹ Je ne savais pas du tout que Romek avait *(a)* connu sa femme à l'hôpital.
Nie .... wcale, .. Romek ...... swoją .... w ....

❺ J'ai perdu beaucoup de temps et d'argent.
.... dużo ..... i ....

Corrigé de l'exercice 2

❶ – uważasz – to – dzięki – ❷ – przekonany – ma – dzisiaj – niż – ❸ Na – miejscu – zrobiłbym – samo ❹ – wiedziałem – że – poznał – żonę – szpitalu ❺ Straciłem – czasu – pieniędzy

Deuxième vague : 30e leçon

80 Lekcja osiemdziesiąta

W sklepie spożywczym ①

1 – Czy jest **świe**że pie**czy**wo ②?
2 – Tak, dzi**siej**sze ③. Co **po**dać?
3 – Pół **chle**ba i dwie **buł**ki. A co ma **pa**ni z wę**dli**ny?
4 – Jest kieł**ba**sa kra**kow**ska, ka**szan**ka, sal**ce**son, **bo**czek…
5 – **Pro**szę pół **ki**lo ④ kra**kow**skiej i trzy**dzie**ści **de**ka ⑤ **bocz**ku.
6 – Po**kro**ić na plas**ter**ki?
7 – Nie, **mo**że być w ka**wał**ku. **Wez**mę też **sło**ik musz**tar**dy.
8 – Coś **jesz**cze?
9 – Tak, pół**to**ra **ki**lo ziem**nia**ków… To **wszyst**ko. **I**le **pła**cę?
10 – Już **li**czę… **Pro**szę, **o**to ra**chu**nek. (…)

Prononciation
*4 … sal**tsè**so'n' … 6 … po**kro**'its' … 7 … **souo**'ik …*

Notes

① Vous connaissez déjà le mot **sklep**, *magasin*. Parmi les plus courants, figure naturellement **sklep spożywczy**, *magasin d'alimentation*. Notez que l'adjectif **spożywczy** s'applique aussi aux noms tels que **artykuł**, **produkt**, *denrée*, *produit*, ou **przemysł**, *industrie*. Il équivaut alors à *alimentaire*.

② Le mot *pain* a deux équivalents en polonais : un correspondant direct, **chleb**, et un terme collectif **pieczywo**, désignant l'ensemble des aliments de ce type, c'est-à-dire élaborés à base de farine et cuits au four. Notez d'ailleurs que les mots **piec** ▸

Quatre-vingtième leçon 80

Au magasin d'alimentation

1 – Est-ce qu'il y a du pain frais ?
2 – Oui, d'aujourd'hui. Qu'est-ce que je vous donne *(donner)* ?
3 – Un demi-pain et deux petits pains. Et qu'avez-vous comme *(de)* charcuterie ?
4 – Il y a de la saucisse de Cracovie, du boudin, du fromage de tête, de la poitrine fumée…
5 – Une livre *(demi-kilo)* [de saucisse] de Cracovie et 300 grammes *(trente décagrammes)* de poitrine fumée, s'il vous plaît.
6 – Je vous la coupe *(couper)* en tranches ?
7 – Non, elle peut rester *(être)* en [un seul] morceau. Je prendrai aussi un pot de moutarde.
8 – Autre chose *(Quelque-chose autre)* ?
9 – Oui, un kilo et demi de pommes de terre… C'est tout. Combien je vous dois *(paie)* ?
10 – Je vous le calcule tout de suite *(Déjà compte)*… Je vous en prie, voici le compte. (…)

▸ (*four*, leçon 48, phrase 10), et **pieczywo** font partie de la même famille.

③ **dzisiejszy** est un adjectif dérivé de **dziś**, *aujourd'hui*. De la même manière, on forme **wczorajszy**, *d'hier*, et **jutrzejszy**, de *demain*.

④ L'unité de poids correspondant à *une livre* n'existe plus en polonais actuel. On dit **pół kilo**, *un demi-kilo*.

⑤ En dessous d'un kilo, la mesure de poids pour les aliments n'est pas le gramme, mais *le décagramme*, **dekagram**, en abrégé **deka**.

11 – Chwi**leczk**ę… Pomy**li**ła się **pa**ni.
12 Poli**czy**ła ⑥ mi **pa**ni o dwa **zło**te za **du**żo.
13 – Tak? Już **spraw**dzam. (…) No tak, **słu**sznie.
14 Ale **wczo**raj wy**da**łam **pa**ni o pięć **zło**tych za **du**żo.
15 – To **praw**da, **wczo**raj nic nie powie**dzia**łam, **a**le dwie po**my**łki pod rząd… □

Note

⑥ Les deux aspects correspondant à *compter, calculer* sont **liczyć** (imperfectif) et **policzyć** (perfectif). Pour un fait unique au passé, on se sert généralement de ce dernier.

***

Ćwiczenie pierwsze – Proszę przetłumaczyć

❶ Czy możesz pokroić chleb i kiełbasę? ❷ Ten samochód sprzedaje się jak świeże bułki. ❸ Nie ma już musztardy, słoik jest pusty. ❹ Czy zawsze sprawdzasz wszystkie rachunki? ❺ Pomyliłem się i teraz za to płacę.

***

Ćwiczenie drugie – Wpisać brakujące słowa

❶ Je vais tout de suite calculer combien je paie par mois.
Zaraz . . . . , ile . . . . . na . . . .

❷ Donnez-moi, s'il vous plaît, une saucisse avec de la moutarde et un petit pain.
Proszę . . . . z . . . . i . . . . . .

❸ Je t'ai donné deux morceaux de pain et trois tranches de jambon.
Dałem . . dwa . . . . chleba . trzy . . . . szynki.

11 – Un *(petit)* moment… Vous vous êtes trompée.
12 Vous m'avez compté *(de)* deux zlotys de trop.
13 – Oui ? Je *(Déjà)* vérifie tout de suite. (…) Eh bien, oui, [c'est] juste*(ment)*.
14 Mais hier, je vous ai rendu *(de)* cinq zlotys de trop.
15 – C'est vrai, hier je n'ai rien dit, mais deux erreurs de *(sous)* suite…

Corrigé de l'exercice 1

❶ Est-ce que tu peux couper le pain et la saucisse ? ❷ Cette voiture se vend comme des *(frais)* petits pains. ❸ Il n'y a plus de moutarde, le pot est vide. ❹ Est-ce que tu vérifies toujours tous les comptes ? ❺ Je me suis trompé et maintenant je [le] *(pour cela)* paie.

***

❹ Apparemment, vous vous êtes trompé dans le compte.
Widocznie . . . . się . . . w . . . .

❺ J'ai besoin de deux kilos de pommes de terre et de 250 g *(25 dag)* de beurre.
Potrzebuję . . . kilo . . . . i . . . . pięć . . . . masła.

Corrigé de l'exercice 2

❶ – policzę – płacę – miesiąc ❷ – kiełbasę – musztardą – bułkę ❸ – ci – kawałki – i – plasterki – ❹ – pomylił – pan – rachunku ❺ – dwa – ziemniaków – dwadzieścia – deka –

81 *Si, comme les Polonais, vous aimez le pain, vous ne serez pas déçu. Vous constaterez en effet qu'on en trouve une très grande variété en Pologne. Les différents types de pain sont d'ailleurs regroupés sous un terme général :* **pieczywo**. *Vous n'aurez pas besoin de chercher une* **piekarnia**, boulangerie, *car chaque* **sklep spożywczy**, épicerie, *vend généralement du pain frais. Le* pain de base, **chleb**, *de forme ronde ou ovale, peut être préparé avec de la farine de* seigle *– c'est le* **chleb żytni** *– ou de* froment – **chleb pszenny**. *S'il*

81 Lekcja osiemdziesiąta pierwsza

Samochód

1 – **Ile razy** mam ci **mó**wić, **że**byś za**my**kał ① samochód?
2 – **Prze**cież za**my**kam.
3 – **A**le **trze**ba za**my**kać na klucz!
4 – A co, nie zam**knął**em ②?
5 – Nie u**da**waj głu**pie**go ③. Wi**dzia**łem przed **chwi**lą, że jest ot**war**ty.
6 **Dzię**ki **Bo**gu, zau**wa**żyłem.

Notes

① Quand le verbe de la principale exprime une demande, une volonté ou un ordre, la subordonnée commence par **żeby** et son verbe se met au passé. Rappelons (leçon 76, note 1), que les terminaisons personnelles de ce dernier (ici – pour la 2e personne du singulier), se joignent à la conjonction. Par conséquent, pour éviter la redondance, seule la 3e personne, dépourvue de terminaison, est possible dans la subordonnée. Comme le contexte suggère une suite d'actions, on emploie l'imperfectif **zamykać**, *fermer*.

② Dans **zamknąłem**, *j'ai fermé*, il s'agit d'un acte isolé. C'est donc le passé du perfectif **zamknąć** qui convient. Remarquez ▸

se présente sous la forme d'une petite boule, *on l'appelle* **bułka**. *Quant au* **chleb razowy**, pain complet, *on y ajoute souvent divers ingrédients. Vous pourrez ainsi goûter* **chleb słonecznikowy**, aux graines de tournesol *;* **sojowy**, au soja *ou* **śliwkowy**, aux pruneaux. *Enfin, la tradition française en la matière est naturellement présente avec* **bagietka**, *la* baguette.

Deuxième vague : 31e leçon

Quatre-vingt-unième leçon 81

La voiture

1 – Combien de fois dois-je te dire de fermer la voiture ?
2 – Mais *(pourtant)* je [la] ferme.
3 – [Oui], mais il faut [la] fermer à clé !
4 – [Et] quoi, je ne [l']ai pas fermée ?
5 – Ne fais pas l'idiot *(le bête)*. J'ai vu à *(avant)* l'instant qu'elle était *(est)* ouverte.
6 Grâce à Dieu, je [l']ai remarqué.

▸ aussi la forme de ces deux aspects : **zamykać** et **zamknąć** ne se différencient pas par le préfixe, mais par le suffixe.

③ **udawać** (imperfectif) signifie littéralement "faire semblant", "simuler", et s'accompagne de l'accusatif. On dit, par exemple **udawać chorego**, *faire semblant d'être malade* ; **udawać damę**, *faire la grande dame.*

7 – Daj **spo**kój ④, za **bar**dzo się tym przej**mu**jesz ⑤.
8 – Nie ro**zu**miem, jak **moż**na być tak nieos**troż**nym ⑥.
9 Czy nie **przy**szło ci do **gło**wy, że **mo**gą ci **u**kraść?!
10 – Jak to? Mam klucz.
11 – Co tam klucz! Ktoś, kto się na tym **tro**chę zna ⑦, po**tra**fi uru**cho**mić jaki**kol**wiek sa**mo**chód.
12 – Na **pew**no nie mój! □

Notes

④ Telle quelle, l'expression **daj spokój** (litt. "donne calme") exprime juste un léger agacement et équivaut à peu près à **przestań!**, *arrête !* Si vous voulez véritablement qu'on vous laisse en paix, dites **Daj mi spokój!**, *Laisse-moi tranquille !*

⑤ Notez que l'infinitif correspondant est **przejmować się**, *s'en faire*, suivi, le cas échéant, de l'instrumental. **Nie przejmuj się!**, *Ne t'en fais pas !* ▶

***

Ćwiczenie pierwsze – Proszę przetłumaczyć

❶ Nie wiem, jak można być tak głupim. ❷ Tyle razy ci mówiłem, żebyś zamykał pokój! ❸ Proszę zamknąć okno, jest zimno. ❹ Czy zauważyłeś, ile zrobiłeś błędów? ❺ Niestety, nie znam się na tym.

7 – Arrête *(Donne calme)*, tu t'en fais trop.
8 – Je ne comprends pas comment on peut être aussi imprudent.
9 Il ne t'est pas venu à l'esprit *(tête)* qu'on peut *(peuvent)* te [la] voler ?!
10 – Comment ça ? J'ai la clé.
11 – Qu'importe la clé ! Quelqu'un qui s'y *(en cela)* connaît un peu est capable de démarrer n'importe quel voiture.
12 – Sûrement pas la mienne !

⑥ L'attribut qui suit le verbe *être* se met à l'instrumental. C'est ce que vous avez ici avec l'adjectif **nieostrożny**, *imprudent*, avec sa terminaison **-ym**.

⑦ **znać się na**, *s'y connaître en*, demande, vous vous en doutez, l'emploi du locatif.

***

Corrigé de l'exercice 1

❶ Je ne sais pas comment on peut être aussi bête. ❷ Je t'ai dit tant de fois de fermer la chambre ! ❸ Fermez la fenêtre, s'il vous plaît, il fait froid. ❹ As-tu remarqué combien de fautes tu avais fait ? ❺ Malheureusement, je ne m'y connais pas.

Ćwiczenie drugie – Wpisać brakujące słowa

❶ Es-tu sûr que tu as fermé la porte à clé ?
Jesteś . . . . . . , że . . . . drzwi . . klucz?

❷ Je n'ai pas remarqué que la voiture était ouverte.
Nie . . . . , że . . . . jest otwarty.

❸ Pourquoi faut-il que tu fasses toujours *(dois-tu toujours faire)* l'idiot ?
. . . . zawsze . . . . . . udawać . . . . ?

❹ Demande à Jurek, peut-être [qu]'il s'y connaît.
Zapytaj . . . . . , może . . się . . tym . . . .

82 Lekcja osiemdziesiąta druga

Książka o Chinach ①

1 – **Czę**sto ② pan **jeź**dzi do Chin?
2 – **Do**syć **czę**sto. **Na**sza **fir**ma ma tam przedstawi**ciel**stwo.
3 – A, to **po**dróż służ**bo**wa ③!

Prononciation
***ks'on**chka o **Hi**naH **1** … Hi'n*

Notes

① La préposition **o**, *de*, *sur*, réclame, comme vous le savez, l'emploi du locatif. Compte tenu de la terminaison **-ach**, vous pouvez en déduire que le nom du pays, la *Chine*, s'emploie au pluriel et se dit **Chiny**. Cela vous rappelle sans doute un autre exemple du même genre, **Włochy**, *Italie*.

② Pour insister sur un mot, on peut plus facilement qu'en français le mettre au début de la phrase. Cela peut concerner non ▸

❺ Je ne comprends pas ce qui lui est passé par la tête *(venu à la tête)*.
. . . rozumiem, . . mu . . . . do . . . . . .

Corrigé de l'exercice 2

❶ – pewien – zamknąłeś – na – ❷ – zauważyłem – samochód – ❸ Dlaczego – musisz – głupiego ❹ – Jurka – on – na – zna ❺ Nie – co – przyszło – głowy

Deuxième vague : 32e leçon

Quatre-vingt-deuxième leçon 82

Un livre sur la Chine

1 – Vous allez souvent en Chine ?
2 – Assez souvent. Notre entreprise a une filiale là-bas.
3 – Ah, c'est un voyage professionnel *(de service)* !

seulement un adverbe, comme ici **często**, *souvent*, mais aussi un complément d'objet direct ou indirect. Cette liberté est due aux cas qui spécifient la fonction d'un mot, alors qu'en français, celle-ci est indiquée par la place du mot dans la phrase.

③ Voici quelques précisions sur l'adjectif **służbowy**, ici au féminin **służbowa**. On l'utilise en parlant d'un *voyage à caractère professionnel*. Notez en passant que *voyage d'affaires* se dira plutôt **podróż w interesach**. **Służbowy** est issu de **służba**, *service*, et s'emploie notamment pour qualifier les mots tels que **schody**, *escalier*, ou **obowiązki**, *obligations*. Par ailleurs, il équivaut à *de fonction* à propos, par exemple, de **mieszkanie**, *appartement*, ou **samochód**, *voiture*.

4 – **Te**raz tak, **a**le **cza**sem **je**żdżę też **ja**ko turysta ④.
5 Polu**bi**łem ⑤ ten kraj. Tak się **róż**ni od na**sze**go…
6 – To **praw**da. Co kraj, to o**by**czaj ⑥… Ja **ja**dę po raz **pierw**szy.
7 – Prze**pra**szam za niedys**kre**cję, **a**le **ja**ki jest cel **pa**na po**dró**ży?
8 – Mam **za**miar na**pi**sać **książ**kę o his**to**rii Chin.
9 – To **bar**dzo interesu**ją**ce. Na **pew**no **je**dzie pan na **dłu**go?
10 – Nie, **tyl**ko na trzy dni.
11 – I ma pan już **ty**tuł **książ**ki?
12 – Tak. "**Chi**ny **wczo**raj, dziś i **ju**tro."

***5** … krail … **6** … obétchail …*

Notes

④ Malgré la terminaison **-a**, **turysta**, *touriste*, est un nom masculin, le féminin étant **turystka**. Rappelez-vous que **kolega**, *ami*, et **mężczyzna**, *homme*, sont dans le même cas. On peut y ajouter **poeta**, *poète*, et **kierowca**, *chauffeur*.

⑤ Avec **polubić**, on retrouve le même phénomène que pour le couple **znać** et **poznać** (leçon 79, note 1). Il s'agit de marquer l'acquisition du sentiment traduit par **lubić**, *aimer*.

***

Ćwiczenie pierwsze – Proszę przetłumaczyć

❶ Możesz mi pożyczyć książkę o historii Polski? ❷ Przepraszam za kłopot, chciałbym zadzwonić. ❸ Często jeżdżę w podróże służbowe. ❹ Zobaczysz, Chiny to niezwykły kraj. ❺ Co masz zamiar robić po maturze?

4 – Maintenant oui, mais parfois j'[y] vais aussi en tant que touriste.
5 J'ai pris ce pays en affection *(commencé à aimer)*. Il est si différent *(Aussi se-différencie)* du nôtre…
6 – C'est vrai. Autres *(Chaque)* pays autres *(alors)* mœurs… Moi, j'[y] vais pour la première fois.
7 – Excusez mon *(pour)* indiscrétion, mais quel est le but de votre voyage ?
8 – J'ai l'intention d'écrire un livre sur l'histoire de la Chine.
9 – C'est très intéressant. Vous [y] allez sûrement pour longtemps ?
10 – Non, seulement pour trois jours.
11 – Et avez-vous déjà le titre de votre livre ?
12 – Oui. "La Chine hier, aujourd'hui et demain".

▸ ⑥ En observant bien la structure de ce proverbe, vous constaterez notamment que, contrairement au français, les mots **kraj**, *pays*, et **obyczaj**, *usage*, *coutume*, sont au singulier. Le pluriel **obyczaje** serait du reste plus approprié, mais que faire… C'est la loi du genre !

***

Corrigé de l'exercice 1

❶ Peux-tu me prêter le livre sur l'histoire de la Pologne ? ❷ Excusez-moi pour le dérangement *(problème)*, je voudrais téléphoner. ❸ Je vais souvent en voyage professionnel. ❹ Tu verras, la Chine est un pays étonnant. ❺ Qu'as-tu l'intention de faire après le bac ?

83 Ćwiczenie drugie – Wpisać brakujące słowa

❶ Dis-moi quel est ton but dans la vie.
Powiedz . . jaki . . . . twój . . . w . . . . . .

❷ Ce livre est étonnant, tu devrais le lire.
Ta . . . . jest . . . . , powinieneś . . przeczytać.

❸ Je ne me rappelle plus quel est le titre de votre film.
Nie . . . . już, ... jest . . . . . pana . . . . . .

❹ Est-ce un voyage professionnel ou des vacances ?
To . . . . czy . . . . ?

83 Lekcja osiemdziesiąta trzecia

Podróż samolotem

1 – **Za**piął ① pan pas? **Wkró**tce będ**zie**my lą**do**wać.
2 *(**Kil**ka **mi**nut **póź**niej ...)*
3 Uf, **a**le **ul**ga! **Moż**na już **od**piąć ②?
4 – Tak. **Wi**dzę, że nie **lu**bi pan **la**tać ③ samo**lo**tem.

Prononciation
*1 ... lo'n**do**vats'*

Notes

① Le verbe **zapiąć** (perfectif), *boucler*, *attacher*, s'applique aussi aux vêtements et se traduit alors par *boutonner*.

② Très souvent, les verbes de sens opposé se différencient par le préfixe (rappelez-vous **wejść/zejść**, *entrer/sortir*). Vous en avez ici un autre exemple avec **odpiąć**, *détacher*, *déboutonner*, le contraire de **zapiąć**.

❺ J'ai l'intention d'aller souvent au pays.
Mam ...... jeździć ...... do ......

Corrigé de l'exercice 2

❶ – mi – jest – cel – życiu ❷ – książka – zadziwiająca – ją – ❸ – pamiętam – jaki – tytuł – filmu ❹ – podróż służbowa – wakacje ❺ – zamiar – często – kraju

Deuxième vague : 33ᵉ leçon

Quatre-vingt-troisième leçon 83

Un voyage [en] avion

1 – Avez-vous attaché [votre ceinture] ? Nous allons bientôt atterrir.
2 *(Quelques minutes plus tard...)*
3 Ouf, quel soulagement ! Peut-on *(déjà)* [la] détacher maintenant ?
4 – Oui. Je vois que vous n'aimez pas *(voler)* prendre l'avion.

③ Parmi les verbes de mouvement, vous n'avez sans doute pas oublié le fonctionnement des couples **iść/chodzić**, *aller (à pied)*, ou **jechać/jeździć**, *aller (en véhicule)*. S'agissant d'un déplacement dans l'air, après **lecieć** (litt. "voler"), voici donc son homologue **latać**. Les deux verbes s'emploient de façon analogue aux précédents. Le premier, **lecieć**, concerne un fait unique ou ayant lieu à un moment précis. En parlant d'oiseaux ou d'insectes, il indique également une destination précise : le sud, la ruche, etc. Le second, **latać**, s'applique, comme vous pouvez vous en douter, au déplacement habituel, régulier ou non orienté.

5 – **Szcze**rze **mó**wiąc ④, nie **bar**dzo. **Po**za tym, nie znam **te**go lot**nis**ka.
6 – To **ża**den **prob**lem. Niech pan **i**dzie ze mną. (…)
7 – Dla**cze**go tu **ty**le **lu**dzi?
8 – To nor**mal**ne, kon**tro**la paszpor**to**wa. Mu**si**my **sta**nąć ⑤ w ko**lej**ce. (…)
9 – No, na**resz**cie. Gdzie **te**raz i**dzie**my?
10 – Po ba**ga**że ⑥… **Wi**dzę, że **jesz**cze ich nie ma. **Trze**ba **bę**dzie **tro**chę po**cze**kać.
11 – Jak **dłu**go to **po**trwa ⑦?
12 – Nie ma **re**guł. To za**le**ży od perso**ne**lu, od i**loś**ci **lo**tów ⑧…
13 A **mo**że jest strajk… O, już jest **mo**ja **tor**ba.
14 – A **mo**ja wa**liz**ka?
15 – Niech się pan nie przej**mu**je. **Mu**si pan **zgło**sić, że **pa**na **ba**gaż za**gi**nął.
16 – No też coś! Os**tat**ni raz **le**cę samo**lo**tem!

***8** … **sta**nogntsⁱ f ko**ley**tsè **11** … **po**trfa **13** … straïlk … **14** … va**lis**ka **15** … **ba**gach …*

Notes

④ Vous rappelez-vous l'expression **prawdę mówiąc**, *à vrai dire* ? En voici une autre version avec l'adverbe **szczerze**, *franchement*, dérivé de l'adjectif **szczery**, *franc*. Quant à **mówiąc**, il s'agit du participe présent de **mówić**, *dire*, *parler*, dont la formation est très simple : on ajoute **-c** à la 3ᵉ personne du pluriel au présent ; par exemple **będąc**, *(en) étant*, **idąc**, *(en) allant*, etc.

⑤ Le perfectif **stanąć**, *se mettre*, *se dresser*, signifie par ailleurs *s'arrêter*. C'est un verbe d'action qu'il ne faut pas confondre avec celui de position **stać** (leçons 48, note 7 et 71, note 6).

5 – Pour être franc *(Franchement parlant)*, pas beaucoup. À part ça, je ne connais pas cet aéroport.
6 – *(Ça)* Aucun problème. Venez *(allez)* avec moi. (…)
7 – Pourquoi [y a-t-il] autant de monde ici ?
8 – C'est normal, contrôle des passeports. Nous devons nous mettre dans la queue. (…)
9 – Enfin. Où allons-nous maintenant ?
10 – Chercher les bagages… Je vois qu'ils ne sont pas encore là. Il va falloir attendre un peu.
11 – Combien de temps *(Comment longtemps)* ça va durer ?
12 – Il n'y a pas de règles. Ça dépend du personnel, du nombre de vols…
13 Et il y a peut-être la grève… Oh, voilà déjà mon sac.
14 – Et ma valise ?
15 – Ne vous en faites pas. Vous devez signaler que votre bagage s'est perdu.
16 – Eh bien alors ! [C'est] la dernière fois [que] je *(vole)* prends l'avion !

⑥ N'oubliez pas cet emploi de la préposition **po**. Sans équivalent sous la même forme en français, elle sert, rappelons-le, à spécifier le but du déplacement.

⑦ Le préfixe **po-** ne marque pas seulement l'accomplissement ou le début d'une action. Il indique également la limitation de la durée, la brièveté. Mais ne vous inquiétez pas, tous les préfixes verbaux ne sont pas aussi polyvalents.

⑧ **Lot**, *vol*, a donné son nom à la compagnie aérienne polonaise **LOT**. Ce mot est ici au génitif pluriel, car il suit un terme de quantité.

83 **Ćwiczenie pierwsze – Proszę przetłumaczyć**

❶ Proszę zapiąć pas, za chwilę będziemy lądować. ❷ Lot nie potrwa długo, tylko czterdzieści minut. ❸ Nie przejmuj się, to żaden problem. ❹ To normalne, jak się lata samolotem. ❺ Nie mam ochoty stać w kolejce.

***

Ćwiczenie drugie – Wpisać brakujące słowa

❶ J'avoue franchement que l'aéroport à Varsovie me plaît beaucoup.
Wyznam . . . . , że . . . . w . . . . bardzo . . się . . . .

❷ N'oublie pas qu'il faut attacher [ta] ceinture.
. . . zapomnij, . . trzeba . . . . . . pas.

❸ Que préfères-tu : [y] aller [en] voiture ou prendre *(voler)* l'avion ?
Co . . . . . . : jeździć . . . . czy . . . . . samolotem?

❹ J'espère que la grève ne durera pas longtemps.
Mam . . . . , że . . . . . . nie . . . . . . długo.

❺ Pour moi, ça [ne pose] aucun problème. Et pour toi ?
Dla . . . . to . . . . . problem. . dla . . . . . . ?

Corrigé de l'exercice 1

❶ Veuillez attacher [votre] ceinture, dans un instant, nous allons atterrir. ❷ Le vol ne durera pas longtemps, seulement quarante minutes. ❸ Ne t'en fais pas, ça [ne pose] aucun problème. ❹ C'est normal quand on prend *(se vole)* l'avion. ❺ Je n'ai pas envie de faire *(être dans)* la queue.

***

Corrigé de l'exercice 2

❶ – szczerze – lotnisko – Warszawie – mi – podoba ❷ Nie – że – zapiąć – ❸ – wolisz – samochodem – latać – ❹ – nadzieję – strajk – potrwa – ❺ – mnie – żaden – A – ciebie

Deuxième vague : 34e leçon

84 Lekcja osiemdziesiąta czwarta

Powtórka – Révision

1 Les préfixes verbaux

Ajoutés à la forme imperfective du verbe, ils permettent d'obtenir le perfectif. N'oubliez pas qu'ils ne changent pas le sens du verbe : au couple aspectuel correspond toujours un seul verbe français. Ce sont principalement :

na-	**pisać** – **napisać**, *écrire*
	uczyć – **nauczyć**, *enseigner*
po-	**jechać** – **pojechać**, *aller en véhicule*
	czekać – **poczekać**, *attendre*
	słuchać – **posłuchać**, *écouter*
prze-	**czytać** – **przeczytać**, *lire*
	tłumaczyć – **przetłumaczyć**, *traduire*
s-	**kończyć** – **skończyć**, *finir*
	pytać – **spytać**, *demander*
u-	**gotować** – **ugotować**, *cuire, cuisiner*
	myć – **umyć**, *laver*
wy-	**pić** – **wypić**, *boire*
	kąpać – **wykąpać**, *baigner*
z-	**jeść** – **zjeść**, *manger*
	robić – **zrobić**, *faire*
za-	**dzwonić** – **zadzwonić**, *téléphoner*
	płacić – **zapłacić**, *payer*

2 L'ordre des mots

Comme vous le savez, les cas indiquent la fonction d'un mot dans la phrase. Ils permettent notamment de distinguer le sujet – qui se met au nominatif – du complément : objet direct (à l'accusatif ou au génitif), objet indirect (généralement au datif) et complément circonstanciel (aux autres cas). En français, en revanche, c'est la

position d'un mot qui détermine son rôle. Ainsi, la phrase *Adam lit un livre* peut avoir une structure identique : **Adam czyta książkę**, mais peut aussi se dire **Książkę czyta Adam**.
Dans la seconde phrase, **książkę** est d'emblée identifié comme complément d'objet direct, puisqu'on sait que le nominatif est **książka**. C'est donc le mot **Adam**, même s'il est placé après le verbe, qui joue le rôle du sujet. En commençant par le complément, on signifie qu'il ne s'agit pas d'une information nouvelle, mais d'un thème déjà évoqué, ce que la position initiale permet de souligner. En français, cette inversion est bien sûr impossible. Pour obtenir le même effet, il faudrait, par exemple, utiliser une construction de mise en relief du type *Le livre, c'est Adam qui le lit.*

3 Pays, nationalités et adjectifs correspondants

En français, l'adjectif correspondant à un pays désigne aussi la nationalité :
C'est un Anglais. *C'est un film anglais.*

En polonais, on utilise deux mots différents :

To jest Anglik.	**To jest film angielski.**

Voici une liste de quelques noms de pays suivis de ces deux termes :

Pays	Habitant	Adjectif
Anglia, *Angleterre*	**Anglik**	**angielski**
Belgia, *Belgique*	**Belg**	**belgijski**
Chiny*, *Chine*	**Chińczyk**	**chiński**
Czechy*, *République tchèque*	**Czech**	**czeski**
Dania, *Danemark*	**Duńczyk**	**duński**
Francja, *France*	**Francuz**	**francuski**
Grecja, *Grèce*	**Grek**	**grecki**
Hiszpania, *Espagne*	**Hiszpan**	**hiszpański**

Japonia, *Japon*	**Japończyk**	**japoński**
Kanada, *Canada*	**Kanadyjczyk**	**kanadyjski**
Niemcy*, *Allemagne*	**Niemiec**	**niemiecki**
Norwegia, *Norvège*	**Norweg**	**norweski**
Polska, *Pologne*	**Polak**	**polski**
Rosja, *Russie*	**Rosjanin**	**rosyjski**
Stany Zjednoczone, *États-Unis*	**Amerykanin**	**amerykański**
Szwajcaria, *Suisse*	**Szwajcar**	**szwajcarski**
Szwecja, *Suède*	**Szwed**	**szwedzki**

***

Dialog-powtórka

1 – Mam świeże wiadomości o wypadku Jurka.
2 Ma się lepiej niż w ubiegłym tygodniu.
3 – Jest jeszcze w szpitalu?
4 – Tak, trochę to potrwa. Był ciężko ranny.
5 – Dzięki Bogu, miał dużo szczęścia.
6 – Tak, naprawdę. Zastanawiam się, dlaczego nie zapiął pasa.
7 – Ja też nie wiem, jak można być tak nieostrożnym.
8 – Tym bardziej, że to była podróż służbowa. I nowy samochód.
9 – Lepiej latać samolotem.
10 – Słusznie. No, to już pójdę. Może masz coś do roboty.
11 – Nie, mam zamiar iść spać.
12 – O, widzę, że masz ostatnią książkę o Chinach.
13 Możesz mi pożyczyć? Oddam ci jutro.

Węgry*, *Hongrie*	**Węgier**	**węgierski**
Włochy*, *Italie*	**Włoch**	**włoski**

* Les noms de ces pays n'existent qu'au pluriel.

Le féminin des noms des habitants est formé en ajoutant le suffixe **-ka** au nom masculin : **Francuz - Francuzka**, **Szwajcar - Szwajcarka**. Souvent, on trouve une des modifications suivantes :

• chute d'une ou de plusieurs lettres : **Niemiec - Niemka**, **Polak - Polka**

• ajout de lettres : **Anglik - Angielka**, **Belg - Belgijka**

• alternance de la consonne finale : **Czech - Czeszka**, **Włoch - Włoszka**, **Norweg - Norweżka**.

***

Traduction

1 J'ai des nouvelles fraîches sur l'accident de Jurek. **2** Il va mieux que la semaine dernière. **3** Il est encore à l'hôpital ? **4** Oui, ça va durer un peu. Il était grièvement blessé. **5** Grâce à Dieu, il a eu beaucoup de chance. **6** Oui, vraiment. Je me demande pourquoi il n'a pas attaché sa ceinture. **7** Moi non plus, je ne sais pas comment on peut être aussi imprudent. **8** D'autant plus que c'était un voyage professionnel. Et une nouvelle voiture. **9** Il vaut mieux *(voler)* prendre l'avion. **10** [C'est] juste*(ment)*. Bon, eh bien, je vais *(déjà)* [y] aller. Tu as peut-être quelque chose à faire. **11** Non, j'ai l'intention d'aller dormir. **12** Oh, je vois que tu as le dernier livre sur la Chine. **13** Peux-tu me [le] prêter ? Je te [le] rendrai demain.

Deuxième vague : 35e leçon

85 Lekcja osiemdziesiąta piąta

Panna Kasia

1 – Jak się ma **Ka**sia? Już **zdro**wa ①?
2 – O tak. To nie **by**ło nic poważ**ne**go. **Zwy**kłe przezię**bie**nie.
3 – To **bar**dzo się **cie**szę, bo **tro**chę się o nią mart**wi**łam ②.
4 – To **mi**ło z **two**jej **stro**ny, **a**le nie **by**ło po**wo**du ③.
5 – Wiem, wiem, **a**le **bar**dzo ją **lu**bię. To **ta**ka u**ro**cza dziew**czyn**ka,
6 i tak **dob**rze wycho**wa**na. **Za**wsze uśmiech**nię**ta, **grzecz**na ④…
7 – **Cza**sem **na**wet za **bar**dzo ⑤.
8 – Co ty opo**wia**dasz?
9 – No tak. **By**łam os**tat**nio zmu**szo**na **zwró**cić jej u**wa**gę ⑥.
10 – To niemoż**li**we! Dla**cze**go?

Notes

① Comme vous le voyez, pour dire de quelqu'un qu'il est guéri, remis de sa maladie, on se sert de l'adjectif **zdrowy**, *en bonne santé, sain*. Rappelons que son contraire est **chory**, *malade*.

② Avez-vous remarqué la construction du verbe **martwić się**, *se faire du souci* ? Il exige la préposition **o** (ici *pour*) + l'accusatif. De nouveau (leçon 78, note 6), s'agissant d'un pronom personnel – en l'occurrence une forme de **ona**, *elle* –, on choisit **nią** (et non pas **ją**). Notez aussi **Nie martw się!**, synonyme de **Nie przejmuj się!**, *Ne t'en fais pas !*

③ Le nominatif est **powód**, *raison*. N'oubliez pas qu'il faut toujours penser à ces nombreux changements de lettres dans les formes dérivées.

Quatre-vingt-cinquième leçon 85

Mademoiselle Kasia

1 – Comment va Kasia ? Déjà remise *(en-bonne-santé)* ?
2 – Oh oui. Ce n'était rien de grave. Un simple refroidissement.
3 – Alors, je suis très contente parce que je m'inquiétais un peu pour elle.
4 – C'est gentil de ta part, mais il n'y avait pas de raison.
5 – Je sais, je sais, mais je l'aime beaucoup. C'est une petite fille tellement adorable *(tellement adorable petite fille)*,
6 et si bien élevée. Toujours souriante, aimable…
7 – Parfois même trop *(trop très)*.
8 – Qu'est-ce que tu racontes ?
9 – Eh oui. J'ai été dernièrement obligée de lui faire une remarque *(tourner à-elle attention)*.
10 – Ce n'est pas possible ! Pourquoi ?

④ L'adjectif **grzeczny** est presque exclusivement réservé aux enfants et correspond à *sage*. Pour un adulte *poli*, *aimable*, on emploie **uprzejmy**.

⑤ Tandis que le français se contente ici d'un seul adverbe (*trop*), le polonais a besoin d'en employer deux : **za bardzo** (litt. "trop très").

⑥ Lorsqu'elle est accompagnée d'un complément d'objet indirect, comme ici **jej**, *lui*, *à elle*, l'expression **zwrócić uwagę** signifie *faire une remarque*, *réprimander légèrement*. Seule, elle prend son sens littéral de "tourner l'attention", c'est-à-dire *remarquer*, *noter*. Dans ce cas, elle est suivie de la préposition **na**, *sur* + accusatif.

11 – Jak spoty**ka**ła **ko**goś nieznajo**me**go, mó**wi**ła **za**wsze: "**Jes**tem **pan**na **Ka**sia".
12 Mu**sia**łam jej po**wie**dzieć, że jak się ma cztery **la**ta, to się nie **mó**wi "**pan**na" ⑦. Wy**star**czy "**Ka**sia".
13 – To **praw**da. I co, posłu**cha**ła cię?
14 – Tak. **Te**raz **mó**wi: "**Jes**tem **Ka**sia, **a**le już nie **pan**na". □

Note

⑦ Pour une *jeune fille* ou une *femme célibataire*, on remplace **pani** par **panna**. Vous pouvez aussi retenir **panna młoda**, *jeune mariée*, et, pourquoi pas **stara panna**, *vieille fille* !

***

Ćwiczenie pierwsze – Proszę przetłumaczyć

❶ Panna Kasia jest bardzo dobrze wychowana. ❷ To miło z pana strony, ale to nic poważnego. ❸ Mam nadzieję, że w przyszłym tygodniu będziesz zdrowa. ❹ Kto to jest ta urocza dziewczynka? ❺ Musisz jej zwrócić uwagę, że tak się nie mówi.

***

Ćwiczenie drugie –Wpisać brakujące słowa

❶ J'espère que ce n'est rien de grave.
Mam . . . . , że . . nic . . . .

❷ Elle m'a écouté et maintenant elle est remise *(en-bonne-santé)*.
. . . . mnie i . . . . . jest . . . .

❸ Cette petite fille est toujours très sage et souriante.
Ta . . . . jest . . . . . . bardzo . . . . i . . . .

❹ Malheureusement, je serai obligée de lui *(fém.)* dire la vérité.
. . . . będę . . . . powiedzieć . . . prawdę.

11 – Quand elle rencontrait quelqu'un d'inconnu, elle disait toujours : "Je suis mademoiselle Kasia".
12 J'ai dû lui dire que, quand on a quatre ans, *(alors)* on ne dit pas "mademoiselle", il suffit [de dire] "Kasia".
13 – C'est vrai. Et alors, elle t'a obéi *(écouté toi)* ?
14 – Oui. Maintenant, elle dit : "Je suis Kasia, mais plus une demoiselle".

Corrigé de l'exercice 1

❶ Mademoiselle Kasia est très bien élevée. ❷ C'est gentil de votre part, mais ce n'est rien de grave. ❸ J'espère que la semaine prochaine tu seras remise *(en-bonne-santé)*. ❹ Qui est cette adorable petite fille ? ❺ Tu dois lui faire remarquer qu'on ne parle pas comme ça.

***

❺ Que dit-on quand on rencontre quelqu'un d'inconnu ?
.. się ...., jak ... spotyka ..... nieznajomego?

Corrigé de l'exercice 2

❶ – nadzieję – to – poważnego ❷ Posłuchała – teraz – zdrowa ❸ – dziewczynka – zawsze – grzeczna – uśmiechnięta ❹ Niestety – zmuszona – jej – ❺ Co – mówi – się – kogoś –

Deuxième vague : 36e leçon

86 Lekcja osiemdziesiąta szósta

Zegar

1 – Czy **mógł**by mi pan u**dzie**lić infor**ma**cji ① o u**mo**wach ubezpieczen**io**wych?
2 – Oczy**wiś**cie. **Ja**ki typ po**li**sy pana intere**su**je?
3 – **Cho**dzi mi ② o ubezpie**cze**nie zak**ła**du od kra**dzie**ży.
4 – Ro**zu**miem. Przed podpi**sa**niem u**mo**wy, **wy**ślę **pa**nu na**sze**go a**gen**ta.
5 – Dosko**na**le. Na **kie**dy się mo**że**my u**mó**wić ③?
6 – **Mo**gę **pa**nu zapropo**no**wać **ju**tro o czter**nas**tej? Odpo**wia**da ④ **pa**nu?
7 – Tak, **bar**dzo **dob**rze. No to do **ju**tra.
8 *(Następ**ne**go dnia.)*

Prononciation

4 … aguènta …

Notes

① **udzielić informacji** (litt. "fournir informations") est l'équivalent de **poinformować**, *renseigner*. Les deux verbes sont perfectifs ; pour le second, vous l'avez certainement deviné grâce au préfixe **po-**. Leurs imperfectifs sont respectivement **udzielać** et **informować**.

② Dans la leçon 55, phrase 2, nous avons vu la locution **chodzi o**, *il s'agit de*. Telle quelle, elle est neutre mais, en y ajoutant le datif, on définit la personne concernée par le fait évoqué. C'est ce que nous avons ici avec **mi**, *me*, *à moi*. L'usage de cette structure étant très répandu en polonais, elle correspond plus à *je veux* qu'à la traduction littérale "il s'agit pour moi". Voyez ces exemples : **O co panu/pani chodzi?**, *Que voulez-vous ?*, **Nie wiem o co mu chodzi**, *Je ne sais pas ce qu'il veut*, etc. ▸

La pendule

1 – Pourriez-vous me renseigner *(fournir informations)* sur les contrats d'assurance*(s)* ?
2 – Bien sûr. Quel type de police vous intéresse ?
3 – Je voudrais assurer *(il s'agit pour-moi de l'assurance)* mon établissement contre le vol.
4 – Je comprends. Avant la signature du contrat, je vais vous envoyer notre agent.
5 – Parfait*(ement)*. Pour quand pouvons-nous fixer un rendez-vous ?
6 – Je peux vous proposer demain à quatorze [heures] ? [Cela] vous convient-il ?
7 – Oui, très bien. Alors à demain.
8 *(Le lendemain(suivant jour).)*

③ Lorsqu'il s'agit de *fixer un rendez-vous* – à prendre ou à donner –, on se sert du verbe **umówić się** (perfectif), qui signifie par ailleurs *convenir de quelque chose, se concerter*. L'imperfectif est **umawiać się**. Remarquez la parenté de ce verbe avec le nom **umowa**, *contrat*.

④ **odpowiadać** (imperfectif), dont le sens premier est *répondre*, veut aussi dire *convenir, correspondre* ; de ce fait, il n'a pas d'homologue perfectif.

9 – Dzień **do**bry. Jestem z a**gen**cji **War**ta. Co pan **bę**dzie ubez**pieczał** ⑤?
10 – **Ca**ły sprzęt biu**ro**wy: kompu**te**ry, ko**piar**ki, dru**kar**ki…
11 – **Obra**zy też? I **ze**gar?
12 – Nie, ze**ga**ra nie ubez**pie**czam.
13 – Dla**cze**go? To praw**dzi**we **dzie**ło **sztu**ki. Na **pew**no jest **wiel**kiej war**to**ści.
14 – Wiem, **a**le **mo**i praco**wni**cy nie spusz**cza**ją go z **o**czu ⑥!

9 … aguèntsi …

Notes

⑤ Voici une autre manière de former le futur des verbes imperfectifs. On remplace l'infinitif qui suit le verbe **być**, *être* – au futur – par la forme personnelle correspondante au passé. Les deux sont équivalentes : **Co pan będzie ubezpieczał? = Co pan będzie ubezpieczać?**, *Qu'allez-vous assurer ?* C'est à vous de choisir. Quel luxe, pour une fois !

***

Ćwiczenie pierwsze – Proszę przetłumaczyć

❶ Czy możemy się umówić na przyszłą sobotę? ❷ Nie zapomnij ubezpieczyć samochodu od kradzieży. ❸ Kiedy może pan zaproponować podpisanie umowy? ❹ Ten sprzęt biurowy jest wielkiej wartości. ❺ Nasz agent zaraz panu udzieli informacji.

9 – Bonjour. Je suis de l'agence Warta. Qu'allez-vous assurer ?
10 – Tout le matériel de bureau : ordinateurs, photocopieuses, imprimantes…
11 – Les tableaux aussi ? Et l'horloge ?
12 – Non, l'horloge, je ne l'assure pas.
13 – Pourquoi ? C'est un vrai chef-d'œuvre. Elle est sûrement de très grande valeur.
14 – Je sais, mais mes employés ne la quittent pas des yeux !

▸ ⑥ **oczu** est le génitif pluriel de **oko**, *œil*. Vous avez raison d'être étonné : la déclinaison de ce mot est en effet particulière et se caractérise, au pluriel, par la présence des lettres **cz** à la place du **k**.

***

Corrigé de l'exercice 1

❶ Pouvons-nous prendre rendez-vous pour samedi prochain ? ❷ N'oublie pas d'assurer la voiture contre le vol. ❸ Quand pouvez-vous proposer la signature du contrat ? ❹ Ce matériel de bureau est de grande valeur. ❺ Notre agent va tout de suite vous renseigner.

87 **Ćwiczenie drugie – Wpisać brakujące słowa**

❶ J'appelle pour prendre un rendez-vous avec monsieur Nowak.
Dzwonię, ... się . . . . . . z . . . . . Nowakiem.

❷ Ce type de contrat ne me convient pas du tout.
. . . typ . . . . . wcale . . nie . . . .

❸ De quelle valeur est cette belle pendule ?
Jakiej . . . . jest . . . piękny . . . . . ?

❹ Qui peut me renseigner sur les polices d'assurances ?
. . . może . . . . mi . . . . o
. . . . ubezpieczeniowych?

---

87 Lekcja osiemdziesiąta siódma

Wieczór przed telewizorem

1 – Jest coś ciekaw**e**go w tele**wi**zji dziś wie**czo**rem?
2 – Poczekaj, zo**ba**czę w ga**ze**cie ① (...) Na je**dyn**ce ② jest **se**rial amery**kań**ski,
3 a na **dwój**ce, "Przemi**nę**ło ③ z **wia**trem".

Prononciation
*3 ... pchèmi**nè**ou ...*

Notes

① Avec **gazecie**, locatif de **gazeta**, *journal*, voici un nouvel exemple d'alternance de lettres lorsqu'un mot change de forme grammaticale.

② Encore un usage des noms correspondant aux chiffres : **jedynka**, *un*, **dwójka**, *deux* (phrase 3), etc. Ils désignent aussi, ▸

5 Les employés de cet établissement ont un excellent matériel de bureau.
. . . . tego . . . . mają . . . .
sprzęt . . . .

Corrigé de l'exercice 2

1 – żeby – umówić – panem – 2 Ten – umowy – mi – odpowiada
3 – wartości – ten – zegar 4 Kto – udzielić – informacji – polisach
– 5 Pracownicy – zakładu – doskonały – biurowy

Deuxième vague : 37e leçon

Quatre-vingt-septième leçon 87

Une soirée devant la télé

1 – Y a-t-il quelque chose d'intéressant à la télé ce soir ?
2 – Attends, je vais regarder dans le journal (…)
Sur la une, il y a une série américaine,
3 et sur la deux, "Autant en emporte *(Est-passé avec)* le vent".

comme vous le voyez – ici au locatif –, les numéros des chaînes de télévision : **na jedynce**, *sur la une*, **na dwójce**, *sur la deux*.

③ Remarquez que le titre polonais de ce classique du cinéma a la même structure qu'en anglais ***Gone with the wind***, *"Passé avec le vent"*. L'infinitif – ici au perfectif – est **przeminąć**, *passer, s'écouler*.

87 **4** – Już to wi**dzie**liśmy ④ **ty**le **ra**zy. Nie ma nic in**ne**go?

5 – Sport cię nie intere**su**je, to wiem… Po**li**tyka też nie.

6 A, jest ewentu**al**nie **pro**gram mu**zycz**ny.

7 – Jaki **ro**dzaj **mu**zyki?

8 – Kla**sycz**na. Z wywia**da**mi **kry**tyków i pia**nis**tów.

9 **Al**bo film dokumen**tal**ny o **flo**rze ⑤ i **fau**nie pod**mor**skiej.

10 – Wo**ła**łabym **ra**czej **ja**kiś **pro**gram rozryw**ko**wy, **al**bo ko**me**dię.

11 – To nie **wi**dzę nic specjal**ne**go.

12 – Nie **ma**my **żad**nych ⑥ DV**D**?

13 – **Wszyst**ko już wi**dzie**liśmy.

14 – To **mo**że po**gra**my na kompu**te**rze? Co ty na to ⑦?

15 – Hm… **Mo**że **in**nym **ra**zem. □

12** … di vi **di

Notes

④ Une petite mise au point sur la traduction du passé, selon l'aspect utilisé. Normalement, le passé composé correspond au passé perfectif **zrobiłem**, *j'ai fait* ; **wróciłem**, *je suis rentré*, etc. L'imparfait, au contraire, équivaut généralement à l'imperfectif **robiłem**, *je faisais* ; **wracałem**, *je rentrais*, etc. Notre exemple est une entorse à cette règle ; en effet, **widzieliśmy** vient de l'imperfectif **widzieć**, *voir*, mais il est traduit par le passé composé. D'ailleurs, vous avez peut-être déjà noté des cas similaires. ▶

4 – Nous l'avons déjà vu tant de fois. Il n'y a rien d'autre ?
5 – Le sport ne t'intéresse pas, *(ça)* je le sais… La politique non plus.
6 Ah, il y a éventuellement une émission musicale.
7 – Quel genre de musique ?
8 – Classique. Avec des interviews de critiques et de pianistes.
9 Ou bien un film documentaire sur la flore et la faune sous-marines.
10 – Je préférerais plutôt une émission de variétés ou une comédie.
11 – Alors, je ne vois rien de spécial.
12 – Nous n'avons pas de DVD ?
13 – On a déjà tout vu.
14 – Et si on jouait à l'ordinateur ? Qu'en dis-tu ?
15 – Hum… Peut-être une autre fois.

⑤ Le nominatif est, bien entendu, **flora**, *flore*.

⑥ Contrairement au français, le pronom **żaden**, *aucun*, possède un pluriel, qui a deux formes : **żadni** (masculin personnel) et **żadne** (les autres genres). Il se décline comme les adjectifs, ce qui explique la terminaison **-ych** au génitif pluriel.

⑦ C'est ainsi que l'on demande son avis à quelqu'un. Ne cherchez pas à traduire la formule littéralement, retenez-la telle quelle.

87 **Ćwiczenie pierwsze – Proszę przetłumaczyć**

❶ Mogę panu zaproponować nową umowę, co pan na to? ❷ Czytałem w gazecie, że ostatni film francuski jest bardzo ciekawy. ❸ Co widziałeś: mecz piłki nożnej czy program rozrywkowy? ❹ Nie znalazłem żadnych informacji o tej agencji. ❺ Powinieneś spróbować innym razem.

***

Ćwiczenie drugie – Wpisać brakujące słowa

❶ Il y a une émission de variétés, qu'en dis-tu ?
. . . . program . . . ., co . . na . . ?

❷ Où était-ce : dans le journal ou à la télé ?
. . . . . to . . . . w . . . ., czy w . . . . ?

❸ As-tu déjà vu "Autant en emporte le vent" ?
. . . . już . . . . z . . . . ?

❹ Une autre fois, tu auras sûrement plus de chance.
. . . . . razem . . . . miał . . pewno . . . . . . szczęścia.

***

Comme les Français, les Polonais passent, en moyenne, trois heures par jour devant leur télévision. Ils ont le choix entre quatre chaînes publiques : **TVP 1** *ou* **"jedynka"** *(*la une*) ;* **TVP 2** *ou* **"dwójka"** *(*la deux*) ;* **TVP Regionalna** *(*TV Régionale*) ; et* **TVP Polonia** *consacrée aux questions polonaises, et qui peut être suivie dans le monde entier. Les chaînes privées polonaises ou étrangères (par câble ou satellite) sont nombreuses :* **Polsat**, **TVN**, **TV 4**, **RTL 7**, **Wizja Jeden**, *ainsi que des chaînes codées :* **Canal+**, **HBO**, **Wizja Sport**. *Par ailleurs, avec la couverture du signal numérique qui atteint désormais une dimension quasi nationale, la TNT et ses nouvelles chaînes sont en train d'enrichir le paysage télévisuel du pays.*

Corrigé de l'exercice 1

❶ Je peux vous proposer un nouveau contrat, qu'en dites-vous ? ❷ J'ai lu dans le journal que le nouveau film français est très intéressant. ❸ Qu'est-ce que tu as vu : le match de foot ou l'émission de variété ? ❹ Je n'ai trouvé aucune information sur cette agence. ❺ Tu devrais essayer une autre fois.

***

❺ J'ai vu *(fém.)* hier une comédie musicale et une série américaine.
. . . . wczoraj . . . . muzyczną . serial . . . .

Corrigé de l'exercice 2

❶ Jest – rozrywkowy – ty – to ❷ Gdzie – było – telewizji – gazecie ❸ Widziałaś – Przeminęło – wiatrem ❹ Innym – będziesz – na – więcej – ❺ Nagrałam – komedię – i – amerykański

***

Mais, comme partout dans le monde, les Polonais font aussi preuve d'une étonnante capacité à adopter les nouveaux usages du numérique : **"Portale społecznościowe"**, réseaux sociaux, **"gry komputerowe"**, jeux sur Internet, *navigation sur divers sites pour s'informer, s'instruire, ou simplement se divertir, attirent ainsi de plus en plus d'adeptes.*

Deuxième vague : 38e leçon

88 Lekcja osiemdziesiąta ósma

Awaria samochodu

1 – No **wi**dzisz, **zno**wu się pomy**li**li. **A**ni ① **śla**du chmur.
2 Jak po**myś**lę, że miał być deszcz… Na**praw**dę, **ma**my **szczę**ście.
3 – Po**cze**kaj, po**go**da **mo**że się **jesz**cze **zmie**nić ②.
4 – Tak czy i**na**czej, **do**brze, że wyje**cha**liśmy **wcze**śnie.
5 – To **praw**da, **mia**łaś **ra**cję. **Póź**niej jest **wię**kszy ruch.
6 – Jak tak **da**lej **pój**dzie, to unik**nie**my **kor**ków ③. Kto by po**myś**lał?
7 – **Le**piej nic nie mów ④. **Jesz**cze ⑤ nam przy**nie**siesz **pe**cha!

Notes

① Nous avons déjà vu (leçon 32, phrase 10), que **ani** s'utilise comme son homologue français *ni*, dans une suite de négations : **ani ty**, **ani ja**, *ni toi ni moi*, etc. Employé isolément, il équivaut à *pas même*, *pas un (seul)* : **nie mam ani grosza**, *je n'ai pas un sou* ; **nie powiedział ani słowa**, *il n'a pas dit un mot*, etc. Enfin, il connaît de nombreux usages idiomatiques, comme **ani mi się śni**, *je n'y songe même pas* ; **ani rusz**, *rien à faire*, etc.

② Rappelons (leçon 36, note 4) que dans ce contexte, on emploie la forme pronominale, ici au perfectif, **zmienić się**, *changer*.

③ **uniknąć** (perfectif), *éviter*, *échapper à*, est suivi du génitif, d'où **korków**, *bouchons*. Le nominatif singulier est **korek** et, tout comme en français, on l'emploie comme synonyme familier d'*embouteillage*.

Une panne de voiture

1 – Eh bien, tu vois, ils se sont encore trompés. Même pas une trace de nuages.
2 Quand je pense*(rai)* qu'il devait y avoir de la pluie… Vraiment, nous avons de la chance.
3 – Attends, le temps peut encore changer.
4 – Quoi qu'il en soit *(ainsi ou autrement)*, c'est bien que nous soyons partis tôt.
5 – C'est vrai, tu avais raison. Plus tard, il y a plus de *(plus-grande)* circulation.
6 – Si cela continue *(ainsi plus loin ira)*, nous éviterons les bouchons. Qui l'aurait cru *(pensé)* ?
7 – *(Mieux)* Ne dis rien. *(Encore)* Tu vas nous *(ap)*porter la poisse !

▸ ④ Sauf exception, l'impératif négatif est formé à partir de l'imperfectif, ici **mówić**, *dire*. Pour la forme positive, on se sert du perfectif qui, pour ce verbe, prend la forme de **powiedzieć**. Vous avez donc d'un côté **powiedz**, *dis*, et de l'autre **nie mów**, *ne dis pas*. Pour compliquer le tableau, il faut ajouter que **mówić** correspond aussi à *parler* – une langue par exemple. Mais dans ce cas, il n'a pas d'équivalent perfectif et on l'emploie pour les deux impératifs : **mów/nie mów**, *parle / ne parle pas*. Décidément, l'aspect verbal est un vrai casse-tête ! Mais vous verrez, cela viendra facilement avec la pratique !

⑤ **jeszcze** en dehors de son emploi temporel – *encore*, *toujours* –, apporte souvent une touche d'expressivité, difficile à exprimer par un équivalent français. Il permet notamment, comme ici avec un verbe au futur, de marquer un avertissement, une crainte. Retenez aussi cette autre expression idiomatique **Jeszcze jak!**, *Et comment !*

8 – Nie prze**sa**dzaj. **Za**wsze **wi**dzisz **wszy**stko na **czar**no ⑥.
9 – Hm… Być **mo**że (…) Co się **dzie**je? **Sły**szysz ten **ha**łas?
10 – Tak. Co to **mo**że być?
11 – Skąd mam **wie**dzieć? **Mo**że **sil**nik, a **mo**że **ru**ra wyde**cho**wa?
12 – Po**win**niśmy się za**trzy**mać.
13 – Ja też tak **myś**lę. Wi**dzia**łaś, gdzie jest naj**bliż**sza **sta**cja ob**słu**gi?
14 – Tak, za dwa**dzieś**cia pięć kilo**me**trów. Że**byś**my **tyl**ko doje**cha**li ⑦…

Notes

⑥ En remplaçant la terminaison des adjectifs de couleurs par la lettre **-o**, on crée les adverbes correspondants. Remarquez qu'à l'exception de "vertement" – mais qui est sans rapport avec la couleur –, le français n'offre pas cette possibilité.

⑦ Comme vous le voyez, les formes de conditionnel servent aussi à exprimer le subjonctif français, inexistant en polonais. C'est une économie considérable, n'est-ce pas ?

***

Ćwiczenie pierwsze – Proszę przetłumaczyć

❶ Tak czy inaczej, nie unikniemy korków. ❷ Kto by pomyślał, że będzie taki hałas! ❸ Powinniśmy zapytać, gdzie jest najbliższa stacja obsługi. ❹ Mam nadzieję, że nie przyniesiesz nam pecha. ❺ Nie przesadzaj, ruch nie jest większy niż w zeszłym tygodniu.

8 – N'exagère pas. Tu vois toujours tout en noir.
9 – Hum… Peut-être (…) Que se passe-t-il ? Tu entends ce bruit ?
10 – Oui. Qu'est-ce que ça peut être ?
11 – Comment est-ce que je peux *(ai)* savoir ? [C'est] Peut-être le moteur ou *(et peut-être)* le pot d'échappement.
12 – Nous devrions nous arrêter.
13 – Moi aussi, *(ainsi)* je pense. Tu as vu où était *(est)* la station-service la plus proche *(la-plus-proche station-service)* ?
14 – Oui, dans vingt-cinq kilomètres. Pourvu que *(Seulement)* nous [y] arrivions…

***

Corrigé de l'exercice 1

❶ Quoi qu'il en soit *(Ainsi ou autrement)*, nous n'éviterons pas les bouchons. ❷ Qui aurait pensé qu'il y aura[it] un tel bruit ! ❸ Nous devrions demander où est la station-service la plus proche. ❹ J'espère que tu ne vas pas nous *(ap)*porter la poisse. ❺ N'exagère pas, la circulation n'est pas plus importante *(grande)* que la semaine dernière.

Ćwiczenie drugie – Wpisać brakujące słowa

❶ Si cela continue *(Si ainsi plus loin ira)*, il va falloir s'arrêter.
Jak . . . dalej . . . . , trzeba . . . . . . się . . . .

❷ Quoi qu'il en soit *(Ainsi ou autrement)*, le temps va changer.
. . . czy . . . . , pogoda . . . zmieni.

❸ Qui aurait pensé que nous éviter[i]ons les bouchons ?
Kto . . pomyślał, . . unikniemy . . . . . . ?

❹ Ils se sont trompés, comme d'habitude, la circulation est normale.
. . . . się . . . zwykle, ... jest . . . .

89 Lekcja osiemdziesiąta dziewiąta

Na stacji obsługi

1 – Mam **pro**blem z samo**cho**dem. Jak **dłu**go **zaj**mie ① na**pra**wa?
2 – To za**le**ży. **Trze**ba **spraw**dzić. A o co się **sta**ło?
3 – Coś jest nie w po**rząd**ku ② ze **skrzy**nią **bie**gów.
4 – A**ha**. To niech pan przy**wie**zie ③ sa**mo**chód w ponie**dzia**łek **ra**no.

Notes

① L'infinitif est **zająć**, *prendre*, *occuper*. Comme vous pouvez vous en douter, c'est un perfectif, car sa conjugaison correspond au futur. Pour obtenir le présent, on fait appel à l'imperfectif, qui est **zajmować**.

② Vous rappelez-vous la locution **w porządku** (litt. "en ordre"), équivalent courant du *ça va* ? On peut naturellement l'utiliser à la forme négative. ▸

❺ Comment *(D'où)* puis-je savoir ce qu'il s'y passe ?
.... mam ...., co .. się ...... ?

Corrigé de l'exercice 2

❶ – tak – pójdzie – będzie – zatrzymać ❷ Tak – inaczej – się – ❸ – by – że – korków ❹ Pomylili – jak – ruch – normalny ❺ Skąd – wiedzieć – tu – dzieje

Deuxième vague : 39e leçon

Quatre-vingt-neuvième leçon 89

À la station-service

1 – J'ai un problème avec la voiture. Combien de temps prendra la réparation ?
2 – Ça dépend. Il faut vérifier. *(Et)* Que s'est-il passé ?
3 – Quelque chose ne va pas avec la boîte de vitesses.
4 – Ah. Alors, amenez la voiture lundi matin.

③ Le verbe perfectif **przywieźć**, *amener*, concerne aussi bien des objets que des personnes. Mais attention, on ne l'utilise que lorsque l'action se fait en véhicule. Si elle se fait à pied, on emploie **przynieść** pour les choses et **przyprowadzić** pour les personnes. L'imperfectif est respectivement **przywozić**, **przynosić** et **przyprowadzać**.

5 – Do**pie**ro w ponie**dzia**łek! To co my **te**raz zro**bi**my?
6 – Nic **pa**ni nie po**ra**dzę (4). **Wi**dzi **pa**ni, że **jes**tem sam.
7 **Je**den me**cha**nik jest na ur**lo**pie, **dru**gi **cho**ry…
8 – Nie **mógł**by pan **rzu**cić **o**kiem (5)? To **mo**że **tyl**ko **drob**na us**ter**ka…
9 Jes**teś**my w **dro**dze (6) na wa**ka**cje, wie pan…
10 – Nie zro**bi**li **pań**stwo prze**glą**du przed wy**jaz**dem?
11 – **Zwy**kle ro**bi**my, **a**le tym **ra**zem, wyje**cha**liśmy znie**nac**ka…
12 – No **do**brze… Niech pan ot**wo**rzy **mas**kę (…) **Mo**że pan **włą**czyć (7) **dru**gi bieg?
13 – Nie **mo**gę… coś się za**cię**ło. **A**le **ha**łas!
14 – No tak. **Trze**ba wy**mie**nić **ru**rę wyde**cho**wą, to **pew**ne.
15 I **skrzy**nię **bie**gów prawdopo**dob**nie też.
16 – No **wi**dzisz, co mó**wi**łem. To **ko**niec **na**szej po**dró**ży.

Notes

(4) Voici un nouvel emploi du verbe **poradzić**, déjà rencontré au sens de *conseiller*. Dans le contexte présent, à la forme négative, il exprime l'impossibilité de remédier à une situation, de trouver une solution au problème. Notez aussi **poradzić sobie**, *se débrouiller*.

(5) **okiem** est l'instrumental de **oko**, *œil*, dont nous avons rencontré le pluriel irrégulier **oczy** (leçon 86, note 6).

(6) Sachant que **drodze** est le locatif – avec son cortège de changements de consonnes –, vous avez facilement retrouvé le nominatif **droga**, *chemin*, *route*, n'est-ce pas ?

5 – Seulement lundi ! Alors qu'est-ce qu'on va faire maintenant ?
6 – Je n'y peux rien, madame. Vous voyez que je suis seul.
7 L'un [des] mécanicien[s] est en congé, le deuxième malade…
8 – Ne pourriez-vous pas jeter [un coup d']œil ? Ce n'est peut-être qu'un petit *(menu)* dommage…
9 Nous sommes en route pour les vacances, vous savez…
10 – Vous n'avez pas fait de révision avant le départ ?
11 – D'habitude, nous [le] faisons, mais cette fois-ci, nous sommes partis à l'improviste…
12 – Bon, eh bien… Ouvrez le capot (…) Pouvez-vous mettre la deuxième vitesse ?
13 – Je ne peux pas… quelque chose s'est coincé. Quel bruit !
14 – Eh oui. Il faut changer le pot d'échappement, c'est sûr.
15 Et la boîte de vitesses probablement aussi.
16 – Eh bien, tu vois ce que je disais. C'est la fin de notre voyage.

⑦ **włączyć** (perfectif) s'emploie aussi pour tout appareil ou dispositif qui fonctionne à l'énergie (radio, lumière, etc.) et équivaut alors à **zapalić**, *allumer*. Dans les deux cas, nous avons affaire au perfectif qui se distingue des imperfectifs respectifs **włączać** et **zapalać** par le changement du suffixe.

Ćwiczenie pierwsze – Proszę przetłumaczyć

❶ Trzeba rzucić okiem na skrzynię biegów. ❷ Jak długo zajmie przegląd silnika? ❸ Coś jest nie w porządku z rurą wydechową. ❹ To się stało w drodze na wakacje. ❺ Niech pan przywiezie samochód innym razem.

***

Ćwiczenie drugie – Wpisać brakujące słowa

❶ Pouvez-vous mettre la troisième vitesse ?
. . . . pan . . . . trzeci . . . . ?

❷ Il faut vérifier le moteur et le pot d'échappement.
. . . . . . sprawdzić . . . . . . i . . . . wydechową.

❸ Je voudrais seulement jeter [un coup d']œil, cela ne prendra pas longtemps.
. . . . tylko . . . . . . okiem, . . nie . . . . . . długo.

***

Si vous voulez découvrir la Pologne en toute liberté et à votre rythme, la meilleure solution est d'utiliser la voiture – la vôtre, de préférence –, les prix de location étant vraiment prohibitifs. Nous tenons à vous rassurer tout de suite : l'état des routes, en dépit de leur réputation, n'a rien de catastrophique. Il est même parfois supérieur à celui de certains pays européens à grande fréquentation touristique. En dehors de quelques grands axes est-ouest et nord-sud, il n'y a pas d'autoroutes, mais des routes nationales, à deux ou quatre voies.
Pour rendre votre voyage agréable, et surtout vous éviter des surprises, voici quelques recommandations importantes. D'abord, évitez de circuler au milieu de l'après-midi, car les routes sont encombrées de camions, tracteurs et autres véhicules agricoles. Avec un peu de chance, vous pouvez même tomber sur une char-

Corrigé de l'exercice 1

❶ Il faut jeter [un coup d']œil sur la boîte de vitesses. ❷ Combien de temps *(Comment longtemps)* prendra la révision du moteur ? ❸ Quelque chose ne va pas avec le pot d'échappement. ❹ C'est arrivé [alors que nous étions] en route pour les vacances. ❺ Amenez la voiture une autre fois.

***

❹ Je ne peux pas ouvrir le capot, quelque chose s'est coincé.
. . . mogę . . . . maski, . . . się . . . .

❺ Ce n'est peut-être pas une grosse panne, mais seulement un petit dommage.
To . . . . nie . . . . wielka . . . . . . , a . . . . .
drobna . . . .

Corrigé de l'exercice 2

❶ Może – włączyć – bieg ❷ Trzeba – silnik – rurę – ❸ Chciałbym – rzucić – to – zajmie – ❹ Nie – otworzyć – coś – zacięło ❺ – może – jest – awaria – tylko – usterka

***

rette à cheval ! De même, conduire de nuit peut être un peu fatigant, car le marquage au sol n'est pas toujours d'une excellente visibilité. Ensuite, si vous envisagez une visite chez des Polonais – qui sera sans aucun doute "arrosée" –, pensez à laisser votre voiture. En effet, "boire ou conduire" s'applique en Pologne à la lettre : le taux d'alcoolémie autorisé est de… 0 ‰ et les contrôles sont fréquents. Enfin, dans les villes, il vaut mieux laisser sa voiture, de jour comme de nuit, dans un parking **strzeżony**, surveillé, *et vérifier que vous êtes bien assuré contre le vol, car les véhicules d'origine étrangère restent convoités. Mais ne vous inquiétez pas, avec un minimum de précautions, vous ferez un bon voyage.*

Deuxième vague : 40e leçon

90 Lekcja dziewięćdziesiąta

Wypadek kolejowy

1 *Kan**dy**dat na zawia**dow**cę **sta**cji **sta**je* ① *przed ko**mi**sją egzamina**cyj**ną.*
2 – Co by pan **zro**bił, **gdy**by ② pan **stwier**dził, że dwa po**cią**gi **ja**dą naprze**ciw**ko **sie**bie ③ po tym **sa**mym **to**rze?
3 – Skie**ro**wałbym **je**den z po**cią**gów na **in**ny tor.
4 – A je**że**li ④ zwrot**ni**ca automa**tycz**na **by**łaby zep**su**ta?
5 – To **po**biegłbym na tor prze**sta**wić **rę**czną.
6 – A **gdy**by ta też **by**ła uszko**dzo**na?
7 – To **wró**ciłbym **bie**giem ⑤ do nas**taw**ni,
8 **że**by u**prze**dzić telefo**nicz**nie ⑥ pop**rze**dnią **sta**cję.
9 – A **jeś**li te**le**fon by nie **dzia**łał?

Notes

① Il s'agit du verbe **stawać** (imperfectif), correspondant au perfectif **stanąć**, *se mettre*, *se dresser*, *s'arrêter*, que nous avons déjà vu. Il prend ici un nouveau sens : *se présenter*. On l'utilise aussi pour la comparution devant le tribunal : **stawać przed sądem**.

② Contrairement au français, les deux propositions d'une phrase hypothétique se mettent au conditionnel. Elles comportent donc chacune la particule **by** qui est, rappelons-le, relativement libre de ses mouvements. Toutefois, elle se joint classiquement à la conjonction **gdy**, *lorsque*, pour former, avec **gdyby**, le *si* conditionnel. ▸

Un accident de train

1 *Un candidat pour [un poste de] chef de gare se présente devant une commission d'examen.*

2 – Que feriez-vous si vous constatiez que deux trains vont au-devant l'un de l'autre sur la même voie ?

3 – Je dirigerais l'un des trains sur une autre voie.

4 – Et si l'aiguillage automatique était en panne ?

5 – Alors, je courrais sur la voie [pour] déplacer [l'aiguillage] manuel.

6 – Et si celui-ci était aussi endommagé ?

7 – Alors, je reviendrais en courant au poste d'aiguillage,

8 pour prévenir par téléphone la station précédente.

9 – Et si le téléphone ne marchait pas ?

③ **siebie** est la forme commune au génitif et à l'accusatif du pronom relatif **się**. Joint à la préposition **naprzeciwko**, *vis-à-vis, en face*, il lui confère une notion de réciprocité.

④ Pour introduire une hypothèse, à la place de **gdyby**, on peut utiliser **jeżeli** ou, comme dans la phrase 9, **jeśli**. Dans ce cas, **by** peut aussi bien s'intégrer au verbe qu'en être détaché pour occuper une autre place dans la phrase.

⑤ **biegiem**, *en courant*, est l'instrumental du mot **bieg**, que nous avons rencontré dans le sens de *vitesse*, en parlant du système d'engrenage d'une voiture. Correspondant ici à *course*, il signifie par ailleurs *cours*, *allure*.

⑥ À partir du nom **telefon**, on peut former l'adverbe **telefonicznie**, *par téléphone*.

10 – To zadz**wo**niłbym z ko**mór**ki ⑦.
11 – A **gdy**by **li**nia **by**ła za**ję**ta?
12 – To **po**biegłbym do są**sied**niej **wio**ski uprze**dzić** **wuj**ka.
13 – Ach tak? To cie**ka**we. A dla**cze**go?
14 – Bo **nig**dy **jesz**cze nie **wi**dział wy**pad**ku kolejo**we**go!

Note

⑦ **komórka** (litt. "cellule") désigne communément le *téléphone portable*. Il s'agit de l'abréviation du terme technique **telefon komórkowy**, *téléphone cellulaire*.

***

Ćwiczenie pierwsze – Proszę przetłumaczyć

❶ Kasia zawsze wraca ze szkoły biegiem. ❷ Widziałem, że nasz pociąg jest na torze drugim. ❸ Jaki jest numer pani komórki? ❹ Naprzeciwko domu był wypadek, trzeba uprzedzić policję. ❺ Kiedy pan stwierdził, że komputer jest uszkodzony?

***

Ćwiczenie drugie – Wpisać brakujące słowa

❶ Ta mère fait tout en courant : lessive, courses, repassage…
. . . . . mama . . . . wszystko . . . . : pranie, ... , prasowanie…

❷ Je vais t'attendre sur la voie [numéro] trois.
Będę . . ciebie . . . . na . . . . . trzecim.

❸ Le téléphone est en panne, j'appelle du portable.
Telefon . . . . zepsuty, ... z . . . .

10 – Alors, j'appellerais du portable.
11 – Et si la ligne était occupée ?
12 – Alors, je courrais au village voisin prévenir mon oncle.
13 – Ah oui ? C'est intéressant. Et pourquoi ?
14 – Parce qu'il n'a encore jamais vu d'accident de train !

Corrigé de l'exercice 1

❶ Kasia rentre toujours de l'école en courant. ❷ J'ai vu que notre train est sur la voie [numéro] deux. ❸ Quel est le numéro de votre portable ? ❹ En face de la maison, il y a eu un accident, il faut prévenir la police. ❺ Quand avez-vous constaté que l'ordinateur était *(est)* endommagé ?

***

❹ Le magasin est fermé, allons au prochain village.
. . . . . jest . . . . , jedźmy . . następnej . . . .

❺ Le voisin qui habite en face est chef de gare.
Sąsiad, ... mieszka . . . . , jest . . . . stacji.

Corrigé de l'exercice 2

❶ Twoja – robi – biegiem – zakupy – ❷ – na – czekać – torze ❸ – jest – dzwonię – komórki ❹ Sklep – zamknięty – do – wioski ❺ – który – naprzeciwko – zawiadowcą –

Deuxième vague : 41e leçon

91 Lekcja dziewięćdziesiąta pierwsza

Powtórka – Révision

1 Les préfixes verbaux (suite)

Parmi les préfixes verbaux, il y a ceux qui, comme nous l'avons vu dans la leçon 84, jouent un rôle purement grammatical, en transformant les verbes imperfectifs en perfectifs. À ce titre, ils n'apportent pas de modification au sens du verbe de base. D'autres, en revanche, servent à transformer le verbe auquel ils s'ajoutent, entraînant en français une traduction à l'aide de verbes différents. Prenons de nouveau l'exemple de l'imperfectif **pisać**, *écrire*. Le préfixe **na-** en fait le perfectif de même sens : **napisać**. Voyons maintenant ce qui se passe si l'on recourt à d'autres préfixes. Dans ce cas, la notion générale d'*écrire* se diversifie. Comme avec **do-**, dans **dopisać**, qui permet d'obtenir *ajouter*, *compléter à l'écrit* ; on peut avoir **odpisać**, *copier* ; **podpisać**, *signer* ; **przepisać**, *(re) copier* ; **spisać**, *dresser par écrit* ; **wypisać**, *rayer des registres*, **zapisać**, *noter*, etc.
La difficulté, c'est que le sens des préfixes n'est pas toujours facile à déterminer. D'une part, certains jouent un double rôle, en modifiant ou non la signification du verbe. D'autre part, la valeur d'un préfixe peut parfois varier d'un verbe à l'autre – ce qui est assez fâcheux, il faut bien l'admettre. C'est pourquoi, nous vous conseillons de retenir les verbes dans des phrases complètes et toujours "en situation".

Voici toutefois, à titre indicatif, quelques-uns des préfixes les plus fréquents avec leurs principaux emplois :

do- – achèvement dans le temps et l'espace, aboutissement : **dojść**, *arriver au bout* ;
– adjonction : **dopłacić**, *compléter un paiement* ;

na- – action dirigée dans un sens : **nakierować**, *orienter* ;
– action menée jusqu'au bout : **najeść się**, *manger à sa faim* ;
– superposition, accumulation : **nagromadzić**, *accumuler* ;

od- – éloignement : **odejść**, *s'éloigner* ;
– action de défaire : **odkręcić**, *dévisser* ;

prze- – action accomplie à fond : **przeszukać**, *chercher partout* ;
– action transversale : **przejść**, *traverser* ;
– permutation, transformation : **przerobić**, *refaire* ;

przy- – contact, adjonction : **przyciągnąć**, *attirer* ;

roz- – disjonction, division : **rozdzielić**, *séparer* ; **rozdać**, *distribuer* ;

za- – commencement : **zapłakać**, *se mettre à pleurer*.

2 Les pronoms

Tous les pronoms polonais se déclinent. Certains ont une déclinaison propre – personnels, réfléchis, quelques relatifs/interrogatifs. D'autres – démonstratifs, possessifs, indéfinis et la plupart des relatifs/interrogatifs – suivent le modèle des adjectifs. Pour vous rappeler toutes les formes, nous vous conseillons de vous reporter à ce qui suit.

2.1 Les pronoms personnels

Ceux qui correspondent à la 1re et à la 2e personne du singulier : **ja**, *je*, *moi* ; **ty**, *tu*, *toi*, et du pluriel : **my**, *nous* ; **wy**, *vous*, sont en général omis, à moins qu'ils ne servent à accentuer le sujet de la phrase. Seule la 3e personne distingue les genres. Ils sont au nombre de trois au singulier :
masculin : **on**, *il*, *lui* ;
féminin : **ona**, *elle*, *lui* ;
neutre : **ono**, *il*, *elle*.
Au pluriel, on a pour le masculin personnel **oni**, *ils*, *eux*, et pour les autres genres, **one**, *ils*, *elles*, *eux*.
Le datif et l'accusatif ont deux formes. La longue – accentuée – sert à mettre en valeur le sujet. On peut l'utiliser au début de la phrase. La courte se met toujours après le verbe.

Kocham cię.	*Je t'aime.*
Kocham go.	*Je l'aime.*
Jego kocham, nie ciebie.	*Lui, je l'aime, pas toi.*

 Les pronoms utilisés avec une préposition commencent par **n-**.

Idę do niego.	*Je vais chez lui.*
To dla niej.	*C'est pour elle.*

2.2 Le pronom réfléchi

Le réfléchi **się**, *me*, *te*, *se*, *nous*, *vous*, est utilisé avec les verbes pronominaux à toutes les personnes du singulier et du pluriel : **nazywam się**, *je m'appelle* ; **nazywasz się**, *tu t'appelles*, etc. On l'emploie aussi pour former une phrase impersonnelle du type **mówi się**, *on dit* ; **robi się**, *on fait*, etc. Il n'a pas de nominatif et se décline comme suit :

Génitif	**siebie**
Datif	**sobie**
Accusatif	**siebie**, **się**
Instrumental	**sobą**
Locatif	**sobie**

2.3 Les pronoms possessifs

Ils ont trois genres et correspondent aux adjectifs et aux pronoms possessifs en français :
mój, **moja**, **moje**, *mon / le mien*, *ma / la mienne* ;
moi, **moje**, *mes / les mien(ne)s* ;
twój, etc., *ton*, etc. ;
jego, **jej**, *son / le sien*, *sa / la sienne* ;
nasz, **nasza**, **nasze**, *notre / le (la) nôtre* ;
nasi, **nasze**, *nos / les nôtres* ;
wasz, etc., *votre*, etc. ;
ich, *leur(s) / le (la, les) leur(s)* ;
swój, etc. : toutes les personnes.

Les pronoms possessifs se déclinent comme les adjectifs sauf **jego**, **jej**, **ich**, qui sont invariables.

Les pronoms de la série : **mój**, **twój**, **nasz**, **wasz**, **swój** s'accordent avec l'objet :
mój bilet, *mon billet* ; **moja walizka**, *ma valise*.

Jego, **jej** s'accordent avec le possesseur :
jego bilet, **jego walizka**, *son billet, sa valise* (appartenant à un homme) ;
jej bilet, **jej walizka**, *son billet, sa valise* (appartenant à une femme).
Si un pronom possessif se rapporte au sujet de la phrase, on emploie **swój** pour toutes les personnes.

2.4 Les pronoms démonstratifs

Comme pour les possessifs, toutes les formes servent à la fois d'adjectifs et de pronoms :
ten, **ta**, **to**, *ce / celui-ci, cette /celle-ci* ;
ci, **te**, *ces / ceux-ci, celles-ci* ;
tamten, etc., *ce / celui-là*, etc.
taki, **taka**, **takie**, *tel(le)*
tacy, **takie**, *tel(le)s*
Leur déclinaison est comparable à celle des adjectifs. À l'accusatif singulier, la forme **tego** est utilisée pour une personne ou un animal, et **ten**, pour une chose.

***

Dialog-powtórka

1 – Słyszysz ten hałas? To na pewno coś poważnego.
2 – Zawsze widzisz wszystko na czarno.
3 – Hm… Myślę, że trzeba rzucić okiem na rurę wydechową.
4 – Tak, masz rację. Trzeba ją będzie wymienić.
5 – Tak czy inaczej, musimy uprzedzić wujka. (…)
6 – Telefon jest uszkodzony, zadzwoń z komórki.
7 – Halo! Dzwonię ze stacji obsługi.
8 Samochód jest zepsuty, nie możemy przyjechać.
9 – To na kiedy się możemy umówić?
10 – Może jutro o czternastej? Co ty na to?
11 – Nie ma problemu. Czternasta mi odpowiada.
12 – To miło z twojej strony.

92 Traduction

1 Tu entends ce bruit ? C'est sûrement quelque chose de grave. **2** Tu vois toujours tout en noir. **3** Hum… Je pense qu'il faut jeter [un coup d']œil au *(sur le)* pot d'échappement. **4** Oui, tu as raison. Il va falloir le changer. **5** Quoi qu'il en soit *(ainsi ou autrement)*, nous devons prévenir mon oncle. (…) **6** Le téléphone est en dérangement *(endommagé)*, appelle du portable. **7** Allô ! J'appelle

92 Lekcja dziewięćdziesiąta druga

W operze ①

1 – Cześć. Mam coś dla **cie**bie. **Zgad**nij, co.
2 – Nie mam najmniej**sze**go ② po**ję**cia.
3 – Wy**gra**łem ③ dwa bi**le**ty do o**pe**ry na **przy**szłą so**bo**tę. **Pój**dziesz ze mną?
4 – Z przyjem**noś**cią. **Nig**dy **jesz**cze nie **by**łem.
5 – Ja też nie. **Two**im **zda**niem, **moż**na iść w **dżin**sach ④?

Prononciation

***5** … dji'nsaH*

Notes

① Le nom féminin **opera**, *opéra*, a subi, comme d'habitude, la transformation **r/rz** en passant du nominatif au locatif.

② Vous connaissez déjà (leçon 47, note 3) le superlatif **najmniej**, *le moins*. Après l'adverbe, voici maintenant le tour de l'adjectif **najmniejszy**, *le moindre*, *le plus petit*, ici au génitif. De formation irrégulière, ils viennent respectivement de **mało**, *peu*, et **mały**, *petit*.

③ Comme en français, le verbe **wygrywać** – ici au perfectif **wygrać**, *gagner*, s'emploie pour les jeux de hasard et les compétitions sportives. En revanche, pour la rémunération salariale, on emploie un autre verbe, que nous avons déjà vu, **zarabiać** (**zarobić** au perfectif). ▸

de la station-service. **8** La voiture est en panne, nous ne pouvons pas venir. **9** Alors pour quand pouvons-nous prendre rendez-vous ? **10** Peut-être demain à quatorze [heures] ? Qu'en dis-tu ? **11** Il n'y a pas de problème. Quatorze [heures] me convient. **12** C'est gentil de ta part.

Deuxième vague : 42e leçon

Quatre-vingt-douzième leçon 92

À l'opéra

1 – Salut. J'ai quelque chose pour toi. Devine quoi.
2 – Je n'[en] ai pas la moindre idée.
3 – J'ai gagné deux billets pour l'opéra pour la semaine prochaine. Tu veux *(vas)* y aller avec moi ?
4 – Avec plaisir. Je n'y suis encore jamais allé *(Jamais encore n'étais)*.
5 – Moi non plus. [À] ton avis, peut-on [y] aller en jean ?

④ Beaucoup de termes empruntés à d'autres langues ont été adaptés aux règles de l'orthographe polonaise. C'est le cas de **dżinsy**, issu de l'anglais ***blue-jeans***. On l'emploie toujours au pluriel, comme **spodnie**, *pantalon*.

6 – Nie, **myślę**, że na**le**ży się **u**brać w gar**ni**tur ⑤.
7 – To **trze**ba też **będ**zie za**ło**żyć **kra**wat. Spot**kaj**my się u mnie, o **siód**mej.
8 – O**kay**. To do so**bo**ty. (…)
9 – Gdzie są **na**sze **miej**sca? Na par**ter**ze czy na bal**ko**nie?
10 – Na bal**ko**nie. W **czwar**tym **rzę**dzie ⑥.
11 – **Poś**piesz się, już **gas**ną **świat**ła.
12 – Co to? **Wszy**scy **wsta**ją. To już **ko**niec?
13 – Nie wiem. Zo**bacz**my, co jest napi**sa**ne w pro**gra**mie.
14 – **O**pera w trzech **ak**tach… **Ak**cja w **dru**gim **ak**cie roz**gry**wa się po **pię**ciu **la**tach.
15 Mam na**dzie**ję, że bi**le**ty **bę**dą **jesz**cze **waż**ne!

Notes

⑤ Le verbe **ubrać się**, *s'habiller*, suivi de la préposition **w**, *en* + accusatif, s'emploie fréquemment au sens où, en français, on dirait *mettre (un vêtement)*. Ainsi on dit, par exemple, **ubrać się w koszulę** (litt. "s'habiller en chemise"), *mettre une chemise*.

***

Ćwiczenie pierwsze – Proszę przetłumaczyć

❶ Pójdę z tobą z przyjemnością, ale nie dzisiaj. ❷ Nigdy jeszcze nic nie wygrałem. ❸ Twoim zdaniem, można założyć dżinsy? ❹ Nie zapomnij podlać kwiatów na balkonie. ❺ Mam nadzieję, że zrobisz, co należy.

6 – Non, je pense qu'il convient de mettre un *(s'habiller en)* costume.
7 – Alors, il faudra aussi mettre une cravate. Retrouvons *(rencontrons)*-nous chez moi, à sept [heures].
8 – OK. Alors, à samedi. (…)
9 – Où sont nos places ? À l'orchestre ou au balcon ?
10 – Au balcon. Au quatrième rang.
11 – Dépêche-toi. Les lumières s'éteignent déjà *(déjà s'éteignent lumières)*.
12 – Qu'est-ce que c'est ? Tout le monde *(tous)* se lève*(nt)*. C'est déjà fini *(fin)* ?
13 – Je ne sais pas. Regardons ce qui est écrit dans le programme.
14 – Opéra en trois actes… L'action au deuxième acte se déroule au bout de *(après)* cinq ans.
15 J'espère que les billets seront encore valables !

⑥ Le locatif **w rzędzie** vient de **rząd**, *rang*. Nous avons donc ici affaire à deux changements de lettres dans un mot, ce qui – hélas – arrive quelquefois.

***

Corrigé de l'exercice 1

❶ Je viendrai avec toi avec plaisir, mais pas aujourd'hui. ❷ Je n'ai encore jamais rien gagné. ❸ [À] ton avis, on peut mettre un jean ? ❹ N'oublie pas d'arroser les fleurs sur le balcon. ❺ J'espère que tu feras ce qu'il convient.

Ćwiczenie drugie –Wpisać brakujące słowa

1. Je le ferai pour toi avec plaisir quand je reviendrai.
   Zrobię . . dla . . . . . . z . . . . jak . . . . . .
2. Tu devrais mettre un costume et une cravate.
   . . . . założyć . . . . i . . . .
3. Comment faut-il s'habiller, [à] ton avis ?
   Jak . . . . . . się . . . . . , twoim . . . . ?
4. Nos places sont au premier rang, au balcon.
   Nasze . . . . są . pierwszym . . . . , na . . . .

93 Lekcja dziewięćdziesiąta trzecia

U dentysty

1 – **Wszyst**ko już załat**wi**łeś przed wy**jaz**dem?
2 – Tak, **tyl**ko nie wiem, czy **zdą**żę ① iść do den**ty**sty ②.
3 – A co, **bo**lą cię **zę**by?
4 – Nie, to tak na **wszel**ki ③ wy**pa**dek. **Chciał**bym, **że**by mi **spraw**dził.

Prononciation
*ou dèn**tés**té*

Notes

① **zdążyć** traduit le fait d'*arriver* ou de *réussir quelque chose à temps*. N'ayant que la forme du perfectif, il se rapporte au futur **zdążę to zrobić**, *j'aurai le temps de le faire*. Outre l'infinitif, il peut aussi être suivi d'une préposition : **zdążyć na pociąg, do pracy**, *arriver à temps au train, au travail*. ▸

❺ Sais-tu ce qu'il convient dc faire en cas d'accident ?
. . . . . , co . . . . . . zrobić . razie . . . . ?

Corrigé de l'exercice 2

❶ – to – ciebie – przyjemnością – wrócę ❷ Powinieneś – garnitur – krawat ❸ – trzeba – ubrać – zdaniem ❹ – miejsca – w – rzędzie – balkonie ❺ Wiesz – należy – w – wypadku

Deuxième vague : 43e leçon

Quatre-vingt-treizième leçon 93

Chez le dentiste

1 – As-tu déjà tout réglé avant ton départ ?
2 – Oui, seulement je ne sais pas si j'aurai le temps d'aller chez le dentiste.
3 – *(Et)* Quoi, tu as mal aux dents ?
4 – Non, c'est comme ça, à tout hasard. Je voudrais qu'il me [les] contrôle.

▸ ② Voici un nouvel exemple d'un nom masculin qui se termine en **-a** : **dentysta**, *dentiste*. Le féminin est **dentystka**.

③ En plus de cette tournure, l'adjectif **wszelki**, *tout*, *chaque*, apparaît dans quelques expressions toutes faites : **wszelkimi sposobami**, *par tous les moyens* ; **za wszelką cenę**, *à tout prix* ; **wszelkie prawa zastrzeżone**, *tous droits réservés*.

5 – **Prze**cież za gra**ni**cą są den**ty**ści ④.
6 – **A**le jak mu wytłu**ma**czę? Po **pol**sku?
7 – **Zro**bisz jak ja, **po**wiesz po an**giel**sku.
8 – Nie znam **dob**rze angiel**skie**go.
9 – Ja też znam **tyl**ko **pa**rę słów i **da**łem **so**bie **ra**dę ⑤.
10 – Na**praw**dę? Jak to zro**bi**łeś?
11 – Poka**za**łem mu ząb i powie**dzia**łem "tu" ⑥.
12 – I co, zro**zu**miał?
13 – Dosko**na**le! **Wyr**wał mi dwa **zę**by.
14 – **Ca**łe **szczę**ście, że nie powie**dzia**łeś "ten" ⑦!

□

Notes

④ Remarquez la forme du pluriel dans **dentyści**, *dentistes*. On retrouve la même terminaison dans tous les noms masculins qui finissent en **-ta** au singulier : **artysta** - **artyści**, **turysta** - **turyści**, etc.

⑤ Nous vous suggérons de retenir telle quelle cette locution idiomatique, correspondant à *se débrouiller* : **dać** (**dawać** à l'imperfectif) **sobie radę**. Le pronom **sobie** est invariable : **daję sobie radę**, *je me débrouille* ; **dajesz sobie radę**, *tu te débrouilles*, etc. ▶

***

Ćwiczenie pierwsze – Proszę przetłumaczyć

❶ Jestem pewien, że zdążysz to zrobić do jutra. ❷ Koniecznie muszę załatwić tę historię przed wyjazdem. ❸ Możesz mi wytłumaczyć, jak to się stało? ❹ Nie przesadzaj, na pewno dasz sobie radę sama. ❺ Niech pan to sprawdzi, na wszelki wypadek.

5 – Pourtant à l'étranger, il y a des dentistes.
6 – Mais comment vais-je lui expliquer ? En polonais ?
7 – Tu feras comme moi, tu [le lui] diras en anglais.
8 – Je ne connais pas bien l'anglais.
9 – Moi non plus *(aussi)*, je ne connais que quelques mots et je me suis débrouillé.
10 – Vraiment ? Comment as-tu fait ?
11 – Je lui ai montré la dent et j'ai dit "tu" *(ici)*.
12 – Et alors, il a compris ?
13 – Parfaitement ! Il m'a arraché deux dents.
14 – Heureusement que tu n'as pas dit "ten" *(celui-ci)* !

⑥ Vous l'avez sûrement compris, mais précisons à tout hasard que ***two***, prononcé comme **tu**, *ici*, veut dire *deux* en anglais.

⑦ Voyez vous-même les conséquences de la confusion entre ***ten*** (*dix* en anglais) et **ten**, *ce*, *celui-ci* !

***

Corrigé de l'exercice 1

❶ Je suis sûr que tu auras le temps de le faire *(jusqu'à)* [avant] demain. ❷ Je dois absolument régler cette histoire avant le départ. ❸ Peux-tu m'expliquer comment ça s'est passé ? ❹ N'exagère pas, tu vas sûrement te débrouiller toute seule. ❺ Contrôlez-le, à tout hasard.

94 **Ćwiczenie drugie – Wpisać brakujące słowa**

❶ Dépêche-toi, sinon *(car autrement)* je n'aurai pas le temps [d'aller] au travail.
Pośpiesz . . . , bo . . . . nie . . . . . do . . . . . .

❷ Vas-tu pouvoir régler toutes les affaires d'ici demain ?
. . . . mógł . . . . wszystkie . . . . . . do . . . . . ?

❸ Je vois que tu t'es très bien *(parfaitement)* débrouillée à l'étranger.
. . . . . , że . . . . sobie . . . . . radę . . granicą.

***

Le premier centre d'intérêt des Polonais est, bien sûr, la politique, car, comme le dit le proverbe : "Deux Polonais, trois opinions politiques". Mais ils ont aussi la passion de la médecine. En témoigne cette histoire que l'on raconte au sujet de **Stańczyk**, *le bouffon du roi* **Zygmunt Stary**, Sigismond le Vieux. *Un jour, il fit un pari avec un membre de la cour du roi, prétendant qu'en Pologne le nombre de*

94 Lekcja dziewięćdziesiąta czwarta

W księgarni

1 – Nie **po**szłabyś ① ze mną **ku**pić coś na **pre**zent dla są**siad**ki ②?

Notes

① La question est adressée à une femme, sinon on dirait **poszedłbyś**. Comme vous le savez, pour former le conditionnel, on se sert de la 3e personne du passé – ici il s'agit du verbe **pójść**, *aller* – suivi de **by** et des terminaisons personnelles. Sa conjugaison est irrégulière, comme nous l'avons déjà vu (leçon 66, note 3), à propos de la forme neutre du singulier **poszło**, *il/elle est allé(e)*. Au pluriel, les formes sont **poszli**, *ils sont allés* ▸

❹ Malheureusement, je vais devoir vous arracher au moins deux dents.
. . . ., będę . . . . . . panu . . . . . . co . . . . dwa . . . . .

❺ Je te l'expliquerai plus tard, maintenant je suis occupée.
. . . . ci . . później, ... jestem . . . .

Corrigé de l'exercice 2

❶ – się – inaczej – zdążę – pracy ❷ Będziesz – załatwić – sprawy – jutra ❸ Widzę – doskonale – dałaś – za – ❹ Niestety – musiał – wyrwać – najmniej – zęby ❺ Wytłumaczę – to – teraz – zajęta

***

médecins était le plus élevé au monde. Le lendemain, il simula une rage de dents et se promena toute la journée, le visage recouvert d'un pansement. Le soir, il put s'enorgueillir d'avoir réuni près de trois cents avis différents pour guérir sa maladie et gagna ainsi son pari !

Deuxième vague : 44e leçon

Quatre-vingt-quatorzième leçon 94

À la librairie

1 – Tu ne viendrais *(N'irais-tu)* pas avec moi acheter quelque chose en *(pour)* cadeau pour [ma] voisine ?

et **poszły**, *elles sont allées*. Par conséquent, le conditionnel est : **poszlibyśmy/poszłybyśmy**, *nous irions / serions allé(e)s* ; **poszlibyście/poszłybyście**, *vous iriez / seriez allé(e)s*, etc.

② Vous vous souvenez sans doute qu'ajoutée à un nom masculin – ici **sąsiad**, *voisin* –, la terminaison **-ka** le transforme en féminin : **sąsiadka**.

2 – **Ch**ętnie. A co za**mie**rzasz jej ③ poda**ro**wać?
3 – Myś**ła**łam o **ja**kiejś **dob**rej **książ**ce.
4 – To **wejdź**my do tej księ**gar**ni. Tu jest **du**ży **wy**bór. (…)
5 **Zo**bacz, są **pię**kne **książ**ki z reproduk**cja**mi dzieł **sztu**ki.
6 – O nie, to nie w jej **sty**lu. **Sztu**ka jej nie intere**su**je.
7 – To **mo**że **ja**kiś prze**wod**nik tury**stycz**ny? **Al**bo **książ**kę o po**dró**żach, o **kra**jach egzo**tycz**nych?
8 – **Ta**kich **ksią**żek **o**na ma już **spo**ro ④.
9 – A co ona właś**ci**wie **lu**bi: ję**zy**ki **ob**ce, his**to**rię, po**ez**ję…
10 – Na**praw**dę, nie znam jej upo**do**bań aż tak **do**brze.
11 – To mam **po**mysł. Kup jej **książ**kę ku**char**ską ⑤.
12 **Zo**bacz, tu jest **ta**kie **ład**ne wy**da**nie, z kolo**ro**wymi ilustra**cja**mi…
13 – Jest za **gru**ba. **O**ni w **do**mu **ty**le nie **je**dzą.

Prononciation
3 … ks'onchtsè …

Notes

③ N'oubliez pas que **jej** correspond à plusieurs fonctions. C'est d'abord la forme commune au datif – comme dans cette phrase – et au génitif (phrase 6) de **ona**, *elle*. De plus, **jej** équivaut à *sa* lorsque le possesseur est une femme.

④ L'adverbe **sporo**, *pas mal*, s'emploie comme équivalent familier de **dużo**, *beaucoup*. De même, l'adjectif **spory** est l'homologue, dans la langue courante, de **duży**, *grand*. ▸

2 – Volontiers. Et qu'as-tu l'intention de lui offrir ?
3 – J'ai pensé à un bon livre.
4 – Alors, entrons dans cette librairie. Il y a un grand choix ici. (…)
5 Regarde, il y a de beaux livres avec des reproductions d'œuvres d'art.
6 – Oh non, ce n'est pas dans son style. L'art, [ça] ne l'intéresse pas.
7 – Alors peut-être un guide touristique ? Ou un livre sur les voyages, les pays exotiques ?
8 – De bons livres comme ça, elle [en] a déjà pas mal.
9 – Et qu'est-ce qu'elle aime au juste : langues étrangères, histoire, poésie…
10 – À vrai dire, je ne connais pas ses goûts si bien [que ça].
11 – Alors, j'ai une idée. Achète-lui un livre de cuisine.
12 Regarde, il y a ici une *(telle)* belle édition, avec des illustrations en couleur…
13 – Il est trop gros. Ils ne mangent pas autant chez eux *(à la-maison)*.

▸ ⑤ Dans la famille de mots relatifs à **kuchnia**, *cuisine*, on trouve deux adjectifs : **kucharski** (ici au génitif féminin) et **kuchenny**. Le premier, qui s'applique aux livres de recettes, permet aussi de qualifier *l'art de cuisiner*. Le second, plus répandu, s'emploie pour un ustensile, un meuble, un escalier, etc. Notez aussi le nom de la profession : **kucharz**, *cuisinier*, et **kucharka**, *cuisinière*.

14 – Ost**ate**cz**n**ie **mo**żesz jej **ku**pić **po**wieść.
15 – No **do**brze, **a**le pod wa**run**kiem, że nie **bę**dzie ⑥ ani prze**mo**cy, **a**ni po**li**tyki, **a**ni **sek**su…
16 – To nie **wi**dzę in**ne**go **wyj**ścia, jak podar**ow**ać jej **książ**kę telefo**nicz**ną! □

Note

⑥ Comme vous le savez, le conditionnel polonais se traduit par le subjonctif français, mais on peut également, comme ici, employer le futur **będzie**.

***

Ćwiczenie pierwsze – Proszę przetłumaczyć

❶ Jakie języki obce zna twój syn? ❷ Zrobię to pod warunkiem, że będziesz grzeczny. ❸ Ten przewodnik turystyczny jest za duży, ma pan inne? ❹ Zamierzam poszukać innego wyjścia. ❺ Widzę, że masz nową książkę kucharską.

***

Ćwiczenie drugie – Wpisać brakujące słowa

❶ Ce roman me semble un peu trop gros. Il n'aime pas lire.
Ta . . . . wydaje . . się . . . . . . za . . . . . . On . . . lubi . . . .

❷ Dites-moi, Madame, quelles langues étrangères vous connaissez.
. . . . . . mi . . . . , jakie . . . . zna . . . . . . obce.

❸ Nous irons au cinéma à condition que tu finisses *(finiras)* tes leçons.
. . . . do . . . . pod . . . . , że . . . . lekcje.

14 – Après tout, tu peux lui acheter un roman.
15 – Bon, d'accord *(bien)*, mais à condition qu'il n'y ait ni violence, ni politique, ni sexe…
16 – Alors, je ne vois pas d'autre[s] solution[s] que de lui offrir un annuaire *(livre téléphonique)* !

***

Corrigé de l'exercice 1

❶ Quelles langues étrangères connaît ton fils ? ❷ Je le ferai à condition que tu sois *(seras)* gentil. ❸ Ce guide touristique est trop gros, [en] avez-vous d'autres ? ❹ J'ai l'intention de chercher une autre solution. ❺ Je vois que tu as un nouveau livre de cuisine.

***

❹ Je vais à la librairie, je dois m'acheter un guide touristique.
… do …………, muszę ….. kupić ………… turystyczny.

❺ Vraiment tu as l'intention de lui offrir un livre de cuisine ?
Naprawdę ………… jej ………… książkę ……….?

Corrigé de l'exercice 2

❶ – powieść – mi – trochę – gruba – nie – czytać ❷ Proszę – powiedzieć – pani – języki – ❸ Pójdziemy – kina – warunkiem – skończysz – ❹ Idę – księgarni – sobie – przewodnik – ❺ – zamierzasz – podarować – kucharską

Deuxième vague : 45e leçon

95 Lekcja dziewięćdziesiąta piąta

Dieta ①

1 – Mam wyśmie**ni**te **cias**tka. Spró**bu**jesz ②?
2 – Nie, dzię**ku**ję. Nie **mo**gę.
3 – Co ty **mó**wisz? **Za**wsze lu**bi**łaś sło**dy**cze.
4 – To **pra**wda, **a**le **jes**tem na **die**cie.
5 – Nie **żar**tuj! Od jak **da**wna?
6 – Od mie**sią**ca. Nies**te**ty, na **ra**zie nie **wi**dać rezul**ta**tu.
7 – Nie u**da**ło ci si **wca**le **schud**nąć?
8 – Wręcz prze**ciw**nie ③! Przy**ty**łam ④ pół**to**ra **ki**lo. To ok**rop**ne.
9 – Może po**win**naś u**pra**wiać ⑤ **ja**kiś sport: **jeź**dzić na ro**wer**ze, gimnasty**ko**wać się…
10 – Tak. **Mu**szę o tym po**myś**leć.

Notes

① **Dieta** désigne un *régime alimentaire* (amaigrissant, végétarien, sans sel, etc.). Son usage est beaucoup plus large que celui du mot français *diète*, terme médical, rare dans l'usage courant. **Dieta** s'emploie par ailleurs pour les remboursements de frais d'un voyage professionnel. Notez que *Diète*, avec une majuscule, désigne le parlement polonais, qui se dit **Sejm**.

② Le verbe perfectif **spróbować** (ici *goûter*) veut aussi dire *essayer* (de faire quelque chose). Rappelons que pour *essayer un vêtement*, on emploie **przymierzyć**.

③ Les deux adverbes de cette locution idiomatique peuvent s'employer séparément. **Przeciwnie** est issu de l'adjectif ▸

Quatre-vingt-quinzième leçon 95

Le régime

1 – J'ai d'excellents *(délicieux)* gâteaux. Tu veux *(vas)* goûter ?
2 – Non, merci. Je ne peux pas.
3 – Qu'est-ce que tu dis ? Tu as toujours aimé les sucreries.
4 – C'est vrai, mais je suis au régime.
5 – Sans blague *(Ne-pas plaisante)* ! Depuis combien de temps ?
6 – Depuis un mois. Malheureusement, pour le moment, on ne voit pas le résultat.
7 – Tu n'as pas du tout réussi à maigrir ?
8 – Bien au contraire. J'ai grossi d'un kilo et demi. C'est affreux.
9 – Tu devrais peut-être pratiquer un sport : faire du *(aller à)* vélo, faire de la gymnastique…
10 – Oui. Je dois y *(à cela)* penser.

▸ **przeciwny**, *contraire*, *opposé*, et **wręcz** – qui permet ici de renforcer l'expression – veut dire *radicalement*, *sans détour.*

④ **przytyć** est le synonyme de **utyć**, *grossir.* Entre ces deux verbes (ici au perfectif), la différence est relativement mince – c'est le cas de le dire. En effet, avec **przytyć**, on sous-entend un tout petit nombre de kilos en plus !

⑤ S'agissant d'un sport – ou d'une discipline artistique –, on n'emploie jamais, comme en français, le verbe *faire*, mais **uprawiać**, *pratiquer*, ou parfois un verbe spécifique, comme ici **gimnastykować się**, *faire de la gymnastique.*

11 – **Prze**de ⑥ **wszyst**kim, nie **trze**ba się znie**chę**cać. I **cza**sem **dob**rze jest po**ra**dzić się le**ka**rza.
12 – Już **by**łam. To on mi prze**pi**sał **die**tę.
13 – Ach tak? A co ci po**le**cił?
14 – Mam jeść trzy **ra**zy **dzien**nie su**cha**rek i po**pi**jać ⑦ **szklan**ką **so**ku pomidoro**we**go.
15 **Ty**lko zapom**nia**łam go za**py**tać, czy mam to **ro**bić przed, czy po je**dze**niu.

Notes

⑥ **przed**, *avant*, devient ici **przede** pour simplifier la prononciation. Il en est de même pour **przede mną**, *avant moi*, mais c'est à peu près tout.

⑦ **popijać**, dérivé de **pić**, *boire*, est plus spécifique. Il apparaît dans deux constructions. Avec l'accusatif, il signifie *boire à* ▸

***

Ćwiczenie pierwsze – Proszę przetłumaczyć

❶ Nie mam czasu, żeby uprawiać sport. ❷ Zupełnie zapomniałam, że jesteś na diecie. ❸ Przestań jeść słodycze, jeśli chcesz schudnąć! ❹ Mówisz, że przytyłaś? Wcale nie widać. ❺ Przede wszystkim, musisz pomyśleć o tym co ci polecił lekarz.

***

Il y a en Pologne d'excellentes pâtisseries et il serait dommage que vous passiez à côté de certaines spécialités. À goûter absolument, le **makowiec**, *un roulé au pavot et aux raisins secs. Si vous aimez les pommes, vous serez comblé par la* **jabłecznik**, *une tourte recouverte de sucre glace. Vous constaterez aussi qu'avec le fromage blanc, on prépare un délicieux* **sernik**. *Et tout comme le pape Jean-Paul II, dont c'était le gâteau préféré, vous ne resterez pas*

11 – Avant tout, il ne faut pas se décourager. Et parfois, c'est bien de se faire conseiller [par] le médecin.
12 – J'[y] ai déjà été. C'est lui qui m'a prescrit le régime.
13 – Ah oui ? Et qu'est-ce qu'il t'a recommandé ?
14 – Je dois manger trois fois par jour une biscotte et boire un verre de jus de tomate.
15 Seulement, j'ai oublié de lui demander si je dois le faire avant ou après manger.

▸ *petits coups, siroter* : **popijać piwo/sok**, *siroter une bière / un jus*, etc. Avec l'instrumental, il signifie que l'on mange quelque chose en même temps, et veut alors dire **popijać piwem, sokiem**, *boire un peu après chaque bouchée.*

***

Corrigé de l'exercice 1

❶ Je n'ai pas le temps de pratiquer un sport. ❷ J'ai complètement oublié que tu étais *(es)* au régime. ❸ Arrête de manger des sucreries si tu veux maigrir ! ❹ Tu dis que tu as grossi ? Ça ne se voit pas du tout. ❺ Avant tout, tu dois penser à ce que t'a recommandé le médecin.

***

indifférent devant le **kremówka**, *une sorte de millefeuille crémeux. Citons encore* **keks**, *une génoise aux fruits secs,* **ptyś**, *un chou à la crème, ou* **piernik**, *un pain d'épice. À Pâques, on se régale avec la* **babka**, *une brioche recouverte de sucre glace ou de chocolat. Enfin, pendant le carnaval, on se rue sur le* **chrust** *(ou* **favorki**), *de fines lamelles entortillées de pâte sablée, frites à l'huile et saupoudrées de sucre glace. C'est léger et croustillant, une vraie merveille !*

Ćwiczenie drugie – Wpisać brakujące słowa

❶ Dis-moi où tu as acheté *(fém.)* ces gâteaux. Ils sont délicieux.
Powiedz . . , gdzie . . . . te . . . . Są . . . .

❷ Tu dis que c'est ton médecin [qui] t'a recommandé ce régime ?
. . . . , że . . twój . . . . . . ci . . . . tę . . . . . ?

❸ Tu devrais *(fém.)* peut-être te faire conseiller [par ta] voisine, elle s'y *(en cela)* connaît.
. . . . może . . . . się . . . . , ona . . . na . . . zna.

❹ Vraiment tu ne vois pas que j'ai grossi *(fém.)* d'au moins trois kilos ?
. . . . nie . . . . , że . . . . . . co . . . . trzy . . . . ?

96 Lekcja dziewięćdziesiąta szósta

Egzamin z geografii

1 – To nasz os**tat**ni eg**za**min. Mam na**dzie**ję, że **dob**rze mi **pój**dzie.
2 – A ja się **wca**le nie przygoto**wa**łem. **Bo**ję się, że ob**le**ję ①.
3 – Nie **przej**muj się. Pro**fe**sor jest **bar**dzo wyrozu**mia**ły.
4 **Mo**że **za**da ci **ja**kieś **łat**we py**ta**nie ②. O, to już **two**ja **ko**lej ③. Powo**dze**nia! (…)

Notes

① Nous avons affaire ici à un usage particulier du verbe **oblać** (**oblewać** à l'imperfectif), dont le premier sens – au propre et au figuré – est *arroser.* En parlant d'un examen, il signifie *ne pas réussir, être collé.* ▸

⑤ J'[y] goûterai très volontiers, tu sais bien que j'aime beaucoup les sucreries.
. . . . bardzo . . . . , wiesz . . . . , że . . . . . . lubię . . . .

Corrigé de l'exercice 2

❶ – mi – kupiłaś – ciastka – wyśmienite ❷ Mówisz – to – lekarz – polecił – dietę ❸ Powinnaś – poradzić – sąsiadki – się – tym – ❹ Naprawdę – widzisz – utyłam – najmniej – kilo ❺ Spróbuję – chętnie – dobrze – bardzo – słodycze

Deuxième vague : 46e leçon

Quatre-vingt-seizième leçon 96

Un examen de géographie

1 – C'est notre dernier examen. J'espère que ça se passera bien pour moi *(bien m'ira)*.
2 – Et moi, je ne me suis pas du tout préparé. J'ai peur d'être collé *(que je ne réussirai pas)*.
3 – Ne t'en fais pas. Le professeur est très indulgent.
4 Il te posera peut-être une question facile. Oh, c'est déjà ton tour. Bonne chance ! (…)

② En faisant préceder **dać/dawać**, *donner*, du préfixe **za-**, on obtient un nouveau verbe. Il est à retenir notamment dans la tournure **zada(wa)ć pytanie**, *poser une question*.

③ **kolej** veut dire non seulement *chemin de fer* (rappelez-vous l'adjectif **kolejowy**, *ferroviaire*), mais aussi *tour*. **To moja kolej** ou **To kolej na mnie**, *C'est mon tour*, **po kolei**, *tour à tour*.

5 – Dzień **do**bry. **Pa**nie profe**so**rze, ja na**praw**dę nic nie **u**miem ④.
6 – Jak to? Był pan o**bec**ny na **wszyst**kich za**ję**ciach, **słu**chał pan u**waż**nie.
7 To niemoż**li**we, coś pan na **pew**no pa**mię**ta.
8 – **A**le nie **mia**łem **cza**su **przej**rzeć no**ta**tek i pow**tó**rzyć ca**łe**go mate**ria**łu…
9 – **Bar**dzo **lu**bię **szcze**rych **lu**dzi, więc **za**dam **pa**nu **tyl**ko **jed**no py**ta**nie.
10 **Jeś**li pan od**po**wie ⑤ po**praw**nie, to zda ⑥ pan eg**za**min.
11 – No dobrze, spró**bu**ję.
12 – Niech mi pan **po**wie, **i**le jest drzew w **pusz**czy ama**zoń**skiej.
13 – 38 542 (Trzy**dzieś**ci **o**siem ty**się**cy ⑦ **pięć**set czter**dzieś**ci dwa).
14 – A skąd pan wie?
15 – **Mia**ło być **tyl**ko **jed**no py**ta**nie!

Notes

④ Nous espérons que vous n'avez pas oublié (leçon 71, note 3) la différence entre les deux verbes correspondant à *savoir* : **wiedzieć** et **umieć**. C'est le second qui convient ici, puisqu'il s'agit de connaissances, d'un savoir acquis.

⑤ Comme le veut la logique, dans une prévision, on met le futur après le *si* en polonais. Précisons que cela se fait dans beaucoup de langues, mais pas en français ! L'utilisation du futur explique le recours au perfectif **odpowiedzieć**, *répondre*, et non pas à l'imperfectif **odpowiadać**.

⑥ Voici encore **dać/dawać** avec un nouveau préfixe **z-** et une nouvelle signification, ici à propos des examens. Curieusement, elle n'est pas tout à fait la même pour les deux aspects. Vous connaissez déjà l'expression avec l'imperfectif **zdaje maturę**, ▸

5 – Bonjour. Monsieur le professeur, je ne sais vraiment rien.
6 – Comment ça ? Vous étiez présent à tous les cours, vous écoutiez attentivement.
7 Ce n'est pas possible. Vous vous rappelez sûrement quelque chose.
8 – Mais je n'ai pas eu le temps de revoir les notes et de réviser *(répéter)* tout le programme *(matériel)*…
9 – J'aime beaucoup les gens sincères, donc je vous poserai seulement une question.
10 Si vous [y] répondez *(répondrez)* correctement, vous aurez *(réussirez)* votre examen.
11 – Eh bien, je vais essayer.
12 – Dites-moi combien il y a d'arbres dans la forêt amazonienne.
13 – 38 542.
14 – Et comment le savez-vous ?
15 – Il ne devait y avoir qu'une seule question !

il passe le bac. Le professeur utilise ici le perfectif, car il se réfère à l'avenir.

⑦ Nous n'avons pas encore vu le mot **tysiąc**, *mille*, qui apparaît ici au génitif pluriel. Ce cas est employé après tous les nombres, sauf 2, 3 et 4 – et leurs composés. Ces derniers étant suivis du nominatif pluriel, nous aurons donc : **dwa tysiące**, *deux mille*, mais **pięć tysięcy**, *cinq mille*.

96 Ćwiczenie pierwsze – Proszę przetłumaczyć

❶ Co ty robisz, dlaczego się jeszcze nie przygotowałeś? ❷ Nie umiem odpowiedzieć na to pytanie. ❸ Jestem pewien, że zdasz ten egzamin bez problemu. ❹ Niech pan spróbuje powtórzyć, to bardzo łatwe. ❺ Do widzenia i powodzenia w pracy.

***

Ćwiczenie drugie – Wpisać brakujące słowa

❶ Ne t'en fais pas, bientôt ce sera notre tour.
. . . przejmuj . . . , zaraz . . . . . . nasza . . . . . .

❷ Je ne me suis pas préparé à une telle question.
Nie . . . . się . . takie . . . .

❸ Si je réussis *(réussirai)* [mon] examen, je t'inviterai au restaurant.
Jeśli . . . . egzamin, ... cię . . restauracji.

❹ Le premier exercice est vraiment très facile.
Pierwsze . . . . jest . . . . bardzo . . . . . .

Corrigé de l'exercice 1

❶ Qu'est-ce que tu fais, pourquoi tu ne t'es pas encore préparé ? ❷ Je ne sais pas répondre à cette question. ❸ Je suis sûr que tu réussiras cet examen sans problème. ❹ Essayez de répéter, c'est très facile. ❺ Au revoir et bonne chance au travail.

***

❺ Répondez sincèrement : que savez-vous faire ?
. . . . . pan . . . . szczerze: . . pan . . . . robić?

Corrigé de l'exercice 2

❶ Nie – się – będzie – kolej ❷ – przygotowałem – na – pytanie ❸ – zdam – zaproszę – do – ❹ – ćwiczenie – naprawdę – łatwe ❺ Niech – odpowie – co – umie –

Deuxième vague : 47e leçon

97 Lekcja dziewięćdziesiąta siódma

Skutki alkoholu

1 – Chodź **Zby**szek. Zro**bi**my doświad**cze**nie.
2 **Stwier**dzisz na **włas**ne **o**czy, **ja**kie są **skut**ki alko**ho**lu.
3 – A**leż ta**to, ja wiem.
4 – Nie, chcę, **że**byś sam zo**ba**czył. To **bar**dzo cie**ka**we.
5 Patrz ①, **bio**rę dwa kie**lisz**ki.
6 Do jed**ne**go na**le**wam **wo**dy, a do dru**gie**go **wód**ki ②.
7 Teraz **przy**nieś mi z o**gro**du dwa ro**ba**ki.
8 – Już mam. I co **da**lej?
9 – Jed**ne**go wkła**da**my do kie**lisz**ka z **wo**dą, dru**gie**go do kie**lisz**ka z **wód**ką.
10 Pocze**ka**my **kil**ka **mi**nut (…) **Wi**dzisz, co się **dzie**je?
11 – **Wi**dzę. **Ro**bak, **któ**ry ③ był w **wo**dzie, **pły**wa ④.

Notes

① **patrz** est l'impératif de **patrzeć**, *regarder*, synonyme de **zobacz**.

② Comme il s'agit d'exprimer une certaine quantité, les deux noms **woda**, *eau*, et **wódka**, *vodka*, sont au génitif. La différence de terminaison est due, vous vous en souvenez, à la lettre finale du radical : après un **k**, le **y** est remplacé par un **i**.

③ Le pronom interrogatif **który**, *(le)quel*, sert également de pronom relatif. Au nominatif, il remplace le sujet et correspond à *qui*.

Quatre-vingt-dix-septième leçon 97

Les effets de l'alcool

1 – Viens, Zbyszek. Nous allons faire une expérience.
2 Tu constateras de *(avec)* [tes] propres yeux *(quels sont)* les effets de l'alcool.
3 – Mais papa, je [le] sais.
4 – Non, je veux que tu le voies toi-même. C'est très intéressant.
5 Regarde, je prends deux verres.
6 Dans l'un, je verse de l'eau et dans l'autre *(deuxième)*, de la vodka.
7 Maintenant, apporte-moi deux vers du jardin.
8 – Ça y est, je [les] ai. Et puis *(quoi plus loin)* ?
9 – L'un, on [le] met dans le verre d'eau, l'autre *(deuxième)* dans le verre de vodka.
10 Nous allons attendre quelques minutes (…) Tu vois ce qui se passe ?
11 – Je vois. Le ver qui était dans l'eau nage.

▸ ④ Comme vous le savez, les verbes de mouvement ont deux versions : l'une pour un déplacement habituel ou non orienté, l'autre pour un mouvement particulier ou dirigé vers une destination précise. Ainsi, le verbe *nager* a pour équivalent **pływać** pour le premier sens et **płynąć**, pour le second. La capacité de *se mouvoir dans l'eau* – pour les poissons comme pour l'homme – s'exprime à l'aide de **pływać**.

12 – A ten, **któ**ry był w **wód**ce?
13 – Nie **ru**sza się ⑤, **chy**ba zdechł ⑥.
14 – I **ja**ki z **te**go **wnio**sek?
15 – Że jak się **pi**je **wód**kę, to się nie ma ⑦ ro**ba**ków.

Notes

⑤ Comme vous le voyez, le verbe **ruszać się**, *bouger*, est pronominal en polonais.

⑥ **zdechł** est le passé (3e personne du singulier au masculin personnel) du verbe perfectif **zdechnąć**, *mourir*, en parlant des animaux.

***

Ćwiczenie pierwsze – Proszę przetłumaczyć

❶ Mój syn jeszcze nie umie pływać. ❷ Zobaczysz na własne oczy, co się dzieje. ❸ Stwierdziłem, że lepiej jest mieć doświadczenie. ❹ Proszę się nie ruszać, to nie potrwa długo. ❺ Dlaczego mi pan nalewa tyle wódki?

***

Ćwiczenie drugie – Wpisać brakujące słowa

❶ Tu constateras toi-même qu'il a une grande expérience.
. . . . sam, . . on . . duże . . . .

❷ Je ne savais *(fém.)* pas que tu nageais si bien *(si bien nages)*.
Nie . . . . , że . . . dobrze . . . .

❸ Que se passe-t-il, pourquoi il ne bouge pas ?
Co . . . dzieje, ... on . . . nie . . . . . ?

12 – Et celui qui était dans la vodka ?
13 – Il ne bouge pas, il est probablement mort.
14 – Et quelle en est *(de-cela)* la conclusion ?
15 – Que lorsqu'on boit de la vodka, *(alors)* on n'a pas de vers.

⑦ Voici encore deux exemples de la tournure correspondant au *on* impersonnel (3ᵉ personne du singulier de la forme réfléchie du verbe) : **pije się**, *on boit* ; **ma się**, *on a*. Très fréquente en polonais, vous la trouverez, par exemple, dans le proverbe **Jak się nie ma co się lubi, to się lubi co się ma**, *Quand on n'a pas ce qu'on aime, on aime ce qu'on a.*

***

Corrigé de l'exercice 1

❶ Mon fils ne sait pas encore nager. ❷ Tu verras de [tes] propres yeux ce qu'il se passe. ❸ J'ai constaté qu'il valait *(est)* mieux avoir de l'expérience. ❹ Ne bougez pas, cela ne durera pas longtemps. ❺ Pourquoi me versez-vous autant de vodka ?

***

❹ Apporte trois verres à vodka.
. . . . trzy . . . . do . . . . . .

❺ Quand on habite en ville, *(alors)* on n'a pas de jardin.
Jak . . . mieszka . mieście, . . się . . . ma . . . .

Corrigé de l'exercice 2

❶ Stwierdzisz – że – ma – doświadczenie ❷ – wiedziałam – tak – pływasz ❸ się – dlaczego – się – rusza ❹ Przynieś – kieliszki – wódki ❺ – się – w – to – nie – ogrodu

98 *Ce n'est pas sans raison que la vodka passe pour la boisson nationale par excellence. Comme vous verrez, elle existe sous les formes les plus inattendues. Parmi les plus originales, en plus de la* **żubrówka** *– que vous connaissez déjà –, vous en trouverez à la cerise,* **wiśniówka**, *au citron,* **cytrynówka**, *au cumin,* **kminkowa**, *aux herbes,* **ziołowa**, *au poivre,* **pieprzówka**, *ou encore aux baies de sorbier,* **jarzębiak**. *Mais la plus consommée est la* vodka blanche, *dite* **wódka czysta** *(litt. "pure"), comme la* **Wyborowa** *ou la* **Żytnia**. *Les Polonais la boivent telle quelle, dans de petits verres, et, comme vous le constaterez, on fait traditionnellement "cul sec". Mais rassurez-vous, vous n'y serez pas obligé ! D'ailleurs, nous vous le déconseillons, car cela suppose un*

98 Lekcja dziewięćdziesiąta ósma

Powtórka – Révision

1 La formation des aspects (suite)

La présence d'un préfixe n'est pas le seul moyen de distinguer le perfectif de l'imperfectif. Ce dernier est parfois obtenu par le changement de la forme du radical ou par l'ajout d'un suffixe. En voici quelques exemples :

Perfectif	Imperfectif
dać	**dawać**, *donner*
krzyknąć	**krzyczeć**, *crier*
kupić	**kupować**, *acheter*
otworzyć	**otwierać**, *ouvrir*
zamknąć	**zamykać**, *fermer*
zaprosić	**zapraszać**, *inviter*

De plus, deux verbes différents peuvent former la "paire aspectuelle" :

obejrzeć	**oglądać**, *regarder*
położyć	**kłaść**, *mettre*

certain entraînement. À ce propos, si l'expression "soûl comme un Polonais" a fait le tour du monde, sa signification originelle n'est pas du tout celle que l'on croit. On attribue en effet cette phrase à Napoléon. Ses soldats, parmi lesquels se trouvaient des Polonais, avaient un soir un peu forcé sur la bouteille. Le lendemain, seuls ces derniers étaient en état d'affronter l'ennemi. L'empereur aurait alors déclaré : "Messieurs, buvez, si vous voulez, mais soyez soûls comme des Polonais" ! Bref, si cette expression est bien sûr synonyme d'ivresse, elle renvoie avant tout à la résistance à la boisson !

Deuxième vague : 48e leçon

Quatre-vingt-dix-huitième leçon 98

powiedzieć	**mówić**, *parler, dire*
wziąć	**brać**, *prendre*
zobaczyć	**widzieć**, *voir*

Enfin, quelques verbes possèdent uniquement l'aspect imperfectif. Ce sont principalement :

być, *être*	**mieć**, *avoir*
umieć, *savoir*	**wiedzieć**, *savoir*
móc, *pouvoir*	**musieć**, *devoir*

2 L'emploi des aspects

2.1 La répartition des aspects et des temps

Après avoir revu la formation du perfectif et de l'imperfectif, il nous reste à faire le point sur leur utilisation. D'abord, vous devez toujours penser à ne pas confondre les aspects avec les temps. Ce sont deux systèmes différents qui se combinent, mais – hélas – sans symétrie. Il y a tout de même une petite consolation : comme les temps sont beaucoup moins nombreux en polonais qu'en français, ces combinaisons sont faciles à retenir.

98 Voici un tableau qui résume la répartition des aspects et des temps :

Aspect	Temps			
	Présent	Passé	Futur simple	Futur composé
perfectif	-	+	+	-
imperfectif	+	+	-	+

Voyons maintenant quelques exemples d'utilisation des aspects dans une phrase.

2.2 L'emploi des verbes perfectifs

Les verbes perfectifs désignent une action qui a commencé et sera continuée par la suite, qui a eu un résultat ou qui n'a eu lieu qu'une seule fois. Par conséquent, certains mots ou expressions s'emploient exclusivement avec cet aspect. Ce sont, par exemple :

nagle, *tout à coup*	**Nagle ktoś krzyknął**, *Tout à coup, quelqu'un a crié.*
nareszcie, *enfin*	**Nareszcie zrozumiałem**, *J'ai enfin compris.*
w ciągu, *en*	**Zrobiłem to w ciągu tygodnia**, *Je l'ai fait en une semaine.*
w końcu, *à la fin*	**W końcu powiedział prawdę**, *À la fin, il a dit la vérité.*

2.3 L'emploi des verbes imperfectifs

Les verbes imperfectifs accompagnent les expressions qui marquent la durée ou la fréquence :

ciągle, *tout le temps*	**Ciągle robiłem to samo**, *Je faisais tout le temps la même chose.*
czasem, *parfois*	**Czasem rozumiał wszystko**, *Parfois, il comprenait tout.*
często, *souvent*	**Widziałem cię tam często**, *Je te voyais souvent là-bas.*
długo, *longtemps*	**Długo czekałeś na tę okazję?** *As-tu longtemps attendu* ("pour") *cette occasion ?*

zawsze, *toujours*	**Zawsze mówiłem prawdę**, *Je disais toujours la vérité.*
zwykle, *d'habitude*	**Zwykle dzwoniłeś wieczorem**, *D'habitude, tu téléphonais le soir.*

• Après les verbes :
przestać, *arrêter*, **skończyć**, *finir*, **zacząć**, *commencer*, on utilise toujours l'imperfectif :
Przestań krzyczeć, *Arrête de crier*,
Skończyłeś czytać?, *As-tu fini de lire ?*,
Kiedy zaczniesz to robić?, *Quand vas-tu commencer à le faire ?*

2.4 L'impératif affirmatif

À l'impératif affirmatif, on emploie les verbes perfectifs :
Daj mu wody, *Donne-lui de l'eau.*
Zadzwoń do mnie, *Téléphone-moi.*
Zrób zakupy, *Fais les courses.*

2.5 L'impératif négatif

À l'inverse, pour l'impératif négatif, on se sert des verbes imperfectifs :
Nie dawaj mu wody, *Ne lui donne pas d'eau.*
Nie dzwoń do mnie, *Ne me téléphone pas.*
Nie rób zakupów, *Ne fais pas de courses.*

3 Les pronoms

3.1 Les pronoms interrogatifs

Ce sont d'abord **kto**, *qui*, et **co**, *que*. Ils n'ont ni genre ni nombre et se déclinent comme suit :

Nominatif	**kto**	**co**
Génitif	**kogo**	**czego**
Datif	**komu**	**czemu**
Accusatif	**kogo**	**co**
Intrumental	**kim**	**czym**
Locatif	**kim**	**czym**

98 S'y ajoutent deux formes qui correspondent toutes les deux à *(le)quel* : **który** et **jaki**. La différence entre ces dernières est que **który** interroge sur l'identité – ce qui suppose le choix entre plusieurs éléments –, tandis que **jaki** porte plutôt sur la qualité intrinsèque de l'objet.
Contrairement à **kto** et **co**, **który** et **jaki** varient en genre et en nombre. Il faut donc y ajouter, au singulier, **która (jaka)** au féminin et **które (jakie)** au neutre. Au pluriel, vous avez **którzy (jacy)** au masculin personnel et **które (jakie)** aux autres genres. La déclinaison est régulière et suit le modèle des adjectifs.

3.2 Les pronoms relatifs

Ils ont les mêmes formes que les pronoms interrogatifs. Selon le cas utilisé, ils correspondent à différents pronoms français. Voyons l'exemple de **który**, le plus fréquent parmi les relatifs. Employé au nominatif, il équivaut à *qui* et s'applique aussi bien à des personnes qu'aux choses :
To pan, który pracuje ze mną, *Voici le monsieur qui travaille avec moi.*
Daj mi nóż, który jest na stole, *Donne-moi le couteau qui est sur la table.*
Au génitif, il correspond à *que* ou *dont* :
To pan, którego szukasz, *Voici le monsieur que tu cherches.*

***

Dialog-powtórka

1 – Zgadnij, co wygrałam.
2 – Nie mam najmniejszego pojęcia.
3 – Książkę kucharską. To okropne.
4 – Nie żartuj. Dlaczego?
5 – Jak to? Nie wiesz, że jestem na diecie?
6 – Przecież wcale nie jesteś gruba.
7 – Ale dżinsy, które kupiłam w zeszłym miesiącu, są za małe.
8 – Powinnaś poradzić się sąsiadki.
9 Ona ma duże doświadczenie i robi, co należy.

To nóż, którego potrzebujesz, *Voici le couteau dont tu as besoin.*
Nous laissons de côté les autres cas de **który**, qui correspondent généralement aux pronoms relatifs composés en français, peu utilisés dans la conversation courante.

3.3 Les pronoms indéfinis

Certains sont obtenus par l'ajout de la terminaison **-ś** aux pronoms interrogatifs :

ktoś, *quelqu'un*	**coś**, *quelque chose*
któryś, *un certain*	**jakiś**, *quelconque*

Un autre procédé consiste à faire précéder ces pronoms (en supprimant parfois leur terminaison) du préfixe **ni(e)-** : **nikt**, *personne* ; **nic**, *rien* ; **niejaki**, *un tel* ; **niektóry** (généralement au pluriel **niektórzy**, **niektóre**, *certain(e)s*.
Ajoutons à cette liste les pronoms suivants : **każdy**, *chaque* ; **pewien**, *certain* ; **wszystko**, *tout* ; **wszyscy**, *tous* ; **żaden**, *aucun*.
Les pronoms indéfinis se déclinent comme les adjectifs et, à l'exception de **ktoś**, **coś**, **nikt**, **nic**, ils peuvent être masculins, féminins et neutres. Ils peuvent aussi s'employer au pluriel.

***

10 – Co, na przykład?
11 – Przede wszystkim, dużo się rusza, pływa, jeździ na rowerze.
12 To najlepsze wyjście, przekonasz się na własne oczy.
13 – No dobrze, zobaczymy. A ty przygotowałaś się już do wyjazdu?
14 – Muszę jeszcze załatwić parę rzeczy.
15 – Nie zapomnij iść do dentysty, żeby ci sprawdził zęby.
16 – Nie wiem, czy zdążę.

Traduction

1 Devine ce que j'ai gagné. **2** Je n'[en] ai pas la moindre idée. **3** Un livre de cuisine. C'est affreux. **4** Sans blague *(Ne-pas plaisante)*. Pourquoi ? **5** Comment ça ? Tu ne sais pas que je suis au régime ? **6** Mais *(Pourtant)* tu n'es pas du tout grosse. **7** Mais le jean que j'ai acheté le mois dernier est trop petit. **8** Tu devrais demander conseil à ta voisine. **9** Elle a une grande expérience et fait ce qu'il convient [de faire]. **10** Quoi, par exemple ? **11** Avant tout, elle

---

99 Lekcja dziewięćdziesiąta dziewiąta

Zwiedzanie Rzymu

1 – Gdzie się tak opa**li**łeś ①?
2 – Na **dział**ce ②. W tym **ro**ku **by**ła wyjąt**ko**wo **ład**na po**go**da.
3 – **Czę**sto tam **jeź**dzisz?
4 – Jak **tyl**ko mam **tro**chę wol**ne**go **cza**su.
5 – I co tam **ro**bisz? Nie **nu**dzi ci się ③?
6 – **Wca**le nie. **Zaw**sze mam **ja**kieś za**ję**cie. **Wios**ną ④ **sa**dzę **kwia**ty.
7 **La**tem **zbie**ram o**wo**ce: po**rzecz**ki, **śliw**ki, cze**reś**nie.

Notes

① Remarquez que **opalić się (opalać się** à l'imperfectif), *bronzer*, est un verbe réfléchi.

② **działka** (litt. "parcelle") est l'équivalent du *jardin ouvrier* en France, c'est-à-dire une petite surface "agricole" hors de la ville, où on peut exercer ses talents de jardinier. Des aménagements, parfois particulièrement astucieux – lieu pour dormir, manger, etc. – transforment ces jardins en véritables lieux de villégiature.

③ **nudzić się**, *s'ennuyer*, peut être conjugué à la forme personnelle : **nudzę się, nudzisz się**, etc. Le plus souvent toutefois, on ▸

bouge beaucoup, nage, fait du *(va à)* vélo. **12** C'est la meilleure solution *(sortie)*, tu [le] constateras de tes propres yeux. **13** Et bien, nous verrons. Et toi, tu t'es déjà préparée au départ ? **14** Je dois encore régler quelques affaires *(choses)*. **15** N'oublie pas d'aller chez le dentiste pour qu'il te contrôle les dents. **16** Je ne sais pas si j'aurai le temps.

Deuxième vague : 49e leçon

Quatre-vingt-dix-neuvième leçon 99

La visite de Rome

1 – Où as-tu bronzé comme ça ?
2 – Au jardin *(parcelle)*. Cette année, il a fait *(était)* exceptionnellement beau *(temps)*.
3 – Tu y vas souvent ?
4 – Dès que *(Quand seulement)* j'ai un peu de temps libre.
5 – Et qu'est-ce que tu y fais ? Tu ne t'ennuies pas ?
6 – Pas du tout. J'ai toujours une occupation. [Au] printemps, je plante des fleurs.
7 [En] été, je cueille des fruits : groseilles, prunes, cerises.

l'emploie à la 3e personne du singulier, accompagnée du datif du pronom personnel : **nudzi mi się**, *je m'ennuie* ; **nudzi ci się**, *tu t'ennuies*, etc. Rappelez-vous à cet égard l'expression **chce mi się pić**, *j'ai soif.*

(4) **wiosna**, *printemps*, est féminin, d'où la terminaison **-ą** à l'instrumental. Comme vous voyez, ce cas sert à marquer ici le complément de temps. Deux autres noms de saisons sont également féminins : **jesień**, *automne*, et **zima**, *hiver*. En revanche, **lato**, *été*, est neutre et fait à l'instrumental **latem**, *en été*.

99

8 **Trze**ba też **sko**sić **tra**wę, **pod**lać **o**gród, **wyr**wać **chwas**ty…

9 – Nie wie**dzia**łem, że **lu**bisz **pra**ce ogro**do**we ⑤.

10 – **Daw**niej lu**bi**łem podró**żo**wać, **a**le **te**raz… A ty już po ur**lo**pie ⑥?

11 – Tak, **by**łem z **ca**łą ro**dzi**ną we **Wło**szech ⑦, przez dwa ty**god**nie.

12 **Naj**pierw nad **mo**rzem, **po**tem w Medio**la**nie, a na **ko**niec, trzy dni w **Rzy**mie.

13 – Tak **kró**tko? Jest tam **prze**cież **ty**le **rze**czy do zoba**cze**nia!

14 – To **praw**da, ale u**da**ło nam się **wszys**tko **zwie**dzić.

15 – **Ca**ły Rzym przez trzy dni? Jak to zro**bi**liście?

16 – To **pros**te. Syn z **cór**ką zwie**dza**li ga**le**rie, **żo**na **skle**py, a ja lo**ka**le **noc**ne!

Notes

⑤ **ogrodowy**, ici à l'accusatif pluriel, est un adjectif dérivé de **ogród**, *jardin*.

⑥ Notez bien la construction **po** + locatif, qui indique qu'on en a fini avec quelque chose. Ainsi on dit, par exemple, **jestem po obiedzie / po kolacji**, *j'ai (déjà) déjeuné/dîné*, (litt. "je suis après le déjeuner/dîner").

***

Ćwiczenie pierwsze – Proszę przetłumaczyć

❶ We Włoszech jest zawsze bardzo ładna pogoda. ❷ Chodźmy gdzieś, nudzi mi się w domu. ❸ To ćwiczenie jest wyjątkowo trudne. ❹ Udało ci się skończyć prace domowe? ❺ Latem, wszystkie lokale nocne są otwarte.

8 Il faut aussi tondre le gazon *(l'herbe)*, arroser le jardin, arracher les mauvaises herbes…

9 – Je ne savais pas que tu aimais *(aimes)* les travaux de jardin[age].

10 – Autrefois, j'aimais voyager, mais maintenant… Et toi, ton congé, c'est fini *(déjà après congé)* ?

11 – Oui, j'ai été avec toute la famille en Italie pendant deux semaines.

12 D'abord à la mer, puis à Milan et, à la fin, trois jours à Rome.

13 – Si peu *(brièvement)* ? Il y a pourtant tant de choses à voir !

14 – C'est vrai, mais nous avons réussi à tout visiter.

15 – Tout Rome en trois jours ? Comment [l']avez-vous fait ?

16 – C'est simple. [Mon] fils avec [ma] fille ont visité les galeries, [ma] femme, les magasins, et moi, les boîtes de nuit !

⑦ Le nom pluriel **Włochy**, *Italie* – terme propre au polonais – possède également une terminaison spéciale au locatif : **-ech**. Ce qui donne **we Włoszech**, *en Italie*. En revanche, le changement **ch/sz** n'ayant rien d'exceptionnel, vous ne devriez pas être étonné de voir que **Włoch**, *Italien*, fait **Włoszka** au féminin. Le pluriel est respectivement **Włosi** et **Włoszki**.

***

Corrigé de l'exercice 1

❶ En Italie, il fait *(est)* toujours très beau *(temps)*. ❷ Allons quelque part, je m'ennuie à la maison. ❸ Cet exercice est exceptionnellement difficile. ❹ As-tu réussi à finir les travaux ménagers ? ❺ [En] été, toutes les boîtes de nuit sont ouvertes.

100 Ćwiczenie drugie –Wpisać brakujące słowa

❶ Dis-moi brièvement ce qu'il y a à voir en Pologne.
. . . . mi . . . . . . , co . . . . do . . . .
w . . . .

❷ J'ai réussi à trouver une occupation après le travail.
. . . . . mi . . . znaleźć . . . . po . . . . . .

❸ Quand prenez vous [votre] congé *(en)* cette année : au printemps ou en été ?
Kiedy . . . bierze . . . . . w . . . roku: . . . . . .
czy . . . . . ?

❹ J'ai quelque chose pour toi, si tu t'ennuies.
Mam . . . dla . . . . . . , jeśli . . się . . . . . .

❺ Qu'est-ce que tu as visité *(fém.)* en Italie *(en)* cette année ?
Co . . . . we . . . . w . . . roku?

100 Lekcja setna

Języki obce

1 **Wszys**tko **do**bre, co się **dob**rze **koń**czy – **mó**wi przy**sło**wie.

2 Propo**nu**jemy więc po**żeg**nać się ① z uś**mie**chem.

Note

① Le polonais ne fait pas de différence entre *dire au revoir* et *dire adieu*. Tous les deux sont exprimés à l'aide du verbe pronominal **(po)żegnać się**. En contrepartie, il existe une forme, construite comme un impératif, **żegnaj** (destinée à une personne que l'on tutoie) et **żegnajcie** (à plusieurs personnes). Elle annonce une séparation *a priori* plus longue que **do widzenia**, ▸

Corrigé de l'exercice 2

❶ Powiedz – krótko – jest – zobaczenia – Polsce ❷ Udało – się – zajęcie – pracy ❸ – pan – urlop – tym – wiosną – latem ❹ – coś – ciebie – ci – nudzi ❺ – zwiedzałaś – Włoszech – tym –

Deuxième vague : 49e leçon

Centième leçon 100

Les langues étrangères

1 Tout est bien *(bon)* qui finit bien *(bien finit)* – dit le proverbe.

2 Nous [vous] proposons donc de nous dire "au revoir" avec le sourire.

▸ mais pas nécessairement définitive. Notez qu'aucun impératif ne permet de s'adresser à quelqu'un que l'on vouvoie. On recourt donc à la forme conjuguée à l'indicatif, sans pronom réfléchi : **żegnam pana/panią**, *je vous dis au revoir, monsieur/madame.*

3 **Na**uka ję**zy**ka ob**ce**go jest **prze**cież praw**dzi**wą przyjem**no**ścią,

4 po**mi**mo ② **kil**ku **drob**nych trud**no**ści, **któ**re zda**rzają** się od **cza**su do **cza**su.

5 **O**to nasz os**tat**ni **dow**cip, spec**jal**nie zarezerwo**wa**ny na tę o**ka**zję.

6 **An**glik, **Fran**cuz i **Po**lak rozma**wia**ją ③ o **swo**ich ję**zy**kach.

7 – U nas, **mó**wi **An**glik, są li**te**ry, **któ**re pi**sze**my, **a**le **któ**rych ④ nie wyma**wia**my.

8 Na **przy**kład, pi**sze**my "night", a mó**wi**my "najt".

9 – A my, **mó**wi **Fran**cuz, **ma**my **du**żo **koń**cówek, **któ**rych nie **sły**chać ⑤.

10 Na **przy**kład, pi**sze**my "al**laient**", a **mó**wimy "al**e**".

11 – To nic, **mó**wi **Po**lak. U nas **pi**sze się "co **pro**szę?", a **mó**wi się "hę?"

Notes

② Comme vous l'avez sans doute remarqué, **pomimo**, *malgré*, est suivi du génitif, ici au pluriel.

③ Tout comme **mówić**, **rozmawiać** correspond à *parler*, mais s'applique davantage à un échange, une conversation. Prenons un exemple. Si l'on dit **oni mówią po polsku**, on fait plutôt allusion à la connaissance du polonais. En revanche, avec **oni rozmawiają po polsku**, on parle d'une conversation. On dit aussi **rozmawiać przez telefon**. Enfin, seul **mówić** possède le perfectif qui est, rappelons-le, **powiedzieć**. Cela fait qu'il équivaut également à *dire*.

④ Comme vous le savez, le pronom relatif **który**, *(le)quel*, se décline. Nous l'avons ici à l'accusatif **które** (féminin pluriel) et au génitif pluriel **których** (forme commune pour tous les genres). Dans cette situation, il ne correspond plus à qui ▸

3 L'étude d'une langue étrangère est tout de même un vrai plaisir,
4 malgré quelques menues difficultés qui surviennent de temps en temps.
5 Voici notre dernière histoire drôle, spécialement choisie *(réservée)* pour cette occasion.
6 Un Anglais, un Français et un Polonais parlent de leurs langues.
7 – Chez nous, dit l'Anglais, il y a des lettres que nous écrivons, mais que nous ne prononçons pas.
8 Par exemple, nous écrivons "night" et nous disons "naït".
9 – Et nous, dit le Français, nous avons beaucoup de terminaisons que l'on n'entend pas.
10 Par exemple, nous écrivons "allaient" et nous disons "alè".
11 – Ce n'est rien, dit le Polonais. Chez nous, on écrit "comment, s'il vous plaît ?" et on dit "hein ?".

▸ (leçon 97, note 3), mais à *que*. Par ailleurs, selon le cas utilisé, **który** peut avoir comme équivalent d'autres pronoms relatifs : *dont*, *auquel (à qui)*, *avec lequel (avec qui)*, etc.

⑤ Vous vous souvenez sans doute de l'expression qui permet de demander à quelqu'un de ses nouvelles : **co słychać?** Ce verbe, qui n'existe qu'à l'infinitif, est utilisé ici dans son sens premier et correspond à la tournure impersonnelle *on entend*.

100 Ćwiczenie pierwsze – Proszę przetłumaczyć

❶ Opowiem ci ostatni dowcip, który słyszałem w Polsce. ❷ Niestety, musimy się pożegnać, nasza podróż już się kończy. ❸ Czy każdy język ma litery, których się nie wymawia? ❹ Wiesz, jak to się pisze po polsku? ❺ Nic słychać, co on mówi, chodźmy bliżej.

***

Ćwiczenie drugie – Wpisać brakujące słowa

❶ Je voudrais vous dire au revoir, je pars demain.
. . . . się . . . . , wyjeżdżam . . . . . .

❷ Comment écrit-on ces deux lettres en français ?
Jak . . . pisze . . dwie . . . . . . po . . . . ?

❸ Je regrette beaucoup, mais cette place est réservée.
. . . . . . żałuję, . . . to . . . . jest . . . .

Corrigé de l'exercice 1

❶ Je vais te raconter la dernière histoire drôle que j'ai entendue en Pologne. ❷ Hélas, nous devons nous dire "au revoir", notre voyage s'arrête déjà. ❸ Est-ce que toutes les langues ont *(chaque langue a)* des lettres que l'on ne prononce pas ? ❹ Sais-tu comment on écrit cela en polonais ? ❺ On n'entend pas ce qu'il dit, allons plus près.

***

❹ On entend de la musique, donc ils sont sans doute déjà rentrés.
.... muzykę, ... chyba ... wrócili.

❺ De quoi peuvent-ils parler [pendant] si longtemps ?
. czym ... mogą .... tak ..... ?

Corrigé de l'exercice 2

❶ Chciałbym – pożegnać – jutro ❷ – się – te – litery – francusku ❸ Bardzo – ale – miejsce – zarezerwowane ❹ Słychać – więc – już – ❺ O – oni – rozmawiać – długo

Deuxième vague : 50e leçon

N'oubliez pas de poursuivre votre phase active en reprenant chaque jour une leçon depuis la 51e à partir de demain, et ce jusqu'à la leçon 100. Bonne continuation et félicitations pour votre persévérance !

Index grammatical

Cet index regroupe les principales explications grammaticales données dans les notes et les leçons de révision. Le premier nombre renvoie aux numéros des leçons, le second au numéro de la note ; les gras indiquant les leçons de révision avec le numéro de la section concernée.

Appendice grammatical

Plus complet et systématique que les explications que vous avez rencontrées au fil des leçons, cet appendice vous permettra de revoir les points essentiels de la grammaire polonaise. N'hésitez pas à vous en servir souvent !

Liste des abréviations

Nom.	nominatif	Acc.	accusatif	Voc.	vocatif
Gén.	génitif	Instr.	instrumental	*f.*	féminin
Dat.	datif	Loc.	locatif	*m.*	masculin
sing.	singulier	*pl.*	pluriel	*n.*	neutre

Sommaire

1 Le nom

Contrairement au français, les noms polonais s'emploient sans article :
Mam pomysł, *J'ai [une] idée.*
Bank jest zamknięty, *[La] banque est fermée.*
Kup chleba, *Achète [du] pain.*

1.1 Le genre

Un nom peut être masculin, féminin ou neutre. Le neutre n'est pas réservé aux choses ; il désigne également les êtres jeunes (personnes et animaux) : **dziecko**, *enfant* ; **cielę**, *veau*. Pour les êtres vivants, la distinction entre le masculin et le féminin correspond au sexe :

syn, *fils*	**córka**, *fille*
Polak, *Polonais*	**Polka**, *Polonaise*
kot, *chat*	**kotka**, *chatte*

Pour les noms de choses, le genre est fixé par l'usage de sorte que les noms masculins et féminins ne correspondent pas nécessairement aux noms masculins et féminins en français :
bank (masc.), *banque* (fém.) ;
grupa (fém.), *groupe* (masc.) ;
słońce (neutre), *soleil* (masc.).

Au masculin singulier, on distingue deux sous-genres : les noms d'animés (personnes et animaux) et les noms d'inanimés (choses).
Au masculin pluriel, on distingue : le sous-genre personnel (les noms de personnes) et le sous-genre non personnel (animaux et choses).
En l'absence d'article, on reconnaît généralement le genre d'un nom à sa terminaison.

• Les noms masculins se terminent généralement par une consonne dure : **bank**, *banque* ; **brat**, *frère* ; **dom**, *maison* ; **pan**, *monsieur.* Il existe aussi quelques masculins en **-a** : **kierowca**, *chauffeur* ; **kolega**, *ami* ; **mężczyzna**, *homme* ; **tata**, *papa.*

• Les noms féminins prennent en général la terminaison **-a** :
kasa, *caisse* ; **książka**, *livre* ; **praca**, *travail* ;

ou se terminent par une consonne :
noc, *nuit* ; **rzecz**, *chose* ; **sól**, *sel* ; **wieś**, *campagne.*
Ils peuvent aussi, plus rarement, finir en **-i** :
pani, *madame* ; **gospodyni**, *maîtresse de maison.*

• Les noms neutres se terminent par **-o**, **-e**, **-ę** ou **-um** :
mięso, *viande* ; **kino**, *cinéma* ; **pole**, *champ* ; **serce**, *cœur* ; **imię**, *prénom* ; **muzeum**, *musée.*

1.2 Le nombre

Il y en a deux : le singulier et le pluriel. Ils se distinguent toujours par leur prononciation et par l'orthographe. À quelques exceptions près, le pluriel des noms masculins et féminins se termine en **-y** et **-i** et celui des noms neutres, en **-a**.
Contrairement au français, les noms de famille prennent en polonais la marque du pluriel :

Singulier	Pluriel
Nowak, Wolski	**Nowakowie, Wolscy**

Par ailleurs, certains noms ne s'emploient qu'au pluriel :

drzwi	*porte*	**urodziny**	*anniversaire*
imieniny	*fête*	**usta**	*bouche*
nożyczki	*ciseaux*	**wakacje**	*vacances*
okulary	*lunettes*	**Chiny**	*Chine*
plecy	*dos*	**Niemcy**	*Allemagne*
schody	*escalier*	**Węgry**	*Hongrie*
spodnie	*pantalon*	**Włochy**	*Italie*

Certains autres sont toujours au singulier :
małżeństwo, *mari et femme* ;
matematyka, *maths* ;
państwo, *M. et Mme* ;
żywność, *vivres.*

Enfin, il existe quelques pluriels irréguliers :

dzień	*jour*	**dni**	*jours*
tydzień	*semaine*	**tygodnie**	*semaines*

rok	*an, année*	**lata**	*années*
człowiek	*homme*	**ludzie**	*hommes, gens*

1.3 Les cas

Les différentes fonctions du mot dans la phrase (sujet, complément d'objet, complément circonstanciel), sont indiquées par des "cas", qui sont au nombre de 7 en polonais. La forme de base que vous trouvez dans le dictionnaire est celle du nominatif.

• Nominatif, cas sujet (sans préposition) :

qui ? quoi ?	**syn**, *fils* ; **córka** , *fille*

• Génitif, cas de provenance, de possession, après négation :
de qui ? de quoi ?

dom syna	*maison du fils*	**dom córki**	*maison de la fille*
Mam dom.	*J'ai une maison.*	**Nie mam domu.**	*Je n'ai pas de maison.*

• Datif, cas du complément d'objet indirect, d'attribution :
à qui ? à quoi ?
Daję synowi, *je donne au fils.*
Daję córce, *je donne à la fille.*

• Accusatif, cas du complément d'objet direct :
qui ? quoi ?
mam syna, *j'ai un fils*
mam córkę, *j'ai une fille.*

• Instrumental, cas exprimant le moyen :
avec (par) qui ?
autobusem, *en bus*
ręką, *avec la main.*

• Locatif, cas indiquant l'emplacement :
où ?
w domu, *à la maison* ;
na wsi, *à la campagne.*

• Vocatif, cas de l'interpellation (quand on s'adresse à quelqu'un) :
tato!, *papa !*
mamo!, *maman !*

Les cas se distinguent par leur terminaison, mais souvent aussi par une modification du radical, par exemple :

Voyelles	Nominatif singulier	Autres cas
a/e	**miasto**, *ville*	**mieście** (loc. sing.)
ą/ę	**mąż**, *mari*	**męża** (gén. + acc. sing.)
ę/ą	**ręka**, *main*	**rąk** (gén. pl.)
e/-	**ojciec**, *père*	**ojca** (gén. + acc. sing.)
ó/e	**kościół**, *église*	**kościele** (loc. sing.)
ó/o	**pokój**, *chambre*	**pokoju** (gén. + instr. sing.)

Consonnes	Nominatif singulier	Autres cas
c/cz	**ojciec**, *père*	**ojcze** (voc. sing.)
ch/sz	**ucho**, *oreille*	**uszy** (nom. pl.)
g/dz	**kolega**, *ami*	**koledze** (dat. + loc. sing.)
k/c	**matka**, *mère*	**matce** (loc. sing.)
ł/l	**stół**, *table*	**stole** (loc. sing.)
r/rz	**doktor**, *docteur*	**doktorzy** (nom. pl.)
t/c	**brat**, *frère*	**bracia** (nom. pl.)

Les cas peuvent s'employer seuls ou avec une préposition, à l'exception du nominatif (jamais précédé de préposition) et du locatif (toujours).

Plusieurs cas partagent la même forme :
• au masculin des inanimés, le nominatif = l'accusatif
• au féminin singulier, le datif = le locatif
• au pluriel (des trois genres), le vocatif = le nominatif.

Parfois, dans une même déclinaison, il peut y avoir deux terminaisons différentes, en fonction du sens du mot (animé / non animé, personnel / non personnel) ou de la terminaison du radical au nominatif singulier.

1.4 Les marques de déclinaison

• **Singulier**

Cas	Masculin animé	Masculin non animé	Neutre	Féminin
Nom.	**Ø**	**Ø**	**-o, -e, -i**	**a, -i, Ø**
Gén.	**-a**	**-u, a**	**-a**	**-y, -i**
Dat.	**-owi, -u**	**-owi, -u**	**-u**	**-e, -y, -i**
Acc.	= gén.	= nom.	= nom.	**-ę,-ą, Ø**
Instr.	**-em**	**-em**	**-em**	**-ą**
Loc.	**-e, -u**	**-e, -u**	**-e, -u**	= dat.
Voc.	= loc.	= loc.	= nom.	**-o, -u,-i,-y**

• **Pluriel**

Cas	Masculin personnel	Masculin impersonnel	Neutre	Féminin
Nom.	**-i, -e, -owie**	**y, -e**	**-a**	**-y, -e**
Gén.	**-ów, -i, -y**	**-ów, -i, -y**	**-a**	**Ø, -y, -i**
Dat.	**-om**	**-om**	**-om**	**-om**
Acc.	= gén.	= nom.	= nom.	= nom.
Instr.	**-ami**	**-ami**	**-ami**	**-ami**
Loc.	**-ach**	**-ach**	**-ach**	**-ach**
Voc.	= nom	= nom	**-a**	= nom

Voici quelques exemples de déclinaisons :

• **Noms masculins**

Personnes

Cas	Singulier		Pluriel	
	acteur	*monsieur*	*acteurs*	*messieurs*
Nom.	**aktor**	**pan**	**aktorzy**	**panowie**
Gén.	**aktora**	**pana**	**aktorów**	**panów**
Dat.	**aktorowi**	**panu**	**aktorom**	**panom**
Acc.	**aktora**	**pana**	**aktorów**	**panów**

Instr.	**aktorem**	**panem**	**aktorami**	**panami**
Loc.	**aktorze**	**panu**	**aktorach**	**panach**
Voc.	**aktorze!**	**panie!**	**aktorzy!**	**panowie!**

Animaux

Cas	Singulier		Pluriel	
	chat	*cheval*	*chats*	*chevaux*
Nom.	**kot**	**koń**	**koty**	**konie**
Gén.	**kota**	**konia**	**kotów**	**koni**
Dat.	**kotu**	**koniowi**	**kotom**	**koniom**
Acc.	**kota**	**konia**	**koty**	**konie**
Instr.	**kotem**	**koniem**	**kotami**	**końmi**
Loc.	**kocie**	**koniu**	**kotach**	**koniach**
Voc.	**kocie!**	**koniu!**	**koty!**	**konie!**

Choses

Cas	Singulier		Pluriel	
	déjeuner	*assiette*	*déjeuners*	*assiettes*
Nom.	**obiad**	**talerz**	**obiady**	**talerze**
Gén.	**obiadu**	**talerza**	**obiadów**	**talerzy**
Dat.	**obiadowi**	**talerzowi**	**obiadom**	**talerzom**
Acc.	**obiad**	**talerz**	**obiady**	**talerze**
Instr.	**obiadem**	**talerzem**	**obiadami**	**talerzami**
Loc.	**obiedzie**	**talerzu**	**obiadach**	**talerzach**
Voc.	**obiedzie!**	**talerzu!**	**obiady!**	**talerze!**

Observations

Les terminaisons du pluriel (au nominatif et à l'accusatif) dépendent de la nature du nom :

-owie et **-i** sont personnelles (**panowie**, *messieurs* ; **mężczyźni**, *hommes*) ;

-y est non personnel (**domy**, *maisons*) ;

-e s'emploie pour les deux (**lekarze**, *médecins* ; **konie**, *chevaux*) ;

-a ne s'emploie que pour quelques noms de choses (**akta**, *actes, archives* ; **lata**, *années*).

Le génitif singulier de tous les noms d'animés prend la terminaison **-a** (**pana**, *monsieur* ; **brata**, *frère*).

Les inanimés finissent :
• soit en **-a** (parties du corps : **zęba**, *dent* ; **nosa**, *nez* ; instruments, monnaies et mesures : **noża**, *couteau* ; **dolara**, **grama** ; *jeux* et *danses* : **tenisa**, *tennis* ; **pokera**, *poker* ; **poloneza**, (danse) *polonaise*) ;
• soit en **-u** (noms abstraits : **pomysłu**, *idée* ; noms collectifs : **narodu**, *nation* ; certains noms empruntés à d'autres langues : **biletu**, *billet* ; **hotelu**, *hotel* ; **teatru**, *théâtre* ; **telefonu**, *téléphone* ; **wagonu**, *wagon*).

Le datif singulier se termine généralement en **-owi**, sauf certains noms d'animés qui finissent en **-u** (**bratu**, *frère* ; **chłopcu**, *garçon* ; **kotu**, *chat* ; **panu**, *monsieur*).

Les noms en **-anin** (qui indiquent souvent des habitants de pays ou de villes : **Rosjanin**, *Russe* ; **Słowianin**, *Slave*), perdent le **-in** au pluriel dans la plupart des cas. En outre, le génitif pluriel n'a pas de terminaison (**Rosjan**, **Słowian**).

Les noms masculins en **-a** (**turysta**, *touriste* ; **kierowca**, *chauffeur*) se déclinent au singulier comme les noms féminins correspondants, et au pluriel comme les noms masculins.

Les noms de famille en **-ski** et en **-cki** (**Wolski**, **Bogacki**), suivent la déclinaison des adjectifs.

La déclinaison de quelques noms présente des irrégularités dues à de nombreux changements de lettres du radical. Voici l'exemple de **brat**, *frère*, et **dzień**, *jour* :

Cas	Singulier		Pluriel	
Nom.	**dzień**	**brat**	**dnie**	**bracia**
Gén.	**dnia**	**brata**	**dni**	**braci**
Dat.	**dniowi**	**bratu**	**dniom**	**braciom**
Acc.	**dzień**	**brata**	**dnie**	**braci**
Instr.	**dniem**	**bratem**	**dniami**	**braćmi**
Loc.	**dniu**	**bracie**	**dniach**	**braciach**
Voc.	**dniu!**	**bracie!**	**dnie!**	**bracia!**

• **Noms féminins**
Noms finissant par une voyelle

Cas	Singulier		Pluriel	
	eau	*madame*	*eaux*	*mesdames*
Nom.	**woda**	**pani**	**wody**	**panie**
Gén.	**wody**	**pani**	**wód**	**pań**
Dat.	**wodzie**	**pani**	**wodom**	**paniom**
Acc.	**wodą**	**panią**	**wody**	**panie**
Instr.	**wodą**	**panią**	**wodami**	**paniami**
Loc.	**wodzie**	**pani**	**wodach**	**paniach**
Voc.	**wodo!**	**pani!**	**wody!**	**panie!**

Noms finissant par une consonne

Cas	Singulier		Pluriel	
	nuit	*os*	*nuits*	*os*
Nom.	**noc**	**kość**	**noce**	**kości**
Gén.	**nocy**	**kości**	**nocy**	**kości**
Dat.	**nocy**	**kości**	**nocom**	**kościom**
Acc.	**noc**	**kość**	**noce**	**kości**
Instr.	**nocą**	**kością**	**nocami**	**kościami**
Loc.	**nocy**	**kości**	**nocach**	**kościach**
Voc.	**nocy!**	**kości!**	**noce!**	**kości!**

Observations
Au pluriel, le nominatif et l'accusatif ont la même forme (les terminaisons **-e**, **-i -y**).
Au génitif pluriel, certains noms en **-i** et **-a** perdent parfois la voyelle finale (**ulica**, *rue* → **ulic** ; **pani**, *madame* → **pań**). Si le radical se termine par plusieurs consonnes, on intercale un **-e-** entre les consonnes (**matka**, *mère* → **matek** ; **książka**, *livre* → **książek**).
On trouve dans quelques mots la terminaison **-i** au génitif pluriel (**krew**, *sang* → **krwi** ; **wieś**, *campagne* → **wsi**).

• **Noms neutres**

Cas	Singulier		Pluriel	
	ville	*déjeuner*	*villes*	*déjeuners*
Nom.	**miasto**	**śniadanie**	**miasta**	**śniadania**
Gén.	**miasta**	**śniadania**	**miast**	**śniadań**
Dat.	**miastu**	**śniadaniu**	**miastom**	**śniadaniom**
Acc.	**miasto**	**śniadanie**	**miasta**	**śniadania**
Instr.	**miastem**	**śniadaniem**	**miastami**	**śniadaniami**
Loc.	**mieście**	**śniadaniu**	**miastach**	**śniadaniach**
Voc.	**miasto!**	**śniadanie!**	**miasta!**	**śniadania!**

Observations

Les noms en **-ę** et en **-um** (ces derniers étant invariables au singulier) se déclinent comme suit :

Cas	Singulier	Pluriel	
	prénom		*musées*
Nom.	**imię**	**imiona**	**muzea**
Gén.	**imienia**	**imion**	**muzeów**
Dat.	**imieniu**	**imionom**	**muzeom**
Acc.	**imię**	**imiona**	**muzea**
Instr.	**imieniem**	**imionami**	**muzeami**
Loc.	**imieniu**	**imionach**	**muzeach**

Les noms **oko**, *œil*, et **ucho**, *oreille*, ont deux formes au pluriel : **oczy**, **uszy**, *yeux*, *oreilles* et **oka**, *mailles d'un filet* ; **ucha**, *anses d'un récipient*. Voici leur déclinaison :

Nom.	**oczy**	**oka**	**uszy**	**ucha**
Gén.	**oczu**	**ok**	**uszu**	**uch**
Dat.	**oczom**	**okom**	**uszom**	**uchom**
Acc.	**oczy**	**oka**	**uszy**	**ucha**
Instr.	**oczami**	**okami**	**uszami**	**uchami**
Loc.	**oczach**	**okach**	**uszach**	**uchach**

2 L'adjectif

Au singulier, les adjectifs ont trois genres : le masculin (avec la terminaison **-y** et **-i**), le féminin (**-a**) et le neutre (**-e**). Au pluriel, il y a deux genres qui finissent, au masculin personnel, en **-y** et **-i** et aux autres genres, en **-e**.

2.1 La déclinaison

• **Adjectifs en *-y* : *nowy*, neuf**

Cas	Masculin personnel		Masculin non personnel	
	Singulier	Pluriel	Singulier	Pluriel
Nom.	**nowy**	**nowe**	**nowy**	**nowe**
Gén.	**nowego**	**nowych**	**nowego**	**nowych**
Dat.	**nowemu**	**nowym**	**nowemu**	**nowym**
Acc.	**nowego**	**nowych**	**nowy**	**nowe**
Instr.	**nowym**	**nowymi**	**nowym**	**nowymi**
Loc.	**nowym**	**nowych**	**nowym**	**nowych**
Voc.	**nowy!**	**nowi!**	**nowy!**	**nowe!**

Cas	Féminin		Neutre	
	Singulier	Pluriel	Singulier	Pluriel
Nom.	**nowa**	**nowe**	**nowe**	**nowe**
Gén.	**nowej**	**nowych**	**nowego**	**nowych**
Dat.	**nowej**	**nowym**	**nowemu**	**nowym**
Acc.	**nową**	**nowe**	**nowe**	**nowe**
Instr.	**nową**	**nowymi**	**nowym**	**nowymi**
Loc.	**nowej**	**nowych**	**nowym**	**nowych**
Voc.	**nowa!**	**nowe!**	**nowe!**	**nowe!**

• **Adjectifs en *-i* : *drogi*, cher**

Cas	Masculin personnel		Masculin non personnel	
	Singulier	Pluriel	Singulier	Pluriel
Nom.	**drogi**	**drodzy**	**drogi**	**drogie**

Gén.	**drogiego**	**drogich**	**drogiego**	**drogich**
Dat.	**drogiemu**	**drogim**	**drogiemu**	**drogim**
Acc.	**drogiego**	**drogich**	**drogi**	**drogie**
Instr.	**drogim**	**drogimi**	**drogim**	**drogimi**
Loc.	**drogim**	**drogich**	**drogim**	**drogich**
Voc.	**drogi!**	**drodzy!**	**drogi!**	**drogie!**

Cas	Féminin		Neutre	
	Singulier	Pluriel	Singulier	Pluriel
Nom.	**droga**	**drogie**	**drogie**	**drogie**
Gén.	**drogiej**	**drogich**	**drogiego**	**drogich**
Dat.	**drogiej**	**drogim**	**drogiemu**	**drogim**
Acc.	**drogą**	**drogie**	**drogie**	**drogie**
Instr.	**drogą**	**drogimi**	**drogim**	**drogimi**
Loc.	**drogiej**	**drogich**	**drogim**	**drogich**
Voc.	**droga!**	**drogie!**	**drogie!**	**drogie!**

Observations

Certains noms se déclinent comme des adjectifs. Il s'agit surtout des catégories suivantes :

– noms de famille finissant en **-ski**, **-cki** (**Kowalski**, **Potocki**) au masculin et en **-ska**, **-cka**, **-owa** (**Kowalska**, **Potocka**, **Nowakowa**) au féminin ;

– noms de famille étrangers terminés au nominatif singulier en **-e**, **-i**, **-y**, par exemple **Dante**, **Rossini**, **Kennedy** ;

– prénoms en **-y**, **-i**, par exemple **Jerzy**, *Georges* ; **Antoni**, *Antoine* ;

– quelques noms tirés d'adjectifs : **luty**, *février* ; **krewny**, *parent* ; **narzeczony**, *fiancé* ; **złoty**, *zloty*.

C'est en suivant le modèle des adjectifs que se déclinent les participes (**piszący**, *écrivant* ; **(na)pisany**, *écrit*), les pronoms (relatifs et interrogatifs **jaki**, **który**, *quel* ; possessifs **mój**, **moja**, **moje**, *mon*, *ma* ; démonstratifs **ten**, **ta**, **to**, *ce*, *cette*), et les numéraux ordinaux (**pierwszy**, **drugi**, etc., *premier*, *deuxième*, etc.).

Outre la forme usuelle, quelques adjectifs ont aussi une forme courte, sans terminaison : **pewien** (ou **pewny**, *sûr*) ; **pełen** (**pełny**, *plein*) ; **wesół** (**wesoły**, *gai*).

2.2 Comparatif et superlatif

Pour la majorité des adjectifs, on forme le comparatif en remplaçant la voyelle finale par **-szy**, **-sza**, **-sze**. Pour obtenir le superlatif, on précède le tout de **naj-** :

nowy	**nowszy**	**najnowszy**
neuf	*plus neuf*	*le plus neuf*
szeroki	**szerszy**	**najszerszy**
large	*plus large*	*le plus large*

Si le radical se termine par plusieurs consonnes, on intercale l'élément **-(i)ej-** :

łatwy	**łatwiejszy**	**najłatwiejszy**
facile	*plus facile*	*le plus facile*
zimny	**zimniejszy**	**najzimniejszy**
froid	*plus froid*	*le plus froid*

Certaines lettres (voyelles ou consonnes) alternent :

biały	*banc*	**bielszy**	*plus blanc*
wesoły	*gai*	**weselszy**	*plus gai*
długi	*long*	**dłuższy**	*plus long*
miły	*gentil*	**milszy**	*plus gentil*
mądry	*sage*	**mądrzejszy**	*plus sage*

Tout comme en français, certains adjectifs forment leurs comparatifs de manière irrégulière :

dobry	*bon*	**lepszy**	*meilleur*
zły	*mauvais*	**gorszy**	*pire*
duży	*grand*	**większy**	*plus grand*
mały	*petit*	**mniejszy**	*plus petit*
lekki	*léger*	**lżejszy**	*plus léger*
wysoki	*haut*	**wyższy**	*plus haut*
bliski	*proche*	**bliższy**	*plus proche*

Le superlatif de ces adjectifs est obtenu régulièrement en ajoutant **naj-** aux comparatifs : **najlepszy**, *le meilleur* ; **najgorszy**, *le pire*, etc.

Pour certains adjectifs, les degrés de comparaison se forment à l'aide des adverbes **(naj)bardziej**, *(le) plus*, et **(naj)mniej**, *(le) moins* ; par exemple **(naj)bardziej zdolny**, *(le) plus doué* ; **(naj) mniej doświadczony**, *(le) moins expérimenté*.

3 Les pronoms

Il y a plusieurs sortes de pronoms : personnels, possessifs, réfléchis, relatifs/interrogatifs, démonstratifs et indéfinis. Ils possèdent généralement trois genres au singulier et deux au pluriel. Tous se déclinent. Certains ont une déclinaison propre – personnels, réfléchis, quelques relatifs/interrogatifs. D'autres – démonstratifs, possessifs, indéfinis, et la plupart des relatifs/interrogatifs – adoptent le modèle des adjectifs.

3.1 Les pronoms personnels

• **Les pronoms**

ja	**ty**	**my**	**wy**
je, moi	*tu, toi*	*nous*	*vous*

Ils sont généralement omis. Ils ne s'emploient que lorsqu'on veut mettre en valeur la personne.
• Le datif et l'accusatif ont deux formes : une longue (accentuée) et une courte. La première, qui permet d'insister sur le sujet, peut être utilisée au début de la phrase. La courte suit toujours le verbe.
• Les pronoms utilisés avec une préposition commencent par **n-**.

• **La déclinaison des pronoms personnels**

1re et 2e personnes				
Nom.+ voc.	**ja**, *je, moi*	**ty**, *tu, toi*	**my**, *nous*	**wy**, *vous*
Gén. + acc.	**mnie**	**cię, ciebie***	**nas**	**was**
Dat.	**mi, mnie***	**ci, tobie***	**nam**	**wam**

* Forme accentuée

Instr.	**mną**	**tobą**	**nami**	**wami**
Loc.	**mnie**	**tobie**	**nas**	**was**

3e personne				
Cas	Singulier		Pluriel	
	Masculin/ neutre	Féminin	Masculin personnel	Masc. non pers. Fém., neutre
Nom.+ voc.	**on/ono**, *il*, *lui*	**ona**, *elle*	**oni**, *ils*, *eux*	**one**, *elles*
Gén.	**jego/go (niego)**	**jej (niej)**	**ich (nich)**	**ich (nich)**
Dat.	**jemu/mu (niemu)**	**jej (niej)**	**im (nim)**	**im (nim)**
Acc.	= gén.	**ją (nią)**	= gén.	**je (nie)**
Instr.	**nim**	**nią**	**nimi**	**nimi**
Loc.	**nim**	**niej**	**nich**	**nich**

3.2 Les pronoms possessifs

Ils sont l'équivalent des adjectifs et des pronoms possessifs en français :

mój, **moja**, **moje**	*mon (le mien), ma (la mienne)*
moi, **moje**	*mes (les mien(ne)s)*
twój, etc.	*ton*, etc.
jego, **jej**	*son (le sien), sa (la sienne)*
nasz, **nasza**, **nasze**	*notre (le/la nôtre)*
nasi, **nasze**	*nos (les nôtres)*
wasz, etc.	*votre*, etc.
ich	*leur(s), le (la, les) leur(s)*
swój, **swoja**, etc.	pour toutes les personnes

Les pronoms de la série : **mój**, **twój**, **nasz**, **wasz**, **swój** s'accordent avec l'objet : **mój komputer** (m.), *mon ordinateur* ; **moja walizka** *(f.)*, *ma valise*. **Jego**, **jej** s'accordent avec le possesseur : **jego komputer**, **jego walizka** (appartenant à un homme), *son* *ordinateur, sa valise* ; **jej komputer, jej walizka** (appartenant à une femme), *son ordinateur, sa valise.*

Si un pronom possessif concerne le sujet de la phrase, on utilise **swój** pour toutes les personnes.

La déclinaison des pronoms possessifs suit celle des adjectifs, à l'exception de **jego, jej, ich** qui sont invariables.
L'accusatif présente deux formes au masculin :
• **mojego** *(sing.)* et **moich** *(pl.)* qui s'emploient pour les personnes et les êtres animés ;
• **mój (moje)** pour les choses ;
Au nominatif pluriel, **moi** s'applique au masculin personnel et **moje**, au masculin non personnel.

3.3 Les pronoms démonstratifs

De même que pour les possessifs, toutes les formes servent à la fois d'adjectifs et de pronoms :

ten, ta, to	*ce (celui-ci), cette (celle-ci)*
ci, te	*ces (ceux-ci, celles-ci)*
tamten, etc.	*celui-là*, etc.
taki, taka, takie	*tel, telle*
tacy, takie	*tels, telles*

Ils se déclinent comme les adjectifs.
À l'accusatif singulier, **tego** est utilisée pour une personne ou un animal, **ten** pour une chose.

3.4 Les pronoms relatifs et interrogatifs

Les formes suivantes sont communes aux deux types :

który, która, które	*quel, lequel*, etc.
którzy, które	(porte sur l'identité)
jaki, jaka, jakie	*quel, lequel*, etc.
jacy, jakie	(porte sur la qualité)
czyj, czyja, czyje	*à qui, à quoi* (appartient)

czyi, czyje, kto	*qui, que* (personnes)
co	*qui, que* (choses)

Les pronoms des séries **który**, **jaki** et **czyj** se déclinent comme les adjectifs.
Kto et **co** ont la déclinaison suivante :

Nom.	**kto**	**co**	Acc.	**kogo**	**co**
Gén.	**kogo**	**czego**	Instr.	**kim**	**czym**
Dat.	**komu**	**czemu**	Loc.	**kim**	**czym**

3.5 Les pronoms indéfinis

Il s'agit des interrogatifs auxquels on ajoute le suffixe **–ś** :

coś	*quelque chose*	**ktoś**	*quelqu'un*
czyjś	*à n'importe qui*	**któryś**	*quelque*
jakiś	*un, quelque*		

Ce sont en outre :
nikt, *personne* ; **nic**, *rien* ; **każdy**, *chaque* ; **pewien**, *certain* ; **wszystko**, *tout* ; **wszyscy**, *tous* ; **żaden**, *aucun*.

3.6 Le pronom réfléchi

On utilise le réfléchi **się**, *me*, *te*, *se*, *nous*, *vous*, *se* :
avec les verbes pronominaux :
- l'infinitif : **myć się**, *se laver* ;
- à toutes les personnes du singulier et du pluriel : **myję się**, *je me lave* ; **myjesz się**, *tu te laves*, etc.

pour créer une phrase impersonnelle du type :
ma się, *on a* ; **mówi się**, *on dit* ; **robi się**, *on fait*.

Il n'existe pas de nominatif et sa déclinaison est la suivante :

Gén.	**siebie**	Acc.	**siebie, się**	Loc.	**sobie**
Dat.	**sobie**	Instr.	**sobą**		

4 Les numéraux

4.1 Les nombres cardinaux

1	**jeden**	11	**jedenaście**
2	**dwa**	12	**dwanaście**
3	**trzy**	13	**trzynaście**
4	**cztery**	14	**czternaście**
5	**pięć**	15	**piętnaście**
6	**sześć**	16	**szesnaście**
7	**siedem**	17	**siedemnaście**
8	**osiem**	18	**osiemnaście**
9	**dziewięć**	19	**dziewiętnaście**
10	**dziesięć**	100	**sto**
20	**dwadzieścia**	200	**dwieście**
30	**trzydzieści**	300	**trzysta**
40	**czterdzieści**	400	**czterysta**
50	**pięćdziesiąt**	500	**pięćset**
60	**sześćdziesiąt**	600	**sześćset**
70	**siedemdziesiąt**	700	**siedemset**
80	**osiemdziesiąt**	800	**osiemset**
90	**dziewięćdziesiąt**	900	**dziewięćset**
1.000	**tysiąc**	1.000.000	**milion**

4.2 L'emploi des nombres cardinaux

Jeden et **dwa** ont les formes suivantes :

Masc.	**jeden**	**dwa**
Fém.	**jedna**	**dwie**
Neutre	**jedno**	**dwa**

Jeden se décline comme un adjectif : **jeden**, **jednego**, etc. ; **jedna**, **jednej**, etc.
Dwa possède les variantes **dwóch** (+ gén.) et **dwaj**, utilisées pour les hommes, et la forme **dwoje** qui va avec le genre neutre personnel : **dwóch panów/dwaj panowie**, *deux messieurs* ; **dwoje dzieci**, *deux enfants*.

Voici la déclinaison de **dwa** :

Cas	Masculin personnel		Féminin non pers.	Neutre
Nom.	**dwaj**, **dwóch**	**dwa**	**dwie**	**dwa**
Gén.	**dwu**, **dwóch**	**dwu**, **dwóch**	**dwu**, **dwóch**	**dwu**, **dwóch**
Dat.	**dwu**, **dwom**	**dwu**, **dwom**	**dwu**, **dwom**	**dwu**, **dwom**
Acc.	**dwu**, **dwóch**	**dwa**	**dwie**	**dwa**
Instr.	**dwoma**	**dwoma**	**dwoma**, **dwiema**	**dwoma**
Loc.	= gén.	= gén.	= gén.	= gén.

Dans **trzy** et **cztery**, la distinction des genres se fait uniquement aux deux cas :
• nominatif : personnel – **trzej** (**czterej**), **trzech** (**czterech**) ; non personnel – **trzy** (**cztery**) ;
• accusatif : personnel – **trzech** (**czterech**) ; non personnel – **trzy** (**cztery**).

Aux autres cas, la forme est la même pour les trois genres :

Datif	**trzem**, **czterem**
Instrumental	**trzema**, **czterema**
Locatif	**trzech**, **czterech**

Dans les numéraux de 5 à 100, on distingue **pięciu** au nominatif et à l'accusatif pour le genre personnel, et **pięć** pour le non personnel. Les autres cas ont tous la même forme : **pięciu**.

Les mots qui suivent les nombres à partir de **pięć** se mettent au génitif pluriel :

pięciu panów	**pięć pań** (**listów**, **lat**)
cinq messieurs	*cinq dames* (*lettres*, *ans*)

4.3 Les nombres collectifs

Ils ont les formes suivantes :
• pour 2 et 3 : **dwoje** (ou **oboje**, *les deux*), **troje** ;
• pour les autres : **czworo**, **pięcioro**, etc.

On les emploie surtout devant les noms de personnes de sexe différent ou devant les noms neutres animés : **troje dzieci**, *trois enfants* ; **czworo kurcząt**, *quatre poulets*. Ils se déclinent de la façon suivante :

Nom. + acc.	**dwoje**	**czworo**
Gén.	**dwojga**	**czworga**
Dat. + loc. + instr.	**dwojgu**	**czworgu**

4.4 Les nombres ordinaux

1er	**pierwszy**	11e	**jedenasty**
2e	**drugi**	12e	**dwunasty**
3e	**trzeci**	13e	**trzynasty**, etc.
4e	**czwarty**	20e	**dwudziesty**
5e	**piąty**	30e	**trzydziesty**
6e	**szósty**	40e	**czterdziesty**
7e	**siódmy**	50e	**pięćdziesiąty**, etc.
8e	**ósmy**	100e	**setny**
9e	**dziewiąty**	1 000e	**tysięczny**
10e	**dziesiąty**	1 000 000e	**milionowy**

Les ordinaux ont trois genres : **pierwszy** (m.), **pierwsza** (f.), **pierwsze** (n.) et se déclinent comme des adjectifs.
À l'inverse du français, on utilise les ordinaux pour la date et l'heure : **piewszego** (gén.) / **stycznia**, *le premier janvier*, **rok tysiąc dziewięćset sześćdziesiąty drugi**, *l'année 1962* ; **o trzeciej** (loc.), *à 3 heures*.

Ajoutons enfin que les chiffres polonais correspondent aux noms suivants : 1 **jedynka** ; 2 **dwójka** ; 3 **trójka** ; etc. Ils désignent :

- les notes scolaires (de 1 à 6) ;
- les numéros des moyens de transport ;
- les numéros des bâtiments ;
- les cartes à jouer, chaussures, pièces de monnaie, etc.

5 Le verbe

De même qu'en français, le verbe polonais présente :
• 2 nombres (singulier et pluriel) ;
• 3 personnes pour chacun de ces nombres : au singulier, **ja**, *je* ; **ty**, *tu* ; **on**, *il* ; **ona**, *elle* ; **ono**, *il*, *elle* ; au pluriel, **my**, *nous* ; **wy**, *vous* ; **oni**, *ils* ; **one**, *ils*, *elles* ;
• 3 modes personnels : l'indicatif, l'impératif et le conditionnel, et 3 impersonnels : l'infinitif, le participe et le gérondif ;
• 3 voix : active, passive et pronominale.
Contrairement au français, le verbe polonais distingue :
• 2 aspects : imperfectif et perfectif ;
• 3 genres (au passé et au futur des imperfectifs) : le masculin, le féminin et le neutre ;
• 3 temps : le présent, le passé et le futur.

5.1 L'aspect

Les verbes polonais possèdent la particularité de présenter l'action sous deux angles opposés, appelés "aspects". Dans le premier (aspect "imperfectif" ou "non accompli"), l'action est considérée dans son développement et sa durée. Dans le second (aspect "perfectif" ou "accompli"), le verbe indique si l'action a atteint un résultat ou si elle est arrêtée. À quelques exceptions près, chaque verbe possède son homologue dans l'aspect opposé. Un verbe simple, c'est-à-dire sans préfixe, est généralement imperfectif. Lorsqu'on le fait précéder d'un préfixe, par exemple, **na-**, **prze-**, **s-**, **z-**, etc. ; on obtient un verbe perfectif, sans en changer le sens. Les deux membres du couple correspondent donc à un seul verbe en français :

pisać	**napisać**	*écrire*
czytać	**przeczytać**	*lire*
kończyć	**skończć**	*finir*
jeść	**zjeść**	*manger*

• **Formation des couples aspectuels**
Outre l'addition d'un préfixe, l'aspect perfectif est créé grâce à :
• la modification ou le changement du suffixe :

Perfectif	Imperfectif	Traduction
dać	**dawać**	*donner*

kupić	**kupować**	*acheter*
otworzyć	**otwierać**	*ouvrir*
zamknąć	**zamykać**	*fermer*
zwiedzić	**zwiedzać**	*visiter*

• le recours à un verbe différent :

Perfectif	Imperfectif	Traduction
wziąć	**brać**	*prendre*
położyć	**kłaść**	*mettre*
powiedzieć	**mówić**	*dire, parler*
obejrzeć	**oglądać**	*regarder*
zobaczyć	**widzieć**	*voir*

Certains verbes imperfectifs n'ont pas de correspondant perfectif. Ce sont avant tout les verbes d'état : **być**, *être* ; **mieć**, *avoir* ; **umieć**, *savoir* ; **wiedzieć**, *connaître, savoir*, mais aussi les modaux : **móc**, *pouvoir*, et **musieć**, *devoir*.

5.2 Le présent

On l'obtient en conjuguant les verbes imperfectifs. La forme de l'infinitif ne suffit pas, comme en français, pour savoir à laquelle des trois conjugaisons appartient le verbe. Il faut connaître la 1re et la 2e personne du singulier et, pour certains verbes, également la 3e personne du pluriel. Voici les terminaisons des trois conjugaisons polonaises :

Personnes	1re conjugaison	2e conjugaison	3e conjugaison
1re p. sing. (**ja**)	**-ę**	**-ę**	**-m**
2e p. sing. (**ty**)	**-esz**	**-isz/-ysz**	**-sz**
3e p. sing. (**on, -a, -o**)	**-e**	**-i/-y**	-Ø
1re pers. pl. (**my**)	**-emy**	**-imy/-ymy**	**-my**
2e p. pl. (**wy**)	**-ecie**	**-icie/-ycie**	**-cie**
3e p. pl. (**oni, -e**)	**-ą**	**-ą**	**-ą/-dzą**

Les terminaisons personnelles étant suffisamment différenciées pour indiquer la personne, on n'utilise généralement pas de pronoms personnels devant les verbes, en particulier aux 1re et 2e personnes (singulier et pluriel).

Exemples de conjugaisons :

• **Première conjugaison**

Personnes	**pracować**, *travailler*		**iść**, *aller (à pied)*	
	Singulier	Pluriel	Singulier	Pluriel
1re p. sing.	**pracuję**	**pracujemy**	**idę**	**idziemy**
2e p. sing.	**pracujesz**	**pracujecie**	**idziesz**	**idziecie**
3e p. sing.	**pracuje**	**pracują**	**idzie**	**idą**

• **Deuxième conjugaison**

Personnes	**robić**, *faire*		**słyszeć**, *voir*	
	Singulier	Pluriel	Singulier	Pluriel
1re p. sing.	**robię**	**robimy**	**słyszę**	**słyszymy**
2e p. sing.	**robisz**	**robicie**	**słyszysz**	**słyszycie**
3e p. sing.	**robi**	**robią**	**słyszy**	**słyszą**

• **Troisième conjugaison**

Personnes	**znać**, *connaître*		**wiedzieć**, *savoir*	
	Singulier	Pluriel	Singulier	Pluriel
1re p. sing.	**znam**	**znamy**	**wiem**	**wiemy**
2e p. du sing	**znasz**	**znacie**	**wiesz**	**wiecie**
3e p. du sing.	**zna**	**znają**	**wie**	**wiedzą**

Certains verbes présentent des irrégularités, telles que des modifications de voyelles et de consonnes, ou l'ajout d'un élément. En voici quelques exemples :

Infinitif	1re et 3e personnes du singulier
bać się, *avoir peur*	**boję się, boi się**
brać, *prendre*	**biorę, bierze**
jechać, *aller en véhicule*	**jadę, jedzie**
móc, *pouvoir*	**mogę, może**

musieć, *devoir*	**muszę, musi**
prosić, *prier*	**proszę, prosi**

Généralement, le radical de la 1re personne du singulier est identique à celui de la 3e personne du pluriel : **biorę**, *je prends* ; **biorą**, *ils/elles prennent.*

5.3 Le passé

Il n'existe qu'une seule forme de passé, mais son emploi dépend de l'aspect du verbe. Il est donc très important de ne pas confondre les aspects avec les temps.
Pour les verbes imperfectifs, le passé correspond à l'imparfait et pour les verbes perfectifs, au passé composé, au passé simple ou au plus-que-parfait.
La formation du passé est la même pour tous les verbes : on remplace la terminaison de l'infinitif par **ł** ou **l**, + les terminaisons qui marquent la personne, le genre et le nombre. Autrement dit, la forme du passé varie en fonction du genre masculin ou féminin :

byłem *(m.), j'ai été*	**byłam** *(f.), j'ai été*

À la 3e personne, on rencontre également le genre neutre :

(on) był	**(ona) była**	**(ono) było**

Au pluriel, la différence se fait uniquement entre le masculin personnel et les autres genres :

(oni) byli	**(one) były**

- **Conjugaison de *robić* (imperfectif), faire**

Singulier

Personnes	Masculin	Féminin	Neutre
1re p. sing.	**robiłem**	**robiłam**	-
2e p. du sing.	**robiłeś**	**robiłaś**	-
3e p. du sing.	**robił**	**robiła**	**robiło**

Pluriel

Personnes	Masculin personnel	Autres
1re p. sing.	**robiliśmy**	**robiłyśmy**
2e p. du sing.	**robiliście**	**robiłyście**
3e p. du sing.	**robili**	**robiły**

L'équivalent perfectif **zrobić** se conjugue de la même façon, en faisant précéder toutes les formes du préfixe **z-** : **zrobiłem**, **zrobiłam**, etc.

Observations

Parfois, certains verbes subissent des modifications dans la formation du passé :

• Les verbes en **-eć** : **chcieć**, *vouloir* ; **mieć**, *avoir* ; **musieć**, *devoir* ; **rozumieć**, *comprendre* ; **woleć**, *préférer*, prennent la lettre **a** à la place du **e** dans toutes les formes : **miałem**, **miałam**, etc., sauf au pluriel du masculin personnel : **mieliśmy**, **mieliście**, **mieli**.

• Les verbes dont l'infinitif se termine en **-c** ou en deux consonnes : **móc**, *pouvoir* ; **biec**, *courir* ; **usiąść**, *s'asseoir* ; **kłaść**, *mettre* ; **nieść**, *porter*, retrouvent – devant la terminaison du passé – la même lettre qu'à la 1re personne du singulier au présent :

móc	**mogę**, *je peux*	**mogłem**, *j'ai pu*
biec	**biegnę**, *je cours*	**biegłem**, *j'ai couru*
kłaść	**kładę**, *je mets*	**kładłem**, *j'ai mis*

• Dans les verbes en **-ąć** : **wziąć**, *prendre* ; **zacząć**, *commencer* ; **odpocząć**, *se reposer*, seul le masculin singulier conserve la lettre **ą** : **wziąłem**, **wziąłeś**, **wziął**. Dans toutes les autres formes, on emploie **ę** : **wzięłam**, **wzięłaś**, etc.

• **Conjugaison de *iść* (imperfectif), aller à pied**

Singulier

Personnes	Masculin	Féminin	Neutre
1re p.	**szedłem**	**szłam**	-

2e p.	**szedłeś**	**szłaś**	-
3e p.	**szedł**	**szła**	**szło**

Pluriel

Personnes	Masculin pluriel	Autres
1re p.	**szliśmy**	**szłyśmy**
2e p.	**szliście**	**szłyście**
3e p.	**szli**	**szły**

Ses composés se conjuguent de la même façon :

wejść, *entrer*	**wszedłem**, **weszłam**, etc.
wyjść, *sortir*	**wyszedłem**, **wyszłam**, etc.
zejść, *descendre*	**zszedłem**, **zeszłam**, etc.

5.4 Le futur

Il y a deux formes de futur : une pour chacun des aspects. Elles correspondent, selon le contexte, au futur simple ou au futur proche en français.

Pour les verbes perfectifs, toutes les formes conjuguées expriment le futur :

zrobię	*je ferai (je vais faire)*
napiszę	*j'écrirai (je vais écrire)*
przeczytam	*je lirai (je vais lire)*
zjem	*je mangerai (je vais manger)*

Pour les verbes imperfectifs, le futur est une forme composée qui peut être créée de deux manières :

• en ajoutant la 3e personne du passé (singulier ou pluriel) au futur du verbe **być**, *être* :
będę robił (robiła), *je ferai (je vais faire)* ;
będziesz pisał (pisała), *tu écriras (tu vas écrire)*, etc.

• en ajoutant l'infinitif au futur de **być** :
będę robić, **będziesz pisać**, etc.

5.5 L'impératif

Pour former l'impératif de la 2e personne du singulier des verbes des 1re et 2e conjugaisons, on supprime la terminaison de la 3e personne du singulier au présent :

Infinitif	3e personne du sing.	Impératif
dawać, *donner*	**daje**	**daj!**
pisać, *écrire*	**pisze**	**pisz!**

Pour les verbes finissant par une ou plusieurs consonnes suivies d'un **i**, on supprime le **i**. La consonne qui précède est mouillée, sauf les **p**, **b**, **f**, **l**, **w** :

iść, *aller*	**idzie**	**idź!**
wejść, *entrer*	**wejdzie**	**wejdź!**

mais :

kupić, *acheter*	**kupi**	**kup!**
mówić, *dire*	**mówi**	**mów!**

Pour certains verbes, on note l'alternance **o/ó** et **ę/ą** :

robić, *faire*	**robi**	**rób!**
stać, *être debout*	**stoi**	**stój!**
być, *être*	**będzie**	**bądź!**

Pour les verbes finissant par un groupe de consonnes, on ajoute parfois **-ij/-yj** :

spać, *dormir*	**śpi**	**śpij!**
zamknąć, *fermer*	**zamknie**	**zamknij!**

Pour former l'impératif de la 2e personne du singulier des verbes de la 3e conjugaison, on supprime la terminaison **-ą** de la 3e personne du pluriel :

Infinitif	3e personne du pl.	Impératif
czytać, *lire*	**czytają**	**czytaj!**

jeść, *écrire*	**jedzą**	**jedz!**

Les 1re et 2e personnes du pluriel se caractérisent par les terminaisons **-my** et **-cie**, ajoutées à la 2e personne du singulier :

czytaj!	**czytajmy!**	**czytajcie!**
jedz!	**jedzmy!**	**jedzcie!**

À la 3e personne du singulier et du pluriel, on emploie le mot **niech** + **pan (pani, państwo)** :
Niech pan (pani) wejdzie, *Entrez Monsieur (Madame).*
Niech państwo wejdą, *Entrez Messieurs (Mesdames).*

5.6 Le conditionnel

On le forme sur la base du passé, en intercalant l'élément **by** entre le radical et la terminaison. Aux 1re et 2e personnes du masculin singulier, on supprime la lettre **e** de la terminaison.

Voici le conditionnel de **chcieć**, *vouloir* :

- **Au masculin**

Singulier	Pluriel
chciałbym	**chcielibyśmy**
chciałbyś	**chcielibyście**
chciałby	**chcieliby**

- **Au féminin**

Singulier	Pluriel
chciałabym	**chciałybyśmy**
chciałabyś	**chciałybyście**
chciałaby	**chciałyby**

- **Au genre neutre**

Singulier	Pluriel
chciałoby	**chciałyby**

L'élément **by**, accompagné éventuellement de sa terminaison, peut être détaché du verbe et placé après le premier mot accentué de la phrase :
Kiedy by pan(i) chciał(a) pojechać do Polski?, *Quand voudriez-vous aller en Pologne ?*
Co byś zrobił(a) na moim miejscu?, *Que ferais-tu à ma place ?*

5.7 Les verbes *być* et *mieć*

• **Conjugaison de *być*, être**

	Présent		Futur	
	Singulier	Pluriel	Singulier	Pluriel
1re p.	**jestem**	**jesteśmy**	**będę**	**będziemy**
2e p.	**jesteś**	**jesteście**	**będziesz**	**będziecie**
3e p.	**jest**	**są**	**będzie**	**będą**

	Passé				
	Singulier			Pluriel	
	m.	f.	n.	m. pers.	m. non pers. f., n.
1re p.	**byłem**	**byłam**	-	**byliśmy**	**byłyśmy**
2e p.	**byłeś**	**byłaś**	-	**byliście**	**byłyście**
3e p.	**był**	**była**	**było**	**byli**	**były**

• **Conjugaison de *mieć*, avoir**

	Présent		Futur	
	Singulier	Pluriel	Singulier	Pluriel
1re p.	**mam**	**mamy**	**będę mieć (miał, -a)**	**będziemy mieć (mieli, miały)**
2e p.	**masz**	**macie**	**będziesz mieć (miał, -a)**	**będziecie mieć (mieli, miały)**
3e p.	**ma**	**mają**	**będzie mieć (miał, -a, -o)**	**będą mieć (mieli, miały)**

	Passé				
	Singulier			Pluriel	
	m.	f.	n.	m. pers.	m. non pers. f., n.
1re p	**miałem**	**miałam**	-	**mieliśmy**	**miałyśmy**
2e p.	**miałeś**	**miałaś**	-	**mieliście**	**miałyście**
3e p.	**miał**	**miała**	**miało**	**mieli**	**miały**

6 Les adverbes

La majorité des adverbes sont formés à partir des adjectifs dont on remplace la voyelle finale par **-o** ou par **-(i)e** :

doskonały	*parfait*	**doskonale**	*parfaitement*
duży	*grand*	**dużo**	*beaucoup*
łatwy	*facile*	**łatwo**	*facilement*
ładny	*joli*	**ładnie**	*joliment*
świetny	*parfait*	**świetnie**	*parfaitement*

Quelquefois, on modifie la consonne finale du radical :

dobry	*bon*	**dobrze**	*bien*
zły	*mauvais*	**źle**	*mal*

Pour obtenir le comparatif, on ajoute la terminaison **-(e)j**.
Quant au superlatif, on le forme en faisant précéder le comparatif de **naj-** :

ładnie	*joliment*	**ładniej**	*plus joliment*	**najładniej**	*le plus joli*
łatwo	*facilement*	**łatwiej**	*plus facilement*	**najłatwiej**	*le plus facile*

Il existe des irrégularités dans la formation de certains comparatifs et superlatifs :

dobrze	*bien*	**lepiej**	*mieux*	**najlepiej**	*le mieux*
źle	*mal*	**gorzej**	*pire*	**najgorzej**	*le pire*
dużo	*beaucoup*	**więcej**	*plus*	**najwięcej**	*le plus*
mało	*peu*	**mniej**	*moins*	**najmniej**	*le moins*

On trouve aussi des adverbes composés, précédés d'une préposition :

od : **od razu**, *tout de suite* ;
na : **na lewo**, *à gauche* ; **na prawo**, *à droite* ; **na stałe**, *définitivement* ;
po : **po prostu**, *simplement* ;
z : **z bliska**, *de près* ; **z daleka**, *de loin* ;
za : **za długo**, *trop longtemps* ; **za drogo**, *trop cher*.

De nombreux adverbes ne sont pas issus d'adjectifs :

Temps	Quantité	Lieu
zawsze, *toujours*	**ile**, *combien*	**tu**, *ici*
nigdy, *jamais*	**tyle**, *tant*	**tam**, *là*
kiedy, *quand*	**dość**, *assez*	**gdzie**, *où*
jutro, *demain*	**mało**, *peu*	**nigdzie**, *nulle part*
już, *déjà*	**prawie**, *presque*	**wszędzie**, *partout*
jeszcze, *encore*	**zbyt**, *trop*	**skąd**, *d'où*

7 Les prépositions

Les prépositions régissent tous les cas, à l'exception du nominatif et du vocatif. Certaines introduisent un seul cas, d'autres deux et parfois trois :

Gén.	Dat.	Acc.	Instr.	Loc.
do	**ku**	**na**		**na**
od	**dzięki**	**o**		**o**
u		**po**		**po**
bez		**za**	**za**	
z, ze			**z, ze**	
dla		**w, we**		**w, we**
obok, koło		**pod**	**pod**	**przy**
wśród		**przez**	**przez**	
oprócz		**nad**	**nad**	
		między	**między**	

Les correspondants français les plus fréquents sont :
bez, *sans* ; **dla**, *pour* ; **do**, *à* ; **dzięki**, *grâce à* ; **koło**, *à côté* ; **między**, **wśród**, *entre*, *parmi* ; **na**, *à*, *sur* ; **nad**, *au-dessus* ; **o**, *au sujet de* ; **obok**, *à côté* ; **oprócz**, *sauf* ; **po**, *après* ; **pod**, *sous* ; **przed**, *avant* ; **przez**, *à travers* ; **przy**, *à côté* ; **u**, *chez* ; **w/we**, *dans* ; **z/ze**, *avec*.

8 Les conjonctions

Voici les principales conjonctions et leurs équivalents français :

i	*et*
a	*et* (légère opposition)
jak	*comme*
jakby	*comme si*
dlatego, bo	*parce que*
jeśli, gdyby	*si*
ponieważ	*puisque*
co	*que, ce que*
wtedy, więc	*alors*
albo, lub	*ou*
że	*que*

Index thématique

Vous retrouverez grâce à cet index les principaux thèmes abordés dans les dialogues, ainsi que dans les notes grammaticales et culturelles. Les chiffres indiquent le numéro de la leçon.

Bibliographie

Quelques ouvrages pour aller plus loin…

Méthodes et dictionnaires

BOLGERT (N.), GRZYBOWSKA (J.), *Le Polonais tout de suite*, Paris, Presses Pocket, 2012
CICHOSZ (A.), LAMOUCHE (J.-L.), *Parler le polonais en voyage*, Harrap's, 2012
ORDISH (B.), adaptation française de Barbara KUSZMIDER, *Le polonais de poche*, Chennevières-sur-Marne, Assimil, 2011
CZAJKOWSKI (P.), *Polonais, guide de conversation*, Paris, Lonely Planet, 2014
DIEVRE (L.), FURMAN-BOUVARD (M.), *Dzień dobry*, Institut d'Études Slaves, 1999
GIEROS (A.), *Tak!, Apprendre ou réviser les bases de la grammaire et du vocabulaire polonais en s'amusant*, Paris, Ellipses, 2013
KUSZMIDER (B.), *Le polonais dans la poche*, Librairie Polonaise, 1993
SIATKOWSKA-CALLEBAT (K.), *Parlons polonais*, Paris, L'Harmattan, 2002
TARANOV (A.), *Vocabulaire français-polonais pour l'autoformation*, T&P Books, 2013
Dictionnaire Assimil Kernerman polonais-français, français-polonais, 2009
Dictionnaire de poche Larousse français-polonais et polonais-français, 2012

Histoire, cuisine et voyages

BEAUVOIS (D.), *La Pologne, des origines à nos jours*, Paris, Seuil, 2010
BOURDON (V.), *Savoureuse Pologne*, Paris, Noir sur Blanc, 2002
DAVIES (N.), *Histoire de la Pologne*, Paris, Fayard, 1984
KLOCZKOWSKI (J.), *Histoire de l'Europe du Centre-Est*, Paris, P.U.F, 2004
Guide du routard, Pologne, Hachette, 2014
Guide vert Pologne, collectif Michelin, 2012
Petit futé Pologne, 2013-2014

Littérature et poésie

Andrzejewski (J.), *Cendres et Diamant*, coll. "Folio", Paris, Gallimard, 1986
Gombrowicz (W.), *Ferdydurke*, Paris, Gallimard, 1996
Gombrowicz (W.), *La Pornographie*, Paris, Gallimard, 1995
Konwicki (T.), *La petite apocalypse*, Paris, Presses Pocket, 1993
Kuśniewicz (A.), *L'État d'apesanteur*, Paris, Albin Michel, 1979
Mickiewicz (A.), *Pan Tadeusz*, Paris, Noir sur Blanc, 1999
Miłosz (Cz.), *Chroniques*, Paris, Fayard, 1990
Miłosz (Cz.), *Sur les bords de l'Issa*, Paris, Gallimard, 1985
Miłosz (Cz.), *La pensée captive*, coll. "Folio", Paris, Gallimard, 1988
Mrożek (S.), *L'Éléphant, (nouvelles)*, Paris, Albin Michel, 1992
Mrożek (S.), *Tango, pièce en trois actes*, Paris, Albin Michel, 1989
Potocki (J.), *Manuscrit trouvé à Saragosse*, Paris, Gallimard, 1996
Sienkiewicz (H.), *Par le fer et par le feu*, Paris, Phébus, 2014
Sienkiewicz (H.), *Quo vadis?*, Flammarion, 2005
Singer (I. B.), *Le petit monde de la rue Krochmalna*, Paris, coll. "Folio", Gallimard, 1993
Singer (I. B.), *Yentl et autres nouvelles*, Paris, Stock, 1998
Szymborska (W.), *Dans le fleuve d'Héraclite* (recueil bilingue), Maison de la Poésie, Nord/Pas-de-Calais, 1995
Tokarczuk (O.), *Les Pérégrins*, Paris, Noir sur Blanc, 2010
Tokarczuk (O.), *Récits ultimes*, Paris, Noir sur Blanc, 2007

Lexique

Nos deux lexiques contiennent tous les mots de la méthode et la traduction française correspond à celle donnée dans la méthode. Les chiffres renvoient aux numéros des leçons dans lesquelles le terme apparaît pour la première fois et, dans certains cas sous une forme ou une traduction différente. Les noms et adjectifs sont donnés au nominatif singulier. Dans le cas où un terme est nécessairement employé au pluriel ou au singulier, nous l'avons indiqué entre parenthèses. Pour les verbes, nous avons signalé l'aspect (I pour l'imperfectif, P pour le perfectif) et dans le lexique polonais-français, nous vous donnons également les terminaisons des 1re et 2e personnes du singulier, suivies pour les verbes irréguliers de la 3e personne du pluriel.

Liste des abréviations

adj.	adjectif	*n.*	nom	*pl.*	pluriel
f.	féminin	*n. m.*	nom masculin	*pr.*	pronom
I.	imperfectif	*p.*	participe	*sing.*	singulier
m.	masculin	P.	perfectif	*v.*	verbe

Lexique polonais - français

A

a — et 1
ach — ah 45
agencja — agence 86
agent — agent 86
akcja — action 92
akt — acte 92
aktorka — actrice 34
albo — ou 53 ; ou bien 87
ale — mais 4
ależ — mais 64
alkohol — alcool 97
amazoński — amazonien 96
amerykański — américain 87
angielski — anglais 13
Anglik — Anglais 68

bramkarz	gardien de but 68
brat	frère 8
broda	barbe 67
brzydki	laid 23
budka	cabine 26
budynek	bâtiment 23
budzik	réveil 15
bułka	petit pain 45
but	chaussure 76
być	être *(v.)* 2, 11, 31, 38, 40

C

cały	tout 40
cena	prix 17
centralny	central 61
centrum	centre 23
chcieć (I chcę, -esz)	vouloir 15, 33, 34, 64
chętnie	volontiers 32
Chiny *(pl.)*	Chine 82
chleb	pain 19
chmura	nuage 88
chodzić (I chodzę, -isz)	marcher 18 ; venir 36 ; aller (à pied) 40
choroba	maladie 29
chory	malade 29
chwast	mauvaise herbe 99
chwila	moment 36 ; instant 81
chwileczka	petit moment 80
chwilowo	momentanément 26
chyba	probablement 5 ; sans doute 25
ciastko	petit gâteau 12
ciasto	gâteau 48
ciąg	suite 72
ciągle	tout le temps 22
ciekawy	intéressant 6, 22
cieszyć (I -ę, -ysz) się	se réjouir 44 ; être content 85
ciężko	lourdement 79
ciocia	tante 25
co	que 2
codziennie	tous les jours 37
córka	fille 65
coś	quelque chose 34
cudowny	merveilleux 78
ćwiczyć (I -ę, -ysz)	s'exercer 37
cytryna	citron 16
czarno (widzieć na ~)	voir les choses en noir 88

czarny	noir 16
czas	temps (durée) 50
czasem	parfois 82
czekać (I -am, -asz)	attendre 43
czekoladowy	au chocolat 16
czereśnia	cerise 99
czerwony	rouge 41
cześć	salut 11
często	souvent 69
częstować (I -uję, -ujesz) się	se servir 73
czterdzieści	quarante 96
czternasty	quatorzième 86
cztery	quatre 26
czuć (I -ję, -jesz) się	se sentir 29
czuły	affectueux 69
czwarty	quatrième 59
czy	est-ce que 5 ; si 23
czytać (I -am, -asz)	lire 32
czytanie	lecture 32

D

dać (P dam, dasz, dadzą)	donner 38
dalej	plus loin 76
dalszy	plus lointain 72
damski	pour dames 59
danie	plat (mets) 46
dawna (od ~)	depuis longtemps 34
dawniej	autrefois 39
dawno	il y a longtemps 38
dbać (I -am, -asz)	prendre soin 78
deka	décagramme 80
denerwować (I -uję, -ujesz)	énerver 58
dentysta	dentiste 93
deser	dessert 41
deserowy	à dessert 73
deszcz	pluie 22
dieta	régime 95
dla	pour 15
dlaczego	pourquoi 12
dlatego	parce que 20
długo	longtemps 3
długopis	stylo à bille 62
do	à 2 ; chez 9
do widzenia	au revoir 5
doba	vingt-quatre heures 17

dobry	bon 1
dobrze	bien 11
dojechać (P -jedziesz, -dzie)	aller (en véhicule) 88
dojść (P dojdę, dojdziesz)	aller (à pied) 18
dokąd	où 6
doktor	docteur 38
dokumentalny	documentaire 87
dolegać	faire souffrir 38
dom	maison 22
domowy	ménager *(adj.)* 59
dookoła	autour 52
dopiero	seulement 43
doskonale	parfaitement 3
doskonały	excellent 15
dostać (P -nę, -niesz)	recevoir 47
doświadczenie	expérience 71
dosyć	assez 18
dowcip	histoire drôle 100
dół	bas *(n.)* 69
drobny	menu *(adj.)* 89
droga	chemin 89
drugi	deuxième 20 ; autre 24
drukarka	imprimante 37
drużyna	équipe (sport) 68
drzewo	arbre 96
drzwi	porte 73
drzwiczki	portière 69
dużo	beaucoup 19
duży	grand 37
dwa	deux 17
dwadzieścia	vingt 48
dwójka	deux (chaîne TV, note…) 66
dworzec	gare 61
dyktando	dictée 66
dyrektor	directeur 27
dziać (I) się	se passer 27
dział	service 27
działać (I -am, -asz)	fonctionner 15 ; marcher (fonctionner) 90
działka	parcelle 99
dziecko	enfant 34
dzięki	grâce à 79
dziękować (I -uję, -ujesz)	remercier 25
dziękuję	merci 2
dzieło	chef-d'œuvre 86
dzień (*pl.* dni)	jour(née) 40

dzień dobry	bonjour 1
dziennie	par jour 95
dziesięć	dix 43
dziewczynka	petite fille 85
dziewiąty	neuvième 30
dziś	aujourd'hui 22
dzisiaj	aujourd'hui 11
dzisiejszy	d'aujourd'hui 80
dziwić (I -ę, -isz) się	s'étonner 50
dziwny	bizarre 23
dzwonić (I -ę, -isz)	sonner 25 ; appeler (téléphoner) 47
dżinsy	jean 92

E

egzamin	examen 96
egzaminacyjny	d'examen 90
egzotyczny	exotique 94
epidemia	épidémie 55
ewentualnie	éventuellement 87

F

fakt	fait 57
faktycznie	effectivement 39
fartuszek	tablier 67
fauna	faune 87
film	film 87
firma	entreprise 82
flora	flore 87
fotel	fauteuil 10
francuski	français 13
Francuz	Français 100

G

galanteria	maroquinerie 59
galeria	galerie (peinture) 57
gardło	gorge 29
garnitur	costume 59
gasnąć (I -ę, -esz)	s'éteindre 92
gazeta	journal 10
gdy(by)	si 59
gdzie	où 4
gdzieś	quelque part 4
geografia	géographie 96
gimnastykować się (I -uję, -ujesz)	faire de la gymnastique 95
gimnazjum	collège 65

gitara	guitare 37
głodny	affamé 40
głowa	tête 29
głupi	bête *(adj.)* 81
gniewać się (I -am, -asz)	se fâcher 64
godzina	heure 22
góra	montagne 31 ; haut 76
gorąco	chaudement 59
gorączka	fièvre 29
gorzej	pire 58
gość	invité 43
gospodyni	hôtesse 73
gotowy	prêt 11
gra	jeu 32
grać (I -am, -asz)	jouer 22, 32
gratulacje	félicitations 36
gruby	gros 94
grzeczny	sage *(adj.)* 85
grzybowy	de champignon 41
gubić (I -ę, -isz)	perdre 62

H

hałas	bruit 88
halo	allô 5
handel	commerce 44
handlowy	commercial 23
hę	hein 100
herbata	thé 16
historia	histoire 44
historyczny	historique 23
hobby	hobby 32
hotel	hôtel 17
humor	humeur 58

I

i	et 2
ile	combien 17
ilość	nombre 83
ilustracja	illustration 94
imieniny *(pl.)*	fête 12
inaczej	autrement 88
informacja	information 86
inny	autre 48
interesować (I -ę, -esz)	intéresser 31
interesujący	intéressant 82

internet — internet 37
iść (I idę, idziesz) — aller (à pied) 9, 11, 18, 19

J

ja — moi 1 ; je 11
jajecznica — œufs brouillés 46
jajko — œuf 40
jak — comme 11 ; comment 15
jaki — quel 9
jakikolwiek — quelconque 81
jakiś — quelconque 22
jasny — clair 8
jechać (I jadę, jedziesz) — aller (en véhicule) 6, 61
jeden — un 17
jednocześnie — en même temps 37
jedynka — une (chaîne de TV, etc.) 87
jedzenie — manger *(n.)* 41
jest — il y a 2
jeść (I jem, jesz, jedzą) — manger *(v.)* 46
jeśli — si 33
jeszcze — encore 4
jeździć (I jeżdżę, jeździsz) — aller (en véhicule) 32
jeżeli — si 90
język — langue 31
jutro — demain 3
już — déjà 4

K

kafelek — carrelage 55
kaktus — cactus 78
kandydat — candidat 50
kantor — bureau de change 4
kąpać (I -ę, -esz) się — se baigner 60
kąpiel — baignade 31
kąpielowy — de bain 59
kapsułka — gélule 74
karta — carte (à jouer) 32
kartka — carte (postale) 26
kasa — caisse 19
kaszanka — boudin 80
katar — rhume 60
kawa — café (à boire) 16
kawałek — morceau 40
kawaler — célibataire 75
kawiarnia — café (endroit) 16
każdy — chaque 48

kelnerka	serveuse 41
kiedy	quand 71
kiełbasa	saucisse 80
kieliszek	verre 73, 97
kiepsko	médiocrement 66
kierownik	patron (chef) 54
kieszeń	poche 62
kilka	quelque 55
kilo	kilo 80
kilometr	kilomètre 88
kino	cinéma 11
kiosk	kiosque 26
klasa	classe (école) 65
klasówka	interrogation (scolaire) 66
klasyczny	classique *(adj.)* 87
klient	client 27
kłopot	ennui 27 ; problème 31
klucz	clé 81
kobieta	femme 55
kochać (I -am, -asz)	aimer 50
kolacja	dîner *(n.)* 40
kolega	ami 9
kolej	tour *(m.)* 96
kolejka	queue (file d'attente) 83
kolejowy	ferroviaire 61
koleżanka	amie 15
koło	à côté 31
kolonie *(pl.)*	colonie 60
kolor	couleur 33
kolorowy	en couleur 94
kolumna	colonne 23
komedia	comédie 87
komfortowy	luxueux 17
komisariat	commissariat 67
komisja	commission 90
komórka	portable (téléphone) 90
komputer	ordinateur 37
koncert	concert 30
końcówka	terminaison 100
konferencja	conférence 6
koniec	fin *(n.)* 45
kontakt	contact 45
kontrola	contrôle 83
kopiarka	photocopieuse 86
korek	bouchon 88
kostium (kąpielowy)	maillot (de bain) 59

kosztować (I -uje)	coûter 17
koszula	chemise 15
koszulka	maillot 68
koszyk	panier 19
kradzież	vol (délit) 86
kraj	pays 82
krakowski	de Cracovie 80
krawat	cravate 92
kręgosłup	colonne vertébrale 79
krem	crème 41
krew	sang 79
krok	pas *(n.)* 71
król	roi 23
krótki	court *(adj.)* 33
kryształowy	de cristal 73
krytyk	critique *(n.)* 87
krzesło	chaise 36
książka	livre *(n. m.)* 82
księgarnia	librairie 94
księżyc	lune 34
kto	qui 5
który	quel 22 ; lequel 33
kucharski	de cuisine 94
kuchnia	cuisine (pièce) 36
kultura	culture 23
kupić (P -ę, -isz)	acheter 15
kupować (I -uję, -ujesz)	acheter 37, 61
kurtka	blouson 62
kwiat	fleur 78
kwiatek	petite fleur 67

L

lampka	verre 41
lata *(pl.)*	ans 25
latać (I -am, -asz)	voler (oiseau, avion) 83
lato	été 99
lądować (I -uję, -ujesz)	atterrir 83
lecieć (I -ę, -isz)	voler (oiseau, avion) 50, 53
lekarstwo	médicament 74
lekarz	médecin 29
lekcja	leçon 34
lepiej	mieux 19
lewo (w ~)	à gauche 18
leżeć (I -ę, -ysz)	être couché 71
liceum	lycée 44
liczyć (I -ę, -ysz)	compter 55

linia	ligne 90
lipiec	juillet 53
list	lettre 26
listonosz	facteur 43
litera	lettre (alphabet) 100
lodówka	réfrigérateur 40
lody *(pl.)*	glace (crème glacée) 16
lokal nocny	boîte de nuit 99
lot	vol (avion) 83
lotnisko	aéroport 83
lub	ou 61
lubić (I -ę, -isz)	aimer 18, 30
ludzie *(pl.)*	gens 31

Ł

ładnie	joliment 37
ładny	beau 23
łatwy	facile 96
łazienka	salle de bains 17
łączyć (I -ę, -ysz)	joindre 54
łowić (I -ę, -isz)	pêcher 60
łóżko	lit 37
łyżeczka	petite cuillère 73 ; cuillerée 74
łyżka	cuillère 73

M

maj	mai 58
malarstwo	peinture (tableau) 57
malarz	peintre 45
mało	peu 74
malowanie	peinture (action de peindre) 55
małpa	singe 39
mały	petit 36
małżeństwo *(sing.)*	couple marié 69
mama	maman 8
martwić (I -ę, -isz) się	se tracasser 58 ; s'inquiéter 85
marynarka	veste 64
marzenie	rêve 34
marzyć (I -ę, -ysz)	rêver 34
maska	capot 89
masło	beurre 19
matematyka *(sing.)*	mathématiques 66
materiał	programme 96
matura	baccalauréat 44
mąż	mari 24
mebel	meuble 36

mechanik	mécanicien 89
mecz	match 68
medycyna	médecine 44
metalowy	métallique 67
męski	pour hommes 59
miasto	ville 23
mieć	avoir 2, 6, 8
miejsce	place 6, 41
miesiąc	mois 52
mieszkać (I -am, -asz)	habiter 5, 9
mieszkanie	appartement 53
między	entre 78
mięso	viande 19
miło mi	suis enchanté 1
miły	gentil 4
minąć (P -ę, -esz)	passer 44
minuta	minute 68
mleko	lait 19
młodo	de manière jeune 50
młodszy	plus jeune 65
młody	jeune 8
mniej	moins 17
modny	à la mode 33
moi	mes 86
moja	ma 8
moment	moment 72
morze	mer 31
może	peut-être 10
można	il est possible de 26
móc (mogę, możesz, mogą)	pouvoir 8, 15
mój	mon 9
mówiąc	disant 32
mówić (I -ę, -isz)	parler 11, 13 ; dire 27
musieć (muszę, -isz)	devoir 40, 71, 83
musztarda	moutarde 80
muzeum	musée 72
muzyczny	musical 87
muzyka	musique 87
my	nous 32
mylić (I -ę, -isz) się	se tromper 68
myśleć (I -ę, -isz)	penser 27, 33, 94

N

na	pour 3 ; sur 10 ; aux 27 ; en 31
nacierpieć (P -ę, -isz) się	souffrir 79
nad	au-dessus, au bord de 31

nadzieja	espoir 6
najbardziej	le plus 39
najbliższy	le plus proche 61
najgorzej	le pire 59
najlepiej	le mieux 61
najlepszy	le meilleur 12
najmniej	le moins 47
najmniejszy	le moindre 92
najpierw	d'abord 44
największy	le plus grand 46
nakryć (P -ję, -jesz)	couvrir 73
nalewać (I -am, -asz)	verser 97
należy	il convient 92
namówić (P -ę, -isz)	persuader 76
napić (P -ję, -jesz) się	boire 29
napisać (P -szę, -szesz)	écrire 82
napisany	écrit *(p. passé)* 92
naprawa	réparation 89
naprawdę	vraiment 10
naprzeciwko	en face 90
nareszcie	enfin 43
narobić (P -ę, -isz)	faire 72
narty	skis 32
nastawnia	poste d'aiguillage 90
następnie	puis 18
następny	prochain 76
nasz	notre 43
nauka	science 23
nawet	même 37
nazywać (I -am, -asz) się	s'appeler 1
nic	rien 5
nie	non 3 ; ne pas 4
niebieski	bleu 67
niedawno	il n'y a pas longtemps 45
niedyskrecja	indiscrétion 82
niemożliwy	impossible 24
nieostrożny	imprudent 81
niepokoić (I -ję, -isz) się	s'inquiéter 65
nieprawda	pas vrai 58
niespodzianka	surprise 36
niestety	malheureusement 6
nieznajomy	inconnu 85
nigdy	jamais 57
nigdzie	nulle part 72
nikt	personne *(pr.)* 54
niż	que 79

no	et alors 31
noga	jambe 60
normalny	normal 50
nosić (I -szę, -sisz)	porter 33
notatka	note (annotation) 96
nowoczesny	moderne 57
nowy	neuf *(adj.)* 36 ; nouveau 48
nóż	couteau 73
nudzić się	s'ennuyer 99
numer	numéro 9

O

o	ah 10 ; à 30 ; de 33 ; oh 68 ; sur 82
obaj *(m.)*	les deux 65
obcy	étranger *(adj.)* 94
obiad	déjeuner *(n.)* 43
obiad (gotować (I -uję, -ujesz) ~)	préparer le déjeuner 51
obie *(f.)*	les deux 68
obiecać (P -am -asz)	promettre 52
oblać (P -ję, -jesz)	être collé à un examen 96
obok	à côté 51
obraz	tableau (peinture) 45
obrus	nappe 41
obserwować (I -uję, -ujesz)	observer 69
obudzić (P -ę, -isz)	réveiller 46
obyczaj *(sing.)*	mœurs *(pl.)* 82
ochota	envie 40
ocieplać (I -am, -asz) się	se réchauffer 58
oczy *(pl.)*	yeux 25, 86
oczywiście	bien sûr 9
od	depuis 34 ; de 37 ; contre 86
oddać (P -am, -asz)	rendre 78
odkąd	depuis (que) 37
odmiana	changement 66
odpiąć (P odepnę, -niesz)	détacher (ceinture) 83
odpocząć (P -nę, -niesz)	se reposer 76
odpowiadać (I -am, -asz)	répondre 27
odpowiedni	convenable 50
odpowiedzieć (P -em, -esz)	répondre 96
odzież *(sing.)*	vêtements 59
ogórek	concombre 40
ogród	jardin 97
ogrodowy	de jardinage 99
ogromny	immense 68
okazja	occasion 12

okno	fenêtre 41
oko	œil 89
okolica	région 76
około	vers (à peu près) 64
okropny	horrible 79
okulary *(pl.)*	lunettes 67
on	il 15
ona	elle 13
opalić (P -ę, -isz) się	bronzer 99
opera	opéra 32
operowany	opéré 79
opiekować (I -uję, -ujesz) się	prendre soin 79
opisać (P -szę, -esz)	décrire 67
opowiadać (I -am, -asz)	raconter 33
opowiedzieć (P -em, -esz)	raconter 44
oprawka	monture 67
oryginalny	original *(adj.)* 34
osoba	personne 17
osobiście	personnellement 32
ostatecznie	après tout 94
ostatni	dernier 17
ostatnio	dernièrement 27
oto	voici 17
otwarty	ouvert 73
otwierać (I -am, -asz)	ouvrir 69
otworzyć (P -ę, -ysz)	ouvrir 43
owoc	fruit 19
owocowy	de fruit 16
owszem	bien entendu 72
ożenić (P -ę, -isz) się	se marier 75

Ó

ósemka	huit 61
ósmy	huitième 22

P

paczka	colis 26
padać	tomber (pluie) 22, 58
pałac	palais 23
palący	fumeur 41
palić (I -ę, -isz)	fumer 15
pamiętać (I -am, -asz)	se souvenir 25 ; se rappeler 96
pan	monsieur 1
pani	madame 1
panna	mademoiselle 85

państwo	madame et monsieur 16
para	couple 69
parasolka	parapluie 78
parę	quelque 93
parter	rez-de-chaussée 59
pas	ceinture 83
pasek	rayure 62
pasjonujący	passionnant 44
pastylka	pastille 74
paszportowy	de passeport 83
patrzeć (I -ę, -ysz)	regarder 30
pech	malchance 88
perfumeria	parfumerie 59
personel	personnel *(n.)* 83
pewien	sûr 39, 66 ; certain 79
pewnie	sûrement 25
pewno	certainement 60
pewny	un certain 72
pianista	pianiste 87
piąty	cinquième 59
pić (I piję, -esz)	boire 46, 74
picie	boisson 2 ; action de boire 41
piec	four 48
pieczywo	pain 80
pielęgniarka	infirmière 79
pieniądze	argent (monnaie) 34
pierwszy	premier 39
pięć	cinq 25
pięćset	cinq cents 64
piękny	beau 46
piętnastka	le quinze (bus, tramway…) 61
piętro	étage 59
piłka nożna	football 68
pilnować (I -uję, -ujesz)	surveiller 62
pilny	urgent 54
piórnik	trousse (scolaire) 62
pióro	stylo 62
pisać (I -szę, -szesz)	écrire 62
piwo	bière 2
pizza	pizza 40
płacić (I -ę, -isz)	payer 80
plan	plan 52
plasterek	tranche 80
plecak	sac à dos 60
plus	plus 66
pływać (I -am, -asz)	nager 97

po	en 13 ; pour 19 ; après 32 ; par 64
pobiec (P -biegnę, -niesz)	courir 90
pociąg	train 61
początek	début 44
poczekać (P -am, -asz)	attendre 59
poczta	poste *(f.)* 26
pocztowy	postal 26
pod	sous 80
podać (P -am, -asz)	servir 2 ; donner 41
podarować (P -uję, -ujesz)	offrir 94
podawać (I -ję, -jesz)	donner 69
podlać (P -leję, -lejesz)	arroser 99
podlewać (I -am, -asz)	arroser 78
podmorski	sous-marin *(adj.)* 87
podnieść (P -niosę, -niesiesz)	relever 71
podobać (I -am, -asz) się	plaire 20, 39
podobno	il paraît 50
podobny	ressemblant 25 ; pareil 58
podpisanie	signature 86
podróż	voyage 25
podróżować (I -uję, -ujesz)	voyager 99
podstawowy	primaire (école) 65
poezja	poésie 32
pogoda	temps (météo) 58
pojechać (P pojadę, -jedziesz)	aller (en véhicule) 31
pojęcie	idée 72
pokazać (P -żę, -żesz)	montrer 36
pokój	chambre 17 ; pièce 64
pokroić (P ję, isz)	trancher 80
Polak	Polonais (personne) 100
polecić (P -ę, -isz)	recommander 95
polecieć (P -ę, -isz)	voler (oiseau, avion) 34
polecony	recommandé 26
policzyć (P -ę, -ysz)	compter 80
polisa	police (assurance) 86
polityka	politique 87
Polka	Polonaise (personne) 20
Polska	Pologne 20
polski	polonais (langue) 13
polubić (P -ę, -isz)	aimer 82
połamany	cassé 79
połączenie	connexion 37
położyć (P -ę, -ysz)	mettre 73
południe	midi 54, 57
pomagać (I -am, -asz)	aider 78
pomidorowy	à la tomate 41 ; de tomate 95

pomimo	malgré 100
pomnik	statue 23
pomóc (P -mogę, -możesz)	aider 18, 38
pomylić (P -ę, -isz) się	se tromper 72
pomyłka	erreur 5
pomysł	idée 15
pomyśleć (P -ę, -isz)	penser 36
ponad	au-dessus 76
poniedziałek	lundi 30
ponieważ	car *(conj.)* 72
popatrzeć (P -ę, -ysz)	regarder 75
popielniczka	cendrier 73
popijać (P -piję, -esz)	boire 95
popołudnie	après-midi 57
poprzedni	précédent 90
poradzić (P -ę, -isz)	conseiller 15
porządek	ordre 27
porzeczka	groseille 99
posłuchać (P -am, -asz)	écouter 85
posprzątać (P -am, -asz)	faire le ménage 10
postanowić (P -ę, -isz)	décider 55
pośpieszyć (P -ę, -ysz) się	se dépêcher 92
potem	ensuite 18
potrafić (I -ę, -isz)	connaître (savoir) 81
potrwać (P)	durer 83
potrzebować (I -uję, -ujesz)	avoir besoin 37
poważnie	sérieusement 74
poważny	grave (sérieux) 85
powiedzieć (P -em, -esz, -edzą)	dire 23
powieść	roman 32
powinien	il devrait 29
powód	raison 75
powodzenia	bonne chance 96
powtórzyć (P -ę, -ysz)	répéter 96
poza	à part 60
poznać (P -am, -asz)	reconnaître 25 ; connaître 79
pożar	incendie 53
pożegnać (P -am, -asz) się	se dire au revoir 100
pożyczka	emprunt, prêt 64
pożyczyć (P -ę, -ysz)	emprunter 37 ; prêter 78
pójść (P pójdę, pójdziesz)	aller (à pied) 22, 29
pół	demi 54
północ	minuit 58
półtora	un et demi 43
później	plus tard 54
praca	travail 24

pracować (I -uję, -ujesz)	travailler 15
pracownik	employé 86
praktycznie	pratiquement 32
pranie	faire une lessive 75
prasowanie	repassage 75
prawda	vérité 27
prawdopodobnie	probablement 89
prawdziwy	vrai (véritable) 39 ; véritable 55
prawie	presque 33
prawo	droit (juridique) 44
prawo (w ~)	à droite 61
prezent	cadeau 15
problem	problème 27
profesor	professeur 96
program	émission (télévisée) 87
proponować (I -uję, -ujesz)	proposer 57
prosić (I -szę, -isz)	prier 2
prosto	tout droit 18
prosty	simple 24
proszę	je vous en prie, s'il vous plaît 2
prośba	demande 55
przecena	soldes *(pl.)* 59
przecież	pourtant 33 ; puisque 41
przeciwnie	au contraire 95
przed	devant 23 ; avant 57
przede	avant 95
przedstawicielstwo	filiale 82
przedszkole	école maternelle 65
przedwczoraj	avant-hier 71
przegląd	révision 89
przegrać (P -am, -asz)	perdre 68
przejmować (I -uję, -ujesz) się	s'en faire 81
przejrzeć (P -ę, -ysz)	revoir 96
przejść (P przejdę, -dziesz)	traverser 61
przekonany	persuadé 69
przeminąć (P -ę, -esz)	passer 87
przemoc	violence 94
przepisać (P -ę, -esz)	prescrire, recopier 74
przepraszać (I -am, -asz)	s'excuser 3
przesadzać (I -am, -asz)	exagérer 69
przestać (P -nę, -niesz)	arrêter 76
przestawić (P -ę, -isz)	déplacer 90
przeszkadzać (I -am, -asz)	déranger 12
przewodnik	guide 94
przez	par 61 ; pendant 64
przeziębienie	refroidissement 85

przy	à côté 19
przychodzić (P -ę, -isz)	arriver (à pied) 73
przygodowy	d'aventures 32
przygotować (P -uję, -ujesz)	préparer 96
przyjaciel	ami 52
przyjazd	arrivée 71
przyjechać (P -jadę, -jedziesz)	arriver (en voiture) 71
przyjęcie	accueil 73
przyjemnie	agréable 65
przyjemność	plaisir 31
przyjrzeć (P -ę, -ysz) się	regarder 41
przyjść (P przyjdę, -dziesz)	venir (à pied) 38
przykład	exemple 78
przykro	désagréablement 26
przymierzalnia	cabine d'essayage 51
przymierzyć (P -ę, -ysz)	essayer 33
przymiotnik	adjectif 66
przynajmniej	au moins 74
przynieść (P -niosę, -niesiesz)	apporter 88
przynosić (I -noszę, -nosisz)	apporter 69
przypadek	cas 62 ; cas (grammatical) 66
przypominać (I -am, -asz)	rappeler 47
przysłowie	proverbe 100
przystanek	arrêt 61
przyszłość	avenir 34
przyszły	prochain 30
przytyć (P -ję, -jesz)	grossir 95
przywieźć (P -wiozę, -wiezie)	amener 89
przyznać (P -am, -asz)	avouer 75
pusty	vide *(adj.)* 53
puszcza	forêt 96
pytać (I -am, -asz)	demander 30
pytanie	question 27

R

rachunek	compte 80
racja	raison 22
raczej	plutôt 33
radio	radio 20
ranny	blessé 79
rano	matin 71
raz	fois 20 ; cas 26 ; moment 29
razem	ensemble *(adv.)* 19
recepta	ordonnance 74
reguła	règle (principe) 83
reklamacja	réclamation 27

remont *(sing.)*	travaux 55
reprodukcja	reproduction 94
restauracja	restaurant 40
reumatyzm *(sing.)*	rhumatismes 38
rezerwat	réserve (parc) 39
rezultat	résultat 95
ręczny	manuel *(adj.)* 90
ręka	main 69
robak	ver 97
robić (I -ę, -isz)	faire 10, 22
robota	boulot (travail) 78
rodzaj	genre 87
rodzice *(pl.)*	parents (père et mère) 25
rodzina	famille 3
rok	an 25
rosnąć (I -ę, -esz)	pousser (croître) 78
roślina	plante 78
rower	vélo 32
rozgrywać się (I)	se dérouler 92
rozmawiać (I -am, -asz)	parler 54
rozmiar	taille (dimensions) 15
rozrywka	distraction 32
rozrywkowy	de variété 87
rozumieć (I -em, -esz, -eją)	comprendre 5
rozwieść (P -odę, -edziesz) się	divorcer 75
rozwód	divorce 75
róg	coin 61
różnić (I -ę, -isz) się	se différencier 82
ruch	circulation 88
rura wydechowa	pot d'échappement 88
ruszać (I -am, -asz) się	bouger 97
ryba	poisson 60
rynek	place du marché 61
rysować (I -uję, -ujesz)	dessiner 45
ryż	riz 41
ryzykować (I -uję, -ujesz)	risquer 71
rzadko	rarement 57
rząd	suite 80 ; rang 92
rzecz	chose 19
rzeczywiście	effectivement 29
rzeczywistość	réalité 75
rzucić (P -ę, -isz)	jeter 89

S

sadzić (I -ę, -isz)	planter 99
sala	salle 41

salceson	fromage de tête 80
sam	seul 1
samochód	voiture 69
samolot	avion 83
sąsiad	voisin *(n. m.)* 37
sąsiadka	voisine *(n. f.)* 94
sąsiedni	voisin *(adj.)* 90
schab	filet de porc 2
schody *(pl.)*	escalier 59
schudnąć (P -ę, -esz)	maigrir 95
sędzia	arbitre 68
sekretarka	répondeur 47
seks	sexe 94
ser	fromage 40
serial	série 87
siadać (I -am, -asz)	s'asseoir 38
siedemset	sept cents 76
siedzieć (I -ę, -isz)	être assis 22
sierpień	août 53
silnik	moteur 88
siostra	sœur 25
siódmy	septième 92
skaner	scanner *(n.)* 37
skarżyć (I -ę, -ysz) się	se plaindre 27
skąd	d'où 13
skierować (P -uję, -ujesz)	diriger 90
składać się (I)	se composer 32
sklep	magasin (commerce) 33
skomplikowany	compliqué 74
skończyć (P -ę, -ysz)	terminer 44 ; finir 64
skórzany	de cuir 59
skorzystać (P -am, -asz)	profiter 57
skosić (P -szę, -sisz)	tondre 99
skręcić (P -ę, -isz)	tourner 61
skrzynia	boîte 89
skrzyżowanie	croisement 18
skutek	effet (résultat) 97
słabo	faiblement 13
słodycze *(pl.)*	sucreries 95
słoik	pot 80
słońce	soleil 57
słowo	mot 93
słuch	ouïe 27
słuchać (I -am, -asz)	écouter 5
słusznie	justement 80
służbowy	professionnel 82

służyć (I -ę, -ysz)	être utile 17
słychać	on entend 24
słyszeć (I -ę, -ysz)	entendre 46
smacznego	bon appétit 2
smutny	triste 39
sobota	samedi 59
sok	jus 95
sól	sel 78
sos	sauce 41
spać (I śpię, śpisz)	dormir 29
spacer	promenade 22
spanie	action de dormir 60
specjalnie	spécialement 100
specjalny	spécial 11
spędzać (I -am, -asz)	passer 52
spodenki *(pl.)*	short 68
spodnie *(pl.)*	pantalon 33
spodobać (P -am, -asz) się	plaire 39
spodziewać (I -am, asz) się	attendre (espérer) 75
spokój *(n.)*	calme 81
sporo	pas mal de 94
sport	sport 32
sposób	moyen *(n.)* 38
spotkać (P -am, -asz)	rencontrer 19
spotkanie	rencontre 44
spotykać (I -am, -asz)	rencontrer 85
spożywczy	d'alimentation 80
spóźniać (I -am, -asz) się	être en retard 43
sprawa	affaire 75
sprawdzać (I -am, -asz)	vérifier 62
sprawdzian	contrôle 66
sprawdzić (P -ę, -isz)	vérifier 47
spróbować (P -uję, -ujesz)	essayer 54
sprzedawać (I -daję, -dajesz)	vendre 45
sprzęt	équipement 59
spuszczać (I -am, -asz)	quitter 86
stać (I stoję, -isz)	être debout, à l'arrêt 48
stać (P) się	se passer 72
stacja obsługi	station-service 88
stadion	stade 68
stan	état 79
stanąć (P -ę, -esz)	se mettre 83
starać (I -am, -asz) się	essayer 78
starszy	plus vieux 50
stary	vieux 23
stawać (I -ję, -jesz)	se présenter 90

stawiać (I -am, -asz)	mettre 71
stąd	d'ici (lieu) 68
stolik	table 41
stopień	note scolaire 66 ; marche 76
stół	table 10
stracić (P -ę, -isz)	perdre 79
strajk	grève 83
straż pożarna	pompiers 53
strona	part 85
studiować (I -uję, -ujesz)	étudier 44
stwierdzić (P -ę, -isz)	constater 90
styl	style 94
sucharek	biscotte 95
sukienka	robe 33
sweter	pull 25
swoje	ses 57
Sylwester	Saint-Sylvestre 51
syn	fils 9
sypialnia	chambre 37
syrop	sirop 74
szary	gris 67
szczególnie	particulièrement 32
szczególny	particulier 67
szczery	sincère 96
szczerze	franchement 83
szczęście	bonheur 68
szczęśliwy	heureux 69
szczupły	mince 67
szef	patron 54
szklanka	verre 74
szkodzić (I -ę, -isz)	faire tort (nuire) 5
szkolny	scolaire 65
szkoła	école 62
szminka	rouge à lèvres 59
sznycel	escalope 41
szpital	hôpital 44
sztućce *(pl.)*	couvert (ustensiles de table) 73
sztuka	art 94
szuflada	tiroir 62
szukać (I -am, -asz)	chercher 10
szybciej	plus vite 59
szybko	vite 45
szynka	jambon 40

Ś

ślad	trace 88

śliwka	prune 99
śmieszny	drôle 39
śmietana (bita ~)	crème chantilly 16
śmietanka	crème 16
śniadanie	petit-déjeuner 46
śnieg	neige 58
śpieszyć (I -ę, -ysz) się	se presser 51
środa	mercredi 30
świadectwo	bulletin (scolaire) 65
światło	lumière 92
świetnie	formidablement 4 ; parfaitement 55
świeży	frais *(adj.)* 45
święto	fête 52

T

tabletka	comprimé *(n.)* 74
tablica	panneau 59
tak	oui 1 ; si 20
taki	si 8 ; tel 26
talerz	assiette 73
tam	là-bas 4, 8
tanio	bon marché 45
tapczan	divan 37
tata	papa 8 ; père 25
teatr	théâtre 22
telefon	téléphone 26
telefonicznie	par téléphone 90
telefoniczny	téléphonique 94
telewizor	téléviseur 17
temat	sujet 34
ten	ce 15 ; celui 97
tenis	tennis 32
teraz	maintenant 23
teść	beau-père 52
też	aussi 1
tłok	cohue 59
tor	voie 90
torba	sac 83
towarowy	de marchandise 59
tradycja	tradition 52
tramwaj(owy)	(de) tramway 61
trawa	herbe 99
trochę	un peu 13
trójka	trois (note, chaîne TV, etc.) 66
trudno	difficilement 23 ; tant pis 41
trudność	difficulté 100

trudny difficile 44
trzeba il faut 10
trzeci troisième 59
trzy trois 26
trzydzieści trente 50
trzymać (I -am, -asz) tenir 52
trzysta trois cents 47
tu ici 1
turysta touriste 82
turystyczny touristique 94
tutaj ici 9
twój ton (à toi) *(possessif)* 8
ty toi 11
tydzień semaine 3
tyle tant 44
tylko seulement 36
typ type (sorte) 86
tysiąc mille 68
tytuł titre 82

U

u chez 3
ubezpieczać (I -am, -asz) assurer 86
ubezpieczenie assurance 86
ubezpieczeniowy d'assurance 86
ubierać (I -am, -asz) się s'habiller 11
ubrać (P -biorę, -bierzesz) się s'habiller 22
ubrany habillé 67
uczyć (I -ę, -ysz) się étudier 65
udać się réussir 95
udawać (I -ję, -jesz) faire semblant 81
udzielić (P -ę, -isz) fournir 86
uf ouf 59
ukraść (P -ukradnę, -niesz) voler (dérober) 81
ulga soulagement 83
ulica rue 9
ulubiony préféré 32
umieć (I -em, -esz) savoir 71
umowa contrat 86
umówić (P -ę, -isz) się fixer un rendez-vous 86
unikać (I -am, -asz) éviter 38
uniknąć (P -ę, -esz) éviter 88
upaść (P -padnę, -esz) tomber 71
upodobanie goût 94
uprawiać (I -am, -asz) pratiquer 95

uprzedzić (P -ę, -isz)	prévenir 90
uprzejmy	aimable 27
uraz	traumatisme 79
urlop	congé 55
uroczy	adorable 85
uruchomić (P -ę, -isz)	démarrer 81
uspokoić (I -ję, -isz)	calmer 67
usta *(pl.)*	bouche 25
usterka	dommage 89
uszkodzony	endommagé 90
uśmiech	sourire 100
uśmiechnięty	souriant 85
uwaga	attention *(n.)* 85
uważać (I -am, -asz)	trouver (opinion) 69
uwielbiać (I -am, -asz)	adorer 30

W

w	à 17 ; dans 23 ; en 27
wahać (I -am, -asz) się	hésiter 50
wakacje *(pl.)*	vacances 6
walizka	valise 83
warto	ça vaut la peine 76
wartość	valeur 86
warunek	condition 94
warzywo	légume 19
wąsy *(pl.)*	moustache 67
ważny	important 50
wcale nie	pas du tout 27
wcześnie	tôt 43
wcześniej	plus tôt 64
wczoraj	hier 48
we	en 30
wędlina	charcuterie 80
wejść (P wejdę, -dziesz)	monter 76 ; entrer 78
wernisaż	vernissage 45
wersalka	canapé-lit 36
wiadomość	informations, message 47
wiatr	vent 58
widać	on voit 68
widelec	fourchette 73
widocznie	apparemment 47
widok	vue 76
widzieć (I -ę, -isz)	voir 10
wieczór	soir 5
wiedzieć (I -em, -esz, -edzą)	savoir *(v.)* 9

wiele	beaucoup 55
Wielkanoc	Pâques 52
wielki	énorme 31
wieś	campagne 53
więc	alors 18 ; eh bien 38 ; donc 64
więcej	plus 79
większy	plus grand 68
wieża	tour *(f.)* 76
wigilia	réveillon 52
wilgoć	humidité 38
winda	ascenseur 59
wino	vin 12
wioska	village 90
wiosna	printemps 99
wizyta	visite 39
wyjątkowo	exceptionnellement 99
wkładać (I -am, -asz)	mettre 97
wkrótce	bientôt 73
właściwie	proprement 45 ; au juste 94
właśnie	justement 9
własny	propre (à soi) 97
włączać (I -am, -asz)	allumer 22
włączyć (P -ę, -ysz)	allumer, mettre 89
Włochy *(pl.)*	Italie 53
włos	cheveu 67
włożyć (P -ę, -ysz)	mettre 48
wniosek	conclusion 97
woda	eau 31
wodny	nautique 31
woleć (I -ę, -isz)	préférer 32
wolność	liberté 39
wolny	libre 6
wódka	vodka 97
wózek	chariot 19
wpół	demi 48
wracać (I -am, -asz)	rentrer 51
wręcz	bien (tout à fait) 95
wreszcie	enfin 50
wrócić (P -ę, -isz)	rentrer 64
wschód słońca	lever du soleil 57
wspaniały	magnifique 51
wstąpić (P, -ę, -isz)	passer 64
wstawać (I -ję, -jesz)	se lever 46
wstyd	honte 72
wszędzie	partout 58
wszelki	tout 93

wszyscy	tous 31
wszystko	tout *(pr.)* 12
wtorek	mardi 30
wujek	oncle 90
wy	vous 24
wybór	choix 94
wychodzić (I -ę, -isz)	sortir 50
wychowany	élevé (éduqué) 85
wyciąg	téléski 71
wycieczka	excursion 60
wydać (P -am, -asz)	rendre 80
wydanie	édition 94
wydarzenie	événement 65
wydawać (I) się	sembler 71
wyglądać (I -am, -asz)	sembler 29
wygodny	confortable 76
wygrać (P -am, -asz)	gagner 68
wyjąć (P wyjmę, -iesz)	sortir 48
wyjątkowy	exceptionnel 79
wyjazd	départ 53
wyjechać (P -jadę, -jedziesz)	partir 44
wyjeżdżać (I -am, -asz)	partir 3
wyjście	solution 94
wykąpać (P -ę, -esz) się	prendre un bain 38
wykład	cours (université) 96
wyleczony	guéri 38
wymagać (I -am, -asz)	exiger 55
wymawiać (I -am, -asz)	prononcer 100
wymiana	changement 55
wymienić (P -ę, -isz)	changer 89
wyobrażać (I -am, -asz) sobie	s'imaginer 71
wypadek	accident 71
wypełnić (P -ę, -isz)	remplir 26
wyrozumiały	indulgent 96
wyrwać (P -ę, -esz)	arracher 93
wysiadać (I -am, -asz)	descendre 69
wysiłek	effort 55
wysłać (P -ślę, -ślesz)	envoyer 26
wysoki	délicieux 67
wystarczyć (P)	suffire 24
wystawa	vitrine 51
wystawiać (I -am, -asz)	exposer 57
wyśmienity	expliquer 95
wytłumaczyć (P -ę, -ysz)	grand 74
wywiad	interview 87
wziąć (P wezmę, weźmiesz)	prendre 55

Z

z	de (provenance) 3
za	derrière 31 ; trop 33 ; pour 82
zabawa	jeu 60
zabawka	jouet 59
zabrać (P -biorę, -bierzesz)	prendre 46
zabraknąć (P)	manquer 64
zachód słońca	coucher de soleil 57
zaciąć się (P)	se coincer 89
zaczekać (P -am, -asz)	attendre 54
zaczynać (I -am, -asz)	commencer 34
zadać (P -am, -asz)	poser 96
zadziwiający	étonnant 78
zadzwonić (P -ę, -isz)	téléphoner 26
zaginąć (P -ę, -esz)	disparaître 67
zagranica	étranger 31
zająć (P zajmę, -miesz)	prendre 89
zajęcie	activité 60 ; cours (université) 96
zajęty	occupé 30
zajmować (I -uję, -ujesz) się	s'occuper 55
zakład	établissement 86
zakupy *(pl.)*	courses 19
załatwić (P -ę, -isz)	régler 93
zależy	ça dépend 26
założyć (P -ę, -ysz)	mettre 76
zamek	château 23
zamiar	intention 82
zamierzać (I -am, -asz)	avoir l'intention 94
zamknąć (P -ę, -esz)	fermer 81
zamknięty	fermé 4
zamrażarka	congélateur 40
zamykać (I -am, -asz)	fermer 81
zapach	odeur 46
zapałka	allumette 74
zapalniczka	briquet 15
zapiąć (P -pnę, -pniesz)	attacher 83
zapominać (I -am, -asz)	oublier 76
zapomnieć (P -ę, -isz)	oublier 46
zapraszać (I -am, -asz)	inviter 12
zaproponować (P -uję, -ujesz)	proposer 86
zaprosić (P -szę, -sisz)	inviter 30
zaproszenie	invitation 30
zapytać (P -am, -asz)	demander 18
zarabiać (I -am, -asz)	gagner 34
zaraz	tout de suite 48

zarezerwowany	réservé (retenu) 100
zastanawiać (I -am, -asz) się	se demander 79
zastępować (I -uję, -ujesz)	remplacer 15
zatrzymać (P -am, -asz) się	s'arrêter 88
zaufanie	confiance 65
zauważyć (P -ę, -ysz)	remarquer 69
zawiadowca	chef de gare 90
zawiedziony	déçu 52
zawód	métier 34
zawsze	toujours 43
ząb	dent 93
zbierać (I -am, -asz)	cueillir 99
zdawać (I -ję -, -esz)	réussir (un examen) 65
zdanie	avis 33
zdarzać się (I)	survenir 100
zdawać (I -ję, -jesz)	passer (un examen) 65
zdawać (I) się	sembler 79
zdążyć (P -ę, -ysz)	arriver à temps 93
zdechnąć (P -ę, -esz)	mourir (animaux) 97
zdenerwować (P -uję, -ujesz)	énerver 72
zdjęcie	photo 8
zdrowie	santé 24
zdrowy	en bonne santé 85
ze	avec 16
zebranie	réunion 54
zegar	pendule 86
zegarek	montre 48
zejść (P zejdę, zejdziesz)	descendre 76
zepsuty	cassé 26
zero	zéro 68
zeszły	passé 71
zgadnąć (P -ę, -esz)	deviner 72
zgłosić (P -szę, -sisz)	signaler 83
zielony	vert 33
ziemniak	pomme de terre 80
zima	hiver 32
zimno	froidement 22
złapać (P -ę, -esz)	attraper 60
złoty	zloty 47
zły	mauvais 58
zmęczony	fatigué 25
zmiana	changement 36
zmieniać (I -am -asz)	changer 50
zmienić (P -ę, -isz)	changer 36
zmuszony	obligé 85
zmywarka	lave-vaisselle 73

znać (I -am, -asz)	connaître 9
znaczyć (I)	signifier 24
znak	signe 67
znakomity	excellent 38
znaleźć (P znajdę, -dziesz)	trouver 50
zniechęcać (I -am, -asz) się	se décourager 95
znienacka	à l'improviste 89
znosić (I -noszę, -sisz)	supporter 58
znowu	de nouveau 54
zobaczyć (P -ę, -ysz)	voir 8
zoo	zoo 39
zostać (P -stanę, -staniesz)	devenir 34 ; rester 76
zostawiać (I -am, -asz)	laisser 53
zostawić (P -ę, -esz)	laisser 47
zrobić (P -ę, -isz)	faire 27
zrozumieć (P -em, -esz, -eją)	comprendre 93
zupa	soupe 2
zupełnie	tout à fait 76
zwiedzać (I -m, -asz)	visiter 99
zwiedzić (P -ę, -isz)	visiter 99
zwolnienie	arrêt 55
zwrotnica	aiguillage 90
zwrócić (P -ę, -isz)	rendre 47
zwrócić (P -ę, -isz) uwagę	faire une remarque 85
zwykle	d'habitude 27
zwykły	normal (ordinaire) 26 ; simple 85

Ź

źle	mal *(adv.)* 29

Ż

żaden	aucun 83
żałować (I -uję, -ujesz)	regretter 55
żartować (I -uję, -ujesz)	plaisanter 33
że	que 6
żebro	côte 79
żeby	pour (que) 34
żłobek	crèche 65
żona	femme (épouse) 13
żółty	jaune 68
żubr	bison 39
żyć (I -ję, -jesz)	vivre 39
życie	vie 39
żyrafa	girafe 39

Lexique français - polonais

A

à	do 2 ; w 17 ; o 30
a (il y ~)	jest 2
accident	wypadek 71
accueil	przyjęcie 73
acheter	kupić (P -ę, -isz) 15 ; kupować (I -uję, -ujesz) 37, 61
acte	akt 92
action	akcja 92
action de boire	picie 41
activité	zajęcie 60
actrice	aktorka 34
adjectif	przymiotnik 66
adorable	uroczy 85
adorer	uwielbiać (I -am, -asz) 30
aéroport	lotnisko 83
affaire	sprawa 75
affamé	głodny 40
affectueux	czuły 69
agence	agencja 86
agent	agent 86
agréable	przyjemnie 65
ah	o 10 ; ach 45
aider	pomóc (P -mogę, -możesz) 18, 38 ; pomagać (I -am, -asz) 78
aiguillage	zwrotnica 90
aimable	uprzejmy 27
aimer	lubić (I -ę, -isz) 18, 30 ; kochać (I -am, -asz) 50 ; polubić (P -ę, -isz) 82
alcool	alkohol 97
alimentation (d'~)	spożywczy 80
aller (à pied)	iść (I idę, idziesz) 9, 11, 18, 19 ; dojść (P dojdę, dojdziesz) 18 ; pójść (P pójdę, pójdziesz) 22, 29 ; chodzić (I chodzę, -isz) 40
aller (en véhicule)	jechać (I jadę, jedziesz) 6, 61 ; pojechać (P pojadę, -jedziesz) 31 ; jeździć (I jeżdżę, jeździsz) 32 ; dojechać (P -jedziesz, -dzie) 88
allô	halo 5
allumer	włączać (I -am, -asz) 22 ; włączyć (P -ę, -ysz) 89
allumette	zapałka 74
alors	więc 18

amazonien	amazoński 96
amener	przywieźć (P -wiozę, -wiezie) 89
américain	amerykański 87
ami	kolega 9
amie	koleżanka 15
ami	przyjaciel 52
an	rok 25
anglais	angielski 13
Anglais	Anglik 68
ans	lata *(pl.)* 25
août	sierpień 53
apparemment	widocznie 47
appartement	mieszkanie 53
appeler (s'~)	nazywać (I -am, -asz) się 1
appeler (téléphoner)	dzwonić (I -ę, -isz) 47
appétit (bon ~)	smacznego 2
apporter	przynosić (I -noszę, -nosisz) 69 ; przynieść (P -niosę, -niesiesz) 88
après	po 32
après-midi	popołudnie 57
après tout	ostatecznie 94
arbitre	sędzia 68
arbre	drzewo 96
archéologue	archeolog 50
argent (monnaie)	pieniądze 34
arracher	wyrwać (P -ę, -esz) 93
arrêt	zwolnienie 55 ; przystanek 61
arrêter	przestać (P -nę, -niesz) 76
arrêter (s'~)	zatrzymać (P -am, -asz) się 88
arrivée	przyjazd 71
arriver (à pied)	przychodzić (P -ę, -isz) 73
arriver (en voiture)	przyjechać (P -jadę, -jedziesz) 71
arriver à temps	zdążyć (P -ę, -ysz) 93
arroser	podlewać (I -am, -asz) 78 ; podlać (P -leję, -lejesz) 99
art	sztuka 94
ascenseur	winda 59
asseoir (s'~)	siadać (I -am, -asz) 38
assez	dosyć 18
assiette	talerz 73
assis (être ~)	siedzieć (I -ę, -isz) 22
assurance	ubezpieczenie 86
assurance (d'~)	ubezpieczeniowy 86
assurer	ubezpieczać (I -am, -asz) 86
atmosphère	atmosfera 58
attacher	zapiąć (P -pnę, -pniesz) 83

attendre	czekać (I -am, -asz) 43 ; zaczekać (P -am, -asz) 54 ; poczekać (P -am, -asz) 59
attendre (espérer)	spodziewać (I -am, asz) się 75
attention *(n.)*	uwaga 85
atterrir	lądować (I -uję, -ujesz) 83
attraper	złapać (P -ę, -esz) 60
au revoir	do widzenia 5
au revoir (se dire ~)	pożegnać (P -am, -asz) się 100
aucun	żaden 83
au-dessus	nad 31 ; ponad 76
aujourd'hui	dzisiaj 11 ; dziś 22
aujourd'hui (d'~)	dzisiejszy 80
aussi	też 1
automatique	automatyczny 90
autour	dookoła 52
autre	drugi 24 ; inny 48
autrefois	dawniej 39
autrement	inaczej 88
aux	na 27
avant	przed 57 ; przede 95
avant-hier	przedwczoraj 71
avec	ze 16
avenir	przyszłość 34
aventures (d'~)	przygodowy 32
avion	samolot 83
avis	zdanie 33
avoir	mieć 2, 6, 8
avouer	przyznać (P -am, -asz) 75

B

baccalauréat	matura 44
bagage	bagaż 83
baignade	kąpiel 31
baigner (se ~)	kąpać (I -ę, -esz) się 60
bain (de ~)	kąpielowy 59
bain (prendre un ~)	wykąpać (P -ę, -esz) się 38
balcon	balkon 92
banque	bank 4
barbe	broda 67
bas *(n.)*	dół 69
bâtiment	budynek 23
beau	ładny 23 ; piękny 46
beaucoup	bardzo 5 ; dużo 19 ; wiele 55
beau-père	teść 52
besoin (avoir ~)	potrzebować (I -uję, -ujesz) 37
bête *(adj.)*	głupi 81

beurre	masło 19
bien	dobrze 11
bien (tout à fait)	wręcz 95
bien entendu	owszem 72
bien sûr	oczywiście 9
bientôt	wkrótce 73
bière	piwo 2
billet	bilet 92
biographie	biografia 32
biscotte	sucharek 95
bison	żubr 39
bizarre	dziwny 23
blanc	biały 68
blessé	ranny 79
bleu	niebieski 67
blouson	kurtka 62
boire	napić (P -ję, -jesz) się 29 ; pić (I piję, -esz) 46, 74 ; popijać (P -piję, -esz) 95
boisson	picie 2
boîte	skrzynia 89
boîte de nuit	lokal nocny 99
bon	dobry 1
bon marché	tanio 45
bonheur	szczęście 68
bonjour	dzień dobry 1
bord (au ~ de)	nad 31
bouche	usta *(pl.)* 25
bouchon	korek 88
boudin	kaszanka 80
bouger	ruszać (I -am, -asz) się 97
boulot (travail)	robota 78
briquet	zapalniczka 15
bronzer	opalić (P -ę, -isz) się 99
bruit	hałas 88
bulletin (scolaire)	świadectwo 65
bureau (de ~)	biurowy 86
bureau (table)	biurko 10
bureau (travail)	biuro 64
bureau de change	kantor 4
bus	autobus 61
but	bramka 68

C

cabine	budka 26
cabine d'essayage	przymierzalnia 51
cactus	kaktus 78

cadeau	prezent 15
café (à boire)	kawa 16
café (endroit)	kawiarnia 16
caisse	kasa 19
calme	spokój *(n.)* 81
calmer	uspokoić (I -ję, -isz) 67
campagne	wieś 53
canapé-lit	wersalka 36
candidat	kandydat 50
capot	maska 89
car *(conj.)*	ponieważ 72
carrelage	kafelek 55
carte (à jouer)	karta 32
carte (postale)	kartka 26
cas	raz 26 ; przypadek 62
cas (grammatical)	przypadek 66
cassé	zepsuty 26 ; połamany 79
ce	ten 15
ceinture	pas 83
célibataire	kawaler 75
celui	ten 97
cendrier	popielniczka 73
central	centralny 61
centre	centrum 23
cerise	czereśnia 99
certain	pewien 79
certain (un ~)	pewny 72
certainement	pewno 60
chaise	krzesło 36
chambre	pokój 17 ; sypialnia 37
champignon (de ~)	grzybowy 41
chance (bonne ~)	powodzenia 96
changement	zmiana 36 ; wymiana 55 ; odmiana 66
changer	zmienić (P -ę, -isz) 36 ; zmieniać (I -am -asz) 50 ; wymienić (P -ę, -isz) 89
chaque	każdy 48
charcuterie	wędlina 80
chariot	wózek 19
château	zamek 23
chaudement	gorąco 59
chaussure	but 76
chef de gare	zawiadowca 90
chef-d'œuvre	dzieło 86
chemin	droga 89
chemise	koszula 15
chemisier	bluzka 33

chercher	szukać (I -am, -asz) 10
cheveu	włos 67
chez	u 3 ; do 9
Chine	Chiny (pl.) 82
chocolat (au ~)	czekoladowy 16
choix	wybór 94
chose	rzecz 19
choucroute	bigos 2
cinéma	kino 11
cinq	pięć 25
cinq cents	pięćset 64
cinquième	piąty 59
circulation	ruch 88
citron	cytryna 16
clair	jasny 8
classe (école)	klasa 65
classique *(adj.)*	klasyczny 87
clé	klucz 81
client	klient 27
cohue	tłok 59
coin	róg 61
coincer (se ~)	zaciąć się (P) 89
colis	paczka 26
collé (être ~ à un examen)	oblać (P -ję, -jesz) 96
collège	gimnazjum 65
colonie	kolonie *(pl.)* 60
colonne	kolumna 23
colonne vertébrale	kręgosłup 79
combien	ile 17
comédie	komedia 87
comme	jak 11
commencer	zaczynać (I -am, -asz) 34
comment	jak 15
commerce	handel 44
commercial	handlowy 23
commissariat	komisariat 67
commission	komisja 90
compliqué	skomplikowany 74
composer (se ~)	składać się (I) 32
comprendre	rozumieć (I -em, -esz, -eją) 5 ; zrozumieć (P -em, -esz, -eją) 93
comprimé *(n.)*	tabletka 74
compter	liczyć (I -ę, -ysz) 55 ; policzyć (P -ę, -ysz) 80
compte	rachunek 80
concert	koncert 30
conclusion	wniosek 97

concombre	ogórek 40
condition	warunek 94
conférence	konferencja 6
confiance	zaufanie 65
confortable	wygodny 76
congé	urlop 55
congélateur	zamrażarka 40
connaître	znać (I -am, -asz) 9 ; poznać (P -am, -asz) 79
connaître (savoir)	potrafić (I -ę, -isz) 81
connexion	połączenie 37
conseiller	poradzić (P -ę, -isz) 15
constater	stwierdzić (P -ę, -isz) 90
contact	kontakt 45
content (être ~)	cieszyć (I -ę, -ysz) się 85
contraire (au ~)	przeciwnie 95
contrat	umowa 86
contre	od 86
contrôle	sprawdzian 66 ; kontrola 83
convenable	odpowiedni 50
convient (il ~)	należy 92
costume	garnitur 59
côte	żebro 79
côté (à ~)	przy 19 ; koło 31 ; obok 51
couché (être ~)	leżeć (I -ę, -ysz) 71
coucher de soleil	zachód słońca 57
couleur	kolor 33
couleur (en ~)	kolorowy 94
couple	para 69
couple marié	małżeństwo *(sing.)* 69
courant (en ~)	biegiem 90
courir	biegnąć (I biegnę, -niesz) 51 ; pobiec (P -biegnę, -niesz) 90
cours (université)	wykład, zajęcie 96
courses	zakupy *(pl.)* 19
court *(adj.)*	krótki 33
couteau	nóż 73
coûter	kosztować (I -uje) 17
couvert (ustensiles de table)	sztućce *(pl.)* 73
couvrir	nakryć (P -ję, -jesz) 73
Cracovie (de ~)	krakowski 80
cravate	krawat 92
crèche	żłobek 65
crème	śmietanka 16 ; krem 41
crème chantilly	bita śmietana 16
cristal (de ~)	kryształowy 73
critique *(n.)*	krytyk 87

croisement	skrzyżowanie 18
cueillir	zbierać (I -am, -asz) 99
cuillère (petite ~)	łyżeczka 73
cuillère	łyżka 73
cuillerée	łyżeczka 74
cuir (de ~)	skórzany 59
cuisine (de ~)	kucharski 94
cuisine (pièce)	kuchnia 36
culture	kultura 23

D

d'abord	najpierw 44
d'ici (lieu)	stąd 68
d'où	skąd 13
dames (pour ~)	damski 59
dans	w 23
de	o 33 ; od 37
de (provenance)	z 3
debout, à l'arrêt (être ~)	stać (I stoję, -isz) 48
début	początek 44
décagramme	deka 80
décider	postanowić (P -ę, -isz) 55
décourager (se ~)	zniechęcać (I -am, -asz) się 95
décrire	opisać (P -szę, -esz) 67
déçu	zawiedziony 52
déjà	już 4
déjeuner *(n.)*	obiad 43
déjeuner (préparer le ~)	obiad (gotować (I -uję, -ujesz) ~) 51
délicieux	wyśmienity 95
demain	jutro 3
demande	prośba 55
demander	zapytać (P -am, -asz) 18 ; pytać (I -am, -asz) 30
demander (se ~)	zastanawiać (I -am, -asz) się 79
démarrer	uruchomić (P -ę, -isz) 81
demi	wpół 48 ; pół 54
dent	ząb 93
dentiste	dentysta 93
départ	wyjazd 53
dépêcher (se ~)	pośpieszyć (P -ę, -ysz) się 92
dépend (ça ~)	zależy 26
déplacer	przestawić (P -ę, -isz) 90
depuis	od 34
depuis (que)	odkąd 37
déranger	przeszkadzać (I -am, -asz) 12

dernier	ostatni 17
dernièrement	ostatnio 27
dérouler (se ~)	rozgrywać się (I) 92
derrière	za 31
désagréablement	przykro 26
descendre	wysiadać (I -am, -asz) 69 ; zejść (P zejdę, zejdziesz) 76
désespéré	beznadziejny 79
dessert	deser 41
dessert (à ~)	deserowy 73
dessiner	rysować (I -uję, -ujesz) 45
détacher (ceinture)	odpiąć (P odepnę, -niesz) 83
deux	dwa 17
deux (chaîne TV, note…)	dwójka 66
deux (les ~)	obaj *(m.)* 65 ; obie *(f.)* 68
deuxième	drugi 20
devant	przed 23
devenir	zostać (P -stanę, -staniesz) 34
deviner	zgadnąć (P -ę, -esz) 72
devoir	musieć (muszę, -isz) 40, 71, 83
devrait (il ~)	powinien 29
dictée	dyktando 66
Dieu	Bóg 81
différencier (se ~)	różnić (I -ę, -isz) się 82
difficile	trudny 44
difficilement	trudno 23
difficulté	trudność 100
dîner *(n.)*	kolacja 40
dire	powiedzieć (P -em, -esz, -edzą) 23 ; mówić (I -ę, -isz) 27
direct	bezpośredni 61
directeur	dyrektor 27
diriger	skierować (P -uję, -ujesz) 90
disant	mówiąc 32
disparaître	zaginąć (P -ę, -esz) 67
distraction	rozrywka 32
distributeur de billets	bankomat 4
divan	tapczan 37
divorce	rozwód 75
divorcer	rozwieść (P -odę, -edziesz) się 75
dix	dziesięć 43
docteur	doktor 38
documentaire	dokumentalny 87
dommage	usterka 89
donc	więc 64

donner	dać (P dam, dasz, dadzą) 38 ; podać (P -am, -asz) 41 ; podawać (I -ję, -jesz) 69
dormir	spać (I śpię, śpisz) 29
dormir (action de ~)	spanie 60
douloureux	bolesny 71
droit (juridique)	prawo 44
droit (tout ~)	prosto 18
droite (à ~)	w prawo 61
drôle	śmieszny 39
durer	potrwać (P) 83

E

eau	woda 31
école	szkoła 62
école maternelle	przedszkole 65
écouter	słuchać (I -am, -asz) 5 ; posłuchać (P -am, -asz) 85
écrire	pisać (I -szę, -szesz) 62 ; napisać (P -szę, -szesz) 82
écrit *(p. passé)*	napisany 92
édition	wydanie 94
effectivement	rzeczywiście 29 ; faktycznie 39
effet (résultat)	skutek 97
effort	wysiłek 55
eh bien	więc 38
élevé (éduqué)	wychowany 85
elle	ona 13
émission (télévisée)	program 87
employé	pracownik 86
emprunt	pożyczka 64
emprunter	pożyczyć (P -ę, -ysz) 37
en	po 13 ; w 27 ; we 30 ; na 31
en face	naprzeciwko 90
enchanté (suis ~)	miło mi 1
encore	jeszcze 4
endommagé	uszkodzony 90
énerver	denerwować (I -uję, -ujesz) 58 ; zdenerwować (P -uję, -ujesz) 72
enfant	dziecko 34
enfin	nareszcie 43 ; wreszcie 50
ennui	kłopot 27
ennuyer (s'~)	nudzić się 99
énorme	wielki 31
ensemble *(adv.)*	razem 19
ensuite	potem 18

entend (on ~)	słychać 24
entendre	słyszeć (I -ę, -ysz) 46
entre	między 78
entreprise	firma 82
entrer	wejść (P wejdę, -dziesz) 78
envie	ochota 40
envoyer	wysłać (P -ślę, -ślesz) 26
épidémie	epidemia 55
équipe (sport)	drużyna 68
équipement	sprzęt 59
erreur	pomyłka 5
escalier	schody *(pl.)* 59
escalope	sznycel 41
espoir	nadzieja 6
essayer	przymierzyć (P -ę, -ysz) 33 ; spróbować (P -uję, -ujesz) 54 ; starać (I -am, -asz) się 78
est-ce que	czy 5
et	a 1 ; i 2
et alors	no 31
établissement	zakład 86
étage	piętro 59
état	stan 79
été	lato 99
éteindre (s'~)	gasnąć (I -ę, -esz) 92
étonnant	zadziwiający 78
étonner (s'~)	dziwić (I -ę, -isz) się 50
étranger	zagranica 31
étranger *(adj.)*	obcy 94
être *(v.)*	być 2, 11, 31, 38, 40
étudier	studiować (I -uję, -ujesz) 44 ; uczyć (I -ę, -ysz) się 65
événement	wydarzenie 65
éventuellement	ewentualnie 87
éviter	unikać (I -am, -asz) 38 ; uniknąć (P -ę, -esz) 88
exagérer	przesadzać (I -am, -asz) 69
examen	egzamin 96
examen (d'~)	egzaminacyjny 90
excellent	doskonały 15 ; znakomity 38
exceptionnel	wyjątkowy 79
exceptionnellement	wjątkowo 99
excursion	wycieczka 60
excuser (s'~)	przepraszać (I -am, -asz) 3
exemple	przykład 78
exercer (s'~)	ćwiczyć (I -ę, -ysz) 37
exiger	wymagać (I -am, -asz) 55

exotique	egzotyczny 94
expérience	doświadczenie 71
expliquer	wytłumaczyć (P -ę, -ysz) 74
exposer	wystawiać (I -am, -asz) 57

F

fâcher (se ~)	gniewać się (I -am, -asz) 64
facile	łatwy 96
facteur	listonosz 43
faiblement	słabo 13
faire	robić (I -ę, -isz) 10, 22 ; zrobić (P -ę, -isz) 27 ; narobić (P -ę, -isz) 72
faire (s'en ~)	przejmować (I -uję, -ujesz) się 81
fait	fakt 57
famille	rodzina 3
fatigué	zmęczony 25
faune	fauna 87
faut (il ~)	trzeba 10
faute (erreur)	błąd (*pl.* błędy) 66
fauteuil	fotel 10
félicitations	gratulacje 36
femme	kobieta 55
femme (épouse)	żona 13
fenêtre	okno 41
fermé	zamknięty 4
fermer	zamknąć (P -ę, -esz), zamykać (I -am, -asz) 81
ferroviaire	kolejowy 61
fête	imieniny *(pl.)* 12 ; święto 52
fièvre	gorączka 29
filet de porc	schab 2
filiale	przedstawicielstwo 82
fille	córka 65
film	film 87
fils	syn 9
fin *(n.)*	koniec 45
finir	skończyć (P -ę, -ysz) 64
fixer un rendez-vous	umówić (P -ę, -isz) się 86
fleur	kwiat 78
fleur (petite ~)	kwiatek 67
flore	flora 87
fois	raz 20
fonctionner	działać (I -am, -asz) 15
football	piłka nożna 68
forêt	puszcza 96

formidablement	świetnie 4
formulaire	blankiet 26
four	piec 48
fourchette	widelec 73
fournir	udzielić (P -ę, -isz) 86
frais *(adj.)*	świeży 45
français	francuski 13
Français	Francuz 100
franchement	szczerze 83
frère	brat 8
froidement	zimno 22
fromage	ser 40
fromage de tête	salceson 80
fruit	owoc 19
fruit (de ~)	owocowy 16
fumer	palić (I -ę, -isz) 15
fumeur	palący 41

G

gagner	zarabiać (I -am, -asz) 34 ; wygrać (P -am, -asz) 68
galerie (peinture)	galeria 57
gardien de but	bramkarz 68
gare	dworzec 61
gâteau	ciasto 48
gâteau (petit ~)	ciastko 12
gauche (à ~)	w lewo 18
gélule	kapsułka 74
genre	rodzaj 87
gens	ludzie *(pl.)* 31
gentil	miły 4
géographie	geografia 96
girafe	żyrafa 39
glace (crème glacée)	lody *(pl.)* 16
gorge	gardło 29
goût	upodobanie 94
grâce à	dzięki 79
grand	duży 37 ; wysoki 67
grand (le plus ~)	największy 46
grand (plus ~)	większy 68
grand-mère	babcia 20
grave (sérieux)	poważny 85
grève	strajk 83
gris	szary 67
gros	gruby 94

groseille	porzeczka 99
grossir	przytyć (P -ję, -jesz) 95
guéri	wyleczony 38
guide	przewodnik 94
guitare	gitara 37
gymnastique (faire de la ~)	gimnastykować się (I -uję, -ujesz) 95

H

habillé	ubrany 67
habiller (s'~)	ubierać (I -am, -asz) się 11 ; ubrać (P -biorę, -bierzesz) się 22
habiter	mieszkać (I -am, -asz) 5, 9
habitude (d'~)	zwykle 27
haut	góra 76
hein	hę 100
herbe	trawa 99
herbe (mauvaise ~)	chwast 99
hésiter	wahać (I -am, -asz) się 50
heure	godzina 22
heureux	szczęśliwy 69
hier	wczoraj 48
histoire	historia 44
histoire drôle	dowcip 100
historique	historyczny 23
hiver	zima 32
hobby	hobby 32
hommes (pour ~)	męski 59
honte	wstyd 72
hôpital	szpital 44
horrible	okropny 79
hôtel	hotel 17
hôtesse	gospodyni 73
huit	ósemka 61
huitième	ósmy 22
humeur	humor 58
humidité	wilgoć 38

I

ici	tu 1 ; tutaj 9
idée	pomysł 15 ; pojęcie 72
il	on 15
illustration	ilustracja 94
imaginer (s'~)	wyobrażać (I -am, -asz) sobie 71
immense	ogromny 68
important	ważny 50
impossible	niemożliwy 24

imprimante	drukarka 37
improviste (à l'~)	znienacka 89
imprudent	nieostrożny 81
incendie	pożar 53
inconnu	nieznajomy 85
indiscrétion	niedyskrecja 82
indulgent	wyrozumiały 96
infirmière	pielęgniarka 79
information	informacja 86
informations	wiadomość 47
inquiéter (s'~)	niepokoić (I -ję, -isz) się 65 ; martwić (I -ę, -isz) się 85
instant	chwila 81
intention	zamiar 82
intention (avoir l'~)	zamierzać (I -am, -asz) 94
intéressant	ciekawy 6, 22 ; interesujący 82
intéresser	interesować (I -ę, -esz) 31
internet	internet 37
interrogation (scol.)	klasówka 66
interview	wywiad 87
invitation	zaproszenie 30
invité	gość 43
inviter	zapraszać (I -am, -asz) 12 ; zaprosić (P -szę, -sisz) 30
Italie	Włochy *(pl.)* 53

J

jamais	nigdy 57
jambe	noga 60
jambon	szynka 40
jardin	ogród 97
jardinage (de ~)	ogrodowy 99
jaune	żółty 68
je	ja 11
jean	dżinsy 92
jeter	rzucić (P -ę, -isz) 89
jeu	gra 32 ; zabawa 60
jeune	młody 8
jeune (de manière ~)	młodo 50
jeune (plus ~)	młodszy 65
joindre	łączyć (I -ę, -ysz) 54
joliment	ładnie 37
jouer	grać (I -am, -asz) 22, 32
jouet	zabawka 59
jour (par ~)	dziennie 95
jour(née)	dzień (*pl.* dni) 40

journal	gazeta 10
jours (tous les ~)	codziennie 37
juillet	lipiec 53
jus	sok 95
juste (au ~)	właściwie 94
justement	właśnie 9 ; słusznie 80

K

kilo	kilo 80
kilomètre	kilometr 88
kiosque	kiosk 26

L

là-bas	tam 4, 8
laid	brzydki 23
laisser	zostawić (P -ę, -esz) 47 ; zostawiać (I -am, -asz) 53
lait	mleko 19
langue	język 31
lave-vaisselle	zmywarka 73
leçon	lekcja 34
lecture	czytanie 32
légume	warzywo 19
lequel	który 33
lessive (faire une ~)	pranie 75
lettre	list 26
lettre (alphabet)	litera 100
lever (se ~)	wstawać (I -ję, -jesz) 46
lever du soleil	wschód słońca 57
liberté	wolność 39
librairie	księgarnia 94
libre	wolny 6
ligne	linia 90
lingerie (vêtement)	bielizna 59
lire	czytać (I -am, -asz) 32
lit	łóżko 37
livre *(n. m.)*	książka 82
loin (plus ~)	dalej 76
lointain (plus ~)	dalszy 72
longtemps	długo 3
longtemps (depuis ~)	od dawna 34
longtemps (il n'y a pas ~)	niedawno 45
longtemps (il y a ~)	dawno 38
lourdement	ciężko 79
lumière	światło 92

lundi	poniedziałek 30
lune	księżyc 34
lunettes	okulary *(pl.)* 67
luxueux	komfortowy 17
lycée	liceum 44

M

ma	moja 8
madame	pani 1
madame et monsieur	państwo 16
mademoiselle	panna 85
magasin (commerce)	sklep 33
magnifique	wspaniały 51
mai	maj 58
maigrir	schudnąć (P -ę, -esz) 95
maillot (de bain)	kostium (kąpielowy) 59
maillot	koszulka 68
main	ręka 69
maintenant	teraz 23
mais	ale 4 ; ależ 64
maison	dom 22
mal *(adv.)*	źle 29
mal (faire ~)	boleć (I boli, bolą) 29, 60, 93
malade	chory 29
maladie	choroba 29
malchance	pech 88
malgré	pomimo 100
malheureusement	niestety 6
maman	mama 8
manger *(n.)*	jedzenie 41
manger *(v.)*	jeść (I jem, jesz, jedzą) 46
manquer	zabraknąć (P) 64
manuel *(adj.)*	ręczny 90
marchandise (de ~)	towarowy 59
marche	stopień 76
marché (place du ~)	rynek 61
marcher	chodzić (I chodzę, -isz) 18
marcher (fonctionner)	działać (I -am, -asz) 90
mardi	wtorek 30
mari	mąż 24
marier (se ~)	ożenić (P -ę, -isz) się 75
maroquinerie	galanteria 59
match	mecz 68
mathématiques	matematyka *(sing.)* 66
matin	rano 71

mauvais	zły 58
mécanicien	mechanik 89
médecin	lekarz 29
médecine	medycyna 44
médicament	lekarstwo 74
médiocrement	kiepsko 66
meilleur (le ~)	najlepszy 12
même	nawet 37
ménage (faire le ~)	posprzątać (P -am, -asz) 10
ménager *(adj.)*	domowy 59
menu *(adj.)*	drobny 89
mer	morze 31
merci	dziękuję 2
mercredi	środa 30
merveilleux	cudowny 78
mes	moi 86
message	wiadomość 47
métallique	metalowy 67
métier	zawód 34
mettre	włożyć (P -ę, -ysz) 48 ; stawiać (I -am, -asz) 71 ; położyć (P -ę, -ysz) 73 ; założyć (P -ę, -ysz) 76 ; włączyć (P -ę, -ysz) 89 ; wkładać (I -am, -asz) 97
mettre (se ~)	stanąć (P -ę, -esz) 83
meuble	mebel 36
midi	południe 54, 57
mieux	lepiej 19
mieux (le ~)	najlepiej 61
mille	tysiąc 68
mince	szczupły 67
minuit	północ 58
minute	minuta 68
mode (à la ~)	modny 33
moderne	nowoczesny 57
mœurs *(pl.)*	obyczaj *(sing.)* 82
moi	ja 1
moindre (le ~)	najmniejszy 92
moins	mniej 17
moins (au ~)	przynajmniej 74
moins (le ~)	najmniej 47
mois	miesiąc 52
moment	raz 29 ; chwila 36 ; moment 72
moment (petit ~)	chwileczka 80
momentanément	chwilowo 26
mon	mój 9
monsieur	pan 1

montagne	góra 31
monter	wejść (P wejdę, -dziesz) 76
montre	zegarek 48
montrer	pokazać (P -żę, -żesz) 36
monture	oprawka 67
morceau	kawałek 40
mot	słowo 93
moteur	silnik 88
mourir (animaux)	zdechnąć (P -ę, -esz) 97
moustache	wąsy *(pl.)* 67
moutarde	musztarda 80
moyen *(n.)*	sposób 38
musée	muzeum 72
musical	muzyczny 87
musique	muzyka 87

N

nager	pływać (I -am, -asz) 97
nappe	obrus 41
nautique	wodny 31
ne pas	nie 4
neige	śnieg 58
neuf *(adj.)*	nowy 36
neuvième	dziewiąty 30
ni	ani 32
Noël	Boże Narodzenie 52
noir	czarny 16
noir (voir les choses en ~)	widzieć na czarno 88
nombre	ilość 83
non	nie 3
normal	normalny 50
normal (ordinaire)	zwykły 26
note (annotation)	notatka 96
note scolaire	stopień 66
notre	nasz 43
nous	my 32
nouveau	nowy 48
nouveau (de ~)	znowu 54
nuage	chmura 88
nulle part	nigdzie 72
numéro	numer 9

O

obligé	zmuszony 85
observer	obserwować (I -uję, -ujesz) 69

occasion	okazja 12
occupé	zajęty 30
occuper (s'~)	zajmować (I -uję, -ujesz) się 55
odeur	zapach 46
œil	oko 89
œuf	jajko 40
œufs brouillés	jajecznica 46
offrir	podarować (P -uję, -ujesz) 94
oh	o 68
oncle	wujek 90
opéra	opera 32
opéré	operowany 79
ordinateur	komputer 37
ordonnance	recepta 74
ordre	porządek 27
original *(adj.)*	oryginalny 34
ou	albo 53 ; lub 61
où	gdzie 4 ; dokąd 6
ou bien	albo 87
oublier	zapomnieć (P -ę, -isz) 46 ; zapominać (I -am, -asz) 76
ouf	uf 59
oui	tak 1
ouïe	słuch 27
ouvert	otwarty 73
ouvrir	otworzyć (P -ę, -ysz) 43 ; otwierać (I -am, -asz) 69

P

pain	chleb 19 ; pieczywo 80
pain (petit ~)	bułka 45
palais	pałac 23
panier	koszyk 19
panne	awaria 53
panneau	tablica 59
pantalon	spodnie *(pl.)* 33
papa	tata 8
Pâques	Wielkanoc 52
par	przez 61 ; po 64
paraît (il ~)	podobno 50
parapluie	parasolka 78
parce que	dlatego 20 ; bo 66
parcelle	działka 99
pareil	podobny 58
parents (père et mère)	rodzice *(pl.)* 25

parfaitement	doskonale 3 ; świetnie 55
parfois	czasem 82
parfumerie	perfumeria 59
parler	mówić (I -ę, -isz) 11, 13 ; rozmawiać (I -am, -asz) 54
part	strona 85
part (à ~)	poza 60
particulier	szczególny 67
particulièrement	szczególnie 32
partir	wyjeżdżać (I -am, -asz) 3 ; wyjechać (P -jadę, -jedziesz) 44
partout	wszędzie 58
pas *(n.)*	krok 71
pas du tout	wcale nie 27
pas mal de	sporo 94
passé	zeszły 71
passeport (de ~)	paszportowy 83
passer	minąć (P -ę, -esz) 44 ; spędzać (I -am, -asz) 52 ; wstąpić (P, -ę, -isz) 64 ; przeminąć (P -ę, -esz) 87
passer (se ~)	dziać (I) się 27 ; stać (P) się 72
passer (un examen)	zdawać (I -ję, -jesz) 65
passionnant	pasjonujący 44
pastille	pastylka 74
patron (chef)	kierownik 54, szef 54
payer	płacić (I -ę, -isz) 80
pays	kraj 82
pêcher	łowić (I -ę, -isz) 60
peine (ça vaut la ~)	warto 76
peintre	malarz 45
peinture (action de peindre)	malowanie 55
peinture (tableau)	malarstwo 57
pendant	przez 64
pendule	zegar 86
penser	myśleć (I -ę, -isz) 27, 33, 94 ; pomyśleć (P -ę, -isz) 36
perdre	gubić (I -ę, -isz) 62 ; przegrać (P -am, -asz) 68 ; stracić (P -ę, -isz) 79
père	tata 25
personne	osoba 17
personne *(pr.)*	nikt 54
personnel *(n.)*	personel 83
personnellement	osobiście 32
persuadé	przekonany 69
persuader	namówić (P -ę, -isz) 76

petit	mały 36
petit-déjeuner	śniadanie 46
petite fille	dziewczynka 85
peu	mało 74
peu (un ~)	trochę 13
peur (avoir ~)	bać (I boję, boisz) się 53, 96
peut-être	może 10
pharmacie	apteka 74
photo	zdjęcie 8
photocopieuse	kopiarka 86
pianiste	pianista 87
pièce	pokój 64
pile (batterie)	bateria 48
pire	gorzej 58
pire (le ~)	najgorzej 59
piscine	basen 30
pizza	pizza 40
place	miejsce 6, 41
plaindre (se ~)	skarżyć (I -ę, -ysz) się 27
plaire	podobać (I -am, -asz) się 20, 39 ; spodobać (P -am, -asz) się 39
plaisanter	żartować (I -uję, -ujesz) 33
plaisir	przyjemność 31
plan	plan 52
plante	roślina 78
planter	sadzić (I -ę, -isz) 99
plat (mets)	danie 46
pluie	deszcz 22
plus	bardziej 50 ; plus 66 ; więcej 79
plus (le ~)	najbardziej 39
plutôt	raczej 33
poche	kieszeń 62
poésie	poezja 32
poisson	ryba 60
poitrine (charcuterie)	boczek 80
police (assurance)	polisa 86
politique	polityka 87
Pologne	Polska 20
Polonaise (personne)	Polka 20
polonais (langue)	polski 13
Polonais (personne)	Polak 100
pomme de terre	ziemniak 80
pompiers	straż pożarna 53
portable (téléphone)	komórka 90
porte	drzwi 73
porter	nosić (I -szę, -sisz) 33

portière	drzwiczki 69
poser	zadać (P -am, -asz) 96
possible (il est ~ de)	można 26
postal	pocztowy 26
poste *(f.)*	poczta 26
poste d'aiguillage	nastawnia 90
pot	słoik 80
pot d'échappement	rura wydechowa 88
pour	na 3 ; dla 15 ; po 19 ; za 82
pour (que)	żeby 34
pourquoi	dlaczego 12
pourtant	przecież 33
pousser (croître)	rosnąć (I -ę, -esz) 78
pouvoir	móc (mogę, możesz, mogą) 8, 15
pratiquement	praktycznie 32
pratiquer	uprawiać (I -am, -asz) 95
précédent	poprzedni 90
préféré	ulubiony 32
préférer	woleć (I -ę, -isz) 32
premier	pierwszy 39
prendre	brać (I biorę, bierzesz) 16, 19, 74 ; zabrać (P -biorę, -bierzesz) 46 ; wziąć (P wezmę, weźmiesz) 55 ; zająć (P zajmę, -miesz) 89
préparer	przygotować (P -uję, -ujesz) 96
près	blisko 36
prescrire	przepisać (P -ę, -esz) 74
présenter (se ~)	stawać (I -ję, -jesz) 90
presque	prawie 33
presser (se ~)	śpieszyć (I -ę, -ysz) się 51
prêt	gotowy 11 ; pożyczka 64
prêter	pożyczyć (P -ę, -ysz) 78
prévenir	uprzedzić (P -ę, -isz) 90
prie (je vous en ~)	proszę 2
prier	prosić (I -szę, -isz) 2
primaire (école)	podstawowy 65
printemps	wiosna 99
prix	cena 17
probablement	chyba 5 ; prawdopodobnie 89
problème	problem 27 ; kłopot 31
prochain	przyszły 30 ; następny 76
proche (le plus ~)	najbliższy 61
professeur	profesor 96
professionnel	służbowy 82
profiter	skorzystać (P -am, -asz) 57
programme	materiał 96
promenade	spacer 22

promettre	obiecać (P -am -asz) 52
prononcer	wymawiać (I -am, -asz) 100
proposer	proponować (I -uję, -ujesz) 57 ; zaproponować (P -uję, -ujesz) 86
propre (à soi)	własny 97
proprement	właściwie 45
proverbe	przysłowie 100
prune	śliwka 99
puis	następnie 18
puisque	przecież 41
pull	sweter 25

Q

quand	kiedy 71
quarante	czterdzieści 96
quatorzième	czternasty 86
quatre	cztery 26
quatrième	czwarty 59
que	co 2 ; że 6 ; niż 79
quel	jaki 9 ; który 22
quelconque	jakiś 22 ; jakikolwiek 81
quelque	kilka 55 ; parę 93
quelque chose	coś 34
quelque part	gdzieś 4
question	pytanie 27
queue (file d'attente)	kolejka 83
qui	kto 5
quinze (le ~) (bus, tramway…)	piętnastka 61
quitter	spuszczać (I -am, -asz) 86

R

raconter	opowiadać (I -am, -asz) 33 ; opowiedzieć (P -em, -esz) 44
radio	radio 20
raison	racja 22 ; powód 75
rang	rząd 92
rappeler	przypominać (I -am, -asz) 47
rappeler (se ~)	pamiętać (I -am, -asz) 96
rarement	rzadko 57
rayure	pasek 62
réalité	rzeczywistość 75
recevoir	dostać (P -nę, -niesz) 47
réchauffer (se ~)	ocieplać (I -am, -asz) się 58
réclamation	reklamacja 27

recommandé	polecony 26
recommander	polecić (P -ę, -isz) 95
reconnaître	poznać (P -am, -asz) 25
recopier	przepisać (P -ę, -esz) 74
réfrigérateur	lodówka 40
refroidissement	przeziębienie 85
regarder	patrzeć (I -ę, -ysz) 30 ; przyjrzeć (P -ę, -ysz) się 41 ; popatrzeć (P -ę, -ysz) 75
régime	dieta 95
région	okolica 76
règle (principe)	reguła 83
régler	załatwić (P -ę, -isz) 93
regretter	żałować (I -uję, -ujesz) 55
réjouir (se ~)	cieszyć (I -ę, -ysz) się 44
relever	podnieść (P -niosę, -niesiesz) 71
rendre	zwrócić (P -ę, -isz) uwagę 85
remarquer	zauważyć (P -ę, -ysz) 69
remercier	dziękować (I -uję, -ujesz) 25
remplacer	zastępować (I -uję, -ujesz) 15
remplir	wypełnić (P -ę, -isz) 26
rencontre	spotkanie 44
rencontrer	spotkać (P -am, -asz) 19 ; spotykać (I -am, -asz) 85
rendre	oddać (P -am, -asz) 78 ; wydać (P -am, -asz) 80 ; zwrócić (P -ę, -isz) 47
rentrer	wracać (I -am, -asz) 51 ; wrócić (P -ę, -isz) 64
réparation	naprawa 89
repassage	prasowanie 75
répéter	powtórzyć (P -ę, -ysz) 96
répondeur	sekretarka 47
répondre	odpowiadać (I -am, -asz) 27 ; odpowiedzieć (P -em, -esz) 96
reposer (se ~)	odpocząć (P -nę, -niesz) 76
reproduction	reprodukcja 94
réserve (parc)	rezerwat 39
réservé (retenu)	zarezerwowany 100
ressemblant	podobny 25
restaurant	restauracja 40
rester	zostać (P -stanę, -staniesz) 76
résultat	rezultat 95
retard (être en ~)	spóźniać (I -am, -asz) się 43
réunion	zebranie 54
réussir	udać się 95
réussir (un examen)	zdawać (I -ję -, -esz) 65
rêve	marzenie 34

réveil	budzik 15
réveiller	obudzić (P -ę, -isz) 46
réveillon	wigilia 52
rêver	marzyć (I -ę, -ysz) 34
révision	przegląd 89
revoir	przejrzeć (P -ę, -ysz) 96
rez-de-chaussée	parter 59
rhumatismes	reumatyzm *(sing.)* 38
rhume	katar 60
rien	nic 5
risquer	ryzykować (I -uję, -ujesz) 71
riz	ryż 41
robe	sukienka 33
roi	król 23
roman	powieść 32
rouge	czerwony 41
rouge à lèvres	szminka 59
rue	ulica 9

S

sac	torba 83
sac à dos	plecak 60
sage *(adj.)*	grzeczny 85
Saint-Sylvestre	Sylwester 51
salle	sala 41
salle de bains	łazienka 17
salut	cześć 11
samedi	sobota 59
sang	krew 79
sans doute	chyba 25
santé	zdrowie 24
santé (en bonne ~)	zdrowy 85
sauce	sos 41
saucisse	kiełbasa 80
savoir	umieć (I -em, -esz) 71
savoir *(v.)*	wiedzieć (I -em, -esz, -edzą) 9
scanner *(n.)*	skaner 37
science	nauka 23
scolaire	szkolny 65
sel	sól 78
semaine	tydzień 3
semblant (faire ~)	udawać (I -ję, -jesz) 81
sembler	wyglądać (I -am, -asz) 29 ; wydawać (I) się 71 ; zdawać (I) się 79
sentir (se ~)	czuć (I -ję, -jesz) się 29

sept cents	siedemset 76
septième	siódmy 92
série	serial 87
sérieusement	poważnie 74
serveuse	kelnerka 41
service	dział 27
servir	podać (P -am, -asz) 2
servir (se ~)	częstować (I -uję, -ujesz) się 73
ses	swoje 57
seul	sam 1
seulement	tylko 36 ; dopiero 43
sexe	seks 94
short	spodenki *(pl.)* 68
si	taki 8 ; tak 20 ; czy 23 ; jeśli 33 ; gdy(by) 59 ; jeżeli 90
signaler	zgłosić (P -szę, -sisz) 83
signature	podpisanie 86
signe	znak 67
signifier	znaczyć (I) 24
s'il vous plaît	proszę 2
simple	prosty 24 ; zwykły 85
sincère	szczery 96
singe	małpa 39
sirop	syrop 74
skis	narty 32
sœur	siostra 25
soin (prendre ~)	dbać (I -am, -asz) 78 ; opiekować (I -uję, -ujesz) się 79
soir	wieczór 5
soldes *(pl.)*	przecena 59
soleil	słońce 57
solution	wyjście 94
sonner	dzwonić (I -ę, -isz) 25
sortir	wyjąć (P wyjmę, -iesz) 48 ; wychodzić (I -ę, -isz) 50
souffrir	nacierpieć (P -ę, -isz) się 79
souffrir (faire ~)	dolegać 38
soulagement	ulga 83
soupe	zupa 2
souriant	uśmiechnięty 85
sourire	uśmiech 100
sous	pod 80
sous-marin *(adj.)*	podmorski 87
souvenir (se ~)	pamiętać (I -am, -asz) 25
souvent	często 69
spécial	specjalny 11

spécialement	specjalnie 100
sport	sport 32
stade	stadion 68
station-service	stacja obsługi 88
statue	pomnik 23
style	styl 94
stylo	pióro 62
stylo à bille	długopis 62
sucreries	słodycze *(pl.)* 95
suffire	wystarczyć (P) 24
suite	ciąg 72 ; rząd 80
sujet	temat 34
supporter	znosić (I -noszę, -sisz) 58
sur	na 10 ; o 82
sûr	pewien 39, 66
sûrement	pewnie 25
surprise	niespodzianka 36
surveiller	pilnować (I -uję, -ujesz) 62
survenir	zdarzać się (I) 100

T

table	stół 10 ; stolik 41
tableau (peinture)	obraz 45
tablier	fartuszek 67
taille (dimensions)	rozmiar 15
tant	tyle 44
tant pis	trudno 41
tante	ciocia 25
tard (plus ~)	później 54
tel	taki 26
téléphone	telefon 26
téléphone (par ~)	telefonicznie 90
téléphoner	zadzwonić (P -ę, -isz) 26
téléphonique	telefoniczny 94
téléski	wyciąg 71
téléviseur	telewizor 17
temps (météo)	pogoda 58
temps (durée)	czas 50
temps (en même ~)	jednocześnie 37
temps (tout le ~)	ciągle 22
tenir	trzymać (I -am, -asz) 52
tennis	tenis 32
terminaison	końcówka 100
terminer	skończyć (P -ę, -ysz) 44
tête	głowa 29

thé	herbata 16
théâtre	teatr 22
ticket	bilet 61
tiroir	szuflada 62
titre	tytuł 82
toi	ty 11
tomate (à la ~)	pomidorowy 41
tomate (de ~)	pomidorowy 95
tomber	upaść (P -padnę, -esz) 71
tomber (pluie)	padać 22, 58
ton (à toi) *(possessif)*	twój 8
tondre	skosić (P -szę, -sisz) 99
tort (faire ~) (nuire)	szkodzić (I -ę, -isz) 5
tôt	wcześnie 43
tôt (plus ~)	wcześniej 64
toujours	zawsze 43
tour *(f.)*	wieża 76
tour *(m.)*	kolej 96
touriste	turysta 82
touristique	turystyczny 94
tourner	skręcić (P -ę, -isz) 61
tous	wszyscy 31
tout	cały 40 ; wszelki 93
tout *(pr.)*	wszystko 12
tout à fait	zupełnie 76
tout de suite	zaraz 48
tracasser (se ~)	martwić (I -ę, -isz) się 58
trace	ślad 88
tradition	tradycja 52
train	pociąg 61
tramway (de ~)	tramwaj(owy) 61
tranche	plasterek 80
trancher	pokroić (P -ję, -isz) 80
traumatisme	uraz 79
travail	praca 24
travailler	pracować (I -uję, -ujesz) 15
travaux	remont *(sing.)* 55
traverser	przejść (P przejdę, -dziesz) 61
trente	trzydzieści 50
très	bardzo 4
triste	smutny 39
trois (note, chaîne TV, etc.)	trójka 66
trois	trzy 26
trois cents	trzysta 47
troisième	trzeci 59

tromper (se ~)	mylić (I -ę, -isz) się 68 ; pomylić (P -ę, -isz) się 72
trop	za 33
trousse (scolaire)	piórnik 62
trouver	znaleźć (P znajdę, -dziesz) 50
trouver (opinion)	uważać (I -am, -asz) 69
type (sorte)	typ 86

U

un	jeden 17
un et demi	półtora 43
une (chaîne de TV, etc.)	jedynka 87
urgent	pilny 54
utile (être ~)	służyć (I -ę, -ysz) 17

V

vacances	wakacje *(pl.)* 6
valeur	wartość 86
valise	walizka 83
variété (de ~)	rozrywkowy 87
vélo	rower 32
vendre	sprzedawać (I -daję, -dajesz) 45
venir	chodzić (I chodzę, -isz) 36
venir (à pied)	przyjść (P przyjdę, -dziesz) 38
vent	wiatr 58
ver	robak 97
vérifier	sprawdzić (P -ę, -isz) 47 ; sprawdzać (I -am, -asz) 62
véritable	prawdziwy 55
vérité	prawda 27
vernissage	wernisaż 45
verre	lampka 41 ; kieliszek 73, 97 ; szklanka 74
vers (à peu près)	około 64
verser	nalewać (I -am, -asz) 97
vert	zielony 33
veste	marynarka 64
vêtements	odzież *(sing.)* 59
viande	mięso 19
vide *(adj.)*	pusty 53
vie	życie 39
vieux	stary 23
vieux (plus ~)	starszy 50
village	wioska 90
ville	miasto 23
vin	wino 12

Y

Z

Le don des langues

Le polonais

chez Assimil, c'est également :

Le Polonais de poche
Kit de conversation Polonais

Le Polonais – N° édition : 3382
Imprimé en Slovénie par DZS– Février 2015